D1640468

Wolfgang Müller

Subkultur Westberlin 1979–1989
Freizeit

Philo Fine Arts

FUNDUS-BÜCHER 203
herausgegeben von Harald Falckenberg und Nicola Torke

Bibliografische Information der Deutschen Nationalbibliothek

Die Deutsche Nationalbibliothek verzeichnet diese
Publikation in der Deutschen Nationalbibliografie;
detaillierte bibliografische Daten sind im Internet über
http://dnb.d-nb.de abrufbar.

© Philo Fine Arts, Hamburg 2013
Lektorat: Katha Schulte
Satz: Franziska Nast
Einbandgestaltung: Bureau Spector, Leipzig
Druck und Bindung: Westermann Druck Zwickau GmbH
Alle Rechte, insbesondere das Recht der Übersetzung,
Vervielfältigung (auch fotomechanisch), der elektronischen
Speicherung auf einem Datenträger oder in einer Datenbank,
der körperlichen und unkörperlichen Wiedergabe (auch
am Bildschirm, auch auf dem Weg der Datenübertragung),
vorbehalten.

Printed in Germany
ISBN 978-3-86572-671-1
(Fundus-Bücher; 203)
2. überarbeitete Auflage: 1500

Informationen zu unserem Verlagsprogramm finden Sie
im Internet unter www.philo-fine-arts.de

Inhalt

EINLEITUNG

1 Der Penny Lane Frisörsalon. Seit 1981,
Foto: Malte Ludwigs 2012

Einleitung: Subkultur Westberlin 1979–1989

Gerade mal sechs Jahre alt war ich, als der Kunstprofessor Joseph Beuys in Düsseldorf am 7. August 1964 die „Erhöhung der Berliner Mauer um 5 cm (bessere Proportion!)" forderte. Ich wuchs in Reislingen auf, einem kleinen niedersächsischen Dorf, fünf Kilometer entfernt von der Grenze zur DDR. Als Beuys seinen Verbesserungsvorschlag machte, war Westberlin erst zwei Jahre alt. Die westliche Stadthälfte umschloss seit 1962 eine Mauer. Westberlin blieb bis 1989 eine Insel inmitten der DDR.

Auf Beuys' ästhetische Empfehlung reagierten westdeutsche Politiker empört. Der Künstler musste in einem Brief an das Innenministerium von Nordrhein-Westfalen erklären: „Dies ist ein Bild und sollte wie ein Bild betrachtet werden." Seinem Text fügte er eine „Gebrauchsanweisung" bei. „Die Betrachtung der Berliner Mauer aus einem Gesichtswinkel, der allein die Proportion des Bauwerks berücksichtigt, [...] entschärft sofort die Mauer."[1]

Beuys' Verdoppelung ließ ein strategisches Dispositiv entstehen. Über die materielle Mauer hinaus bildeten sich Räume in, um, über, unter, neben und hinter der Mauer. Die Geschichte der Mauer ist immer auch die Geschichte ihrer Überwindung. Jede Trennung stellt zugleich Verbindungen her. Dadurch, dass Westberlin von der Mauer umschlossen war, wurde diese Stadthälfte zu einer Insel, mit spezifischen Auswirkungen auf ihre Kultur und deren Produktion. Im Folgenden richtet sich der Fokus vornehmlich auf die (sub-)kulturellen Freiräume, die auf der Insel Westberlin in den Achtzigerjahren entstanden.

Nach meinem Umzug von Wolfsburg nach Westberlin im Jahr 1979 fand ich mich dort in einer Szene wieder, die allgemein als Subkultur bezeichnet wird. Eigentlich wollte ich Bildende Kunst an der Hochschule der Künste (HdK, heute UdK) studieren. Die Existenz als bildender Künstler verband ich mit freier, schöpferischer Entfaltung des Individuums. Doch schon bald spürte ich, dass die Welt der Westberliner Galerien, Museen und Kunsträume sehr strengen Konventionen folgte. Sie setzte ganz bestimmte Erwartungen in Künstler und in Kunst. Von wegen Freiheit, freie schöpferische Entfaltung! Pustekuchen!

Da begann sich 1980 überraschend Die Tödliche Doris in mein Leben einzumischen. Sie zwang mich, Entscheidungen zu treffen, die in der Folge zu Verwirrung und Missverständnissen führten. Die Tödliche Doris instrumentalisierte mich. Dabei war sie sich oft mit sich selbst nicht einig, was meine Verwirrung zuweilen steigerte. Es war anregend, aber ich war auch erleichtert, als sich Die Tödliche Doris 1987 endlich auflöste, in einen Weißwein.

Eigentlich interessiert mich vor allem die Gegenwart. Aber nun, über zwei Jahrzehnte später, erschien Doris wieder und zwang mich, durch längst vergangene Zeiten, Räume und Orte zu streifen. In diesen steckte ich selbst voll mit drin, nämlich in den Achtzigerjahren in Westberlin. *Subkultur Westberlin* begrenzt den Zeitrahmen auf 1979 bis 1989. Es endet also an dem Zeitpunkt, an welchem Westberlin seinen Inselstatus verlor. Doch trotz des klaren Rahmens zwang mich Doris, diesen gelegentlich zu überschreiten, zeitlich und räumlich. Auch zwang sie mich dazu, zwei

Anfänge zu schreiben: einen, der nun zu Beginn steht, eher assoziativ ist und bisweilen chaotisch zwischen den Zeiten umherhüpft. Und einen Anfang, der mit dem Titel „Gestaltbildung" überschrieben ist und in eher linearer Erzählweise verläuft.

Die Tödliche Doris

1980 konnte ich meinen Kommilitonen Nikolaus Utermöhlen davon überzeugen, statt weiter vor sich hinzuzeichnen, mit mir eine Musikgruppe zu gründen: Die Tödliche Doris. Wir studierten bei Prof. Ramsbott an der Berliner Hochschule der Künste im Fachbereich Visuelle Kommunikation/Experimentelle Filmgestaltung. Chris Dreier, die ebenfalls in unserem Fachbereich studierte, schloss sich ein paar Monate darauf unserer Band an. Weitere Menschen beteiligten sich später: der Musiker Max Müller, die Schauspielerin Tabea Blumenschein, die nach Westberlin exilierte Dresdener Kunststudentin Dagmar Dimitroff und 1982 schließlich die gelernte Arzthelferin und Hausbesetzerin Käthe Kruse. Die Post-Punk-Szene verhielt sich in dieser Zeit künstlerischen Experimenten gegenüber sehr offen. Dort herrschte eine große Neugier, völlig im Gegensatz zur sich als professionell verstehenden, kommerziell wirtschaftenden Galerienszene. Im offiziellen Kunstbetrieb hatten meist nur sehr anpassungswillige und -fähige junge Künstler und Künstlerinnen eine Chance, wahrgenommen zu werden. Funktionierten sie nicht so, wie der Betrieb es von ihnen erwartete, brachten sie der Galerie keine

Rendite, dann folgte schnell ihre Entsorgung. Wesentlich größeren Freiraum versprach da der Musikbereich, insbesondere der um die Post-Punk-Szene. Außerdem war es dort genauso möglich, etwas zu gestalten und zu formen. Mit Die Tödliche Doris konnten Zeit, Klang, Räume, Erwartungen, Erinnerungen, Verdoppelungen, Verschiebungen, Erweiterungen, Wandlungen, Hoffnungen, Stimmungen, Alltägliches und anderes künstlerisch thematisiert werden, ohne dabei allzu große Rücksicht auf die finanzielle Verwertbarkeit des Endprodukts zu nehmen. In Verbindung mit Materialien wie Vinyl, Audiotapes, Schlagzeug, Kleidung oder Lippenstift setzten sich verschiedene Gestaltbildungen in Gang. Heute bin ich das einzige noch existierende Dauerschleifgetriebe der Künstlergruppe Die Tödliche Doris, die von 1980 bis 1987 von wechselnden Besetzungen verkörpert wurde.

Jahrzehnt der Unabhängigkeit

Welchen Einfluss übten die Atmosphäre und deren Veränderungen innerhalb Westberlins auf die Gestalt und den Körper des Projektes aus? In den politischen und künstlerischen Subkulturen der Achtziger galt „Unabhängigkeit" beziehungsweise „Independence" als zentraler Schlachtruf gegen den Mainstream. Der Poptheoretiker Martin Büsser schreibt: „,Indie' ist ein historisch eng gestecktes Phänomen der Post-Punk-Generation zwischen etwa 1980 und 1990."[2] Der sich seit 1980 bildende Körper von Die Tödliche Doris wandte seine Aufmerksamkeit neben

den bekannten alten insbesondere auch auf die sich neu
bildenden Abhängigkeiten. Wie „independent" kann
Doris überhaupt werden, wenn sie sogar von ihrem –
im Übrigen ständig abwesenden – Körper vollkommen
abhängig ist? Ein Schwerpunkt ihrer Verkörperlichun-
gen realisierte sich in sieben Ton- und Bildträgerpro-
jekten. Sie werden im Folgenden mit [Projekt Nr. 0]
bis [Projekt Nr. 6] bezeichnet.

Abwesenheit

Zunächst fiel Doris durch permanente Abwesenheit auf. War Doris also so etwas wie eine amorph-
entsubjektivierte Wunschmaschine, von der Gilles
Deleuze schreibt?[3] Der Körper von Doris entwickelte
sich in der Kommunikation mit anderen Subjekten und
der Welt, die sie umgab. Wie und wo, an welchem Ort
und mit welchen Materialien fand dieser interaktive
Prozess statt? Am Vinyl, welches zunächst den Körper
des Klangmediums formte, wird eine ihrer Gestaltwer-
dungen anschaulich. Der Weg führt von der klassisch-
konventionellen schwarzen Vinylplatte zu kleinen
bunten Puppenschallplatten aus Plastik, mündet zunächst in eine mediale Katastrophe, nämlich das Naturkatastrophenkonzert und -ballett, um schließlich –
über den Umweg zweier nacheinander erscheinender
konventioneller schwarzer Vinyllangspielplatten – zur
ersten unsichtbaren Vinyllangspielplatte der Welt zu
führen.

Die diversen Gleichzeitigkeiten, mit denen Raum
geformt werden konnte, schafften die Freiräume, in

denen sich Gestalt bildete. Nachfolgend richtet sich der Fokus vornehmlich auf die Achtzigerjahre in Westberlin als Laborstätte eines solchen Freiraums. Doris drängte mich dazu, auch in Zeiträume vorher und nachher, auf isolierte Zeitinseln oder durch Parallelzeiträume zu springen.

Marken und Grenzen

„Hier steh ich an den Marken meiner Tage." Diese Inschrift bestellte die Schauspielerin und Sängerin Marlene Dietrich für ihren Grabstein. Marken sind offene Grenzen. Im Gegensatz zu Grenzlinien weisen sie stärker auf die Fläche und den Raum hin. In Berlin beginnt Gegenwart immer auch mit der Vergangenheit. Diese Vergangenheit ist manchmal sehr schön, aber manchmal auch sehr hässlich. Beispielsweise zwischen 1933 und 1945. Danach sollte es noch sehr lange dauern, bis die 1901 in Berlin geborene Marie Magdalene Dietrich in ihrer Geburtsstadt wieder den ihr angemessenen Respekt erhielt. Lokalpolitiker und Bürokraten taten sich immer schwer mit dem Superstar. Bereits ihre Mehrfachstaatszugehörigkeit irritierte all diejenigen, die Identität für eine Form erstarrter Einheitlichkeit halten: Marlene Dietrich war eine Berlinerin, die gleichzeitig auch eine Pariserin war, die ebenso eine Amerikanerin war, welche als singende US-Soldatin gegen deutsche Nazis kämpfte. Marlene Dietrich starb im Jahr 1992 in Paris. Nach der dort abgehaltenen staatlich organisierten Trauerfeier wurde ihr Leichnam ihrem Wunsch gemäß mit dem Flugzeug

in das inzwischen mauerfreie Berlin überführt. Ihrer
Tochter Maria Riva hatte die achtzigjährige Marlene
Dietrich noch zu Lebzeiten Folgendes vorgeschla-
gen: „Liebling, ich habe mir überlegt, wie du meine
Leiche aus der Wohnung schaffen kannst, ohne daß
die Reporter dich entdecken: Du kaufst einen großen
schwarzen Müllsack und stopfst mich hinein. Wahrscheinlich mußt du meine Arme und Beine brechen,
damit ich ganz hineinpasse. Dann holst du Peter, er
ist der Stärkste deiner Söhne. Er wird den Sack in den
Aufzug tragen und ihn runter in die Garage schaffen.
In der Zwischenzeit gehst du zu Printemps, kaufst einen großen Koffer, fährst mit einem Taxi hierher und
packst den Müllsack hinein. Dann nimmst du ihn mit
nach Amerika oder sonst wohin. Das überlasse ich dir."[4]

Im Jahr 1992 verströmten die nun nicht mehr
voneinander getrennten Stadthälften Berlins jeweils
sehr spezifische Atmosphären. Noch schmeckte, roch,
atmete, klang und bewegte sich vieles unterschiedlich,
getrennt in Ost und West: Farben, Materialien, Klänge und Stimmung. Die Differenzen und die mit ihnen
einhergehenden unterschwelligen Spannungen jenseits
der staatlich geförderten Einheitseuphorie vermittelt
der Filmemacher und Regisseur Jörg Buttgereit im
16-mm-Film *Nekromantik 2* (D 1991). Hauptcharaktere
seines Horror- und Splatterfilmes sind Frauen, die es
nach Männerkörpern im Verfallsprozess gelüstet. Die
Protagonistin Monika M. teilt ihre nekrophile Leidenschaft mit einem Mann. Nach dessen Suizid gräbt sie
seine Leiche auf dem Friedhof wieder aus. Sie schafft
den angewesten Körper in ihre Wohnung und versucht verzweifelt, ihre alte gemeinsame nekrosexuelle

und -erotische Beziehung fortzusetzen. In der Rolle einer Synchronsprecherin für Pornofilme stöhnt die Westberliner Barbetreiberin und Performerin Lena Braun in *Nekromantik 2*. Entnervt klatscht sie im Tonstudio in Buttgereits Splatterfilm rohe Koteletts aufeinander: „Ja, das ist geil! Mehr!"[5]

Der Film gerät nach seiner Premiere sofort ins Visier deutscher Zensoren und Jugendschützer. Während die staatliche Beschlagnahme droht, gelingt es Jörg Buttgereit, durch entsprechende Gutachten das subkulturelle Werk nun offiziell zum hochkulturellen „künstlerischen" Film zu erklären. Gerettet vor der Indizierung.

Langsam fährt ein Leichenwagen mit dem Körper von Marlene Dietrich durch den Bezirk Schöneberg. Blumenmarkt in Schöneberg. Marktbesucher und Trauergäste kaufen spontan oder gezielt verschiedenste Blumen, werfen diese auf den langsam vorbeifahrenden Sarg, der sich auf dem hinteren Teil des Leichenwagens befindet. Auf dem Kranzgebinde landen mehr und mehr Sträuße, einzelne Blumen, Lilien, Rosen, Vergissmeinnicht, Veilchen, Nelken und Lobelien. Sie türmen sich hoch und höher. Am Ziel der Trauerfahrt verschwindet der Sarg unter einem regelrechten Blumenchaos. Maria Riva sagt später in einem Interview, dass dieses Durcheinander ihrer Mutter mit Sicherheit gut gefallen hätte. Nach der Ankunft am kleinen Friedhof in der Stubenrauchstraße wird der in einen schwarzen Dior-Anzug gekleidete Leichnam von Marlene Dietrich in einem schlichten Grab beigesetzt. Noch nach ihrem Tod polarisiert die Künstlerin. Die Berliner Sängerin Evelyn Künneke (1921–2001) wirft ihr „Vaterlandsverrat" vor. Erboste Leserbriefschreiber schließen sich in den Berliner Tageszeitungen dieser Einstellung an. So nimmt es nicht wunder, dass die bereits von der Stadt Berlin geplante große Gedenk-veranstaltung zu Ehren der Verstorbenen entfällt. Um die Blamage zu kaschieren, werden organisatorische Gründe angegeben, welche eine Realisierung verei-telt hätten. Tatsächlich starb Marlene Dietrich sehr ungünstig – kurz vor der Wahl zum Berliner Senat. Der Ausgang dieser seit Trennung der Stadthälften ersten Gesamtberliner Wahl schien äußerst ungewiss. Konservative, Liberale und Sozialdemokraten wollten gewisse Wählergruppen keinesfalls verprellen. Jedes Promille zählte: kalte Krieger, Spießbürger, gewendete Alt-Nazis oder Neurechte, deutsche Kriegsheimkeh-rer etwa, verbitterte Soldatenwitwen – all diejenigen, welche Marlene Dietrich sowieso nie hatten ausstehen können. Die Fraktion der Grünen im Berliner Abge-ordnetenhaus schaffte es damals gerade noch, einen Kranz an ihr Grab zu legen. Die groteske Stimmungs-mache gegen die Verstorbene motivierte gleichwohl viele Menschen, darunter Max Goldt und den Autor dieses Buches, Marlene Dietrichs Beerdigung beizu-wohnen. Diese wurde so auch eine Art Demonstra-tion. Wolfgang Müller wartete mit Ogar Grafe artig am Friedhof in einer langen Menschenschlange, um Marlene Dietrichs Lieblingsblumen, Maiglöckchen, in ihr Grab zu werfen. Eigentlich sollte man vermu-ten, dass sich in den folgenden Jahren das Verhältnis zwischen den Regierenden und dem Berliner Weltstar allmählich entspannte. Doch selbst noch im Jahr 1996 gab es erbitterte öffentliche Kontroversen um die

Benennung einer Marlene-Dietrich-Straße. Zu ihrem 100. Geburtstag im Jahr 2001 entschuldigte sich das Land Berlin offiziell für die Jahrzehnte andauernden Anfeindungen.

Antiberliner I

Die Zurückhaltung der Berliner Politiker führte dazu, dass der öffentliche Trauerzug für Marlene Dietrich sich automatisch zur ersten größeren Gesamtberliner Demonstration entwickelte. Es war eine Demonstration all jener aus Ost und West, die der Regierende Bürgermeister Eberhard Diepgen (CDU) nach den Kreuzberger Unruhen vom 1. Mai 1987 als „Antiberliner" bezeichnet hatte: Hausbesetzer, Anarchisten, Ökos, Freaks, Punks, Lesben, Schwule, Queers, Trans*, Kriegsdienstverweigerer – all die Mitglieder der Subkulturen, welche einst vor dem Mief und der Enge reaktionären Spießertums, den kapitalistischen Verwurstungsmaschinerien oder den Zwängen des Realsozialismus nach Berlin geflüchtet waren. Dem fröhlich-beschwingten und zugleich sanft-melancholischen Trauerzug folgten schließlich zehntausend Trauergäste. Diese Antiberliner bildeten in den Achtzigerjahren den Nährboden, auf dem sich Westberlins weit vernetzte Parallelkultur entwickelte. Etwa zwischen 1978 und 1983 entstanden die Grundlagen vieler Projekte. Der Müll der Flohmärkte bot das Material für Kunst und Musik. Ungenutzte, marode Räume, vergessene Ruinen, leer stehende Häuser, Bruchbuden von Immobilienspekulanten, aber auch die Subventionen, die

Westberlin vom Bund erhielt. All dies eröffnete zahlreiche Möglichkeiten zur Realisierung künstlerischer, gesellschaftlicher und politischer Ideen und Konzepte jenseits des Mainstreams und jenseits ökonomischen Verwertungsdrucks. Die Anregungen, Energien und Ideen, die von der Antiberliner Subkultur ausgingen, wirken bis heute. Das, was daraus entstand, wandelte seine Gestalt. Gelegentlich so radikal, dass die Ursprünge manchmal kaum noch wahrzunehmen sind. Flüssiges wurde fest, Festes wurde flüssig, Weiches wurde hart, kristallisierte sich oder zerbrach. Winziges blähte sich auf und implodierte. Manches schrumpfte bis zur Unkenntlichkeit. Es verhutzelte. Oder es dehnte sich aus, wurde groß, hohl und leer. Anderes teilte sich, löste sich auf. Und manches entwickelt derzeit erst eine Gestalt, die noch niemand kennt.

Neo-Individualliberalismus

Zahlreiche Symbole, Stimmungen und Images aus der subkulturellen Asservatenkammer verschluckte inzwischen der Mainstream, formte sie um, machte sie sich gefügig und demonstrierte damit ihre überraschende Kompatibilität wie auch seine eigene Flexibilität. Deutlich zu erkennen ist dieser Zusammenhang an der in der politischen Subkultur Westberlins entstandenen Alternativen Liste, der AL, aus der später Bündnis 90/Die Grünen wurde. Nach dem Schock für die westdeutschen Grünen bei den ersten gesamtdeutschen Wahlen 1990 – sie waren aus dem Parlament geflogen – näherten sie sich in Windeseile dem an, was sich derzeit irgendwie als „Mitte" definiert: CSU, CDU, FDP, SPD. Diese Entwicklung vollendete sich im Jahr 2009 mit der überraschenden Bildung einer Koalition aus FDP, Grünen und CDU im Saarland. Erstmals wurde die neue neo-individualliberale Ideologie manifest, die im selben Jahr der Berliner Kulturarchäologe Matthias Mergl in einem Buch beschrieb. Die Neo-Individualliberalen stellen sich selbst als undogmatisch, ideologiefrei, individuell und pragmatisch dar und ihre Konzepte als vernünftig, alternativlos und logisch. Die biografischen Unterschiede, Herkunft und Ökonomie spielen keine Rolle mehr: Erfolg und Misserfolg des Individuums werden nicht mehr mit strukturellen, politischen und sozialen Ungleichheiten wie Geschlecht, Herkunft und so weiter erklärt, sondern als eine rein persönliche, höchst individuelle Angelegenheit des betreffenden Individuums betrachtet. Das Motto: Jeder ist seines Glückes Schmied.[6]

Punk

Seit 1976 entfaltete in England der im Umfeld der Popmusik entstandene Punk seine Wirkung. Mit zweijähriger Verspätung erreichte die Bewegung auch Westberlin. Das Wort wurde zum Synonym für Anarchie, Rebellion, Unangepasstheit, das Sichtbarmachen von Doppelmoral und Widersprüchen sowie dafür, sich nicht von gesellschaftlichen Konventionen instrumentalisieren, korrumpieren oder funktionalisieren zu lassen. All das zählte zu den Prämissen der Punks. Über die Jahre wurde der Punk zu einer internationalen, sich ständig wandelnden Bewegung. Drei Jahrzehnte später steht der Begriff hierzulande vor allem für Eigensinn, Originalität, Kreativität, Aufbruch, Individualität, Querköpfigkeit – als positive Würze innerhalb des neo-individualliberalen Terrors der westlichen Kultur. Gegenüber der alten Bedeutung von Punk und seinen politischen, sozialen und kulturellen Grenzüberschreitungen beschränkt sich der Begriff gegenwärtig oft auf Übergriffigkeiten in Form konventioneller Machoposen. Der Begriff „Punk" wurde zum Antriebsstoff eines deregulierten Kapitalismus, der das in den Siebzigerjahren noch verheißungsvolle Wort „Freizeit" längst durch „ständige Verfügbarkeit", „Flexibilisierung" und „komplette Ökonomisierung des Individuums" ersetzt hat.

Vernunft ist der neue Punk

Im Jahr 2008 warb die Autofirma Honda mit dem Slogan „Vernunft ist der neue Punk". Rationalität wird somit kombiniert mit der Art von Freiheit und Grenzüberschreitung, für die „Punk" nunmehr steht. Die Deutsche Bahn lockte 2010 mit Gerichten, die laut Speisekarte ein „Punkkoch" zubereitet hatte.[7] Vor dreißig Jahren hätten Bahnreisende bei der Vorstellung von „Punk" in der Kombination mit „Essen" noch heftig gewürgt. Ein Teller mit pürierten Regenwürmern, Rasierklingen und Sicherheitsnadeln – kaum jedoch die fein abgeschmeckte Brokkolicremesuppe mit Garnitur. Ebenso unvorstellbar war es in den Achtzigern, dass dereinst konservative oder neoliberale Medien und

Politiker Ehrenpreise an junge zeitgenössische Künstler verleihen würden, an deren Brust sie zuvor Attribute wie „Punk", „Anarchist", „Rebell" oder „Umstürzler" geheftet hatten – und zwar gänzlich ironiefrei. Dieser Wandel begann mit dem Ende des Kalten Krieges, dem Ende von Ost- und Westblock. Viele alte Kunstfeinde wandten sich nun der einst verhassten modernen Kunst zu und wurden schnell zu ihren neuen Freunden. Vorher als „unverständlich" und „Steuergeldverschwendung" in konservativen Medien bekämpft, kündigten nun die unerwarteten, kilometerlangen Besucherschlangen vor den documenta-Gebäuden 1992 den Paradigmenwechsel an. Moderne Kunst galt plötzlich als Inbegriff grenzenloser Freiheit, westlicher Freiheit. Und „Punk" wurde zum Synonym für die Erneuerungs- und Integrationskraft eines sich verstärkenden, als alternativlos bezeichneten Turbokapitalismus. Bald darauf verteilten Ultrakonservative und Neoliberale Kunstpreise an „Anarchisten" und „Rebellen",[8] lobpreisten ruppig performende Schauspieler und Musiker in Machoposen als „Punks".

An den Oberflächen der Gegenwart reinszenierten junge wilde ehrgeizige Männer die rebellischen Punkgesten aus der Vergangenheit und den seinerzeit vollzogenen Aufstand gegen die Zeichenordnung. Mit beachtlichem ökonomischem Erfolg. Die Reinszenierung der Gesten und Codes der Achtziger wurde von kommerziell wirtschaftenden Galerien und dem Kunsthandel zur aufregenden, aktuell neuen Popkultur erklärt. Es war die Art von Popkultur, welche sich am Beginn der Neunzigerjahre aus dem Bereich der Popmusik und ihrer (De-)Konstruktion durch Punk zunehmend in die bildende Kunst und in deren Betriebssystem verlagert hatte. Seit den Neunzigern galt: keine Vernissage in der Galerie oder der staatlichen Kunsthalle ohne DJ, inklusive Bierausschank, Diskothek und Partystimmung.

Resteessen in Ruinen

Anfang der Neunziger propagierten Politiker die Durchsetzung der Dienstleistungsgesellschaft. Schon bald folgten dem politischen Programm auch zahlreiche Künstler. Als Dienstleister massierten sie Ausstellungsbesuchern die Füße, bekochten und verköstigten Kunstmessenbesucher oder betreuten Behinderte, beispielsweise mit dem Basteln von Badeanzügen, richteten Restaurants ein und anderes mehr. Sie affirmierten den geforderten Ausbau der Dienstleistungsgesellschaft. Dieser ging mit abnehmendem staatlichem Engagement und zunehmender Privatisierung des Sozialen einher. Der konzeptuelle Partyservice und die Themen-Szenebar waren dagegen typische Überbleibsel der Achtzigerjahre-Subkultur. Die Konzeptbars oder -restaurants, die derzeit im offiziellen Kunstbetrieb und den Kunst-Hochglanzmedien als innovativer letzter Schrei gefeiert werden, erinnern oft an die Lokale, Restaurants und Diskotheken, die Anfang der Achtziger im (sub-)kulturellen Umfeld von Westberlin, New York und anderen Städten entstanden waren. Allerdings entwickelten diese sich meist ohne den Anspruch, Teil des Kunstsystems zu sein oder es werden zu wollen: In der Westberliner Kneipe Rotes Kreuz servierten in den frühen Achtzigern Kellner und Kellnerinnen in den Berufsuniformen von Krankenschwestern und -pflegern den Gästen – oder besser gesagt: den Patienten – die Drinks. Cocktails trugen Namen wie „Blutsturz" oder „Transfusion". Die Innenausstattung des Roten Kreuzes, offizieller Name Intensivstation, bestand aus ausrangiertem Krankenhausinventar: Infusionsständer und weiß lackierte Krankenhausmöbel aus Leichtmetall. Gäste konnten auf gynäkologischen Stühlen Platz nehmen. Ähnliches entwickelte sich zeitgleich in der New Yorker Subkultur, in Manhattan. Dort verwandelte sich 1984 die Diskothek Area in zweiwöchentlichem Rhythmus vollständig. Als ich im Sommer mit Nan Goldin das Area besuchte, empfing uns eine psychotherapeutische Praxis. Vierzehn Tage lang notierten Krankenschwestern in kleinen Separees die Sorgen depressiver Besucher, während wahnsinnige Patienten in vergitterten Mehrstockbetten randalierten und dabei ihre Körperteile grotesk verdrehten. Nan Goldin erklärte mir später: Die Krankenschwestern waren eigentlich Transvestiten und die Patienten ausgebildete Yogameister.

Readymade-Lokal

In Westberlin entwickelte sich aus einem Billigbordell namens Club Maitresse durch Übernahme am 1. Mai 1987 das Lokal Kumpelnest 3000. Es machte von Anfang an hervorragende Umsätze. Dessen Betreiber, der Kunststudent Mark Ernestus, gründete 1989 den Techno-Plattenladen Hard Wax. Seine eigene Musik veröffentlichte Mark Ernestus unter den Labelnamen Chain Reaction, Basic Channel und anderen Pseudonymen. Bis in die Gegenwart hält das Hard Wax den Status eines der innovativsten Treffpunkte für Techno- und House-Interessierte. Ursprünglich hatte Mark Ernestus das Kumpelnest 3000 als seinen Meisterschülerabschluss an der Westberliner HdK bei Prof. Wolfgang Ramsbott konzipiert. Er mietete die Räume der Bar, änderte nichts an Dekoration und Mobiliar. Seine Kommilitonen und deren Freunde waren in das Projekt involviert, darunter Georg Marioth, Chris Dreier, Nikolaus Utermöhlen und Wolfgang Müller, der Gehörlosenaktivist Gunter Trube, Detlev Holland-Moritz, Reinhard Wilhelmi, Sabina Maria van der Linden, Armin Ibrahim Golz, Valerie Caris-Ruhnke, Torsten Poggensee, David Steeves, Marc Brandenburg, Käthe Kruse, der Biologe Cord Riechelmann und weitere Studierende, Ex-Studierende und Einkunftslose. Sie alle erhielten durch das am 1. Mai 1987 – also am Tag der Arbeit – eröffnete Kneipen- beziehungsweise Bordell-Readymade nun eine ergiebige Einkommensquelle. Sie nannten das Lokal Kumpelnest 3000 – eine Wortschöpfung von David Steeves, einem in Westberlin lebenden Frankokanadier und Escort-Boy. Dieser sah einige Tage vor der Eröffnung zwei eng umschlungene betrunkene Männer aus einer straighten Erotikbar kommen und fragte sich laut, ob sich dort wohl ein „Kumpelnest" befände. Aus dem Brainstorming der Kommilitonen entwickelte sich die Erweiterung „3000", denn im Jahr 1987 schien 2000 bereits viel zu nah zu sein. So konnte zudem das muffige Odeur des Wortes „Kumpelnest" mit etwas

Frischem, Zukunftsweisenden kombiniert werden. Das Kumpelnest 3000 wurde schon bald von unterschiedlichsten Szenen frequentiert. Hier trafen auf kleinstem Raum höchst unterschiedliche Menschentypen aufeinander. Bei den Prominenten waren das beispielsweise Cosey Fanni Tutti von Throbbing Gristle, der Kabarettist Helge Schneider, das Supermodel Claudia Schiffer, der New Yorker Poet John Giorno, Florian Schneider von Kraftwerk und der TV-Talkmaster Alfred Biolek. Der Journalistenperformer Tom Kummer bezeichnet das Kumpelnest 3000 als „traumhaften Ort" und seine „zweite Heimat". Kein Wunder, inszeniert sich doch das Lokal bis heute im Spannungsfeld zwischen Realität und Realitätskonstruktion. Kummer schwärmt in seinem 2007 erschienenen Buch *Blow up*: „Besonders die Bar- und Clublandschaft Westberlins schien von einer Armee kreativer junger Menschen angeführt zu werden, die die Ehrenmedaille der Genialen Dilettanten verdient hätten."[9] Mit deutlicher Distanz beschreibt der Schriftsteller Bernd Cailloux das Kumpelnest 3000. Für ihn ist es der „Alptraum einer einstigen Aufreißkneipe in Tiergarten, vor drei Jahrzehnten von Gehörlosen für den Eigenbedarf gegründet und mittlerweile ein dankbares Berliner Dinner-Thema für Leute, die sich einmal auf der wilden Seite des Nachtlebens befunden zu haben glauben, nur weil sie dort auf die nächste Entblößung von gut gemachten Transentitten oder den ins Nichts führenden Kuss einer Momente danach lospöbelnden Suffragette gehofft haben."[10] Tatsächlich war das Kumpelnest 3000 das einzige Lokal der Stadt, welches offenbar kein Problem darin sah, einen musik- und performancebegeisterten gehörlosen Kellner einzustellen. Der Sex-Pistols-Fan und Gehörlosenaktivist Gunter Trube zog in der Folge Gehörlose und Gebärdensprachler aus aller Welt an. Der hörende Inhaber und Musikproduzent Mark Ernestus unterstützte die erste Vinylveröffentlichung der Band Mutter und andere Musikprojekte der Kellner und Kellnerinnen durch Vorfinanzierung mithilfe der sprudelnden Kassen des Lokals. Unterschiedliche Soloprojekte wurden großzügig mit zinslosen Krediten oder durch Annoncen in Kleinverlagen gefördert. Nicht zuletzt durch die im Vergleich mit anderen Szenelokalen überdurchschnittliche beziehungsweise angemessene Bezahlung der Mitarbeiter vergrößerte sich zugleich deren Freiraum. So konnten sie künstlerische oder wissenschaftliche Vorhaben realisieren, die sich langfristig für die meisten Beteiligten auszahlten.

Künstler-/Kuratorenkunst der Neunziger

Künstlerische Ideen benötigen einen Rahmen, um sie präsent, bekannt und erfolgreich zu machen. Infolge der zunehmenden Ökonomisierung der Gesellschaft nach vollzogener Einheit der beiden deutschen Staaten 1990 nahm die Unfreizeit rasant zu. So entstand eine neue Spezies von Rahmenbauern. Die Vermittler und Manager erhielten größere Bedeutung. Sie erschienen in Gestalt von verstärkt am ökonomischen Nutzen orientierten Kuratoren, Kunstmanagern und Kunstvermittlern. Zahlreiche bislang erfolglose Künstler gewannen über ihre Verwandlung in Kuratoren und Künstlerkuratoren an Macht und Einfluss. Einige entpuppten sich zwar als geistreiche Galeristen – doch aus mäßig begabten Künstlern, welche die Fronten wechseln, werden nicht zwangsläufig einfallsreiche, talentierte oder geniale Kuratoren. Der Machtfaktor, zu dem die Ausstellungsorganisatoren, Vermittler und Manager im Betriebssystem der Kunst wurden, verhielt sich bisweilen recht unproportional zur Qualität des kuratierten Angebots. Das, was im Folgenden mit dem Begriff „Qualität" gemeint ist, umfasst Kunst, welche der Wahrnehmung Erkenntnisse bietet, indem sie neue Räume eröffnet: Räume und die Begrenzungen, die sie zu Räumen machen. Kunst aus der Addition von Endlichkeit und Unendlichkeit – in Gleichzeitigkeit.

TEIL 1: ÄHNLICHKEITEN UND DIFFERENZEN

Jeder Käufer von
zwei großen Särgen
erhält als Zugabe
einen Kindersarg

2 Valeska Gerts Beitrag in: *Aller Lüste Anfang. Das 7. Buch der Werbung*, Stierstadt im Taunus 1971

Valeska Gert 1978 – Nico 1988

Der von Jörg Schröder und Barbara Kalender geleitete März Verlag veröffentlichte 1969 einen Band mit dem Titel *Subkultur Berlin. Selbstdarstellung, Text-, Ton-Bilddokumente, Esoterik der Kommunen, Rocker, subversiven Gruppen.*[11]

Das vorliegende Buch setzt die (Sub-)Kultur der Punk- und Post-Punk-Szene Westberlins zehn Jahre später ins Zentrum. Markiert wird der behandelte Zeitraum durch den Tod von Gertrud Valesca Samosch alias Valeska Gert im Jahr 1978 und jenen von Christa Päffgen alias Nico 1988.[12] Zwischen deren (Todes-)Marken bildet sich in etwa der Raum, für den hier die Jahreszahlen 1979 und 1989 stehen. Die Zeit wird Raum. Neue Gedanken schaffen neue Begrenzungen. Auch der Tod bildet eine Grenze und ist ein Skandal, wie Die Tödliche Doris in einem Song 1982 Jean Baudrillard zitierte.[13] Den dabei möglicherweise entstehenden Gedanken, das vorliegende Buch sei so etwas wie ein Sarg oder ein Grabstein, der Autor mithin eine Leiche, möchte letzterer weder verstärken noch zerstreuen. Jedes Buch ist selbstverständlich auch eine Leiche.

Proto-Punkerinnen

Valeska Gert und Nico sind Vorläuferinnen des Genialen Dilletantismus. Sie sind so etwas wie Berliner Proto-Punks, Grenzfälle der künstlerischen, musikalischen und performativen Kategorisierungen und Genres ihrer Zeit. Beide Künstlerinnen sind Pop – zugleich war ihnen das „Populär-sein-Wollen" schnurzegal. Sie ignorierten, irritierten, überforderten und überschritten die Grenzen der strikten Einteilung in E und U. Die Konsequenzen, die sich durch ihre Unangepasstheit an das Mehrheitsregime für die Rezeption ihrer eigenen Kunst ergaben, nahmen sie in Kauf. Während Nico mit Andy Warhol und der Band The Velvet Underground zusammenarbeitete, antwortete die 86-jährige Valeska Gert im Jahr 1977 auf die Frage, ob sie es denn bereue, nach dem Krieg wieder nach Berlin zurückgekommen zu sein: „Wäre ich 1950 in New York geblieben, würde ich heute vermutlich Filme mit Andy Warhol drehen."[14] Vom hochkulturellen Kunstbetrieb Deutschlands wurde Valeska Gert nach ihrer Rückkehr aus der durch die Nazis erzwungenen Emigration fast völlig ignoriert. Gegenwärtig scheint sich das langsam zu ändern. Die Kästchen, in die ihre Künste, ihre Musik und Darstellungsformen gepasst hätten, waren damals noch gar nicht gezimmert. Auf jeweils sehr unterschiedliche Art und Weise erweiterten Nico und Valeska Gert den engen Raum, den der Kunstbetrieb Künstlerinnen zugesteht. Dass sich dieser von anderen gesellschaftlichen Bereichen gar nicht so stark unterscheidet, wie er das (und damit auch sich selbst) dem Außen gerne darstellt, zeigt ihr Beispiel. Durch Nico und Valeska Gert, Künstlerinnen, Musikerinnen, Schauspielerinnen, Performerinnen, beide zeitlebens eng mit Berlin verbunden, beide vom Fotografen Herbert Tobias zwischen 1955 und 1979 oft porträtiert,[15] wird auch deutlich, dass Hoch- und Subkultur eng miteinander kommunizieren, sich immer wieder neu definieren, und dass ihre jeweiligen Grenzen in permanenter Bewegung sind und oszillieren. Es bilden sich Räume, zunächst, ohne wahrgenommen zu werden. Weitere Räume öffnen sich, Bewegungen lösen sich und erstarren. Neue Grenzen entstehen, andere verschwinden dagegen, lösen sich auf. Die entstandenen Räume fließen ineinander, überschneiden sich, verschmelzen oder bilden Paralleluniversen. Sie berühren einander, sie versiegen, eruptieren oder stoßen sich voneinander ab. Sie explodieren und implodieren. Manchmal sogar gleichzeitig.

Die Hochkultur der Gegenwart, ist sie erst mal auf den Boden des Gurkenglases gesunken, vermag sich kaum wieder in Subkultur zu verwandeln. Eher in einen Staubfänger. Einen Staubfänger im Museumsdepot. Schlummert in mancher Avantgarde der Gegenwart bereits die Salonkunst der Zukunft? Für die Subkultur besteht zumindest noch die Möglichkeit, Hochkultur zu werden – selbst gegen ihren ausdrücklichen Wunsch.

Westberlin

1962 wird die westliche Stadthälfte von Berlin durch eine Mauer von der östlichen Stadthälfte und dem Umland getrennt. Westberlin entsteht. De facto eine Exklave der Bundesrepublik Deutschland, de jure aber von den Alliierten besetzt und verwaltet.[16] Die westlichen Alliierten erklären Westberlin zum Leuchtturm der Freiheit: Es steht für die Freiheit der Gedanken, des Wortes, des Konsums und der Reisen – eine als grenzenlos propagierte Freiheit. Wenn das kapitalistische Westberlin ihr Leuchtturm beziehungsweise eine Insel ist, dann müsste die sozialistische DDR das umgebende Meer sein. Es ist ein rotes Meer, durch welches sich von Westdeutschland aus drei Transitstrecken wie Brückendämme für Auto und Bahn am Boden ziehen und zwei Flugschneisen in der Luft. Eine zunehmende Zahl zumeist junger Menschen, die es anderswo nicht aushalten, flüchtet sich hinter diese Mauer, hinein nach Westberlin. In den engen Begrenzungen dieser Insel sind Grenzüberschreitungen möglich, die andernorts völlig undenkbar sind. So sammeln sich innerhalb dieses geografischen Raumes mehr und mehr Existenzen, die weder in den real existierenden Sozialismus passen noch in die damals noch soziale Marktwirtschaft, die sich erst nach 1990 in eine hemmungslos kapitalistische verwandeln wird.

Karrieristen suchen ihr Glück eher woanders, kaum in Westberlin. Der seit 1977 dort lebende Schriftsteller Bernd Cailloux schreibt: „Spätestens nach dem Mauerbau hatten Zehntausende an bürgerlichen Karrieren interessierte Berliner ihre amputierte Heimatstadt verlassen; ihren Platz nahmen daran weniger interessierte Neuankömmlinge ein – mit Pappschildchen begrüßt, 6-Zimmer-Wohnung frei, Pariser Straße, 150 Mark im Monat. Die zu Mauerzeiten niedrig bleibenden Mieten waren die größte Förderung des Nachwuchses von Wissenschaft und Kunst […] und einer der Gründe dafür, dass der Strom der Zuzügler, der hier nicht geborenen, gelernten Berliner, von da an nicht mehr abreißen sollte […].“[17]

Nur Der, Die, Das kann neutral genannt werden,
Der, Die, Das nicht einmal die eigene Partei ergreift.
(Dieter Roth, *Das Tränenmeer*, in: Anzeiger Stadt
Luzern, 1971/72)[18]

Durch Verdoppelung habe ich mir gestattet, ein
wenig Distanz zu meinem Körper einzunehmen. Der
verdoppelte Wolfgang Müller erscheint mir besser
geeignet, den schwerpunktmäßigen Zeitraum sowohl
vor als auch nach den angegebenen Marken 1979 und
1989 zu überschreiten und seinen Blick bis in die aktuelle Gegenwart streifen zu lassen. Ausdrücklich er-
laube ich der Doublette abzuschweifen, Kleinigkeiten
zuweilen gleichgewichtig neben Großartiges zu stellen,
Unbedeutendes neben Bedeutendes, Bekanntes neben
Unbekanntes – mal sehen, was geschieht. Mit Vinyl,
Sicherheitsnadeln oder Metall kann etwas geformt werden – aber auch mit der Zeit und den ihr inhärenten
Phänomenen. Zeiträume bilden sich und Parallelzei-
ten. Westberlin war „Freizeit", freier Raum. Mit dieser
Freizeit ausgestattet, konnte Wolfgang Müller 1982 im
Westberliner Merve Verlag mit der Hilfe von Heidi
Paris und Peter Gente sein Buch *Geniale Dilletanten*
zusammenstellen. Um neue Räume zu öffnen, taucht
Wolfgang Müller in diesem Manifest der subkulturel-
len Post-Punk- und Kunstszene sowohl als Herausgeber als auch als Autor unter bürgerlichem Namen
sowie unter den Pseudonymen Claudia Schandt, Klaus
Laufer, Cordula Becker und Doris Teschner auf.

Das Lallen der Dilletanten

Die Vorstellung, den Dilettantismus als solchen zum Beruf zu machen, existierte im Umfeld der West-berliner Genialen Dilletanten nicht. Einen Hinweis darauf bietet das Merve-Buchcover in der fehlerhaf-ten Schreibweise des Wortes „Dilettanten" als „Dille-tanten". Das Doppel-„l" klingt wie ein Lallen. Es be-schleunigt und hemmt zugleich das Tempo. Es erzeugt einen verdoppelten Raum, dessen Verdoppelung ihn gleichzeitig verschiebt. Dieses Lallen ließ zudem ein „t" überflüssig werden.

Ist es eine Überraschung, dass bei einem dreitägi-gen Kongress des Zentrums für Literatur- und Kultur-forschung Berlin mit dem Titel *Dilettantismus als Beruf* im Jahr 2006 das Merve-Buch vollkommen unerwähnt blieb? Durch die Falschschreibung auf dem Buchde-ckel seien die Internetsuchprogramme, so bestätigten die am Kongress beteiligten Wissenschaftler, ins Leere gelaufen. Man habe das Buch zwar gesucht – aber eben wegen des Rechtschreibfehlers nicht gefunden.[19] Und während bei dieser Veranstaltung letztendlich doch wieder einmal der Typus des Profis im Vordergrund stand, der hinabsteigt, um den Dilettanten und seine Kunst zu entdecken, diese dann in den „professionellen Kontext" bringt und damit die alten Hierarchien bestä-tigt, übt sich der Geniale Dilletant in der Entdeckung des Profis und seiner aktuellen Erscheinungsformen.

Ausgelassenes

Es ist unvermeidlich, dass neben allgemein bekannten oder anerkannten Phänomenen, Künstlern, Einzelpersonen und Lokalitäten dieser Streifzug durch die Westberliner Subkultur der Achtzigerjahre auch Ausgelassenes, Übersehenes, Unberücksichtigtes, Vergessenes, Unwichtiges oder Unbedeutendes enthält. Ausdrücklich soll im vorangegangenen Satz all das eingeschlossen werden, was der Verfasser selber übersehen hat, unberücksichtigt ließ oder vergessen hat. Die dabei entstehende Ungerechtigkeit erscheint jedoch sogleich in milderem Lichte, wenn Leserinnen und Lesern bewusst ist, dass manches Exkludierte erfahrungsgemäß nicht etwa durch Bergung, sondern erst durch seine Exklusion deutlich wahrnehmbar wird. Was sich der endlichen Wahrnehmung des Autors entzog, aus welchen Gründen auch immer, findet sich nicht. Die Exkursion ist also keineswegs mit dem Anspruch auf Vollständigkeit verbunden, bemüht sich aber trotzdem um Objektivität – wie grotesk das auch klingen mag.

American Superstar

Mühsam, per Handarbeit, rubbeln Heidi Paris und Wolfgang Müller 1981 die Schriften für das Cover von *Geniale Dilletanten* ab. Der Merve Verlag residiert in der obersten Fabriketage eines Hinterhofs der Schöneberger Crellestraße. Alles ist selbst gemacht im Verlag. Das Verlegerduo Peter Gente und Heidi Paris bezeichnet sich selbst im Nachwort des Buchs als

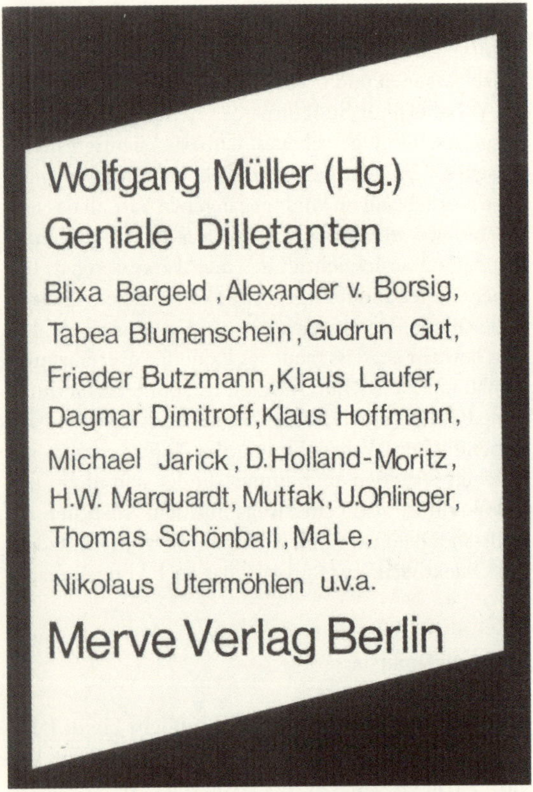

3 Buchcover *Geniale Dilletanten*, Merve Verlag Berlin 1982

bekennende, fröhliche Dilettanten. Im Zwei-Finger-Suchsystem tippen die beiden auf einer roten Schreibmaschine die übersetzten Texte der französischen Poststrukturalisten ab. Von Jean-François Lyotard bis hin zu Michel Foucault.

Die Schrift in den weißen Rauten der Merve-Cover stammt von den Folien der Firma Letraset. Letraset war in den Achtzigern sehr beliebt. Vor der großen Verbreitung des Computers waren diese Anreibebuchstaben bei Grafikdesignerinnen und Layoutern häufig in Gebrauch. Die Folien aus dem englischen Ashford boten auch Dilettanten eine gute Möglichkeit, professionell aussehende Schriften auf Flächen aufzutragen. Die unter einer transparenten Folie haftenden Buchstaben wurden dabei mit einem Stift auf das darunterliegende Medium aufgerieben. Sogar die Rote Armee Fraktion wählte das Letraset-System für ihre Bekennerschreiben. In jeder politischen Äußerung steckt immer auch Ästhetik. Und die birgt manchmal Unerwartetes: So lässt sich das Buchstabenkürzel „RAF" unter den RAF-Bekennerschreiben als eine Letraset-Schrifttype namens „American Superstar" identifizieren. Wer es gerubbelt hat, bleibt bis heute ein Rätsel.

365 Zeitwörter

Nachdem die Manuskripte für *Geniale Dilletanten* eingetroffen sind, sucht Heidi Paris mit Wolfgang Müller in den Texten nach sämtlichen Wörtern, die in Kombination mit dem Begriff „Musik" auftauchen.

Diese werden nun Teil des umfassenden Registers, welches auf Seite 119 beginnt und mit Seite 125 endet. Die detaillierte Musik-Aufzählung beginnt mit der Kombination „Musik – als Geräusch", im Buch zu finden auf Seite 36, sie endet bei „Musik – zusammengepreßt", im Buch auffindbar auf Seite 60. Im Register ruht das Wort eingebettet zwischen Anführungszeichen: als „Musik" von Seite 72. Das durch Zitierzeichen markierte Wort entstammt einem Leserbrief an den Berliner *tip*, in dem sich ein oder eine H. D. Rhein aus Rüsselsheim darüber empört, im Artikel des Stadtmagazins über das *Festival der Genialen Dilletanten* vom 23/1981 insgesamt 49-mal das Wort „Musik" gelesen zu haben: „[…] das empfand ich als Frechheit denen gegenüber, die sich noch die Mühe machen, wirklich Musik zu machen."[20] Dazwischen finden sich im Register über fünfzig Musikformen und -gestalten. Heidi Paris ist passionierte Wortsammlerin. Im Jahr 2008 erscheint in einer Auflage von 211 Exemplaren ihr Merve-Band *365 Zeitwörter* zusammen mit Tanizaki Jun'ichirōs Text *Über die Faulheit*. Das erste „Zeitwort" von Heidi Paris ist „ach du liebe Zeit", das letzte „Zyklus". Die „Freizeit" ist Nummer 77.[21]

Spurensuche

Anfang 1979 begeben sich Nikolaus Utermöhlen und Wolfgang Müller unter die Erde. Sie streunen in Westberliner U-Bahn-Stationen herum. Dort und oberhalb davon, in einigen Kaufhäusern, befinden sich Automaten der Firma Fotofix. Diese Maschinen enthalten eine kleine Kabine mit Drehhocker. Menschen können hineingehen und sich auf den in der Höhe verstellbaren Hocker setzen. Im Fotofix-Automaten schauen sie auf eine spiegelnde Glasscheibe mit Markierungen, können ihren Kopf für das Foto in eine geeignete, zentrale Position bringen. Hinter der Scheibe befindet sich ein Blitzlichtgerät. Nach erfolgtem Geldeinwurf und anschließendem Knopfdruck werden die Menschen vom Automaten porträtiert. Viermal blitzt ein greller weißer Lichtflash auf, der an einen Stroboskopblitz erinnert. Der automatische Fotoapparat entwickelt nun innerhalb seines Körpers vier unterschiedliche Fotos in etwa fünf Minuten. Ein feuchter Fotostreifen mit jeweils weißer Rahmung fällt durch einen Schlitz an seiner Außenseite heraus. Ein Gitter hält den Fotostreifen fest, und ein eingebautes Warmgebläse trocknet ihn. Die Fotos können dann für Dokumente wie Ausweise und Bewerbungsschreiben zurechtgeschnitten und entsprechend verwendet werden. Doch es bleibt ein Rest: Nicht alle Fotografierten nehmen ihre Selbstporträts mit. Manche werfen sie vor Ort weg. In unmittelbarer Nähe der Automaten finden sich vollständige, zerrissene, zerknüllte Fotoporträts oder deren Fragmente. Manche werden vermutlich aufgrund technischer Mängel der Fotos zerstört, viele andere aber aus nicht nachvollziehbaren Gründen. Hat dem oder der Porträtierten seine oder ihre eigene Haltung, Position oder der Gesichtsausdruck nicht gefallen?

In jedem Selbstporträt steckt auch der Fotograf selbst. In der Interaktion zwischen Fotograf und Modell entsteht ein Porträt. Was ist aber, wenn der Fotograf eine Maschine ist? Steckt in diesen Porträts also auch die Persönlichkeit der Maschine? Zirkuliert die Bewegung zwischen Subjekt, Maschine und der Verdoppelung des Subjekts? Zu den typischen Phänomenen der Achtzigerjahre zählt der immer wieder geäußerte Wunsch nach Authentizität. Aus welchen Elementen konstituiert sich Authentizität?

Die beiden Kunststudenten sammeln die weggeworfenen Fotoporträts auf, säubern, glätten und rekonstruieren sie.[22] Ab Mitte 1979 stochern Utermöhlen und Müller bei jeder sich bietenden Gelegenheit mit Stöcken und Pinzetten hinter die Fotoautomaten in Westberliner U-Bahn-Stationen und Kaufhäusern. Daraus entsteht ihr erstes gemeinsames Kunstprojekt *Material für die Nachkriegszeit – Dokumente aus dem Fotomatonautomaten*, ein Super-8-Film von 24:07 Minuten Länge.[23]

Rekonstruktion von Bewegung

In *Material für die Nachkriegszeit – Dokumente aus dem Fotomatonautomaten* werden die Bewegungsmuster unbekannter Menschen in einem bestimmten Zeitraum rekonstruiert. Rekonstruiert wird auch ihre Bewegung innerhalb eines anderen Raumes, nämlich des Automaten. Irgendwann liegt den beiden Sammlern eine beträchtliche Anzahl von Fotos und Fotofragmenten vor. Nun schneiden sie ein kleines Rechteck in eine schwarze Pappe. Dieser Ausschnitt hat die Größe eines einzelnen Passfotos. Porträt um Porträt wird nun unter diese Maske gelegt. Bild für Bild filmen Utermöhlen/Müller – nun in den Rollen von „Mitarbeitern des Foto-Dokumentar-Archivs (FDA)" – mit einer Super-8-Kamera ab. Aus dem Vorhandensein mehrerer Fotos derselben Person lässt sich neben den Bewegungsfolgen zugleich ein Zeitablauf rekonstruieren. Zwei Filme entstehen. In der dramatisierten Fassung dieses Super-8-Films blitzt grelles Licht in Abständen von drei Sekunden auf – Blitzlicht und Stroboskop zugleich. Kein Konzept, sondern ein Fehler, der bei den Einzelbildaufnahmen während der Belichtung entstanden ist. Die undramatisierte Fassung des Films *Material für die Nachkriegszeit* läuft erstmals am 25. Januar 1981 im Kino Arsenal, dann in den Lokalen besetzter Häuser in Westberlin und später schließlich, am 30. Oktober 1982, in der Sektion „Cinéma expérimental" auf der XII. Biennale de Paris im Musée d'Art Moderne. Mit überraschenden Konsequenzen: Zwanzig Jahre später schreibt Eugen Blume in einem Katalogbeitrag: „Der Film […] nahm zwei Ideen des Erfolgsfilms *Die fabelhafte Welt der Amelie* vorweg: die Passfotosammelsequenz und die Episode mit dem Passfotoautomatenkontrolleur."[24]

Abwesende Präsenz

Aus der Vielzahl anonymer Menschen entsteht allmählich ein Körper. Er besteht aus Singularitäten und bildet zugleich eine Einheit. Der abwesende Körper erscheint über fotografischen Abbildungen. Er bildet sich aus der Zerstreutheit, Zerrissenheit und aus den Narben – alles das verbindet sich gleichzeitig in einem Raum zu einer Gestalt. Es ist ein vibrierender Raum, der das mathematische Zeit-Raum-Modell verlässt. Abstoßend und berührend zugleich ist die Nähe und Intimität der Porträtierten. Sie schaffen Präsenzen. Präsenzen werden wahrnehmbar, sie werden spürbar durch die Abwesenheit der unbekannten Körper und die Anwesenheit ihrer Intimität.[25]

Der Körper entsteht in und mit der Wahrnehmung

Mit Nikolaus Utermöhlen gründet Wolfgang Müller Anfang 1980 im Umfeld der Westberliner Post-Punk-Szene Die Tödliche Doris. Im gleichen Zeitraum bilden sich zahlreiche Bands, wie beispielsweise Mania D, Liebesgier, Malaria!, DIN A Testbild, Einstürzende Neubauten, Sprung aus den Wolken und MDK. In ihrer Freizeit halten sich Wolfgang Müller und Nikolaus Utermöhlen in Lokalen wie dem Chaos, Exzess, Shizzo, Gott, Risiko, Frontkino, KZ 36, SO36, der Milchbar, der Diskothek Dschungel oder dem Café Mitropa auf. Weitere Künstler, Musiker oder Studierende werden sich später zeitweise am Projekt Die Tödliche Doris beteiligen: Chris Dreier bis 1982,

Max Müller (Mutter) 1980, Tabea Blumenschein ab 1980 immer wieder, Dagmar Dimitroff (1960–1990) 1981 für sechzehn Monate,[26] sporadisch der Gebärden-künstler Gunter Trube, in Fremdverkörperung kurz Matthias Roeingh (der spätere Dr. Motte), Michael Jarick, Helmut Drucker und ab 1982 Käthe Kruse, Jahrgang 1958, die bis 1987 dabei sein wird. Die Tödliche Doris existiert von 1980 bis 1987.

Körperliche Abwesenheit

Mit dem Instrumentarium einer gewöhnlichen Punkrockband ausgerüstet – Gitarre, Schlagzeug, Gesang – forscht Die Tödliche Doris nach dem abwesenden Körper. Was Die Tödliche Doris nicht sein will, ist „originell", „individuell" oder „unvergleichlich". Auch möchte sie sich keinesfalls „selbst verwirklichen" oder „sich selbst erfahren". Denn das erledigt gerade die linksalternative Szene für sie: In den bis Ende der Siebziger gegründeten Stadtmagazinen *zitty* und *tip* sowie auch der *taz*, der *tageszeitung*, wimmelt es von Wörtern wie „Selbstverwirklichung", „Selbsterfahrung", „ganzheitlich" und „individuell". Die Selbstverwirklichungsmanie der Linksalternativen führt Die Tödliche Doris in die Punkszene. Auf ihrer ersten Schallplattenhülle finden sich Kontaktanzeigen für die individuelle Selbstverwirklichung mithilfe anderer: „Welcher geile Punk pißt mich an? Ziehe mir auch gern Popperklamotten an. Georg (17)" oder: „Wer spielt meine Mutti und schlägt mich, wenn ich meine neue Lederjacke beschmiere? Sonja (15)".[27]

Das Interesse der Tödlichen Doris richtet sich weniger auf die Differenzen oder das Trennende als auf Ähnlichkeiten und Gemeinsamkeiten, auf Konventionen und Rituale, die sich im neuen Gewand innerhalb der subkulturellen Szenen bilden. Doris' eigene Gestalt, ihr Körper, ist den Bandgründern unbekannt. Sie haben keine Ahnung, wo sich Doris gerade aufhält. Ihnen ist lediglich klar, dass das Vorhaben, Doris wahrnehmbar zu machen, sie in Erscheinung zu bringen, nur in der Interaktion mit dem Außen, mit anderen Menschen möglich ist. Erst in einem vibrierenden Raum kann sich Doris' Gestalt zeigen. Durch weitere Intra-Aktionen innerhalb ihres Körpers kann sich dieser dann entfalten und ausdifferenzieren. Ihr Geist, ihre Identität, ihre Persönlichkeit inklusive ihres Pop-Images sind untrennbar miteinander verbunden und interagieren in und mit diesem Körper. Ob Doris ein Gespenst, ein Geist, ein Vampir, ein Messias, ein Hype, ein Flop, eine Künstlerin oder gar eine begabte Popmusikerin ist, wird sich erweisen.

„Die Informationen sind gegeben und verselbstständigen sich unangenehm. Ganz deutlich ist alles fertig, perfekt. Die scheinbare Weiterentwicklung besteht in der Perfektion und der weiteren Durchplanung bis ins Detail; die Absicht ist die totale Durchschaubarkeit, Kontrolle dieser Informationen.

Der Mechanismus ist fertig, jede weitere Ausdehnung in sich selbst (hinein), aus sich selbst (heraus), macht ihn gefährlicher.

Gefährlicher durch seine Verwundbarkeit, die noch nicht beschädigte Informationen schneller wuchern lässt, um die Wunden zu schließen."[28]

Von der Außenwelt nehmen wir nur Ausschnitte wahr – schon deshalb, weil wir am Hinterkopf keine Augen haben beziehungsweise uns die Möglichkeit eines gleichzeitigen 360-Grad-Blicks versagt bleibt. Trotzdem spüren, riechen oder hören wir möglicherweise, was außerhalb unseres Gesichtsfeldes geschieht. So ergänzen, interagieren, erweitern sich die Sinne. Gemeinsam konstituieren sie ein flackerndes Bild. Die einzelnen Sinne erforschen jeweils unterschiedliche Wahrnehmungsräume. Aus diesen Räumen bildet sich ein hegemoniales Bild, es entstehen entsprechende Blickregime. Wahrnehmen heißt immer auch Ausschließen. Oder wie Slavoj Žižek in *Liebe Dein Symptom wie Dich selbst!* schreibt: „Niemals kann ich das Bild an der Stelle sehen, von der aus es mich anblickt, d. h., Sicht und Blick sind grundlegend dissymetrisch."[29]

Visuelle Anthropologie

Notiz vom 15. April 1981: Die Tödliche Doris intensiviert ihre Aktivitäten im Forschungsbereich „Visuelle und akustische Anthropologie". Sie mischt sich verstärkt in Wolfgang Müllers Leben ein. Sie fordert ihn dazu auf, den Tanz und die Musik zwischen der Kunst und dem Leben besser wahrzunehmen. Aus den Blickperspektiven und den besonderen Verortungen der einzelnen Künstler und Autoren, so Doris, entstünden Schnittmengen. Und somit Aushandlungsräume in den Welten zwischen Kunst und Politik.

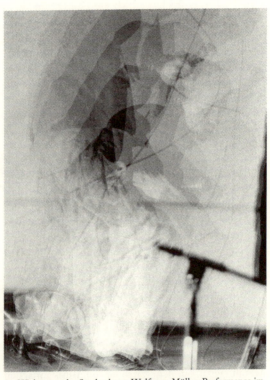

4 Wirkungen des Stroboskops: Wolfgang Müller, Performance im
Künstlerhaus Bethanien, Westberlin 1983, Foto: Roland Owsnitzki

Stereo-Ohrenstroboskop

Ausgehend von der *Exploding Plastic Inevitable*-Lightshow der Velvet Underground spannt der Philosoph der Popkultur, Diedrich Diederichsen, in seiner *Kritik des Auges* einen Faden hin zu Tony Conrads Film Flicker (USA 1966). Nichts sei nüchtern an den Lightshows und *Flicker*-Filmen, niemand zeige darin kritisch distanziert auf die Dispositive des Sehens. Das „Sehen des eigenen Sehens" gebe sich vielmehr als Überwältigung und körperliche Erfahrung. Ihm sei kein ruhiger Ort der Betrachtung vergönnt, weil die Kontemplation selbst zertrümmert werde. Ist, wie Diederichsen sagt, das Stroboskop tatsächlich das Licht der Achtzigerjahre, da sein Lichtrhythmus die „gezielte Störung des objektiven Sehens" zur Folge hat?[30] Wird es zum Folterinstrument, wie es Lydia Lunch als düster-brutale Domina in dem Film *Black Box* an einem willkürlich entführten jungen Blondschopf alias Bob Mason exerziert?[31]

Nachbilder

Der die Augen blendende Blitz des Fotofix-Automaten ähnelt dem Flash eines Stroboskops. Die Tödliche Doris untersucht vor Ort, auf der Bühne, ob es möglich sein könnte, dass, selbst wenn ein objektives Sehen nicht existiert, das Sehen durch den Einsatz bestimmter Störungen überhaupt erst wieder eine Gestalt und Festigkeit erhält – und somit solche Störungen zum Bestandteil „objektiven Sehens" werden. Der

Effekt eines Stroboskops besteht darin, eine optische Täuschung zu verursachen, die auf der Nachbildwirkung auf der menschlichen Netzhaut beruht. In regelmäßigen zeitlichen Abständen sendet das Stroboskop Lichtblitze in den Raum. In einer dunklen Umgebung stellt sich das Auge auf die dadurch erzeugte Helligkeit ein. Es sind daher nur Bilder zu sehen, wenn ein solcher Blitz die Szenerie beleuchtet. Es entstehen abgehackt erscheinende Bewegungen, bestehend aus einer Abfolge von Bildern. Durch den Rhythmus des Lichtes verschwindet ein fließender Bewegungsablauf. Die Tödliche Doris ist abwesende Präsenz. Doris erscheint durch die permanente Abwesenheit ihres Körpers.

Ungerechtigkeit

1. „Inzwischen sind wir zu der Meinung gekommen, daß Sie nicht mehr zu den großen Geistern unseres Jahrhunderts zu rechnen sind. Darüber hinaus würden wir es als Ungerechtigkeit empfinden, sollten Sie dennoch zu einem gewissen Erfolg gelangen!"[32]

Doris zwingt Wolfgang Müller in der Performance dazu, gleichzeitig und im selben Rhythmus, in dem er die einzelnen Silben dieser Sätze ausruft, mit den Innenflächen seiner beiden Hände gegen die Ohren zu schlagen. Währenddessen soll er seine Stimme von Wort zu Wort lauter und lauter aufdrehen, um schließlich abrupt zu enden. Dabei umhüllt ihn ein Gewand aus hellem Baumwollstoff. Unter dieser Toga befinden sich ein Stroboskop und Nikolaus

Utermöhlen, der das Gerät bedient. Im gleichen Moment, da Wolfgang Müller die Silben ruft und die Ohren im Rhythmus schlägt, schaltet Nikolaus Utermöhlen das Stroboskop an. Im Rhythmus der Silben blitzt es unter dem weißen langen Gewand.

Ein Bewegungsablauf, der nur erstarrte Einzelbilder preisgibt, der unsichtbar bleibt und in seiner Abwesenheit erscheint. Die Wahrnehmung funktioniert ähnlich wie die Filmtechnik. Auch der Mensch könnte eine Art Abspielgerät sein. In den Ohren ertönt ein Klangstroboskop.

2. „Inzwischen sind wir davon überzeugt, dass Sie nichts mehr zu sagen haben. Darüber hinaus würden wir es als Ungerechtigkeit empfinden, sollte Ihr gewisser Erfolg sich dennoch als dauerhaft erweisen."[33]

Wer Musiker oder Künstler ist, braucht Zeit dazu [...], viel Zeit.[34] (Moe Tucker)

Schafsköpfe

Im Jahr 1969 sind der Philosoph Oswald Wiener mit seiner Familie und der Künstler Günter Brus aus Österreich in die Enklave Westberlin geflüchtet. Sie zählen zur Gruppe der Wiener Aktionisten. Deren Kunst findet zehn Jahre darauf auch Anhänger in großen Teilen der Punk- und Industrialszene, sie wird gelegentlich in entsakralisierten Pop-Varianten reinszeniert.

1982 kommt die australische Industrialband SPK nach Westberlin. Mit Die Tödliche Doris veranstaltet sie im SO36 einen Konzertabend.[35] SPK-Mitglied Graeme Revell fragt nach einem enthäuteten Schafskopf. Eigentlich möchte er diesen während des Auftritts in das Publikum werfen. Der gesuchte Schafskopf wird bei einer türkischen Fleischerei ausfindig gemacht, die sich ganz in der Nähe des SO36 befindet. Der Kopf wird in einer Plastiktüte geliefert und vor die Bühnengarderobe gestellt. SPK-Mitglied Sinan Revell erinnert sich dreißig Jahre später: „Yes, I remember that sheep's head we used for the concert. In fact, Graeme did not throw it into the audience. Some parts were ejected onto the audience, but we kept the skull and made a ‚violin‘ out of it. Graeme actually put the sheep's head to his mouth, sucked it and spat out the contents." Ob er dabei vom Schafhirn gekostet habe? Nun, Graeme sei schließlich ein gebildeter Typ, lacht Sinan Revell. Im Rückblick nennt sie die Aktion eklig und lustig zugleich.[36]

Energiebeutel und Zeitblase

Ein anderer Schafskopf findet im Tödliche-Do-
ris-Lehrfilm *Energiebeutel und Zeitblase* von 1982 Ver-
wendung.[37] Zunächst erscheint die Profilansicht eines
Menschen – es ist die Kunststudentin Sabine Böing,
die eine blonde Perücke, eine Perlenkette, Brille und
einen Pelzmantel trägt. Diese Ansicht wechselt durch
abrupten Filmschnitt zu einem vertikal in der Mitte
zersägten Schafskopf. Der Querschnitt zeigt sein Inneres, das Gehirn und Drüsen. Der halbierte Schafskopf
ist mit einer identischen blonden Perücke, Perlenkette
um den Hals, Brille (halbiert) und Pelzmantel ausgestattet. Im Off erklingt der Text „Energiebeutel und
Zeitblase" von Dagmar Dimitroff. Gesprochen wird er
von dem Psychologen Hannes Hauser mit deutlichem
österreichischem Akzent. Die durch einen Plastikhand-
schuh geschützte Hand von Nikolaus Utermöhlen ragt
ins Filmbild, um mittels einer Pinzette die von Hannes
Hausers Stimme erwähnten Bestandteile des Gehirns
zu zeigen. Die Pinzette stochert im organischen Ge-
webe herum, zupft, zerrt und zieht an den Weichteilen.

Verweigerer

Auch die Dichter H. C. Artmann und Gerhard
Rühm gehören zum Umfeld der aus Österreich nach
Westberlin Emigrierten. Der Aktionskünstler und
Zeichner Günter Brus schreibt in seinem Buch *Das gute
alte West-Berlin*: „Nun, West-Berlin war in dieser Zeit
gerade nicht die Basis, auf die man seine Karriereleiter

stellen konnte. [...] Berlin war damals ein Schlupfwinkel für alle Ausgesetzten, Ausgegrenzten und Tagediebe."[38]

Immerhin können die Wiener Künstler an kleine, bereits existierende literarische und künstlerische Szenen der Stadthälfte andocken. Für ihren Lebensunterhalt eröffnen Ingrid Wiener, Oswald Wiener und Michel Würthle im Herzen Kreuzbergs, am Paul-Lincke-Ufer, ihr Restaurant Exil. Gemeinsam betreiben sie es von 1972 bis 1978. Die Wieners wandern 1985 nach Kanada aus. Übrigens schlägt den Exilanten vonseiten der Kreuzberger Punk- und Anarchistenszene keineswegs eine feindliche Atmosphäre entgegen. Die seit dem Jahr 1987 bis in die Gegenwart von den Medien als Beleg linksextremen Kreuzberger Terrors gegen Feinschmeckerlokale gehypte „Kübelgruppe", die das Restaurant Maxwell heimsucht, wird sich im Exil nie blicken lassen. Zugegeben, es fehlt dem Exil jeder belehrende Gestus, jede demonstrative Gebärde, die das „gute Essen" zu einer allzu bedeutungsschweren oder gar ausgrenzenden Angelegenheit macht. Es ist ja immerhin möglich, im Auftischen eines Drei-Gänge-Menüs zugleich eine Gentrifizierungsdrohung mitzuservieren. Das Restaurant Maxwell inszeniert sich als etwas zu ernst genommener Versuch, den guten Geschmack endlich in der kulinarischen Ödnis zu etablieren. Es wirkt daher auf manche Kreuzberger Anwohner mehr wie eine Missionsstation als wie ein Feinschmeckerrestaurant. Dem zwölfjährigen Sohn einer dort speisenden Familie wird, so die Legende, die Coca-Cola strikt verweigert. „Coca-Cola?!" Der Kellner scheint schockiert: „Das führen wir hier nicht!" Die revolutionäre Kübelgruppe, die das Maxwell schließlich überfällt und mit Fäkalien besudelt, hat garantiert auch Antipathien gegen Coca-Cola – allerdings aus völlig anderen Gründen. Die unprätentiöse, entspannte Stimmung macht das Exil dagegen unangreifbar. Es fügt sich in die Ärmlichkeit Kreuzbergs ein, obgleich es wie ein schmackhaftes, luxuriöses Raumschiff in einer kulinarischen Wüste gelandet ist. Was könnte diese Koexistenz höchst unterschiedlicher Welten eigentlich besser demonstrieren als die ganzseitige Werbeanzeige des Exil im Buch *Verweigerer* der Politpunkband MDK? Das Hardcore-Punk-Buch erscheint 1983 im anarchistischen Karin Kramer Verlag.[39] Wenn es die Kreuzberger Kübelgruppe nicht gegeben hätte, jemand hätte sie vermutlich erfinden müssen.

Die Legende von der Kübelgruppe

Der Kreuzberger Kübelgruppen-Mythos wird bis in die Gegenwart von einigen Unverdrossenen intensiv gehegt und gepflegt, um die besondere Lustfeindlichkeit und Aggressivität der Kreuzberger Linken zu beweisen. Ist er auch dabei nützlich, die linken Gegner des rechten Terrors mit ihren Gegnern, den offenen Rassisten und Neonazis, gleichzusetzen? In der *Berliner Zeitung* erinnert am 16. Juni 2010 der Journalist Harald Jähner mit grotesken Vergleichen an die Episode aus Kreuzberg: „Unvergessen das Fäkalienattentat auf das Edel-Restaurant Maxwell 1987, das für die Geschmacksnerven der sogenannten Kübelgruppe nicht nach Kreuzberg passte und deshalb mit ausgekippter Scheiße vertrieben wurde – auch das eine Methode, die faschistischen Ursprungs ist. In den frühen Dreißigern terrorisierten SA-Truppen auf diese Weise ‚undeutsche' Kinos, Kaufhäuser und Cafés."[40]

Let's go slumming

Für den Künstler Klaus Theuerkauf, dessen end-art-Galerie sich direkt gegenüber dem Restaurant befindet, entspringt die Kübelaktion der Lustfeindlichkeit mancher Linker: „Ich hätte den Laden einfach leer gefressen. Das Maxwell-Konzept war unsozial und amerikanisch nach dem Motto: Let's go slumming. Man saß beim Hummer und konnte aufs Zillemilieu blicken."[41] Andere Anwohner äußern, dass das Restaurant in Kreuzberg 36 ohnehin schlecht gelaufen sei. So hätten oft nur sehr wenige Gäste an den weiß gedeckten Tischen der Fensterfront gesessen, um das Ambiente der Exklusion zu genießen. Die Restaurantbetreiber hätten bereits mit dem Gedanken gespielt, lieber in einen bürgerlicheren Stadtteil umzuziehen. Die Kübelgruppe habe das Fass schließlich zum Überlaufen gebracht. Unbestritten ist jedenfalls, dass der mediale Hype, den die Kübelgruppenaktion auslöste, bis heute anhält und die Popularität des Restaurants immens steigerte. Heute befindet es sich in Berlin-Mitte.

Angst

Ohne German Angst speisen David Bowie und viele andere prominente Künstler im Restaurant Exil,

EXIL

5   Kreuzberg 1983: Elegante Werbeanzeige des Restaurants Exil
aus dem Punkbuch *Verweigerer*, erschienen im Karin Kramer Verlag

im Herzen von Kreuzberg. Linksextreme, die moderne Kunst aus Kreuzberg vertreiben wollen – wie es in einer bizarren Inszenierung des Künstlerhaus-Bethanien-Leiters Christoph Tannert im Sommer 2010 suggeriert wird –, erscheinen trotz anspruchsvoller Kunst wie etwa den Tapeten von Dieter Roth nie im Exil. Als die Besetzer des Seitenflügels (2005) vom Bethaniengebäude längst Mietverträge haben, sieht der Leiter rot und erklärt einer Zeitung: Nichts tun außer Pizza backen oder Sprengstoff basteln würden die![42] Zwei Jahre darauf reiht er sich in den Chor derjenigen ein, welche die durch die unterkomplexe Kunstaktion *Deutschland schafft es ab* auf der Berlin Biennale 2012 geübte Kritik – das künstlerische Recycling des rassistischen Sarrazin-Bestsellers *Deutschland schafft sich ab* – als einen Fall von Zensur betrachten.[43] Bis 1989 zählte Christoph Tannert noch zu den subkulturellen Kunstkreisen in der DDR. Ob der Kurator wohl die Literaturwürste kennt, die Dieter Roth von 1961 bis 1964 herstellte – Naturdärme, gefüllt mit zerhäckselten Werken von Günter Grass, Martin Walser und Heinrich Böll, dem *Spiegel* und dem *Daily Mirror*?

Punk im Exil

Über zwei Jahrzehnte werden im Exil österreichische Speisen serviert, unter anderem von Thomas Voburka, Jahrgang 1956. Der Kellner tritt nebenbei mit seiner Elektronikband P1/E im SO36 auf und gründet das Musiklabel Exil-System. Das Restaurant stiftet eintausend DM für dessen erste Single „Romance Adieu/

Fast Lust" von Mono/45 UPM. Nach drei Veröffentlichungen gibt Thomas Voburka auf: „Anfangs liefen
diese Independent-Produktionen mit einer Auflage
zwischen 500 und 1000 Stück recht gut, aber im Zuge
der Kommerzialisierung der Neuen Deutschen Welle
schwand das Interesse."[44]

Auch der Maler Bernd Zimmer arbeitet als Koch
im Exil. Ein weiterer Kellner, nämlich Bruno Brunnet,
gründet 1992 mit Nicole Hackert und Philipp Haver-
kampf die Berliner Galerie Contemporary Fine Arts.
Die Tapete im Exil entwirft Dieter Roth, die Speisekarte und die Deckengemälde gestaltet Günter Brus,
auch Entwürfe des Popkünstlers Richard Hamilton
finden sich. Seit 1974 knüpft Ingrid Wiener Teppi-
che mit Dieter Roth, ihre Zusammenarbeit währt bis
kurz vor dessen Tod 1998. Sie aquarelliert ihre Träume und singt mit Valie Export zusammen genial und
dilletantisch von wahrer Freundschaft. Mit den letzten
Pächtern des Exil, Ursula Taheri und Michel Würthle,
verschwindet auch dessen gesamte Kunsteinrichtung.
Und bei Ingrid Wiener das Vertrauen in ihre Nachfolger. Zwar gibt es keinen Vertrag über das Interieur,
aber für Ingrid Wiener bleibt es am Ende, wie sie sagt,
ein klarer Fall von Diebstahl.[45]

Wahre Freundschaft

Die LP *Wahre Freundschaft* erscheint 1978 als
„Heimproduktion" im Selbstverlag in einer Auflage
von tausend Stück. Im Repertoire der Sängerinnen Valie Export und Ingrid Wiener finden sich schmuddlige,

sexistische, banale, klassische und alberne österreichische und deutsche Volksweisen und populäre Lieder von Franz Schubert – „Das Wandern ist des Müllers Lust" – sowie Franz Lehárs „Immer nur lächeln". Dazu neue Lieder wie „Die Bluse", mit einem Text von Gerhard Rühm und Konrad Bayer, sowie der verzweifelte Versuch, den Kanon „Frère Jacques" zu singen – unterbrochen von Lachkrämpfen der Interpretinnen. Im Hintergrund brummt Attila Corbaci mit. Auf dem schwarz-weißen Cover erstreckt sich eine weibliche Brust, über die der LP-Titel ungelenk handschriftlich aufgetragen ist. Bereits beim 1. europäischen Treffen der unabhängigen Filmemacher in München im Jahr 1968 sorgt Valie Export mit ihrem Tapp- und Tastkino für großes Aufsehen, einem vor ihre eigene Brust gehängten „Kino". Valie Export: „Der Kinosaal ist etwas kleiner geworden, es haben nur zwei Hände in ihm Platz."[46] Ging es dort um die Verweigerung des Blicks bei gleichzeitiger Aufforderung zur handgreiflichen Kontaktaufnahme mit den Brüsten der Künstlerin, so öffnet sich auf dem LP-Cover dieser Vorhang ein Stück weit. Er gibt die rechte Brusthälfte frei. Diese Vinylproduktion ist sowohl im Laden für Künstlerschallplatten *Gelbe MUSIK* zu finden als auch in den von Punks frequentierten Schallplattenläden wie Zensor und Scheißladen. Von wegen Kunstfeindlichkeit der Punks. Im linksalternativen Umfeld hat es die Kunst von Valie Export Anfang der Achtziger wesentlich schwerer, sie wird dort oft als frauenfeindlich missinterpretiert. Der Philosoph Oswald Wiener singt mit einem zwanzig Köpfe umfassenden Chor in Westberlin lebender Österreicher 1984 bei der *Tödliche-Doris-Pfingstparty* im Frontkino, während Ingrid Wiener mit Valie Export im Punkclub SO36 auftritt. Die starre Trennung zwischen Hoch- und Subkultur, zwischen Kunst und Punk ist den österreichischen Künstlern und auch den meisten Punks bewusst, wird in der Praxis jedoch meist ignoriert. Die Punks stehen den Aktionskünsten der Wiener wesentlich aufgeschlossener und interessierter gegenüber als viele die Ganzheitlichkeit anstrebende Linksalternative.

Auf der Suche nach Ganzheitlichkeit

Die Ökos und Alternativen der Halbstadt suchen nach Harmonie, einer besseren Welt und dem Glück. Sie suchen nach neuer Spiritualität. Auf ihrem Weg in die Ganzheitlichkeit entdecken sie fernöstliche Religionen, Yoga, Reiki oder auch Rudolf Steiners anthroposophische Lehre. Extrem starken Zulauf durch die Alternativen der frühen Achtziger erhält der indische Philosophieprofessor Acharya Rajneesh. Anfang der Siebziger tauft er sich Bhagwan Shree Rajneesh, um von 1988 bis zu seinem Tod 1989 Osho zu heißen. Die in Orange gewandeten Anhänger des Bhagwan, die Sannyasins, hängen dem Meister fasziniert an den Lippen. Jeden geistreichen oder grotesken Gedanken, den ihr Guru von sich gibt und in sein mäanderndes System einfügt, deuten sie als Beweis grenzenloser Weisheit. Die durch seine westliche Anhängerschar stetig anwachsende Flotte von schließlich fast hundert Rolls-Royces interpretieren sie als symbolische Befürwortung inneren wie auch äußeren Reichtums – gleichwohl aber auch als bewusst provokative Satire auf die westliche Obsession gegenüber dem Automobil. Absicherung nach allen Seiten – alle auftauchenden Widersprüche integrieren seine Anhänger in das selbstverständlich-locker-totalitäre System. In der Folge von Aids wird den Bhagwan-Jüngern von der Führungselite die zuvor proklamierte „freie Sexualität" schlagartig als mit Einmalhandschuhen und Kondom zu praktizierende verordnet. Insbesondere die schwulen Sannyasins registrieren überrascht, dass ihnen plötzlich eine Welle der Ablehnung und des Misstrauens seitens der straighten Sannyasin-Mehrheit entgegenschlägt. Als zu werbende potenzielle Sektenmitglieder sind sie jedenfalls nicht mehr gefragt. Kein Wunder: Im Jahr 1984 prognostiziert Bhagwan das Aussterben von zwei Dritteln der Menschheit durch die Folgen von Aids. Es ist fast unmöglich, in den Achtzigern einen Westberliner Sannyasin zu finden, der gegenüber einem Nicht-Sannyasin den leisesten Zweifel an den Visionen des Meisters äußert. Selbst als sich die Aids-Horrorvisionen als grotesker Mumpitz offenbaren, überlebt das wissende Lächeln in den Gesichtern der Sannyasins. Es verschwindet nur sehr langsam und gemächlich aus den grauen Westberliner Straßen, den schlecht geheizten WG-Fabriketagen und Lokalen. Es löst sich mitsamt der orangefarbenen Kleidung, den braunen Holzperlenketten und dem Amulett mit dem Konterfei des Sektenführers buchstäblich in Luft auf. Zu den seinerzeit bekanntesten Anhängern des Gurus zählen die Sängerin Nena, die Schauspielerinnen Eva Renzi und Barbara Rütting sowie der TV-Philosoph Peter Sloterdijk alias „Swami D. Peter": „Das Indienabenteuer

war bei mir ein Ausfluss dieser Siebzigerjahrestim-
mung. Und hinzu kam die Überzeugung, dass ein rein
materialistischer Revolutionsbegriff unzureichend ist.
Man wollte damals Basis und Überbau umkehren und
den mentalen Faktor ins Zentrum stellen."[47] Später
wird Peter Sloterdijk an der Universität Bayreuth zur
Eröffnung einer Konferenz über geistiges Eigentum
erläutern, dass Valie Export im Grunde die Schöpfung
eines Mannes sei.[48] Lässt diese These womöglich den
legendären Spaziergang von Valie Export mit Peter
Weibel (*Mappe der Hundigkeit*, 1968) in neuem Licht
erscheinen?

Pflicht zur Fröhlichkeit

Wie ihr Führer vergessen die Sannyasins nie die
weltlichen Angelegenheiten, die Ökonomie. Die Sannyasins eröffnen die Diskothek Far Out am Lehniner
Platz: „Für 5 DM nehmen die jeden. Dort ist man nur
zu ständiger Fröhlichkeit verpflichtet, Bhagwan zu Ehren", stellt Journalist Andreas Conradt 1984 im *Tagesspiegel* fest.[49] Die Westberliner Punk- und Post-Punk-
Szene begegnet Bhagwan und anderen esoterischen
oder klerikalen Heilsbringern mit Misstrauen. Trotzdem darf natürlich getanzt werden. Beispielsweise im
Gegenstück zum dauerlächelnden Far Out, der New-
Wave-Diskothek Dschungel. Dort wird keine Miene
verzogen. Es herrscht kühle Distanz – aber es ist keineswegs kalt. Die Zerrissenheit und Unganzheitlichkeit
der Welt wird als Tatsache wahrgenommen, Rettung
durch individuelle Selbstentfaltung vergrößert lediglich

die Distanzen. Aber auch hier existiert ein Bedürfnis danach, sich wohlzufühlen, es wird vielleicht etwas näher an der Realität verortet. Getanzt wird zu „Money" von den Flying Lizards. Oder zu „Die Dominas", dem elektronischen Studiohit der Modeschöpferin Claudia Skoda. Die Gruppe Kraftwerk schenkt der Designerin dafür einen Akkord zur Weiterverarbeitung. Claudia Skoda ist Produzentin des Labels Fabrikneu und singt auf der Vinyl-Maxi: „I bin a Domina. Zeig mir mal deinen Stachel!" Zu den Westberliner Dominas gehört auch Rosi Müller, die mit Manuel Göttsching befreundet ist. Der Pionier der Berliner Elektronik und Mitbegründer der Krautrockband Ash Ra Tempel nimmt die Stücke auf und mischt sie in seinem Studio. Allgemein gilt im Dschungel die Devise „No more Heroes" von den Stranglers. Keine Helden, keine Heilsversprechen. Und keine Utopien. Die Realität ist unwirklich genug.

Das Tafelspitztabu

In den Regalen der ersten Bioladen-Generation ist protestantische Strenge angesagt. Bis in die Achtzigerjahre sind Fleischwaren verpönt, gestattet ist ausschließlich der Genuss vegetarischer und veganer Produkte. Aber selbst Vegetarisches wird streng kontrolliert. In diesem Kontext ist ein Titel wie der des Super-8-Films Pommes statt Körner von Yana Yo (D 1981) bereits eine böse Attacke. Im Lokal der Familie Wiener, im Exil, servieren die Kellner ungehemmt Tafelspitz mit Kren und Erdäpfeln.

Vielleicht gelingt es Hermann Nitsch mit seinem in Österreich verfemten Orgien-Mysterien-Theater, das Wiener Schnitzel ein Stück weit zu entmystifizieren, bedeutet: seinen wahren Ursprung im Körper eines lebenden Tieres sichtbar zu machen. Und mehr dazu: Der Kunstschlachter, wie ihn die Satirezeitschrift *pardon* einst bezeichnete, verdammt den Vegetarismus, hält ihn gar für „artfremd". Begründung: „eine bescheidung auf vegetarische nahrung würde uns unserer grundsätzlichen schöpferischen antriebskräfte berauben. es entspräche nicht unserer gattung."[50] In einer Schrift aus dem Jahr 1985 geißelt Nitsch die Verlogenheit, mit der die Schlachthäuser aus unserem Blick in Vororte und Industriegebiete verbannt werden: „das uns verabreichte fleisch ist bis zur unkenntlichkeit zerlegt und verpackt und läßt uns vergessen, daß tiere für unsere nahrung sterben müssen. das verbot zu töten ist für uns alle ein scheintabu, denn es wird täglich getötet. aber wir machen uns dabei die FINGER NICHT SCHMUTZIG."[51] Der Bürger solle das Tier nicht sehen, das ihm dann als Steak serviert wird. Vor allem soll ihn nichts an die Tötung, an das vorausgehende Schlachten erinnern.[52]

Sein Mitstreiter Günter Brus: „Unser Westberlin war ein Unterschlupf, eine Auffangstätte der Bundeswehrflüchtigen und der in anderen Ländern noch immer ‚Entarteten' oder nicht Anerkannten. Die Wiener flüchteten nach Westberlin, fanden dort ihre Betätigungsfelder, stellten in Galerien aus, erzielten Erfolge in literarischen Kreisen und gründeten Restaurants, wo sie gegen die Einöde von ungelenken französischen Haute-Couture-Speisen ankochten."[53] Drei Jahrzehnte später wird auch Sarah Wiener, die Tochter des Exil-Inhabers Oswald Wiener, kochen, heute allerdings für den Tennisstar Boris Becker oder den TV-Moderator Reinhold Beckmann – europäische Küche für die deutsche Fernsehprominenz.

Das Recht auf Faulheit

Zehntausend Menschen versammeln sich vom 27. bis 29. Januar 1978 auf dem Tunix-Kongress der Berliner TU und formen das, was als „Neue Soziale Bewegungen" der Siebziger bezeichnet werden wird. Es treffen sich die Politfraktionen, Emanzipationsinitiativen und Splittergruppen der linken deutschen Gegenöffentlichkeit, um über zukünftige alternative politische Modelle zu diskutieren. Unorthodox und gewaltfrei soll es zugehen, so der Plan. Unter den Teilnehmern finden sich auch Heidi Paris und Peter Gente vom Merve Verlag. Sie erscheinen mit ihrem Autor Michel Foucault. Dieser blinzelt dem Gymnasiasten Cord Riechelmann zu. Zumindest schreibt das der damals sechsjährige Tobias Rüther in seinem 2008 erschienenen Buch über David Bowies Westberliner Zeit.[54] Während Tobias Rüther inzwischen für FAZ, *monopol* und andere Medien arbeitet, ist der Gymnasiast von damals Verhaltensbiologe, schreibt Artikel für *FAZ*, *taz*, *B.Z.* und *Jungle World*.

Der Ausdruck „Tunix" lässt zunächst das Nichtstun oder ein Leben jenseits ökonomischen Zwangs assoziieren. Das gab es auch früher schon: „Daß das paradiesische Ideal der Faulheit in Gestalt der Freizeit auf uns zukommt, hat schon Carl Hiltig prophezeit", so Karl Marx' Schwiegersohn Paul Lafargue in seiner Abhandlung *Das Recht auf Faulheit*.[55] Mit Bezug auf das „Recht auf Arbeit" und die Verherrlichung der Arbeit durch die Sozialisten fordert Lafargue 1887 ein Recht auf Freizeit und Muße.

Gammler, Beatniks, Originale

In gewissen Abständen fordern Menschen ihr Recht auf Pausen, Ruhe, Freizeit, Faulheit, Nichtstun, Siesta oder Mittagsschlaf ein. Ein Jahrzehnt vor dem Berliner Tunix-Kongress, 1967, propagiert der Schriftsteller Simon Traston in Peter-Paul Zahls Westberliner Undergroundpublikation *pro these* das Ende sinnloser Beschäftigung. In dieser „Zeitschrift für Unvollkommene" schreibt er: „Arbeit tötet die Wollust, verjagt die Begierden, ist der Todfeind aller Exzesse! [...] Das Nichtstun beflügelt die Phantasie und fördert die Geilheit."[56] Das Thema der ersten Ausgabe lautet „Gammler, Beatniks, Originale", die folgende, bereits letzte Nummer widmet sich der Homosexualität. Einvernehmlich zwischen Männern praktiziert, kann sie in der DDR bis 1968 und in der BRD bis 1969 mit Gefängnis bestraft werden.

Vorboten des Bionade-Biedermeier

Der Tunix-Kongress 1978 markiert das Ende der Spontibewegung und den Beginn der Westberliner Autonomen- und Alternativbewegung. Unter anderem wird die Gründung einer neuen linken Tageszeitung, der *taz*, diskutiert. Viele politisch ähnliche Ansichten, Ziele und Absichten lassen sich unter den Tunix-Teilnehmern ausmachen. Doch die Ästhetiken, in denen sie vermittelt werden, stoßen nicht auf ungeteilte Zustimmung. Es ist der 1976 entstandene Punk, der mit zwei Jahren Verspätung aus England Westberlin erreicht und Irritation in die von Posthippies und Linksspontis dominierte Szene trägt. Statt Müsli, Öko, Henna, langen Haaren, Räucherstäbchen, statt reiner Naturwolle, Klampfenmucke, Sesamkringeln und Mandelmus, statt Peace und Love formt sich im Punkimpuls eine neue Vorstellung von Realismus und Realität.

Von Anfang an orten die Punks in der alternativen Szene den Phänotypus eines neuen, sich gerade entwickelnden Spießbürgers. Punks lieben das Artifizielle, nicht das Natürliche: Sie rasieren sich, tragen keinen Bart. Und sie tragen Miniröcke aus Plastik – manchmal sogar die Jungs. Ihre Haare färben sie mit „Crazy Colours" grün, pink, türkis, grellgelb oder blau. Sie tragen Bondagehosen aus Plastik oder Gummi, zerfetzte Netzstrümpfe, Ketten, Lederjacken mit Nieten und Fetischkleidung aus dem Sex-Shop. Gegenstände des Alltags dienen ihnen als Schmuck: Rasierklingen, Sicherheitsnadeln, Flaschenverschlüsse, Schrauben, Schnuller und Angelköder. Das Private und Profane wird zum Öffentlichen und somit auch zum Politischen. Statt Ökosandalen und Jesuslatschen bevorzugen Punks unbequeme, ungesund spitze Stilettos aus den Fünfzigerjahren oder ausgemusterte Militärstiefel der Bundeswehr. Sie hören Iggy Pop aus den USA statt Klampfenbarden wie Wolf Biermann oder Bettina Wegner. Und sie ziehen T. Rex, Velvet Underground oder die New York Dolls den alternativen Rockmusikklängen von Wolfgang Niedecken und seiner Band BAP vor. Die zunächst sehr überschaubare Punkszene und die weit dominierende Szene der Linksalternativen begegnen sich im Westteil mit Ignoranz, Verachtung oder Unverständnis. Es sind unterschiedliche

Jugendbewegungen, die völlig unterschiedliche Sprachen sprechen und sich unterschiedlicher Symbole bedienen. Als der *Spiegel* 1978 das Hakenkreuzsymbol entdeckt, mit welchem Punks den versteckten Nazi im Körper des braven Bürgers provozieren, schwant manchen sogleich: Punk, das ist die neue Nazibewegung aus England.[57] Viele Linksalternative glauben das jedenfalls noch recht lange.

In seinem „Streifzug durch die verwirrende Welt der Jugend-Stile" schreibt der Sozialwissenschaftler Carlo Michael Sommer im Jahr 1986: „Die Alt- und Ex-Hippies, die Alt-Linken und Ex-68er haben sich größtenteils mit dem System arrangiert und vermitteln, machen, manipulieren Meinungen. […] Teils aufgrund ihrer Ideologie, teils auch aus purem Unverständnis, werden sie Punk und seine Produkte denunzieren und als faschistoide Ausgeburt ‚entlarven'."[58]

Das Hakenkreuz, das der Punk Sid Vicious in Julien Temples Film *The Great Rock 'n' Roll Swindle* (GB 1980) auf seinem T-Shirt trägt, wird also noch lange Zeit für ein schlichtes Nazisymbol gehalten oder für eine Provokation, die sich aus politisch-moralischen Gründen verbiete. Im Ostteil Berlins sind die Beziehungen zwischen den subkulturellen Gruppen, den Punks, Hippies und Menschenrechts- und Ökoaktivisten etwas entspannter. Die Abgrenzungsdynamiken zwischen den langbärtigen Bürgerrechtlern und den glattrasierten, stachelhaarigen Anhängern der Punkszene sind angesichts der Paranoia einer Staatsmacht, die in jeder Sicherheitsnadel im Ohrläppchen eine fundamentale Infragestellung ihres politischen Systems wittert, weniger stark ausgeprägt. Zumindest wirkt das so – aus westlicher Sicht. Die Westberliner Frauen-Punkband Ätztussis misstraut bereits 1980 den Idealen der in Westberlin zwei Jahre zuvor gegründeten links-alternativen Tageszeitung *taz*. Obwohl diese sogar als einzige Tageszeitung eine feministische Frauenseite im Blatt hat – die allerdings später ähnlich wie das einst grüne Bekenntnis zum Pazifismus ersatzlos entsorgt wird:

Linker Spießer

Wichs uns bloß nich' an ej
Reiß' dein Maul nich' auf
Wir seh'n anders aus als du
Und wir sind auch anders drauf

Sauberes Ausseh'n
Sauberes Verhalten
Unseren Kampf hast du
Vom Kopf drauf
Und da hört es auch
Schon auf

Hey du linker Spießer …
Wir sind Punks
Passen uns nicht an
Pissen in die U-Bahn
Scheißen auf jeden Zwang

Hey du linker Spießer …
Da bist du
Versuchst zu agitieren

Anstatt den ganzen Schweinen
Die Fresse zu polieren

Morgens frisste Müsli
Liest die tageszeitung
Willst was Neues aufbau'n
Hey, wo nimmste bloß den Platz her?

Um was Neues aufzubau'n
Mußte zerstören, volle Kanne
Rudi kämpfte mit dem Kopf
Und starb in der Badewanne.

Hey du linker Spießer …

(Ätztussis auf der LP *KZ 36 Live*, mit den Bands
Blitzkrieg, Betoncombo, Westberlin 1980)

Verdoppelte Realitäten – verdoppelte Räume

Einige Bands und Künstler aus der Punk- und Post-Punk-Szene Westberlins suchen in den Achtzigern auch nach Kontakten zu Künstlern und Musikern aus Ostberlin und aus den Ländern des Ostblocks. Das geschieht jenseits offiziell organisierter Auftritte wie dem von Udo Lindenberg in der DDR 1983. Inoffiziell, also illegal, treten vor 1989 in Ostberlin die westdeutschen und Westberliner Punk- und Hardcorebands Total im Arsch, Krätze, Porno Patrol und Disaster Area auf. Illegal spielen dort auch Françoise Cactus' Band Lolitas sowie Campingsex, Element of Crime, The Rest, Die Toten Hosen und Die Tödliche Doris. Das Konzert mit Die Toten Hosen organisiert Mark Reeder, ein seit 1980 in Westberlin lebender Engländer. Es ist der erste Auftritt einer West-Punkband im Osten überhaupt. Eingebettet in den Rahmen einer „Bluesmesse" findet dieser in einer Rummelsburger Kirche statt. Ohne Instrumente reisen die Musiker ein, informieren etwa hundert ausgewählte Leute über das Konzert und spielen auf geliehenen Gitarren. Es gibt aber auch einige offiziell genehmigte Auftritte westlicher Post-Punk-Bands in Ungarn und Polen, Jahre vor dem Fall des Eisernen Vorhangs. So spielt Die Tödliche Doris 1987 in Warschau[59] und 1986 in Budapest[60] vor viertausend beziehungsweise tausend Menschen – unzensiert, ohne vorherige Text- und Programmkontrolle –, derweil die Bundesprüfstelle für jugendgefährdende Schriften in Bonn, ausgehend von einem Indizierungsantrag des Jugendamts Celle, Dienststelle Jugendschutz, ihre erste LP am 5.7. 1982 unbefristet auf den Index setzt: Verkauf gestattet nur an Personen ab 18 Jahren. Die LP darf also nicht öffentlich gezeigt oder ins Schaufenster gestellt werden oder sich auch nur im Plattenregal finden. Sie darf nur auf Anfrage unter dem Ladentisch hervorgeholt und an Personen verkauft werden, die volljährig sind.[61] Kontrolle, Reglementierung und Grenzziehungen – offensichtlich keine Alleinstellungsmerkmale des Ostens.

Schamanenpunk aus Ungarn

Das erste Konzert einer subkulturellen, staatlich nicht anerkannten Band aus dem Ostblock im Westen findet 1984 im Kreuzberger Frontkino statt. Es handelt sich um Vágtázó Halottkémek aus Ungarn, die „Rasenden Leichenbeschauer". Doris vermittelt Wolfgang Müller den Kontakt zur Band über Gábor Bódy, der als Filmemacher, DAAD-Stipendiat und Dozent der Deutschen Film- und Fernsehakademie von 1982 bis 1984 in Westberlin wohnt. Gábor Bódy genießt in den Zeiten des Kalten Krieges einen Ruf als Vermittler zwischen Ost und West. In seinem auf der Berlinale 1983 vorgestellten Film *Nachtlied des Hundes (Kutya éji dala*, HU 1983) dokumentiert er unter anderem die psychedelisch-performativen Vágtázó Halottkémek. Wild kostümiert und maskiert kombinieren sie psychedelischen Gitarrenlärm mit Schlagzeugkrach, garnieren ihre Performance mit grotesken, surrealen und pseudophilosophischen Slogans. Ein interessanter Kontrast zur erbarmungslosen Rationalität, mit der sich die Realität im Ostblock in offiziellen Verlautbarungen darstellt. Wolfgang Müller verabredet sich mit Gábor Bódy in dessen DAAD-Apartment. Ist es denkbar, dass eine von den ungarischen Behörden offiziell als Musikgruppe nicht anerkannte Band überhaupt zu einem Konzert nach Westberlin einreisen darf? Diese Möglichkeit bestehe durchaus, meint der Filmemacher. Zuvor muss jedes einzelne Mitglied von Die Tödliche Doris bei der Westberliner Polizei ein Dokument beantragen. Darauf verpflichtet es sich, für Kost und Logis seines ungarischen Gastes aufzukommen. Mit diesen Dokumenten in der Hand können wiederum die Musiker in Budapest versuchen, Visa nach Westberlin zu beantragen. Tatsächlich lassen die ungarischen Behörden die von Attila Grandpierre 1975 gegründete fünfköpfige Band – bis auf eines ihrer Mitglieder – am 12. Januar 1984 über die DDR von Ostberlin nach Westberlin einreisen.

Ein Jahr später, am 24. Oktober 1985, begeht Gábor Bódy in seiner Westberliner Wohnung Suizid. Allerdings werden später auch Zweifel an der Todesursache angemeldet. Ob der Filmemacher im Zeitraum von 1973 bis 1981 tatsächlich Informationen an den ungarischen Staatssicherheitsdienst geliefert hat, wie im Jahr 1999 bekannt gemacht wird, kann hier nicht weiter untersucht werden.

Waldbühne

Der Sänger von Vágtázó Halottkémek, Attila Grandpierre, erinnert sich an sein Konzert: „In Reaktion [auf Gábor Bódys Film] lud uns die Berliner Band

Tödliche Doris zu einem Gastauftritt ein. So traten wir am 14. Januar 1984 im Berliner Frontkino auf. Der Raum war dermaßen gerammelt voll, wie es bis dahin nur David Bowie füllen konnte."[62] In der Vorstellung des studierten Astronomen erweitert sich das Frontkino zum unendlichen Raum. Tatsächlich passen kaum mehr als zweihundert Zuschauer in die Etage. Untergebracht werden die vier Musiker im besetzten Haus Manteuffelstraße 40/41, in dem Käthe Kruse lebt. Das von ihr liebevoll mit frischen Bettbezügen und Fruchtkorb zurechtgemachte Zimmer ähnelt nach ihrer Darstellung anschließend der Berliner Waldbühne nach dem legendären Konzert der Rolling Stones am 17. September 1965. Das klassische Rock-'n'-Roll-Gebaren von Vágtázó Halottkémek inspiriert Doris, bei dem zwei Jahre darauf stattfindenden Konzert ihrer Band im Budapester Petőfi Csarnok das Spektrum männlicher Rockstar-Ästhetik um eine neue Facette zu erweitern. Sie engagiert den in Westberlin lebenden frankokanadischen Escort-Boy David Steeves. Der bildhübsche Go-go-Tänzer wird für Doris eine Bühnenshow in Budapest machen. Im knappen Slip bewegt er in der Petőfi Csarnok-Halle sein Becken und die Muskeln zu „Über-Mutti" und „Der Tod ist ein Skandal". Mit überraschendem Erfolg: Beim anschließenden Pressegespräch outet sich ein ungarischer Journalist. Bitter beklagt er sich über Homophobie im Land. Am Abend begehrt ein junger Hotelportier mit Nachdruck Einlass in das Zimmer des Go-go-Tänzers. Als David Steeves sich weigert, die Tür zu öffnen, dreht er ihm kurzerhand den Strom ab. Am Tag darauf versöhnen sie sich und naschen gemeinsam Pralinen im Hotelfoyer.

Zwei Jahrzehnte nach Ende des Kalten Krieges werden am Merchandise-Stand der Vágtázó Halottkémek in Ungarn nationalistische Devotionalien angeboten: Baseballcaps, Armbänder, Pulswärmer in Nationalfarben oder in Rot-Weiß mit der Árpád-Fahne, die von den faschistischen Pfeilkreuzlern Ende der Vierziger benutzt wurde.[63] Verwandelt sich das, was mit provokantem Künstlerschamanentum einst den real existierenden sozialistischen Beelzebub austreiben wollte, in der frustrierenden Realität des gnadenlosen Hardcore-Kapitalismus in eine ungarisch-nationalistische Version der Wilden Jagd? Verwirrte Männerbünde? Ab wann verliert das Spiel mit Zeichen und Symbolen seine Verspieltheit? Wann verbündet sich Kunst mit Macht und Gewalt? Wann werden Kunst und Musik ironiefrei, starrsinnig und gefährlich?

Schutz gegen Westdeutschland

Westberlin ist völlig anders als Westdeutschland und Ostdeutschland. Blixa Bargeld erklärt 1983 gegenüber dem englischen Musikmagazin *NME* die Vorteile der Berliner Mauer: Er sei absolut dagegen, sie abzureißen. Ohne die Berliner Mauer sei Westberlin wie Westdeutschland: „[…] und dort zu leben, ist nun wirklich total langweilig." Blixa Bargeld: „It would be really hard to break down the wall […], not so much because of the DDR but because without it there would be nothing really interesting anymore. It would be like living in West Germany and West Germany is totally uninteresting."[64]

Nach dem Untergang der DDR spielen die Einstürzenden Neubauten erstmals im Osten – im Palast der Republik, dem ehemaligen staatlichen Kulturzentrum in Ostberlin. Das Konzert wird wie ein feierlicher Staatsakt inszeniert. Die „halbe französische Regierung" erscheint mit dem Ostberliner Dramatiker Heiner Müller im Schlepptau, „vor denen die perplexen Musiker artige Verbeugungen machen", beschreibt Kirsten Borchardt, Biografin der Einstürzenden Neubauten, die Situation.[65] Macht seine neu entdeckte Leidenschaft für gehobene Speisen und exquisite Rotweine Blixa Bargeld zum idealen neuen deutsch-französischen Botschafter? Auch wenn vieles an den Einstürzenden Neubauten zunächst sehr „deutsch" wirkt – der Expressionismus, das Pathos und Blixa Bargelds etwas artifiziell wirkende Intellektualität –, in die Nähe der Neuen Rechten oder Ultrakonservativer zieht es sie nie.

Muff

Auf der ungelüfteten Insel Westberlin gibt es wenig sichtbaren Reichtum, Eleganz und Chic. Natürlich existiert auch hier, in diesem stickigen Kabuff, diesem alten, muffigen Schlafsack, irgendwo Luxus. Doch wird dieser hier eher privat, im geschlossenen Kreis zelebriert, in Stadtteilen, die genauso gut in Stuttgart, Böblingen oder München liegen könnten. Hier öffentlich mit Reichtum zu beeindrucken, funktioniert kaum. In der Halbstadt halten in den Achtzigerjahren keine Manager mit Spürnase oder Vermarktungsgeschick Ausschau nach jungen Talenten. Dafür herrscht Freizeit. Freizeit in Hülle und Fülle. Räumlich ist Berlin nicht nur in eine Ost- und eine Westhälfte gespalten. Auch innerhalb der jeweiligen beiden Teilstücke ziehen sich große Mauern, unsichtbare, virtuelle Mauern ohne Anfang und ohne Ende: Zum einen existieren die Menschen, die jeden Morgen aufstehen, um einer regelmäßigen Arbeit in Büro, Fabrik, Schule oder Institution nachzugehen. Und auf der anderen Seite sammeln sich in zunehmender Anzahl diejenigen an, welche die angebotenen Arbeiten als entfremdet, sinnentleert, stumpfsinnig, ausbeuterisch und einfach öd empfinden. In Westberlin sind sie auf der Suche nach Alternativen. Zum Beispiel nach einer Arbeit, die gleichzeitig auch zur freien Zeit werden könnte: Um etwas noch Unbekanntes ohne beständigen ökonomischen Druck gestalten und entwickeln zu können, ist freie Zeit dringend notwendig. Fehlt diese, gewinnt der Kampf um die Organisation des täglichen Überlebens immer größere Bedeutung: Miete zahlen, Essen kaufen, Stromrechnung überweisen und so weiter.

Immer mehr und mehr sogenannte Faulenzer, Ausgeflippte, Taugenichtse, Freaks, Arbeitsscheue, Verrückte, Gescheiterte, Tagediebe und Armeedienstverweigerer flüchten in den Achtzigern nach Westberlin. Dabei strahlt der Westen, so wie der Osten, den Flair ungewohnter Unwirklichkeit aus. Ostberlin erhält durch seine Koexistenz mit Westberlin eine unwirkliche Aura, während Westberlin die Unwirklichkeit Ostberlins aufnimmt – ohne dass dabei die jeweiligen Gegenstücke miteinander verschmelzen. So bilden sich Traumzonen, es entsteht Raum für Unwirklichkeitsgefühle. Von Bewusstlosigkeit bis zu übergenauen, ungewichteten Wahrnehmungen über einen in sich selbst verschachtelten Traum aus Wohlbefinden und Alb. Alle Möglichkeiten können hier in unterschiedlichsten Räumen miteinander koexistieren; begrenzt von unsichtbaren Mauern, können sie wahrgenommen und aufgespürt werden. Am perfektesten lässt sich Selbstverwirklichung offensichtlich im Unwirklichkeitsgefühl erleben. Die westdeutsche Wirklichkeit findet sich jedenfalls eingebettet in einen Terror des Selbstverständlichen. Dessen Normativität erstickt und erdrückt.

Autofahrt

Westberlin, 17. November 1979. Gestern nahm K. in seinem Auto W. mit. W. saß auf dem Beifahrersitz. K. fährt einen hellblauen VW, einen Käfer. Er fuhr eine Straße entlang, die direkt zur Mauer in Neukölln führt. Kaum war etwas zu sehen, begrenzte Sicht. Überall Nebel. Was zuerst wirkte wie Nebel, war der Rauch verbrannter Kohle aus den Kohleheizungen, der sich über Ost- und Westberlin vereint hatte. W. hatte auch eine Wohnung mit Kohleheizung. Während der Fahrt hielten K. und W. das Fenster geschlossen und rauchten Zigaretten. Im Kassettendeck lief *Heroes* von David Bowie, das ganze Album. Als sie an der Mauer entlangfuhren, begann der Song „V2 Schneider". Eine merkwürdig sakrale Stimmung kam auf, W. und K. wurden sich irgendwie fremd und waren davon überzeugt, Darsteller in einem grotesken Film zu sein. Während sie ihre Rolle spielten, schauten sie gleichzeitig dabei zu. Diese Verdoppelung machte die Realität unwirklicher, ließ sie aber gleichzeitig ein Stück weit realistischer werden. Angst davor, paranoid oder größenwahnsinnig zu werden, hatten beide nicht. Im Gegenteil: Sie fühlten sich sicher.

Kopfkino Berlin

Wolfgang Müller zieht 1980 in eine 30-qm-Wohnung ohne Bad, dafür mit Kohleheizung und Außenklo. Eines Tages fährt er mit der U-Bahn zum Metropol. Hier trat Marlene Dietrich in den Zwanzigerjahren mit Margo Lion auf und sang mit ihr die Lesbenhymne „Wenn die beste Freundin".[66] Wolfgang Müller betritt das Theater, um sich ein Konzert von Iggy Pop anzuschauen. Zwanzig Meter vor der Bühne bleibt er stehen. Als er nach rechts sieht, bemerkt er, dass unmittelbar neben ihm ein berühmter englischer Musiker steht. Dieser sei, wie er Journalisten sagt, in einer „existenziellen Identitätskrise" nach Westberlin gezogen, um dort seine Drogensucht zu heilen. David Bowie nennt Westberlin später die „Welthauptstadt des Heroins". Die Geschichte dieses David Robert Haywood Jones[67] zu erzählen, wäre bereits ein anderer, weiterer Film. Nach dem Konzert trifft sich Wolfgang Müller mit einigen Freunden in der Ruine am Winterfeldtplatz. Das Lokal gilt als sogenanntes Absturzlokal. Die Gäste trinken hier bis in die frühen Morgen – ein Film mit Überlänge.

Ein anderer Film ereignet sich wenige Tage zuvor im Café Central am Nollendorfplatz. Heinrich Dubel alias ROSA[68] wird Zeuge des Nachspiels eines Ereignisses, dessen Beschreibung zu diesem Zeitpunkt bereits in unzähligen Versionen kursiert. Heinrich Dubel: „Als ich im Café Central ankam, war der Zwischenfall längst vorbei, aber alle redeten davon, von nichts anderem."[69] Spielte es sich nun am Nollendorfplatz, am Winterfeldtplatz oder doch in der Schöneberger Hauptstraße ab? Zumindest sind sich alle Erzähler in einem einig: Iggy Pop war gefangen in einer gelben Westberliner Telefonzelle. Er kam nicht mehr raus. Er drückte gegen die Tür und hämmerte an die Scheiben. Niemand eilte ihm zu Hilfe. Sicher gingen die vorbeieilenden Bürger von einer der zahllosen spontanen Performances aus, die sich in Westberlin tagtäglich, auch undokumentiert, ohne Super-8- bzw. Videokamera oder Fotoapparat, ereigneten. Sind das verzweifelte Klopfen an der Scheibe und die entsprechende Mimik Bestandteile einer Selbstfindungsaktion, zu einer Suche nach Identität gehörend? Wieder so eine komische, unverständliche, völlig überflüssige Kunstperformance? Da möchte niemand im hypertoleranten Westberlin eingreifen und unnötig stören.

Der englische Musiker David Robert Haywood Jones stellt seine Kunstfigur David Bowie auch in einem Spielfilm mit dem Titel *Wir Kinder vom Bahnhof Zoo* dar. Die bizarre Gestalt tritt dort in der Westberliner Diskothek Sounds auf, in der auch Christiane Felscherinow verkehrt. Sie ist die berühmteste Heroinabhängige der westlichen Hemisphäre. Im Spielfilm wird Christiane F. allerdings von der Schauspielerin Natja Brunckhorst verkörpert. Das für Westberlin typische

Fluktuieren zwischen Realitätsebenen und multiplen Identitäten beobachtet der Experimentalfilmer Knut Hoffmeister: „Bei den Dreharbeiten zu ‚Wir Kinder vom Bahnhof Zoo' [...] spielten Hausbesetzer und Punks gemeinsam mit. Echte Junkies mischten sich mit Junkie-Darstellern. Wer nun was am Ende wirklich war, blieb unklar."[70] Als der Film 1981 mit großem Werbeaufwand in den Kinos anläuft, trifft Wolfgang Müller Christiane Felscherinow beim *Festival der Genialen Dilletanten* im Tempodrom. „Sentimentale Jugend" nennt sich die Formation, in der Christiane Felscherinow als Christiane X. ihren damaligen Freund Alexander von Borsig an der Gitarre begleitet. Sie ist clean und singt auf der Bühne des Tempodroms: „Ich bin süchtig!" Im zeitgleich angelaufenen Kinofilm setzt im selben Moment ihr Filmklon die Nadel zum Schuss an. Multiple Räume entstehen zur selben Zeit: In einem schlurft eine ehrgeizige Nachwuchsschauspielerin im Körper der Christiane Felscherinow müde, mit Drogen vollgepumpt und schlapp über die Leinwand eines Kinos. Gleichzeitig kommentiert eine frische, muntere Christiane Felscherinow vor den tausend Zuschauern des Dilletantenfestivals im Tempodrom als Christiane X. die Körperverdoppelung mit dem Song: „Ich bin süchtig!" Ein grotesker Song für einen grotesken Ort: die Bühne des Tempodroms, ein riesiges Zirkuszelt an der Westseite der Mauer. Umgeben von einer Dorfidylle aus Bauwagen, alternativen Bewohnern, Schlammpfützen und gackernden Hühnern. Zusammen mit den medial generierten Bildern vervielfacht und verschichtet sich Wirklichkeit. Es bilden sich Ästhetiken aus Präsenzen. Die dabei entstehenden Räume geben den Blick frei für die Intra-Aktionen, aus denen sich Realität konstituiert.

Welt am Draht

Eine Reflexion über Wirklichkeit und deren Wahrnehmung setzt der Regisseur Rainer Werner Fassbinder in dem TV-Zweiteiler *Welt am Draht* 1973 um:[71] Im Institut für Kybernetik und Zukunftsforschung haben Wissenschaftler eine künstliche Welt erschaffen, welche die reale imitiert. Irgendwann stellt der Institutsleiter fest, dass die Realität, in der er lebt, womöglich ebenfalls eine Simulation ist, eine künstliche Welt. In Fassbinders Film verbindet ein antiker Fahrstuhl diese beiden Welten, was die Frage nach einer weiteren „realen" Welt aufwirft.

In den Achtzigerjahren startet die Westberliner U-Bahn in Kreuzberg, im Westen, unterfährt mit gedrosseltem Tempo den Osten, das Stadtzentrum, seine zugemauerten U-Bahnhöfe im Dämmerlicht, um im Weststadtteil Wedding hinter einer unsichtbaren Grenze wieder aufzutauchen. Wird ein Bahnhof im Osten passiert, verringert die U-Bahn ihre Fahrt, um anschließend beim Verlassen erneut zu beschleunigen. Auf den Bahnsteigen im Osten wachen DDR-Soldaten mit Gewehren. Die alten verblichenen Reklametafeln an den Wänden verschlossener U-Bahn-Stationen stammen noch aus Vorkriegszeiten. Auf der Plattform der U-Bahn-Station Alexanderplatz stapeln sich im trüben Lichtschein riesige Kabeltrommeln. Durch eine Schleuse sind Westwelt und Ostwelt unterirdisch miteinander verbunden: Im Bahnhof Friedrichstraße können Menschen durch ein unterirdisches Labyrinth von der einen in die andere Welt gelangen. Die Parallelwelten sind hier sozusagen vertikal geschichtet, von oben nach unten und von unten nach oben. Berlin ist eine Welt am Draht.

Café Punk

Rote Rose

Die Berliner Adalbertstraße ist zweigeteilt: Der nördliche Teil zählt zum Ostberliner Stadtteil Mitte, der südliche zum Westberliner Stadtteil Kreuzberg. Vor der Tür des Lokals Rote Rose im südlichen Abschnitt der Adalbertstraße wechseln sich Tag und Nacht ab, innen herrscht durchgehend Dämmerung. Die Gäste können die Zeit jedenfalls sowohl im Schlaf- als auch im Wachzustand verbringen. Schon seit den Sechzigerjahren kennt das Lokal keine Sperrstunde. Gegen fünf Uhr morgens wird der Getränkeausschank für eine Stunde unterbrochen, der Boden kurz gewischt, die WCs gereinigt – die Gäste können bleiben. Weiter geht es. Die Zeit ist abgeschafft in der Roten Rose. Um drei Uhr morgens trifft Wolfgang Müller in der Roten Rose Heiner Müller. Er sitzt mit einem jungen Schauspieler hinten auf den Bänken, erzählt Geschichten von der Psychiatrie in der DDR und vom Suizid seiner Ehefrau Ingeborg 1966. Er fragt Wolfgang Müller nach dem Suizid seines Vaters. Will er Lars Rudolph durch den beiläufig-entspannten Tonfall, mit dem er über Selbsttötung spricht, etwa irritieren? Doris schüttelt den Kopf und lacht: Möglicherweise ist Wolfgang Müller selbst irritiert. Auch über zwanzig Jahre später lauschen offenherzigen Gästen freundliche bunte Plastikzwerge und -elfen auf dem Sims der Roten Rose im Durchgang zu den Toiletten. Mittlerweile werden sie von Touristenscharen aus der ganzen Welt bewundert. In kleinen Gruppen und großen Scharen durchforschen sie die Kreuzberger Oranienstraße und ihre Seitenstraßen. Vermutlich nehmen einige der internationalen Szenebesucher an, dass zumindest das Café Luzia, welches direkt um die Ecke in der Oranienstraße liegt, noch aus den Westberliner Achtzigerjahren stamme. Von der Optik her passt es: geschmackfreies Mobiliar vom Sperrmüll, chaotisch zusammengewürfelt, ohne Rücksicht auf Stilepochen, einladende, entspannte Improvisation. Dazu die etwas coole Atmosphäre, verstärkt durch extrem individualisierte Kellner und Kellnerinnen. Jede/r von diesen verkörpert ein individuelles, äußerst komplexes, von außen nur schwer zu durchschauendes Ordnungssystem. Ein Wechselspiel zwischen Coolness und Attitüde. Jedoch täuscht der Eindruck, hier hätte sich eine Zeitblase der Achtziger bis in die Gegenwart erhalten. Noch bis vor wenigen Jahren befand sich in der Oranienstraße 34 ein gutbürgerliches deutschtürkisches Lebensmittelgeschäft mit Fleisch- und Gemüseabteilung.

Funkhouse – Punkhouse

Im Sommer 1977 eröffnet das Funkhouse am Kurfürstendamm. Westberlin – Funky Town? Ein kapitaler Flop. Das Lokal läuft schlecht. Der Inhaber erkennt die Zeichen der Zeit. Eine kleine Buchstabenauswechslung hat große Folgen: Aus dem Funkhouse wird das Punkhouse. Und dieses Punkhouse entwickelt sich nun zum ersten Treffpunkt einer gerade erst im Entstehen begriffenen Westberliner Punkszene. Etwa zweihundert in allen Bezirken lebende Punks und eine kleine Szene sogenannter Fashion-Punks existieren in der Halbstadt. Zu den ersten Kellnern, die ab 1978 im Punkhouse arbeiten, zählt Mark Eins. Im Jahr zuvor hat er noch mit einem Frachter die Meere erkundet. In seiner Geburtsstadt Flensburg hat er die experimentelle Elektronikband DIN A Testbild gegründet. In Westberlin lernt er Gudrun Gut kennen. Diese hat zufällig zur gleichen Zeit in einem Keller der Friedenauer Sponholzstraße eine Frauenband namens „DIN A 4" gegründet. „Wir taten uns zusammen, ließen die Zahl 4 weg und nannten uns DIN A Testbild."[72] Nach Auftritten im Kreuzberger SO36 und im Düsseldorfer Ratinger Hof trennen sich ihre Wege. Mark Eins: „Gudrun wollte lieber was mit anderen Frauen machen."[73] Zuvor organisiert Gudrun Gut ein Konzert mit Blixa Bargeld in der Diskothek Moon – dieser hat sich gerade von seinen langen grün gefärbten Haaren getrennt, die an den proto-queeren Orten wie Anderes Ufer oder dem Tali-Kino den großen Einfluss des Glam-Rock bezeugten. Das Moon-Konzert findet am 1. April 1980 statt und gilt als offizielles Gründungsdatum der Einstürzenden Neubauten. Weitere Beteiligte sind Beate Bartel und Andrew Unruh. Kurz davor formiert Gudrun Gut mit Bettina Köster und Beate Bartel die Band Mania D, in der freejazzige Elemente auf New Wave treffen. Mania D ist die Vorläuferband der aus Musikerinnen bestehenden Gruppe Malaria! – zu deren Namen das Ausrufezeichen gehört.

Musiker Thomas Voburka, der Kellner aus dem Kreuzberger Exil, zählt zu den häufigen Besuchern des Punkhouse: „Die Jungpunks waren alles Gymnasiasten aus gutem Hause – zumindest die, die man in der

Öffentlichkeit sah. Die Jungs haben sich im Kant-Kino mit gestandenen AC/DC-Altrockern ‚geprügelt' – was ziemlich komisch aussah. In Kreuzberg gab es damals gar keine Punks. Zumindest waren sie nicht zu sehen. Kreuzberg befand sich damals in der Hand von Spontis und Polit-Anarchos rund um das Georg-von-Rauch-Haus. Es gab auch noch keine Punkkneipen, nur so wirklich gruselige Alt-68er-Spelunken wie das Max und Moritz in der Oranienstraße und die Rote Harfe am Heinrichplatz."[74] Im Tagebuch der Prä-Punkerin Betti Moser, die heute in England lebt, findet sich der Eintrag: „2. September 1978 Schließung des Punkhouse." Sieben Monate später, am 21. April 1979, eröffnet das Shizzo, das zweite Punklokal Westberlins überhaupt – im Stadtteil Steglitz.[75] Tatsächlich strömen in die winzige Kneipe sofort alle über die ganze Stadthälfte verstreut lebenden Punks. Das Shizzo wird nun einige Monate lang das einzige Westberliner Punklokal sein. Der Kaffee wird hier in langstieligen gläsernen Eisbechern serviert. Meist sind sie leicht angesprungen, ernste Verletzungsgefahr droht. Die Einrichtung besteht aus fleißig zusammengetragenem Sperrmüll und liebevoll, aber doch recht fragil Selbstgezimmertem. Zu den ersten Gästen des Shizzo zählt Dagmar Stenschke, in der Szene bekannt unter dem Namen „Sunshine". Hektisch und wild wirbelt sie im Lokal herum. Über ihren dünnen Beinen trägt sie schwarze Strumpfhosen mit großen Löchern und einen kurzen Minirock aus schwarzem Leder. In ihrem Haar blinken glitzernde Fundstücke, die sie dort eingeflochten hat. Sunshine schlenkert mit ihren dünnen Armen. Unzählige glitzernde und grellfarbene Armringe geben

6 „Ich kann beim besten Willen kein Haarkreuz erkennen."
Die Westberliner Punks fanden Joseph Beuys punkiger als Martin
Kippenberger. Während Beuys Pate eines besetzten Hauses wurde,
suchte Kippenberger noch Kontakt zu den Paten der Kunstwelt.
Rückenansicht Wolfgang Müller, im Chaos 1980. Aus: *Blickpunkt.
Das Jugend-Journal mit Durchblick*, 13. November 1980, Foto: Elfi
Fröhlich

klackernde, metallische Geräusche von sich. Einige Punks mutmaßen, sie sei „auf einem LSD-Trip" hängen geblieben. Sunshine selbst erzählt, sie sei über ein Jahr lang gegen ihren Willen in der Kieler Psychiatrie festgehalten worden. Schnell wird deutlich, dass sie ihre Umgebung genau registriert. Die Anwesenheit der immer alleine Auftauchenden gilt als Qualitätsprädikat jedes neu eröffneten Clubs, jeder neuen Kneipe oder Diskothek. Wie aus dem Nichts erscheint Sunshine zu den jeweiligen Eröffnungen. Das bedeutet: Das Lokal ist richtig gut, angenehm, hat irgendetwas Spezielles. Das Shizzo schließt nach wenigen Monaten. Waren es das Gewerbeamt oder die Gesundheitsbehörde, die Ärger machten? Die Karawane zieht weiter, Richtung Chaos.

Das Chaos

Am 20. Februar 1980 eröffnen Mike Koppermann und Pit Morga das Chaos – die erste Punkkneipe in Kreuzberg. Aus verschiedenen Westberliner Stadtteilen kommen die Punks zum neuen Treffpunk an der Ecke Obentraut-/Großbeerenstraße. Das Chaos liegt also im eher bürgerlichen Teil des Bezirks. Nur zwei Straßen entfernt betreibt Peter Fuhsy eine Kneipe namens Bierstube. Der Wirt beklagt sich umgehend beim Stadtbezirk über die Punks und das Lokal. Seine Gäste und er seien seit dessen Eröffnung gezwungen, sich zu bewaffnen. Der Illustrierten *Stern* gegenüber behauptet er, dass die Punks Messer unter ihren Jacken tragen würden und Autoantennen umknickten.[76] Zwar kann die Polizei keinen seiner Vorwürfe bestätigen, die über dem Lokal wohnenden Mieter des Hauses, darunter zahlreiche Rentner, finden die Punks vom Aussehen her zwar gewöhnungsbedürftig, aber allesamt sehr nett. Der Bierstubenwirt gründet schließlich eine Bürgerwehr, der auch einige professionelle Karatekämpfer angehören. Am 8. September 1980 stürmen zwanzig Männer aus dem mit der Bierstube verbündeten Lokal Alt-Berlin vor das Punklokal. Sie wollen den „Abschaum" aufmischen, wie Peter Fuhsy später dem Journalisten des *Stern* sagt. Der Besitzer des Restaurants Alt-Berlin, Manfred Ruch, brüstet sich vor der Illustrierten damit, „den Strick zu liefern, an dem die Punks aufgeknüpft werden".[77]

Vielleicht bringt es Verleger Klaus Wagenbach am deutlichsten auf den Punkt: „Die alten Nazis gegen die Wehrdienstverweigerer, das war Westberlin."[78] Einige Besucher des Chaos werden schwer verletzt und mit Knochenbrüchen ins Krankenhaus eingeliefert. Die Westberliner Polizei ermittelt nicht. Stattdessen deckt sie die Aktionen der Bürgerwehr und verkehrt deren Gewalttätigkeiten schließlich ins Gegenteil.[79] So gewinnt am Ende die Bürgerwehr. Dem Chaos wird am 25. November 1980 die Konzession entzogen. Die Begründung von CDU-Wirtschaftsstadtrat Gerhard Schulze gegenüber den Inhabern des Chaos ist, dass eine Abkehr von den in ihrem Gästekreis vermittelten Wertvorstellungen nicht erkennbar sei. Wertvorstellungen? Michael Pleßner aus dem gutbürgerlichen Stadtteil Wilmersdorf schreibt einen Leserbrief an die Zeitung: „Sie meldeten in Nr. 10 690, daß die Kreuzberger Punker-Kneipe Chaos den Betrieb einstellen musste. […] Mir sind die modischen Extravaganzen der Punker in etwa so fern wie die neusten Entwürfe der Haute Couture und ‚die damit vermittelten Wertvorstellungen'. […] Daß jedoch ein Wirtschaftsstadtrat die Betriebserlaubnis einer Schankwirtschaft davon abhängig macht, welche Meinungen die dort verkehrenden Gäste äußern, scheint mir bemerkenswert. […] Bei solchen Aussichten ziehe ich es dann allerdings vor, mir auch eine Sicherheitsnadel durch die Backe zu ziehen und ‚no future' auf die Joppe zu pinseln."[80]

Island: Über den Einfluss von Punk und die Folgen der Aufhebung des Bierverbots

Warum sind Kneipen, Diskotheken und Clubs der Subkultur wichtige Keimzellen für die Entstehung von Kunst und Musik? Entstehen in ihnen etwa mehr anregende Ideen und Pläne als an Kunsthochschulen und -akademien? Sollten Bars und Szeneclubs eigentlich Kulturförderungsmittel erhalten? Ein kurzer Seitenblick auf das 2380 Kilometer von Berlin entfernte Reykjavík macht es deutlich: Als Schriftsteller genossen die Isländer traditionell immer einen gewissen Ruf, auch im Rest der Welt. Doch bis in die Achtzigerjahre hinein spielten Popmusik oder moderne Kunst aus Island im internationalen Kulturbetrieb eine eher marginale Rolle. Durch den Einfluss von Punk und die Aufhebung des Bierverbots änderte sich das. „Die eigentliche Wende kam für uns Isländer im Jahr 1989 – mit der Aufhebung des hundertjährigen Bierverbots", so der isländische Musiker Einar Örn

Benediktsson, Chef des Bad-Taste-Labels und Gründer der Post-Punk-Band Sugarcubes. Der isländische Kulturboom habe erst mit dem Bier und der damit verbundenen Eröffnung erster Lokale und Kneipen in Reykjavík begonnen: „Mein Großvater hat seinerzeit oft in den Weinkellern Wiens gesungen. Dort wurde er von einem Agenten gehört und bekam anschließend einen Vertrag als Sänger in Hamburg. So lief das damals ab."[81] Tatsächlich existierten vor 1990 kaum Kneipen und Restaurants in Island. „In den neu entstandenen Kneipen konnte erstmals gesungen, getanzt und Party gemacht werden. Nun trafen sich die Menschen an diesen öffentlichen Orten, sie heckten Ideen, Pläne und Unternehmungen aus."[82]

SO36

Zu den kulturellen Keimzellen der Achtziger zählt der Veranstaltungsort SO36 in Kreuzberg. Was einst das CBGB für New York war, dem entspricht das SO36 in Berlin – bis heute. Ursprünglich ein altes Kino, wird es ab 1977 von drei Rockmusikfans, dem Studenten Andy Rohé, dem Fernmeldemonteur Achim Schächtele und dem Elektriker Klaus Brennecke, gepachtet und zur Konzerthalle umgebaut. Sie gründen die „SO36 Gaststätten GmbH" und sammeln dreißigtausend DM für Anschaffungen. Vom Trödel holen sie fünfzehn gewaltige Bosch-Kühlschränke, die hinter dem vom Ballhaus Resi übernommenen Tresen Platz finden. Die Bühne im 260 Quadratmeter großen Saal zimmern sie selbst. „Neben Musik soll im SO36 auch jedwede nichtsubventionierte Kunst gefördert werden", so Werner Mathes, von 1977 bis 1985 leitender Redakteur des *tip*-Magazins: „Der Berliner Maler Bernd Zimmer hat hier sein *Stadtbild 3/28: Eine Zehntelsekunde vor der Warschauer Brücke* auf eine 3 mal 28 Meter große Kleinwand vorm SO36-Publikum gepinselt, der Berliner Künstler Martin Kippenberger seine Dia-Show präsentiert."[83] Es entfalten sich die interdisziplinären Künste der (Sub-)Kultur, die Westberliner Institutionen wie der Berlinischen Galerie oder der Nationalgalerie noch die nächsten drei Jahrzehnte bis heute fremd wie Ufos zu sein scheinen.

Mit einem „Mauerbaufestival" eröffnet das SO36 am 13. August 1978 erstmals seine Türen. Die Jubiläumsveranstaltung zum Mauerbau schließt ironisch an die Mauererhöhungsforderung „um 5 cm (bessere

7 Punk-Fanzine *Bierfront*, Cover der documenta-8-Sondernummer:
Besucher stürmen die Bierdosenpyramide auf der documenta 8,
1987

Proportion!)" von Joseph Beuys aus dem Jahr 1964 an. Es treten sowohl Punk- als auch eher experimentelle Bands, darunter S.Y.P.H., Mittagspause und DIN A Testbild, auf. In der großen, rechteckigen Schachtel an der Kreuzberger Oranienstraße versammeln sich die Antiberliner: Punks, Mods, Alternatives, Industrial- und Elektronikfans, Polit-Anarchos, Lesben, Schwule, Trans*, gehörlose Aktivisten und Selfmadekünstler. Innerhalb weniger Monate bekommt das SO36 den Ruf einer Ausnahmelocation, seine Ausstrahlungskraft reicht weit über die Stadtmauern Westberlins hinaus. Martin Kippenberger erkennt das Potenzial und pachtet das SO36 ein Jahr darauf. Er will hier No Wave aus New York mit moderner performativer Kunst kombinieren. In jener Zeit ist die Kreuzberger Umgebung um das SO36 ein ziemlich trister und ärmlicher Ort. „This Man is Playing on Luxus", druckt der Künstler auf Plakate, auf denen er selbst oder Christine Hahn, Eric Mitchell und Achim Schächtele zu sehen sind. Sicher weiß er um die Provokation, die er mit dem Gebrauch des Wortes „Luxus" im sozial schwachen Umfeld auslöst. In einer Umgebung, in der Kohleheizung, Außentoilette und Sozialhilfe Standard sind. Aber ob die empörten Punks, Hippies und Linken tatsächlich wissen, dass Kippenberger selbst aus einer wohlhabenden Familie stammt? Ironie wirkt eben auch nur relational.

Bierfass

Unter dem Titel *Einer von Euch – mit Euch – unter Euch* zeigt Martin Kippenberger 1978 im SO36

Super-8-Filme von Tabea Blumenschein wie *Die Dollarprinzessin*. Er inszeniert eine Multimediashow, die er mit eigenen bizarren Tanzverrenkungen garniert. Elvira Bach präsentiert Badewannenbilder, während Werner Büttner, Claus Böhmler und Thomas Wachweger eine kryptische „Text-am-Bild 2-fach-Projektion" ankündigen. Live konzertieren Red Crayola und Scritti Politti aus New York im SO36. Außerdem wird ein „Nordeuropäisches Improvisations- und Klangorchester" unter Beteiligung von Sven Åke Johansson angekündigt. Nicht allen gefällt die neue Kombination aus Kunst und Musik. Martin Kippenbergers Provokation mit Luxus und Reichtum funktioniert: Die Kasse wird prompt von einer „revolutionären Front" geplündert: Punks gegen Konsumscheiße! Anderen missfällt eher die neue Ästhetik, die nun im SO36 einzieht. Thomas Voburka: „Den Stil des Lokals hat Kippenberger ziemlich verwässert. Plötzlich stand da ein Bierfass am Tresen, vorher gab es nur Dosenbier, was damals als Stilelement total neu war. Am Ende des Abends lagen da anfangs nämlich Hunderte leerer, plattgedrückter Dosen am Boden. Und das sah wirklich sehr beeindruckend aus."[84] Nur wenige Monate bleibt Martin Kippenberger Pächter des SO36, ist aber der bis auf Weiteres prominenteste.

Bierdosenpyramide

Während die linksalternative Szene klar die Pfandflasche aus Glas favorisiert, zieht die Punkszene die Aludose vor, trotz ihrer energieaufwendigeren, umweltunfreundlichen Herstellung. Innerhalb des documenta-8-Programms der Tödlichen Doris wird 1987 die Ästhetik der Bierdose durch einen ihrer beiden Sponsoren, das Aachener Punk-Fanzine [85] *Bierfront*, gewürdigt: Eine wacklige Pyramide aus Aluminiumdosen diverser Biermarken, die mit silbernem Spray einander angeglichen wurden, erhebt sich am 25. Juli 1987 auf einer Kasseler Wiese. Ein gecharterter Reisebus, gefüllt mit documenta-8-Besuchern, die um Punkt 21 Uhr in der Diskothek New York abgeholt worden sind, fährt um die Unsehenswürdigkeiten von Kassel herum. Der vom Fanzine bestellte Reiseleiter ist Theo Rick von der Aachener Band Trickbeat. Seine Infos über die Unattraktionen der Stadt gibt er durch ein übersteuertes Megafon bekannt. Plötzlich stoppt der Bus. Rüde werden die Passagiere aufgefordert, sich jeweils eine Bierdose von der Pyramide zu nehmen und zu öffnen. Zwei der hundert äußerlich identischen Dosen enthalten jedoch Fanta statt Bier. Wer diese erwischt, dem überreicht Theo Rick eine Schallplatte mit Musik. Am Tag darauf wird Nadja Moldt von der Westberliner Elektronikband Alu im documenta-8-Programm der Tödlichen Doris singen: „Alles aus Alu."

Glokal

Seit seiner Gründung 1978 ist es dem SO36 gelungen, sich lokal zu verwurzeln, ohne dabei provinziell zu werden. Die Verbindung mit seiner Umgebung stärkt sein Sensorium für globale und aktuelle soziale, politische und künstlerische Entwicklungen Aus den

Intensitäten der sich hier einfindenden multiplen Diasporen entsteht zugleich so etwas wie ein Familiennetz. Dieses gründet sich aber weniger auf klassische Traditionen als auf Freundschaften – ganz im Sinne von Michel Foucault. Das SO36 ist mit einem Wort: glokal.

Die Liste seiner Gäste ist lang: Throbbing Gristle, James White, Soilent Grün, die Vorläufer der Ärzte, Suicide, The Red Crayola, Lydia Lunch, Kleenex, Kevin Coyne, die Dead Kennedys und die Bands aus dem Umfeld der Berliner Genialen Dilletanten. Zwischendrin singen Valie Export und Ingrid Wiener österreichische Lieder. Ab Mitte der Neunziger veranstaltet das SO36 auch Techno-Tanzpartys, genannt *Electric Ballroom*. Zeitgleich finden hier die ersten Queer-Partys von Berlin statt. Fatma Souad etabliert mit *Gayhane* im SO36 die erste „Oriental Night für Lesben, Schwule, Transen und deren Freunde" in Deutschland. Das geschieht zur gleichen Zeit, da sich mancher Altlinke sein Ticket in den Mainstream erwirbt, indem er über den „Machismo des Muslims" oder dessen „Rückständigkeit" philosophiert. Der Mainstream hat die Lesben und Schwulen inzwischen als „zivilisiert" integriert, gern verbunden mit der Forderung, die „homophoben Orientalen" sollten sich endlich an „uns" anpassen. Diesen langen Marsch der Anpassung muss das SO36 nicht gehen: Es war nämlich schon immer gleichzeitig auch spießig. Dazu unvernünftig und pubertär: Es hat sich von Anfang an erlaubt, zu seiner Bürgerlichkeit und immerwährenden Pubertät zu stehen. Kein Entweder – oder. Die Veranstaltungsreihe *Café Fatal* ist ein Beispiel für diese Haltung: Warum sollten schwule und lesbische Paare eigentlich nicht klassische, traditionelle Gesellschaftstänze tanzen? Wer letztlich führt, darüber lässt sich ja diskutieren. Oder: Warum sollte die lokale queer-orientale Diaspora eigentlich im Jahr 2010 nicht zu New Yorker Discomusik aus den Achtzigerjahren ausflippen? Etwa, weil diese Musik für den weißen Trendscout, der für die *taz* darüber berichtet, gerade nicht „in" ist?

Gibt es ein Geheimrezept für die ewige Jugend des SO36? „Eigentlich legen wir nur Wert auf vier Punkte: kein Faschismus, kein Sexismus, kein Rassismus, keine Homophobie", sagt Lilo Unger, eine der Betreiberinnen.[83] Den dreißigsten Geburtstag des SO36 vergaßen die Pächter übrigens, eine Feier fand nicht statt. Am 31. Geburtstag beging das Lokal diesen dann ersatzweise. Das war 2009. Eines ist ganz gewiss: Existierte ein Club wie das SO36 in Köln, München, Stuttgart oder Hamburg – es gäbe bestimmt längst ein dickes, schickes, teures und buntes Coffee Table Book. Punk trifft queer: No future, now!

8   Die *Tödliche-Doris-Pfingstparty* im Frontkino, Juni 1984: Der
kanadische Multimediakünstler Michael Morris (rechts) veröffentlichte 1974 in seiner Zeitschrift FILE eine Flexisingle der kalifornischen Band The Residents. Hinter ihm steht Chris Dreier, erste
Schlagzeugerin von Die Tödliche Doris; der Name des Besuchers
links konnte bis Redaktionsschluss leider nicht ermittelt werden.
Foto: Eva Maria Ocherbauer

Wolkenkratzer im Frontkino

Der Punkimpuls regt an, die Auseinandersetzung mit der Gegenwart und der Unmittelbarkeit zu suchen. Joseph Beuys' erweiterter Kunstbegriff motiviert, die Umsetzung von Ideen in allen möglichen zur Verfügung stehenden Medien und Materialien auszuloten. Und selbst wenn die Utopie letztendlich scheitert: Dieter Roth beweist, dass permanentes Scheitern ebenfalls zu wundervollen Kunstwerken führt. Zu diesen Haltungen kommt die Offenheit und Selbstironie Andy Warhols hinzu – als erfrischendes Gegenstück zu den humorfreien Machoposen deutscher Malerfürsten und Bildhauer. Sein Film *Empire* (USA 1964), im Original acht Stunden lang, wird zum Lieblingsfilm der Tödlichen Doris. Im Zeitraubenden steckt eine Qualität. Es öffnet die Raumwahrnehmung und lässt Freizeit entstehen, formt mit Zeit und Zeiträumen die unterschiedlichsten Gestalten.

Das Frontkino, installiert in einer Fabriketage im dritten Hinterhof in Kreuzberg, eröffnet im Mai 1981. Die Etage ist in zwei Räume unterteilt: einen weißen und einen schwarzen.

Es ist das einzige Kino Westberlins, welches den Warhol-Film *Empire* gern auch mal in voller Länge zeigen will und sich engagiert um eine Kopie bemüht. Wie viele andere Westberliner Selfmadekinos und Performanceräume bewegt sich das Frontkino permanent im Zwischenbereich von Legalität und Illegalität. Den Betreibern Jeanne Waltz und Dieter Mulz gelingt es trotz größter Anstrengung nicht, eine Kopie des achtstündigen Films für die *Tödliche-Doris-Pfingstparty* zu besorgen.[87] Ersatzweise läuft eine für Programm- und Off-Kinos hergestellte Fünf-Minuten-Kurzfassung des Films, die mit ebenso kurzen Sequenzen aus *Kiss*, *Mario Banana* und *Sleep* kombiniert ist. Diese Kurzversion, nicht viel mehr als ein Anschauungsobjekt, hat insgesamt dreißig Minuten Laufzeit und wird während der Party von 22 Uhr bis 6 Uhr morgens durchgehend über die Köpfe der Gäste hinweg in den schwarzen Raum projiziert. Jede halbe Stunde findet im weißen Raum eine maximal fünfminütige Performance auf einer kleinen Bühne statt. Einer der sechzehn Performer ist der kanadische Künstler Michael Morris. Er führt die *Denkblase* auf, welche die Fotografin Eva Maria Ocherbauer festhält (siehe Bildteil: Kunstwerke der Westberliner Subkultur, Abb. 15–17).

Das Plattenauflegen, Plattenspielen, Plattenmischen wird im Frontkino als eigene, vollwertige Kunstform betrachtet. Aus diesem Grund finden auf Plakaten, Werbezetteln und Eintrittskarten die Namen der Discjockeys, Gerd und Udo Scheuerpflug, gleich gewichtet mit denen der Performancekünstler Erwähnung. Über Rap und Techno wird sich das Komponieren mit Platten und Mischpult ab den Neunzigerjahren auch in die Kunsthallen und Museen bewegen. Der Discjockey wird nun als ein menschlicher Plattenspieler und eigenständiger Künstler anerkannt.

Im Frontkino gibt es für die österreichische Fotografin Eva Maria Ocherbauer und die New Yorker Fotografin Nan Goldin reichlich Motive. Nan Goldin findet eines in Dieter Mulz. Offensichtlich verliebt, reist sie mit dem Frontkino-Betreiber noch im gleichen Jahr nach Schweden und nach München. Sein melancholischer Blick aus einem trüben Zugfenster wird später in den großen Museen der Welt zu sehen sein – auf Nan Goldins Fotografien.[88]

Marcel Duchamp im Frontkino

Selbst die äußerst spröde, sich über mehrere Stunden hinziehende paraphysikalische Erläuterung des *Großen Glases* von Marcel Duchamp durch Bruno Hoffmann zieht ein interessiertes Publikum ins Frontkino. Im Herbst 1984 hocken etwa dreißig Zuschauer, Kunstpublikum und Punks bunt gemischt, von 21 Uhr bis 3 Uhr morgens auf vom Kinderbauernhof geliehenen Heuballen. Der Kinderbauernhof liegt direkt nebenan, unmittelbar an der Mauer. Gekleidet wie ein Mönch, in brauner Kutte mit Kapuze, trägt Bruno Hoffmann als „Wächter des *Großen Glases*" eine Litanei vor, die aus seiner intensiven Auseinandersetzung mit Duchamps Hauptwerk besteht. Immer wieder wird sein Redefluss unterbrochen von lauten Geräuschsalven. Ob Hoffmanns komplexe Erläuterungen und seine Übersetzungen ins, wie er sagt, „Starkdeutsche" überhaupt einer der Anwesenden nachvollziehen kann, ist bis heute unklar. Am Ende der stundenlangen Séance beginnen einzelne Zuschauer, sich verwirrt umzuschauen. Andere lachen leicht hysterisch. Anschließend zeigt Bruno Hoffmann einigen Auserwählten den kostbaren Katalog, der hinter einem Heuballen liegt – er ist versehen mit der handschriftlichen Signatur von Marcel Duchamp.[89]

Frontkino wird Ex & Pop …

Dicht an dicht brennen Teelichter. Eine Lichterkette zieht sich von der Waldemarstraße bis in den dritten Hinterhof, über die Treppen hinauf und bis ins Frontkino hinein. Gabriele Poschmann und Gregor Kosleig verwandeln das Kino in einen Nachtclub. Gesänge von Schubert erklingen. Noch ahnen die beiden nichts von der Frauenleiche, die einige Wochen später zwei Stockwerke höher, direkt unter dem Dach des Fabrikbaus, entdeckt werden wird. Verpackt in Plastikfolie. Bereits zwei Jahre verwesen die Überreste dort. *Der Spiegel* greift den Vorfall auf. In einer dreiteiligen Fortsetzungsgeschichte erklärt das Nachrichtenmagazin die Waldemarstraße zur unheimlichsten Straße der Republik. Hier beginne, so sinngemäß, Deutschlands rechtsfreier Raum. Rechtsfrei? Von wegen. Das „48-Stunden-Marathon"-Konzert im Frontkino, welches Max Müllers Band Campingsex exerziert, wird in der Halbzeit, nach 24 Stunden, unterbrochen. „Ein Typ namens Manne stürmte mit seiner Mannschaft ins Frontkino und schlug Kinobetreiber Dieter Mulz den Vorderzahn aus", erinnert sich Max Müller.[90] Offensichtlich nicht das erste Mal. „Wegen Lärmbelästigung brach Manne Wetzel auch mal einem Punkgitarristen einen Arm", ergänzt Eiszeit-Kinomacher Hans Habiger.[91] Im Umfeld von Waldemarstraße bis Oranienstraße regiert die „Kreuzberger Kiezmiliz". Kein Wunder, dass sich bis heute hartnäckig das Gerücht hält, einige besonders rüde Vertreter dieser militanten Ordnungsmacht arbeiteten undercover im Auftrag des Verfassungsschutzes oder gar des CIA.

Entnervt vom Terror der Kiezmiliz stellt das Frontkino Ende 1986 seinen Betrieb in der Waldemarstraße ein. Im Frühjahr 1987 eröffnet es wieder in der Mansteinstraße 14 im Bezirk Schöneberg.[92] Es entsteht eine Kombination aus Minikino für zwanzig Personen und Kneipe oder Konzertraum für mehr als hundert Besucher. Ob die Schweizerin Jeanne Waltz mit dem winzigsten Kino Westberlins den Spuren ihrer Landsleute Robert Walser, Paul Klee und Alberto Giacometti folgt, deren Schrift, Gemälde beziehungsweise Skulpturen auch jeweils eine gewisse Tendenz zum besonders Kleinen, bis hin zum Mikroskopischen haben? Der aus Süddeutschland stammende Dieter Mulz, der eigentlich Konrad Kaufmann heißt, konzentriert sich jedenfalls auf den großen Kneipenraum. Doch scheint es schwierig, diesen Raum wie zuvor in Kreuzberg fast automatisch mit Ideen und Publikum zu füllen. Das neue Frontkino läuft zäh an. Ob es am mageren Lohn für die Angestellten liegt, an der allzu stark kontrollierten Atmosphäre oder daran, dass die alten Konzepte für die neue Lokalität schlichtweg unbrauchbar sind, lässt sich schwer beantworten. „Mitte der Achtziger war dann alles vorbei", beschreibt Martin Büsser den allgemeinen Stimmungsumschwung innerhalb der Subkultur.[93] Als zwei Wochen nach Eröffnung des neuen Frontkinos, am 1. Mai 1987, nur tausend Meter entfernt in der Lützowstraße 23 Mark Ernestus das Lokal Kumpelnest 3000 eröffnet, teilt sich die Szene und formiert sich neu.

Der eher existenzialistische männlich-straighte Teil bevölkert nach einem Besitzerwechsel allmählich das neue Frontkino. Barkeeper und Inhaber wird

Konradin Leiner, Musiker, Comiczeichner, Journalist, Drogendealer, Philosoph und Schriftsteller. Er stirbt 1996 an einer Überdosis Heroin. Aus seinem Nachlass veröffentlichen seine Freunde Tom Lamberty und Frank Wulf mehrere Bücher im Merve Verlag.[94]

Ins Kumpelnest 3000 zieht es dagegen eine eher lesbische, schwule und Trans*-Szene, die sich mit straighten Besuchern zu einer proto-queeren Gestalt vereint. So bleibt die Zugehörigkeit des Lokals bis heute unbestimmt. Unter dem Kronleuchter des Ex-Bordells ertönt ein bizarrer, zuvor ungehörter Mix aus Punk, Schlager, Industrial und Abba. Getanzt wird häufig und immer spontan. Der Inhaber Mark Ernestus: „Es war völlig egal, was im Kumpelnest 3000 gespielt wurde. Ganz wichtig war aber, dass es egal war."[95] Mark Ernestus verlässt sich völlig auf die musikalischen Vorlieben der versammelten Tresenkräfte, seine ehemaligen Kommilitonen aus der Hochschule der Künste und deren Freundeskreis. Das Kumpelnest 3000 wird gern von den unterschiedlichsten Szenen besucht, die sich andernorts kaum begegnen würden. Hier treffen Helge Schneider und Cosey Fanni Tutti von Throbbing Gristle aufeinander. Oder Heiner Müller auf Udo Kier und Max Goldt.

Eines Tages wird Barkeeperin Valerie Caris-Ruhnke von einem Mann gefragt, ob er mal ein paar Fotos mit seiner Rockband im Lokal machen dürfe. Sie willigt ein. Ein paar Typen setzen sich an die kleinen quadratischen Tische aus Mahagoniimitat. Tische und Typen werden beleuchtet vom warmen Licht der aus den Wänden ragenden gläsernen Glockenblumenlämpchen aus vergangenen Bordellzeiten. Innerhalb von zwei Stunden nimmt der Fotograf die Szenerie auf. Jahre später werden die Fotos im Inlay einer CD entdeckt – und von einem Fan identifiziert: Es ist die irische Band U2, die sich hier fotografieren ließ. Niemand vom Personal und kein einziger Gast hat es damals bemerkt – U2 sind hier völlig unbekannt.

Während die Musikfragmente aller Stilrichtungen und Länder im Lokal herumirren, weiß Mark Ernestus, auf welches Musikgenre er sich selbst konzentrieren will: Im Jahr 1989 eröffnet er seinen Plattenladen Hard Wax. Für die internationale Techno- und Houseszene wird das Hard Wax nach 1989 zum wichtigsten musikalischen Wallfahrtsort in Berlin.

… wird Ex 'n' Pop

Das Frontkino wechselt mit dem Eigentümer auch seinen Namen, nennt sich nun Ex & Pop. Altes Stammpublikum des 1986 geschlossenen, direkt um die Ecke gelegenen Punklokals Risiko taucht im Ex & Pop plötzlich wieder auf. Es wird zum Stammlokal von Rockmusikern wie Nick Cave oder Blixa Bargeld und Schauspielern wie Ben Becker. Die Musikerin und Produzentin Gudrun Gut erinnert sich: „Das Ex & Pop wurde total machomäßig. Am Ende konnte man da nur noch im Cowboyoutfit reingehen, mit Cowboyhut und Stiefeln."[96] Einige Jahre später zieht es, namentlich verändert in Ex 'n' Pop, in einen leer stehenden Laden in der Potsdamer Straße, wo es bis zum heutigen Tag existiert.

Haste mal 'ne Mark?

Ben Becker ist Sohn einer prominenten Westberliner Schauspielerfamilie. Häufig ist der Sechzehnjährige in wavigen Szenebars und Diskotheken anzutreffen, die trashigen Punklokale wie Risiko, Chaos oder Shizzo meidet er dagegen eher. Auch er hinterlässt frühe Spuren in der Subkultur der Achtziger: In Christoph Doerings Super-8-Taxifilm *3302* (D 1979) spuckt er in das Objektiv der Kamera. Ingeborg Raddatz, die Mutter des Dschungel-Inhabers Michael Schmidt: „Ben Becker trat immer nach dem Motto auf: Ich bin der Größte. Er war schon damals ein Großmaul und ein Angeber." Die muntere Rentnerin aus Kreuzberg ordnet ihn in die Gruppe der sogenannten Schnorrer ein: „Das waren diejenigen, die unten im Erdgeschoss vom Dschungel Geld schnorrten. Anschließend hingen sie dann in der zweiten Etage mit der Prominenz herum, um Sekt mit denen zu trinken."[97] Eine Investition mit Folgen: In einem Videoclip von Udo Lindenberg aus den frühen Achtzigern taucht Ben Becker kurz als Statist auf. Becker steht auch heute noch zu seiner damaligen Rolle als Schnorrer. Er hält es sogar für denkbar, gemeinsam mit seinem Freund Fetisch Erfinder des Spruchs „Haste mal 'ne Mark?" gewesen zu sein. Zumindest hätte ihm so etwas Fetisch mal gesagt. Becker: „Wenn dem so sein sollte, hätten wir uns das patentieren lassen sollen."[98]

Mit der Aufführung seines Theaterstücks *Sid & Nancy* im Ex & Pop betritt Ben Becker am 13. August 1995 erstmals als professioneller Schauspieler und Regisseur die Bühne. Er ist nun 31 Jahre alt. Gudrun

Gut besucht mit Jovanka von Willsdorf (Quarks) die Premiere. Besonders gespannt erwarten sie den Auftritt von Barbara Philipp. Gudrun Gut: „Beim Auftritt von Barbara bekam Jo jedoch einen krampfartigen Lachanfall, der nicht enden wollte. Wir mussten deshalb das Lokal vorzeitig verlassen. Irgendwie tat uns das aber sehr leid. Denn eigentlich sind wir ja nur dahin gegangen, um Barbara auf der Bühne zu sehen."[99] Mit seinem schauspielerischen Talent kann Ben Becker auch den Journalisten Jürgen Teipel aus Kulmbach überzeugen. Wohl um die starke Düsseldorfdominanz seines gerade im Entstehen befindlichen Buchs *Verschwende deine Jugend* etwas auszugleichen, reist Teipel Ende der Neunzigerjahre nach Berlin. Ben Becker, inzwischen ein populärer Schauspieler des bundesdeutschen Mainstreams, wird für Jürgen Teipel zum prominentesten Zeugen der Westberliner Punkszene der Achtziger. Auf der Rückseite von Teipels „Doku-Roman" wird Ben Becker zitiert: „Ich fühle mich auch heute noch als Punk. Ich habe aus dieser Zeit noch ein unheimlich gutes Gefühl, das ich immer dabei habe."[100]

Ben Becker wurde zwar so gut wie nie in Punklokalen gesichtet, war stattdessen unterwegs in der New-Wave-Szene am Kurfürstendamm, im DNC, dem Cri du Chat, dem Dschungel oder den Bars der Künstler- und Schauspielerszenen von Charlottenburg und Wilmersdorf. In letzteren verkehrt auch sein Stiefvater, der Schauspieler Otto Sander. Ist Ben Becker tatsächlich die Reinkarnation des Westberliner Schauspielers Harald Juhnke im neuen Berlin? Davon ist jedenfalls die Musikerin und Autorin Marianne Enzensberger überzeugt.[101] Ben Beckers Szeneclub Trompete oder seine Auftritte als singender Entertainer bringen die Medien und der Schauspieler jedenfalls erfolgreich mit dem Begriff „Punk" in Verbindung. Hat Sid Vicious' berühmte Interpretation von Frank Sinatras Welthit „My Way" endgültig alle Unterschiede zwischen Punk und „The Voice" eingeebnet? „Harald Juhnke sang doch auch ‚My Way', nicht wahr?", bekräftigt Marianne Enzensberger.[102] Der Sender Arte engagiert Ben Becker 2012 als „Punk-Moderator" der Filmreihe „Summer of Rebels".

Sogar Ben Beckers Bibelvertonung mit einem Sinfonieorchester 2007 wird von den Medien auf eine Ebene mit Klaus Kinskis provokantem *Jesus-Christus-Erlöser*-Auftritt vom 20. November 1971 in der Berliner Deutschlandhalle gestellt, obgleich sie doch eher an die aktuellen Forderungen Nationalkonservativer nach einer Intensivierung der „christlich-jüdischen Leitkultur" erinnert. Der Schauspieler Klaus Kinski, der seine Karriere im Nachkriegsberlin in Valeska Gerts Lokal Hexenküche (1950–1956) mit der Rezitation von Gedichten von François Villon und Arthur Rimbaud startete, irritierte nachhaltig die Konventionen seiner Zeit. Offene Feindschaft schlug ihm damals entgegen. Heute, in Zeiten einer meist nicht wahrgenommenen Mainstreamisierung der Medien, dürstet es diese regelrecht nach dem Bild des pöbelnden, ruppigen und grenzüberschreitenden männlichen Künstlerindividuums. Dieses verkörpert die „Freiheit", welche innerhalb eines zunehmend kontrollierenden, reglementierenden, die Freiheit einschränkenden Systems dann als „grenzenlos" verkauft werden kann. Ben Beckers wortgetreue Bibellesungen vor begeisterten Christen in ausverkauften Häusern sind letztendlich das glatte Gegenteil der *Jesus-Christus-Erlöser*-Interpretation des Klaus Kinski von 1971, die mit Zuschauerkrawallen und dem Tournee-Abbruch endete. Gerade für die Bigotterie der christlichen Religion wie auch für rechtskonservative und neoliberale Politik hatten die ersten Punks nur Verachtung übrig. Erstaunlicherweise haben christliche Institutionen auch einen entscheidenden, bislang kaum beachteten Einfluss auf die Gesangstechnik der ersten Punkbands ausgeübt. John Lydon alias Johnny Rotten, Sänger der Sex Pistols, betont im *tip*-Interview mit der Autorin Ulrike Rechel: „Wir wollten unter gar keinen Umständen in den Chor. [...] Die Älteren warnten uns. Wir haben dann instinktiv gelernt, dieser Institution zu begegnen; und zwar indem wir lernten, nicht zu singen. Oder nicht richtig. Denn wenn du singen konntest, kamst du in den Chor. Warst du im Chor, hatte der Priester Zugriff auf dich."[103] Er habe sich nie erlaubt, zum Opfer zu werden, sagt John Lydon: „Genau darauf aber spekulierten die Priester, das war eine Schande."[104] John Lydons „Shaming", seine Anklage gegen die Doppelmoral der christlichen Religion und ihrer Repräsentanten, die er im PiL-Song „Religion" formuliert, zählt bis heute zu den großen musikalischen Teufelsaustreibungen. Mit dem Ausruf „I am an Antichrist" gelten Johnny Rotten und seine Sex Pistols als die Protagonisten der Punkbewegung. Aber wer weiß – vielleicht wird im Zuge der allgemeinen Flexibilisierung der deutsche Papst Benedikt XVI. ja auch irgendwann zum Punk erklärt?

9   Der schwule Deutschägypter Armin Ibrahim Golz aus dem
Umfeld der Kreuzberger Punkszene mietet 1983 einen LKW
und meldet bei der Westberliner Polizei eine „politisch-religiöse
Demonstration" auf dem Kurfürstendamm an. Brüllend laut er-
klingt aus Boxen der Gesang der Ägypterin Oum Kalthoum.
Foto: Chris Dreier 1983

Dschungel: Neue Gesellschaftstänze

Mit rot gefärbtem Bubikopf tanzt die Performancekünstlerin Bridge Markland ab 1979 zehn Jahre lang auf der gekachelten Tanzfläche der Diskothek Dschungel: „Ich war zwar völlig drogenfrei – aber süchtig nach Tanzen."[105] Der Dschungel-Tanzboden wird ihr Übungsraum. Das ist sehr praktisch. Im Dschungel tanzen die Gäste extrem autistisch und so cool wie möglich. Kein Tänzer, keine Tänzerin kommuniziert mit anderen Tanzenden. Und doch entstehen Ähnlichkeiten – vielleicht gerade deshalb? Insgesamt ist der Tanzstil eckig, futuristisch, kalt, gelegentlich ex- oder implodierend – aber er schafft doch gleichzeitig immer wieder durch überraschende Brüche Distanz von sich einschleichenden Angleichungen. Diese Brüche stammen dann von Individuen, von Fremdkörpern, die gerade etwas Neues ausprobieren oder etwas Anderes, Unbekanntes in ihre Tanzbewegungen integrieren wollen. Nicht immer mit Erfolg. Einzige Gemeinsamkeit der tanzenden Individuen: Niemand möchte so tanzen wie sein oder ihr Gegenüber. Alle möchten sich möglichst anders als alle anderen bewegen. Der Tanz fungiert nicht als kollektives Ritual, sondern als Ritual der Vereinzelung, der Loslösung von der Masse – was wiederum in ein neues Kollektiv mündet: das Kollektiv der Vereinzelten.

Tanz im Quadrat

Doris singt: „Wir tanzen im Viereck, wir tanzen konzentriert. Ich tanze mit dir. Du tanzt mit mir. Wir tanzen im Viereck, wir tanzen im Quadrat. Du tanzt mit mir. Ich tanze mit dir.

Das ist meine Liebe zu dir. Ich will dich abhängig machen von mir. Du sollst genauso sein wie ich. Du sollst mein Zwilling sein. Die größte Sammlung der Welt, die schenk' ich dir. Das ist meine Liebe zu dir."[106]

Die Tödliche Doris wird durch den Dschungel inspiriert, die mimetischen Interaktionen der Individuen in einem Musikstück zu thematisieren. Das Ergebnis: Ähnlichkeit entsteht auch dort, wo sich Menschen deutlich voneinander abgrenzen, wo es gilt, möglichst eigen, individuell und unverwechselbar zu werden. Je stärker der Wunsch nach Eigenheit und Unverwechselbarkeit, desto ähnlicher wird das Subjekt dem, was es nicht sein will – insbesondere in einer Umgebung, die mit großer Distanz auf kollektive Muster reagiert.

In der Komposition „Tanz im Quadrat" orientieren sich – bis auf das Akkordeon – alle vorkommenden Instrumente auf den monotonen Schlagzeugrhythmus. Sie versuchen, ihn mimetisch nachzubilden. Im Rhythmus werden sie gleich und bleiben doch anders. Das Akkordeon spielt dazu eine beschwingt-fröhliche Tanzmelodie: Niemand ist unabhängig. Alle sind abhängig. Mit „Tanz im Quadrat" entsteht ein Stück, in welchem der Rhythmus die Hauptrolle spielt – die Melodie des Schifferklaviers verwandelt sich schließlich in tonloses Ein- und Ausatmen. Es ist Doris' Prä-Technostück.

Übungsfläche

Bridge Markland entwickelt auf dem Tanzboden des Dschungel ihren Tanzstil. Brigde Markland: „Mich hat damals interessiert, ob diese individuellen Stile noch zu steigern sind. Ob das überhaupt möglich ist." Auch Martin Kippenberger verrenkt grotesk seine Beine zum Zappeltanz auf dem Dschungelboden. Resultat der öffentlichen Experimente von Bridge Markland ist eine Mischung aus Clubtanz, Stummfilmpantomime und New Dance. Die Übungsfläche im Dschungel ist der supercoolste Ort Westberlins. Niemand redet mit niemandem – und dennoch ist der Dschungel ein sehr friedfertiger, freundlicher und sozialer Ort. Im Tanz-club der Autisten sind die Theorien der Simulation gelebte Praxis. Die Spiegelscherben an der Wand reflektieren die Tanzenden, das ist die minimale Lightshow der Diskothek. Spitze Schuhe auf Glas. Die spitzesten Stilettos trägt die Künstlerin Renata Stih.[108]

„Bridge Markland hat ihre Tanzausbildung im Dschungel gemacht", bestätigt Matthias Osterwold, seinerzeit Leiter der Institution Freunde Guter Musik e. V., heute Leiter der Berliner Festwochen.[109] Zu den Dschungel-Tanzausbildungen gehört auch, dass Rainer Werner Fassbinder eines Tages auf den glatten Tanz-boden plumpst – und alle um ihn herum ungerührt weitertanzen. „Der lag total betrunken da oder war voll mit irgendwelchen Drogen. Er lag bewegungslos auf dem Boden, mindestens zehn Minuten lang", erinnert sich Bridge Markland. Es ist durchaus möglich, dass einige der Tanzenden seinen Sturz für einen besonders extravaganten Tanzstil halten. „Später stand

Fassbinder einfach wieder auf und ging zur Bar, um einen Drink zu ordern", berichtet die Augenzeugin.[110] Einen Monat später, am 10. Juni 1982, stirbt der Filmemacher. Marklands Tanzproben im Dschungel sind jedenfalls erfolgreich: „In New York sahen mir Leute beim Tanzen in der Diskothek zu und fragten dann, ob ich ihnen Tanzunterricht geben könnte."[111]

Blocksberg

Hinter den S-Bahn-Brücken, an der Grenze zwischen Kreuzberg und Schöneberg, liegt der Blocksberg. Der Blocksberg ist eine alternative Lesbenkneipe. Ausschließlich Frauen ist der Zutritt gestattet. Zu den Gästen zählt auch die Schauspielerin Tabea Blumenschein. Durch Ulrike Ottingers Film *Bildnis einer Trinkerin* (D 1977) wird sie zum Star des glamourösen Spektrums der Westberliner Lesbenszene. Im Interview mit der Zeitschrift *Filmkritik* lästert Tabea Blumenschein: Diese alternativen Lesben, mit den lila Latzhosen und Kurzhaarfrisuren, gingen ihr fürchterlich auf den Senkel. Immer müsse sie denen erklären, dass sie sich nicht deshalb schminke oder schön anziehe, um Männern zu gefallen. Sie ziehe sich doch deshalb keine Jutesäcke oder lila Latzhosen an, um den Männern zu missfallen, wie Alice Schwarzer. Sie sei schließlich an Frauen interessiert. Deshalb mache sie sich für andere Frauen oder sich selbst schön, nicht aber für Männer hässlich. Um 1981 steigen einige Betreiberinnen aus dem Blocksberg-Kollektiv aus, von der alten Crew bleiben nur Monika Geiser und die Krankenpflegerin und Saxofonistin Stefanie. Ihnen schließt sich bald Artur Dorsch an. Sie benennen den Blocksberg um in Risiko. Zu den ersten Gästen zählen die Crew von Teufelsberg, eine Super-8-Filmgruppe, Jörg Buttgereit und die Szene um Die Tödliche Doris.

Teufelsberg

Der Teufelsberg-Schauspieler und Künstler Ogar Grafe: „Das Risiko war bei seiner Eröffnung noch ein Frauencafé, in das aber auch Männer hineindurften. Im Grunde trafen sich dort alle lesbischen, transsexuellen und schwulen Westberliner Punks."[112]

Im Kulturprogramm des Risiko läuft der Teufelsberg-Film *Edith Schröder – eine deutsche Hausfrau* (1981). Dieser nimmt die nicht wahrgenommenen Kontinuitäten der Nazizeit im Westberliner Spießermilieu aufs Korn. Der Regisseur des Films, Ades Zabel, spielt die Witwe und Hausfrau Edith Schröder, 52 Jahre alt. Hinter ihrer Biederkeit verbirgt sich der alte, mühsam unterdrückte braune Sumpf, gepaart mit Hoffnungslosigkeit: „[U]nd hab och schon länger keene Arbeit mehr. Und ick wohne in Berlin-Neukölln."[113] All das Proto-Queere, das Subversive, Affirmative, Groteske und das befreiende Lachen, welches Anfang der Achtziger den Westberliner Punk ausmacht – in diesem Film findet es sich in seiner konzentriertesten Form. Die umgebende „Normalität", die heile Welt, wird dekonstruiert, ohne dass sich die Schauspieler dabei selbst schonen würden.

Die Botschaft kann aber auch ganz anders interpretiert werden. Ogar Grafe: „Ben Becker beschimpfte uns Teufelsberger mal als Künstlerfotzen. Dabei haben wir uns damals überhaupt nicht als Künstler verstanden."[114] Auf ihn, das Mitglied der Super-8-Gruppe, wirkte dieser Spruch absurd: „Jeder wusste doch, dass der junge Ben Becker selber gern mit älteren Leuten in Künstler- und Schauspielerkneipen wie der Paris Bar verkehrte. Den Kontakt zu längst etablierten Künstlern scheute er jedenfalls nicht." Für ihn, Ogar Grafe, habe die Welt der Promis damals wie auch heute abseits jeden Begehrens gelegen. „In diesen Läden hätten wir uns überhaupt nicht wohlgefühlt", sagt Grafe und lacht.[115]

Risiko I

Was für ein kindischer Name: „Risiko". Perfekt geeignet für eine öde ZDF-Quizshow am frühen Nachmittag. Und dennoch, die Atmosphäre in diesem Lokal ist einzigartig. Sogar am Nachmittag hat das Risiko geöffnet. Irgendwann bieten die Punkerinnen sogar Essen an: Kartoffelsalat mit Würstchen. Die Gäste müssen zunächst vorne am Tresen bezahlen, dann einen selbst gestalteten Bon im Hinterzimmer entgegennehmen, diesen vorne wieder abstempeln lassen und auf das karge Mahl warten.

Die Anregung zu dieser umständlichen Prozedur entstamme, so der Kartoffelsalatkoch, der DDR-Gastronomie. Immerhin darf laut gelacht werden. Im Risiko musizieren die Einstürzenden Neubauten und Die Tödliche Doris erstmals gemeinsam: Im Hinterzimmer des Lokals führen sie die *Wassermusik* auf: Flundern, Heringe und Makrelen fliegen durch die Luft, Wasser aus Badewannen schwappt auf den Boden, das Publikum kreischt entsetzt. Drei algenumkränzte Nixen steigen mit ihren Schollen-BHs auf eine Leiter. In einer großen Emaillewanne, die er vom Sperrmüll beschafft hat, verrenkt sich der gefesselte Andrew Unruh.

Rotwein und Wasser spritzen hoch. Aufrecht durch das nasse, übelriechende Chaos schreitet der spindeldürre Blixa Bargeld in einem zusammengetackerten und mit Büroheftklammern verstärkten Gummianzug. Über seinem Bauch spannt sich eine Art Binde aus Gummi. Daran befinden sich zwei dicke Metallringe, von denen Lederriemen ausgehen. In einer raffinierten Schamabschnürung laufen diese zwischen seinen Schenkeln zusammen und vereinen sich dort. Einige Frauen finden das Kostüm extrem erotisierend, andere nehmen das glatte Gegenteil wahr – eine Art Keuschheitsgürtel. Bitte nicht berühren! Hin und wieder flüstert Blixa ausgewählten Gästen Losungen ins Ohr. Die nach neun Monaten Gefängnis aus der DDR in den Westen entlassene Dresdnerin Dagmar Dimitroff ruft zur Revolte auf, derweil Wolfgang Müller seinen nackten Körper in einer gelben Plastikwanne kühlt. Sie stammt aus seiner gänzlich badlosen Wohnung mit Kohleheizung.

Festival der guten Taten

Der junge Fanzinemacher Tim Renner reist aus Hamburg an, um ein Interview mit Wolfgang Müller zu führen. Von dessen Behausung ist er fasziniert: „Es war die erste Wohnung meines Lebens, die ich sah, die keine Toilette hatte. Dafür kostete sie um die hundert Mark. Als 16-jähriger Schüler dachte ich mir damals: ‚Cool, das bekomme selbst ich mit Jobben zusammen‘ und fühlte mich unabhängig, obwohl ich gar nicht ihr Bewohner beziehungsweise Mieter war."[116] Tim Renners Fanzine heißt *Festival der guten Taten*. Es erscheint als Audiotape. Ausgabe 2 enthält Beiträge von Palais Schaumburg, Frieder Butzmann, Einstürzende Neubauten, Die Tödliche Doris und dem Cassettencombinat. Im Jahr 2001 wird der Musikproduzent, Autor und Journalist Tim Renner Vorstandsvorsitzender der Universal Music Group und veröffentlicht Analysen über die Musik- und Medienindustrie und ihre Zukunft.

Das Risiko müffelt jedenfalls noch monatelang nach Fisch, Schimmelpilz und Meer. *Wie man aus einer gelben Wanne eine Platte macht/Wassermusik* bleibt der einzige gemeinsame Auftritt von Einstürzende Neubauten und Die Tödliche Doris. Die Performance, die am 25. Dezember 1981 stattfand, erscheint 2002 auf einer CD des Labels Psychedelic Pig in den USA.[117] Ein unbekanntes Schwarz-Weiß-Video der Performance von Gustav Adolf Schroeder taucht weitere fünfundzwanzig Jahre später aus einem süddeutschen Keller auf und wird von Christoph Blase im Laboratory for Antiquated Video Systems des Karlsruher ZKM sorgsam restauriert.

Mit Jörg Buttgereits Super-8-Film *Exzesse aus dem Führerbunker* feiert die erste in Deutschland gedrehte Hitlerkomödie seit Kriegsende im Risiko 1982 Premiere.

Risiko II

Am Jahresende, Silvester 1984, ändert sich die Szenerie. Das Verspielte und Ironische weicht dem Existenzialistischen. Ein Besitzerwechsel macht aus dem Risiko einen straighten und coolen Ort. Drogen spielen fortan eine bedeutend größere Rolle. Die neuen Chefs, Sabina Maria van der Linden und ihr Freund Alex Kögler, stellen Szeneprominenz wie Blixa Bargeld ein. Außerdem einen perfekt gestylten zwanzigjährigen Teddy Boy mit schwarzer Tolle und Wiener Dialekt. Es ist die gerade nach Westberlin gezogene Maria Zastrow, Jahrgang 1964: „Meine Kunst besteht darin, Verwirrung zu erzeugen", sagt sie im Rückblick und nennt dieses Genre „Verwirrungskunst".[118] Heute ist die Verwirrungskünstlerin Mutter einer siebenjährigen Tochter – wird aber auch manchmal für deren jugendlich wirkenden Vater gehalten. Mitte der Achtziger drängt sich alles in das kleine Lokal an den Yorckbrücken. Die Songs von Johnny Cash, Birthday Party, Lee Hazlewood und Nancy Sinatra beherrschen fortan das Musikprogramm. Steht Blixa Bargeld hinter dem Tresen, sitzen Bewunderinnen direkt davor, starren ihn an. Manchmal stundenlang. Der Tresen wird zur Probebühne für seine zukünftige Rolle, eine mysteriöse Diva. Maria Zastrow: „Jeder, der wichtig war und nach Berlin kam, der ist ins Risiko gegangen."[119]

In der Folge schließen sich naturgemäß auch alle die an, welche sich selbst für besonders wichtig halten. Beim großzügigen Konsum von Speed, Koks und Heroin ist ein Unterschied zwischen Wichtigen und Wichtigmachern sowieso schwer festzustellen. Das betrifft Drogenkonsumenten, aber auch Stocknüchterne. Nun schauen die Prominenten der Szene ins Risiko: Wim Wenders, Nick Cave und Rainer Fetting. Dafür flüchten alte Stammgäste wie Heidi Paris, Peter Gente, Reinhard Wilhelmi oder Gudrun Gut. Maria Zastrow:

„Ben Becker sah ich übrigens nie im Risiko. Ich glaube, hier war es ihm einfach viel zu gefährlich."[120]

Rückzug

Auch Doris sieht Gefahr im Verzug und ordnet den Rückzug nach Kreuzberg an. Mit ihr zieht Nan Goldin in die 1984 eröffnete Oranienbar und das SO36. Das Hinterzimmer des Risiko, wo einst die *Wassermusik* stattfand, wird geschlossen – nur der kleine Tresenraum bleibt offen. „Das geschah wegen der Bauaufsicht", so Maria Zastrow: „Es fehlte die entsprechende Anzahl von Toiletten, die ab einer bestimmten Lokalgröße von den Behörden verlangt wird."[121] Das Problem sei von den neuen Betreibern kreativ und preisgünstig gelöst worden: „Sie zogen einfach eine große, transparente Plastikfolie längs der Mitte durch den gesamten Raum", erinnert sich Maria Zastrow. „Als ich einmal nach hinten ging, um Flaschen zu holen, sah ich Alan Vega von Suicide. Er saß auf einem Stuhl und zog sich ganz selbstverständlich Lines in die Nase. Er hat uns gar nicht erst gefragt, ob das überhaupt geht, er spürte sofort die entspannte Atmosphäre."[122]

Holger Lang wird als Türsteher neu installiert. Ihm fällt die Rolle zu, die echten von den gefakten Stars zu unterscheiden. Keine leichte Aufgabe. Dass Oliver Schütz alias Shunt zu den Originalen, also den Echten gehört, selbst wenn ihn arglose Touristen manchmal mit Mick Jagger verwechseln, lernt er schnell. Shunt ist der einzige Westberliner, der das Privileg genießt, in den Achtzigern regelmäßig für die Kölner Musikzeitschrift *Spex* aus der Westberliner Enklave berichten zu dürfen, ganze sechs Ausgaben lang. Liegt es an seiner Coolness, an seiner Lässigkeit? Shunts eigene Band, die Sexorzisten, bleibt trotz allem der absolute Geheimtipp. Nicht nur Düsseldorf, auch Westberlin wird von der Kölner Kunst- und Musikszene verachtet oder belächelt. Das Leben in der ummauerten Blase, in dieser sonderbaren Freizeit, in dieser eingebildeten Welt, wird als Traumwelt ohne Perspektive betrachtet.

Kellnerin Maria Zastrow sagt heute über ihre Zeit im Risiko: „Das würde heute doch gar nicht mehr gut ankommen, die Leute so schlecht zu behandeln, so von oben herab, wie wir das taten. Aber der Tresen war ja wie eine Bühne. Und wir waren halt die Stars auf dieser Bühne."[123] Der Tresen im Risiko ist tatsächlich sehr hoch und grell erleuchtet. Irgendwann fällt der Vorhang. Drogen werden zwar im Risiko weiter konsumiert, aber sie kosten viel Geld, und deshalb geht das Bier ständig aus. Die Party geht weiter – ab 1987 nebenan, in Leo's Futterkrippe, einem Schnellimbiss. Dort kostet eine Büchse Bier nur eine Mark.

Strenge Regeln – sanfte Türsteher

Er teile das Risiko in zwei Phasen auf, sagt Holger Lang, „eine vor und eine nach der Einführung der Gesichtskontrolle." Ab Silvester 1984 ist er drei Jahre lang der Türsteher im Lokal. Holger Lang, Jahrgang 1966, ist allerdings das reinste Gegenteil eines typisch bulligmaskulinen humorfreien Bouncers. Er ist vielmehr so eine Art männliches Pendant zu Pippi Langstrumpf.

Als Aktivist der KPD/RZ, einer Berliner Anarchisten-
partei, sammelt er auf den Straßen Weggeworfenes.
Daraus mache er Trash- und Found Art. Holger Lang:
„Pippi Langstrumpf habe ich immer geliebt. Sie war
mein Vorbild und meine Stütze. Denn Pippi Langstrumpf zeigt, wie es möglich ist, in der Gesellschaft
zu agieren, ohne an den wichtigen Stellen erwachsen
zu werden."[124] Doch wer ist nun unerwünscht im Risiko? Wer wird aussortiert und warum? Holger Lang:
„Eigentlich mussten alle die draußen bleiben, die nach
Kriterien der damaligen Mehrheit normal aussahen. Es
gab in der Subkultur der Achtziger ja kaum so etwas
wie Mitläufer. Jeder, der irgendwie dazugehörte, war
äußerlich ganz leicht zu erkennen. Ein entsprechen-
des Aussehen bedeutete damals, dass man fast immer
ernsthaft Ärger und Probleme mit Job und Gesellschaft
bekam."[125] Heute sei die Situation völlig anders. Während damals der Druck, normal zu sein, dominierte,
herrsche heute eher der Druck, anders zu sein oder
wenigstens anders auszusehen.

Ob es denn wahr sei, dass er Diedrich Diederichsen nicht ins Risiko habe einlassen wollen? „Der hatte
schlecht über Sid Vicious geschrieben", grinst Holger
Lang. „Das hat mich einfach total geärgert."[126] Aber
dann sei Blixa zur Tür gesprungen und habe gesagt:
„Hey, das kannst du doch nicht machen. Den Diederichsen brauche ich noch für meine Karriere."[127] Und
dann habe eben Blixa Bargeld ausnahmsweise mal den
Risiko-Türsteher gespielt. Diedrich Diederichsen selber erinnert sich lediglich an eine Getränkeverweige-
rung: „Ins Risiko hineingekommen bin ich eigentlich
immer völlig problemlos. Nur einmal – das weiß ich

noch ganz genau – weigerte sich der Barmann, mir einen Drink zu geben. Er gab mir einfach kein Getränk."[128] Das hätten dann aber andere Gäste für ihn erledigt, Freunde. Wurden sie dabei allerdings vom Barmann ertappt, hätten auch sie kein Getränk mehr ausgeschenkt bekommen. Holger Lang: „Männer mit Turnschuhen kamen ebenfalls nicht ins Risiko. Daran konnte man damals nämlich sehr leicht Zivilpolizisten erkennen." Maria Zastrow seufzt: „Heutzutage tragen ja fast alle Menschen Turnschuhe."

Gegenwärtig propagiert Holger Lang den „waffenfreien Terrorismus", nennt Arbeit, die zum Überleben nötig ist, „Realitätsbetreuung" und stellt seine Trash-Art her, Objektkästen, in die er tote Tiere und andere Fundsachen montiert. Und er organisiert Veranstaltungen, bei denen auch heute noch der Dresscode einen Einfluss auf den Türsteher und seine Entscheidungen hat. Der Code bestimmt die Höhe des Eintrittspreises: „Ob queer, Quälgeist oder Quotenhete, wir feuern ein prä-ejakulares Feuerwerk auf alle exzessiv getriebenen Partyseelen. An deinen Lippen kleben Charme und Schabernack? Dann werde Teil der Bewegung und koste vom betörenden Fleisch des Discokugelfischs. Träume nicht feucht, komm auf den Punkt. Elektronisch, populär, minimal und multitasking. Installation, Livemusik, Kunst und ein Raum in Silber. Erscheine wie du bist oder schmeiß dich in Schale! Je nach Outfit schwankt der Eintritt zwischen 3 und 5 €."[129]

Pelze

Gern hätte Wolfgang Müller einen Blick ins Pelze geworfen, ein Frauenlokal der Achtziger in der Potsdamer Straße. Vormals war es ein Pelzgeschäft. Von außen wirkt es mit der von den Vorgängern übernommenen geschwungenen Neonschrifttype sehr interessant. Der Name lässt ihn vermuten, dass da ungewöhnliche Frauen mit interessantem, eigenwilligem Geschmack zugange sein werden. Beim Wort „Pelze" erscheinen die großartige Künstlerin Meret Oppenheim und ihre legendäre Pelztasse vor seinem inneren Auge, erklingt der wunderbare Song „Venus in Furs" von The Velvet Underground. Was im Pelze geschieht, soll er nie erfahren, aber das macht den Ort nur noch schöner und mysteriöser.

Kürzlich, am 5. November 2011, vermittelt ihm Doris unerwartet eine E-Mail der Pelze-Betreiberin Mahide Lein: „PELZE war keine Bar, sondern ein Ort mit Kunst & Action, erotischen Spielzimmern für Frauen! Sowas wie ein Schlaraffenland mit allem Drum und Dran, Essen + Trinken und alles miteinander machen, was ihr einfällt. Es wurde täglich, wöchentlich, monatlich neu installiert von diversen Künstlerinnen und Aktivistinnen, keine wußte genau, was sie heute erwartet. Eine Interaktion zwischen Kunst und Leben. Das lief von 1986–1990, bis mir die Vereinsfrauen kündigten. Von 1981–1985 war es ein Künstlerinnen-Treffpunkt, initiiert von Ursula Bierther, ich war ihre Nachfolgerin, die es mit erotischem Spielzimmer und feministischen spannenden Diskussionen mixte. Rollenspiele und Sexspiele fanden statt. Manchmal verwandelten sich Sexualität und Erotik in Chaos und Wut – so dass PELZE den Spitznamen ‚Bonnies Ranch-Ableger‘ bekam. Es war halt alles erlaubt. Gleichzeitig wurde aber nie ein Kunstwerk zerstört. Mit einem LKW sammelten wir die Weihnachtsbäume von der Straße ein, füllten damit den Raum – ein Weihnachtsbaum-dschungel entstand. Es roch nach Tannennadeln und Harz. Dann wieder stand in PELZE ein Swimming Pool, ein Dominastudio oder ein Puff mit Bett. Ein Wohnzimmer mit wechselnden Installationen, voller Spielzeug im weitesten Sinne: Gegenstände der All-tagskultur, Sextoys oder ein Rosengarten mit Schaukel. Kein Hausverbot wie in vielen anderen Frauenläden in dieser Zeit. Ach, war das schön. Die BEGINE – FrauenCafé im gleichen Haus – gab es auch ab 1996 (bis heute). BEGINE wurde Himmel und PELZE dagegen wurde Hölle genannt."

Ordnung und Unordnung

Westberlin wird Mitte der Achtziger von einer Punkband mit dem Namen KUKL heimgesucht. Die isländische Band spielt im Kuckuck, dem Kulturzentrum in der Nähe der Kriegsruine des Anhalter Bahnhofs. Der Kuckuck ist ein besetztes Haus, eines von insgesamt schließlich hundertsiebzig, die im Westteil der Stadt existieren.

Direkt gegenüber, getrennt nur durch die Stresemannstraße, liegt ein eingezäuntes Gelände, auf dem zwischen Trümmerresten Sekundärvegetation seit 1945 ganze Arbeit geleistet hat: Schlingpflanzen, Akazien, Birken, Gestrüpp und hohes Steppengras. Vom zeitigen Frühjahr an singt hier ohrenbetäubend eine Nachtigall. Sie singt, um ihr Revier zu markieren, und sie singt, um den Straßenlärm vor der Einzäunung zu übertönen.¹³⁰ Durch das Gelände selbst führen ein paar dilettantisch planierte Straßen, auf denen ohne Führerschein Auto gefahren werden kann. Eigentümer des Autodroms ist Harry Toste, alias „Straps-Harry", ein Transvestit mit langen, gelb gefärbten Haaren und grellgrünen knielangen Strümpfen, die von roten Strapsen gehalten werden. Seine Fingernägel sind rot lackiert. Neben dem Autodrom betreibt Straps-Harry noch das Travestie-Lokal Dreamboys Lachbühne. Dort tritt er vorzugsweise als Zarah Leander auf, singt live dazu. Straps-Harry setzt das Motto seines Autodroms, „Fahren ohne Führerschein", auch in der Musik um. Im Jahr 1974 zieht er mit seinem Unternehmen in die Bundesallee, nennt es fortan Crazy Theater, schließt es 1984. Sein Pachtvertrag für das Autodrom-Gelände endet 1987. Später ist der Transvestit manchmal im Café Anal zu sehen, einem lesbisch-schwulen, proto-queeren Punklokal in der Muskauer Straße in Kreuz-berg. Im Jahr 2004 stirbt Straps-Harry im Alter von 97 Jahren.

Durch eine Ausstellung mit dem Titel *Topogra-phie des Terrors* gerät die Geschichte des verwilderten Areals 1987 in ein breiteres Blickfeld. Nach mehreren gescheiterten Anläufen wird im Herbst 2007 mit dem Bau eines Museums begonnen. Hier, in der Prinz-Albrecht-Straße, befanden sich die Schreibtische Himmlers, Heydrichs und Kaltenbrunners und damit die Zentralen nationalsozialistischer Verbrechens- und Repressionspolitik: das Geheime Staatspolizeiamt, die SS-Führung und das Reichssicherheitshauptamt.

Places in Transition

In dieser Umgebung spielt die Punkband KUKL. Die Sängerin der Band heißt Björk. Sie erweist sich keinesfalls als Publikumsmagnet. Es ist dem Schrift-steller Max Goldt zu verdanken, dass dieser Auftritt beschrieben ist. Der Sänger von Foyer des Arts zählt zu den knapp zwanzig anwesenden Zuschauern. Er schil-dert, wie eine Frau kurz vor dem KUKL-Konzert von der Toilette zurückkehrt: „Das ist ja grotesk hier. Auf dem Frauenklo ist eine schwangere Zwölfjährige und pinkelt im Stehen!"[131]

Tatsächlich hat Björk bereits in Island heiße Dis-kussionen ausgelöst, als sie hochschwanger die Büh-ne betrat. Ein Augenzeuge aus Reykjavík, der damals vierzehnjährige Punk Jón Atlason, schildert den Skandal 2002 für die *tageszeitung*.[132] Da lebt Jón längst in Wien und ist Isländischlektor an der Universität. Und Björk ist ein Weltstar, der mit einer Performance des Liedes „Oceania" die Olympischen Spiele im August 2004 in Athen eröffnen wird.

Kunst und Kultur = Kuckuck

Die Hausbesetzer vom Kuckuck laden im November 1980 Die Tödliche Doris zum Konzert ein. Das Kunst- und Kulturzentrum wird der erste Ort sein, an dem die Gruppe vor Publikum auftritt. Bislang haben Chris Dreier, Nikolaus Utermöhlen und Wolfgang Müller nur vier Stücke im Repertoire. „Das macht gar nichts", sagen die Besetzer, „wir haben auch die Band Unlimited Systems eingeladen." Und die spielten gern stundenlang – ihr Bandname verrät es bereits. Unlimited Systems produzieren psychedelische elektronische Musik, versehen mit einem Touch Prä-Gothic. Die Ex-Kommunardin, Autorin, Performerin und Musikerin Marianne Enzensberger ist Kopf und Sängerin der Band. Auch sie erweist sich als Fan von Valeska Gert. Als Kind vom klassischen Tanz kommend, entdeckt Enzensberger die Grotesktänzerin über eine Fotografie. „Zwischen all den Portraits von Tänzern fiel ihr Gesicht vollkommen heraus, es brannte sich regelrecht in meinen Kopf ein."[133] Marianne Enzensberger ist bis heute eine enge Freundin der Schlagersängerin Marianne Rosenberg. Über Enzensberger werden die unbekannten künstlerischen, politischen und sozialen

Qualitäten der Hitparaden-Sängerin auch im subkulturellen Umfeld bekannt und schließlich geschätzt. Marianne Enzensberger zählte gemeinsam mit Dorothea Ridder seinerzeit zu den wenigen Frauen in der Kommune I. Uschi Obermaier, die heute prominenteste Kommunardin, stieß erst später zur revolutionären Herrenrunde um Fritz Teufel, Dieter Kunzelmann und Rainer Langhans. Was wundert's bei all diesen Verbindungen, dass die erste Vinylsingle von Unlimited Systems bei einem Label namens Bürgerlich Productions erscheint? Statt einer A- und einer B-Seite präsentiert die Single eine West- und eine Ost-Seite. Im Westen liegen die Tracks „Koks Kino" und „Longueur Monotone", der Osten lockt mit „In the Morning".[134] Garantiert ist mit dem „Koks Kino" das Tali-Kino gemeint, wo ein Blixa Skorbut, der später unter dem Namen Bargeld bekannt wird, an der Kasse und Kinochef Elser Maxwell im Büro arbeitet. Autor Björn Trautwein schreibt im *tip*: „Musste man vor der Show Reis und Konfetti noch in Plastikbechern für eine Mark kaufen, wurde anschließend das Kokain auf Spiegeln serviert. Drei Dealer waren zu Hochzeiten für Nachschub zuständig."[135] Vom Flohmarkt besorgt sich Chris Dreier einen Verzerrer und Wolfgang Müller noch schnell eine Casio-Orgel. Doris möchte als Elektronikband in Erscheinung treten. Auf diese Weise, durch Verdoppelung einer anderen Elektronikband, vergrößert sie den besetzten Raum. Vor einer Handvoll Zuschauer spielt Die Tödliche Doris die Titel „Stop der Information", „Sieben tödliche Unfälle im Haushalt", „Der Krieg der Basen" und „Tanz im Quadrat". Freundlicher Applaus und überraschende Folgen: Ein Zuschauer löst sich aus der kleinen Gruppe, stellt sich vor: Klaus Maeck, Manager. Im Auftrag des Plattenproduzenten Alfred Hilsberg übermittelt er das Angebot, eine Schallplatte bei dessen Label ZickZack in Hamburg zu veröffentlichen. Tatsächlich erhält Die Tödliche Doris eine Woche darauf einen Vertrag über eine Single und zwei weitere Produktionen.

Ohne Titel [Projekt Nr. 0]

Mit ihrem kargen Repertoire im Gepäck wird Die Tödliche Doris bereits nach ihrem ersten öffentlichen Westberliner Auftritt in Harris Johns' Tonstudio nahe des alliierten Grenzübergangs Checkpoint Charlie eine 12-Inch-Vinyl-Maxi aufnehmen. Diese erscheint ein paar Monate darauf, 1981. Um dem wachsenden Körper von Doris die besten Entwicklungsmöglichkeiten zu geben, trägt die erste Schallplatte auf dem Cover keinen Titel – nur ihren handschriftlichen Namen, in Sütterlin von Nikolaus Utermöhlen geschrieben, und eine Zeichnung von Wolfgang Müller: Die Vinylscheibe liegt zwischen einem unskelettierten und einem skelettierten Fisch. Journalisten nennen die Maxi-Single nach ihrem ersten Musiktrack auf der A-Seite einfach „Sieben tödliche Unfälle im Haushalt" – die Medien beginnen bereits mitzugestalten. Doris' Körper formt sich. Nachdem die Vinylschallplatte erschienen ist, fühlt sich Die Tödliche Doris in ihrer Persönlichkeitsentfaltung bereits eingeengt. Deshalb möchte sie keine Musikband mehr sein. Lieber eine Art interaktive Klangskulptur, die sich durch verschiedene miteinander verschachtelte

Räume bildet und zusammengehalten wird. Und mit diesem Körper durch die Welt jettet. Halb lebendig und halb tot. Ist es überhaupt möglich, mit Klang, Geräusch, Musik etwas zu machen, das selbst gar keine Musik ist? Eine intra-aktive Skulptur, die sich aus Materialien wie Zeit und Raum konstituiert?

Unentsorgte Spuren

Auf der ersten 12-Inch-Maxi von Die Tödliche Doris finden sich auch einige zarte Klangspuren des Musikers und Autors Max Goldt. Max Goldt alias Matthias Ernst zieht 1977 nach Westberlin. Mit Gerd Pasemann gründet er 1980 die Band Aroma Plus. Bekannter wird beider Nachfolgeband Foyer des Arts (1981). Max Goldt veröffentlicht in der Folge zahlreiche Schallplatten. Sie tragen schwurbelartig-manierierte Titel wie *Eine Königin mit Rädern untendran oder Die majestätische Ruhe des Anorganischen*. Foyer des Arts bleiben auf gewisse Weise ortlos – die Glamrockzeit ist gerade vorbei. In die damals aktuelle Kunstszene passen sie ebenso wenig wie in die Punkszene. Für die Genialen Dilletanten klingen sie zu professionell, und um eine Neue-Deutsche-Welle-Band zu sein, fehlt der unbekümmert-fröhliche Hit à la Ideal: „Ich steh auf Berlin!" In der Westberliner Schwulenszene wird dagegen lieber nach Disco mit englischen Texten getanzt – groteske deutsche Texte, vorgetragen in bewusst artifiziellem Gesangsstil, finden wenig Zustimmung.

Durch Max Goldts 1987 gegründetes Fanzine *Ich und mein Staubsauger* erreichen seine literarischen

Qualitäten endlich entsprechende Adressaten. Bald schon schreibt er für die Satirezeitschrift *Titanic* Kolumnen wie „Aus Onkel Max' Kulturtagebuch". Max Goldt beherrscht die Kunst, galant vom Thema abzuschweifen. Hinterrücks umkreist er es und macht dessen Tücken und Grotesken offenbar. Als Subjekt und Autor positioniert er sich deutlich und bleibt dabei zugleich dezent im Hintergrund. Seinen Kommentar zur *Bild*-Zeitung formuliert er 2001 in großer Deutlichkeit: „Diese Zeitung ist ein Organ der Niedertracht. Es ist falsch, sie zu lesen. Jemand, der zu dieser Zeitung beiträgt, ist gesellschaftlich absolut inakzeptabel. Es wäre verfehlt, zu einem ihrer Redakteure freundlich oder auch nur höflich zu sein. Man muss so unfreundlich zu ihnen sein, wie es das Gesetz gerade noch zulässt. Es sind schlechte Menschen, die Falsches tun."[136]

Woher kommen also nun die eingangs erwähnten Klangspuren? Max Goldt hat vor der Tödlichen Doris in Harris Johns' Tonstudio aufgenommen. Als Nikolaus Utermöhlen, Max und Wolfgang Müller – Chris Dreier hat die Band gerade verlassen, um ihren Lkw-Führerschein zu machen – dort wenige Tage später ihre Maxi-Single aufnehmen, taucht währenddessen noch Ungelöschtes vom 12-Spur-Band auf. Der von seiner Unachtsamkeit peinlich berührte Studiotechniker Harris Johns entschuldigt sich vielmals und sagt: „Das stammt noch von Max Goldt. Ich lösche es sofort." Unerwartet meldet sich Doris' Stimme aus den Lautsprecherboxen. Sie besteht darauf, die zarten Klangfragmente des Vorgängers an den Anfang des Stückes „Tanz im Quadrat" zu setzen.

Mauerhall

Aus Westberliner Perspektive wirkt die Mauer Anfang der Achtziger zunehmend unecht, grotesk, wie eine öde, verwaiste Theaterkulisse. Als solche wird sie zunehmend auch genutzt. Deutlich spürbar wird dies in einer Szene aus Ulrike Ottingers Film *Bildnis einer Trinkerin*.[137] Die elegant gekleidete Tabea Blumenschein schiebt in einer Filmsequenz mit ihrer Trinkkumpanin Christine Lutze einen Einkaufswagen die Sebastianstraße entlang. Die zweispurige Straße ist genau in der Straßenmitte durch die Mauer geteilt, in Ost und West. Noch ist hier, im Jahr 1979, die Mauer völlig grau, nahezu grafittifrei. Auf dieser Spur können Pkws den westlichen Teil der Sebastianstraße nicht befahren, dazu ist sie zu schmal. In diesem Bereich zwischen Mauer und Häuserfront herrscht eine eigenartige Stille und Ruhe. Stimmen und Geräusche erzeugen in diesem Zwischenraum einen kurzen, ganz speziellen, trockenen Hall. Dieser verstärkt die Atmosphäre von Künstlichkeit und die Theaterkulissenhaftigkeit dieses Ortes. Ulrike Ottingers Spielfilm *Bildnis einer Trinkerin* fängt diesen Klang präzise wie kein anderer ein.

Die Mauer wird bunt

Zwei junge erwerbs- und mittellose französische Künstler, Thierry Noir und Christophe Bouchet, wandern 1982 aus Frankreich in die Enklave Westberlin aus. Die Musik von David Bowie, Lou Reed und Iggy Pop habe ihn hergelockt, sagt Thierry Noir. Mit zwei kleinen Koffern in der Hand kommt er nach Kreuzberg und zieht in das besetzte Rauchhaus, gelegen direkt an der Mauer. Das Rauchhaus ist eines der ersten besetzten Häuser in Westberlin überhaupt und ein wichtiges Symbol der Linken. Bis heute wird es von seinen Bewohnern selbst verwaltet. Seine Vorgeschichte: Nach einem Konzert von Ton Steine Scherben am 8. Dezember 1971 in der Technischen Universität Berlin machen sich Konzertbesucher auf den Weg Richtung Kreuzberg und besetzen das ehemalige Schwesternwohnheim, welches seit einem Jahr leer steht.

Noch ist die drei Meter sechzig hohe Berliner Mauer grau in grau, als die beiden Franzosen sie entdecken. Nur hin und wieder finden sich auf ihr vereinzelte Graffitis und politische Parolen. Nachdem David Bowie mit dem Song „Helden" und die Sex Pistols mit „Holidays in the Sun" die Mauer erstmals in den internationalen Popkontext eingebracht haben, ist das Interesse am „antifaschistischen Schutzwall" – so lautet die offizielle Bezeichnung im Ostteil – wieder gestiegen. Thierry Noir beginnt mit Christophe Bouchet Ende April 1984 die offiziell zum Areal Ostberlins gehörende Mauer an der zugänglichen Westseite bunt zu bemalen. Ein großformatiges Gemälde nach dem anderen entsteht. Dominierendes Motiv: schematisierte Köpfe, seriell gereiht. Schon wenige Monate später sieht die Kreuzberger Mauerstrecke wie eine kreischbunte Kekspackung aus. Die Musikerin Françoise Cactus von der Band Lolitas interviewt am 15. Januar 1985 die Mauermaler. Christophe Bouchet: „Ich sagte mir, diese Mauer, das ist eine unbenutzte Leinwand. Und wenn die Leute ihre politischen Graffitis drauf kritzeln?

Warum sollten wir nicht darauf Bilder malen?"[138] Nicht allen gefällt das. Thierry Noir: „Einer kam zu mir, als ich beim Malen war und sagte: ‚Egoist, du klaust die Mauer!'. Wirklich ein borniertes Kerl." Manchmal erhalten die Mauermaler unerwartete Unterstützung. Christophe Bouchet: „Westberliner Polizisten sind zu mir gekommen. ‚Es ist wunderschön, was Sie da malen', haben sie gesagt." In ihrem Gespräch mit Françoise Cactus betonen sie, es ginge ihnen nicht darum, die Mauer zu verschönern: Durch die Bemalung solle sie entmystifiziert werden. Über tausend Kilo Farbe verbrauchen sie in den nächsten Jahren. Um ihre Malaktion zu finanzieren, verdient Christophe Bouchet am Kurfürstendamm Geld. Er sitzt dort mit einem Schild: „Taub und stumm". Die beiden arbeiten täglich bis zur Erschöpfung und ziehen die Aufmerksamkeit der Medien auf sich. Als dritter schließt sich den Mauermalern Kiddy Citny, Sänger der Band Sprung aus den Wolken, an. Max Müller, damals Sänger von Campingsex, später bei der Band Mutter, wohnt zur gleichen Zeit im Rauchhaus: „Das war ziemlich lustig. Irgendwann hielt sich Thierry Noir für eine Art Alleineigentümer der Mauer. Manchmal stürzte er mitten in der Nacht aus dem Rauchhaus, wenn er mitbekam, dass andere etwas auf die Mauer gesprayt hatten. […] Er war dann richtig empört. Seine Gemälde restaurierte er unter dem gelben Licht der Peitschenlampen, die sich an der Grenzanlage befanden."[139]

Die Westseite der Berliner Mauer wird ab Mitte der Achtziger zu einer Werbefläche für grenzenlose Kreativität und individuelle Selbstentfaltung. Es ist der gleiche Westen, dessen Ordnungskräfte jeden Graffitikünstler wegen Sachbeschädigung umgehend bestrafen würden – zöge dieser nur fröhlich mit der Spraydose umher und würde woanders seiner Kreativität freien Lauf lassen, ob auf Privatgelände, Trümmergrundstück oder verlassener Industriebrache. Die aus staatlich-westlicher Perspektive legal, aus staatlich-östlicher Perspektive illegal bemalte Mauer wird so nebenbei zur Werbekulisse des abgewrackten, dröge und provinziell dahindümpelnden Westberlins. All die schrägen Vögel, die knallbunten Antiberliner, all die ausgeflippten Freaks und Aussteiger werden fortan in Westberlins Tourismusbroschüren, Musik- und Werbeclips vor dem schrillbunten Hintergrund abgelichtet. Die Freiheit des Westens wirkt noch viel grenzenloser, wenn sie vor einer fröhlich bemalten Grenzbefestigung in Szene gesetzt wird.

Kulisse

Zum Höhepunkt der Mauerkarriere von Thierry Noir und Christophe Bouchet wird die Bemalung einer Mauerkulisse für den Film *Der Himmel über Berlin* von Wim Wenders im Jahr 1987. Mit dem Mauerfall 1989 verschwindet der Malgrund, die Mauer zerfällt in unzählige Fragmente. Die hübschesten Segmente werden verkauft und landen vor Museen, Hotels und Banken auf der ganzen Welt. Nun bemalen die beiden Bohemiens auch Kinos, Toiletten, Autos, Villen, Zahnarztpraxen, Bauzäune, Paravents, Fahrradständer, Computerstühle, Kaffeetassen und Berliner-Mauer-Imitate – auf Anfrage gegen Honorar.

Auktion im Mauermuseum

Eine Benefiz-Kunstauktion soll am 3. Advent, kurz vor Weihnachten 1984, im Museum Haus am Checkpoint Charlie an der Ecke Friedrichstraße/ Zimmerstraße stattfinden. Verstreut sitzen Bieter im Saal. Typisch Westberliner Mottenkugelmief. Als der Versteigerer ein Hannah-Höch-Porträt, eine wunderschöne Zeichnung von Raoul Hausmann, in die Höhe hält, quakt er: „Na, die Dame sieht ja ganz schön fertig aus! Hehe. Ob die wohl schlecht geschlafen hat?" Später präsentiert er eine Collage von Hannah Höch aus den Zwanzigern – niemand äußert Interesse. Kurzerhand wird sie zum halben Preis angeboten – da springt ein älterer Herr von den Sitzen auf, wedelt mit den Armen und sagt: „Das dürfen Sie nicht machen. Im Handel sind die viel teurer. Die müssen Sie dem Spender wieder zurückgeben." Mit großem Erfolg werden Drucke prominenter Künstler versteigert, die gewaltige Zehntausender-Auflagen haben, im Stein signierte Werke von Joan Miró, Paul Wunderlich oder Horst Antes. Gut laufen auch die Altberliner Stadtszenen des naiven Malers Kurt Mühlenhaupt. Nun stellt der Auktionator einen Mauermaler in Person vor, es ist Thierry Noir. Dieser tritt nach vorne, während der Versteigerer eines seiner Gemälde hochhält. Das Publikum im Saal genießt das Spiel des gegenseitigen Überbietens – liegt es doch ohnehin im untersten Bereich. Für den Rauchhaus-Bewohner jedoch ist es viel Geld – von dem er immerhin fünfzig Prozent erhalten soll.

Der Erlös der Benefizauktion fließt in das Haus am Checkpoint Charlie, das Mauermuseum. Es ist eine Institution, die spektakuläre Fluchten aus der DDR und aus Ostberlin dokumentiert. Als Ausdruck des Freiheitswunsches der DDR-Bürger werden diese dabei in oft bizarre Kontexte gestellt, etwa in den des gewaltfreien Kampfs Mahatma Gandhis gegen den Kolonialismus in Indien. Das Anschauungsmaterial soll das Ausmaß der Repression vonseiten des Regimes der DDR und die Fantasie ihrer Bewohner bei der Flucht in den Westen belegen: Fluchtautos, Fluchtluftballons, Vopo-Uniformen, Filme von unter der Mauer hindurch gegrabenen Tunnelsystemen und anderes mehr gibt es zu sehen. Im hauseigenen Kino laufen in Endlosschleifen Dokumentationen mit Titeln wie *Eine Herausforderung – Die Mauer*, *Tunnelflucht*, *Flucht mit der BMW-Isetta*, *Flucht mit einem Ultra-Leichtflugzeug* und *Ode an die Freiheit*. Einige halten das erstickende Muffigkeit verbreitende Museum für ein typisches Produkt des Kalten Krieges, andere sehen darin vor allem eine letzte standfeste antikommunistische Bastion. Für manche ist es dagegen vorrangig der private Selbstbedienungsladen des Museumsdirektors Rainer Hildebrandt und seiner Frau Alexandra. Bis heute hält das Mauermuseum die Erinnerung an die Atmosphäre unzähliger Westberliner Trödelläden der Achtzigerjahre wach. Gekonnt verbindet es diese mit dem Trash moderner Touristenshops. Das Engagement für die Freiheit lohnt sich auch für die Direktion: Am 9. Februar 2002 heißt es im Nachrichtenmagazin Der Spiegel über die Museumsleitung: „Jedenfalls gelang es dem Paar mit einem ganz schlichten Trick, zwei Millionen Euro aufs eigene Konto umzuleiten."[140] Mitte Dezember 2001 verlor das Mauermuseum seine

Gemeinnützigkeit und darf deswegen keine Spenden mehr bekommen. Die Benefiz-Versteigerungen werden in der Folge eingestellt.

Schichtbetrieb

Andere Welten, andere Zeiten. Manchmal prallen sie aufeinander. Ein solches Aufeinandertreffen findet täglich in der frühmorgendlichen Westberliner U-Bahn statt: Während einige noch schlaftrunken zur Arbeit gehen und als Muntermacher in ihren Händen Berlins Boulevardzeitung *B.Z.* halten, taumeln die anderen aufgekratzt und versehen mit dem Odeur von Tabakrauch und Alkohol aus den Kneipen. Sie gehen jetzt nach Hause – oder auch zur nächsten Party. Das frühmorgendliche Zusammentreffen der Westberliner Arbeits- und Freizeitkulturen in der U-Bahn beschreibt 1980 die Band Liebesgier in einem Song. Die einzige auf Vinyl existierende Aufnahme der Band stammt von einem Liveauftritt. Unter durchgehenden Missfallensbekundungen des Publikums erklingt das „U-Bahn"-Lied, eine schrill gekreischte Musikperle. Begleitet wird es von einem stetig anschwellenden, rhythmisch intonierten „Aufhören, aufhören!"-Chor des Hamburger Markthallen-Publikums:

U-Bahn

Morgens um halb fünf,
wenn die erste U-Bahn wieder fährt,
seh ich dich. Seh ich dich.
Du, du bist im ersten Wagen
deine kleinen Augen sind ganz rot und starr

Du, du liegst mir quer im Magen,
du – ich find dich wunderbar!

Morgens um halb fünf,
wenn die erste U-Bahn wieder fährt,
seh ich dich. Seh ich dich.
Ich. Ich gehe grad nach Hause,
Du. Du gehst zur Arbeit schon.
Mann, ich wünsch uns mal eine Pause.
Dieses U-Bahn-Fahren ist doch einfach monoton!

Morgens um halb fünf,
wenn die erste U-Bahn wieder fährt,
seh ich dich. Seh ich dich. Seh ich dich.[141]

(Auf der Vinylplatte schreit Sängerin Elke jetzt
in den „Aufhören, aufhören!"-Chor hinein: „Ihr alten
Arschlöcher! Wenn's euch nicht passt, könnt ihr ja nach
Hause gehen!")

Der Auftritt von Liebesgier endet mit einer Schlä-
gerei. Eine Maskierte, die zu „Ich bin ein Bonbon" auf
der Bühne tanzt, wird von Mitgliedern der Kreuzberger Punkband Ätztussis heftig in den Arm gebissen.
Eva Gößling bestätigt: „Ja, das war eine Ätztussi. Sie
trat mir in den Schritt, in die Muschi – ich war das
Go-go-Girl, war ganz in Rosa mit einer Maske – trug
einen Motorradhelm umgekehrt – hinten ein Loch für
das Gesicht."[142]

In seiner *Sounds*-Rezension vom Februar 1980
hebt Diedrich Diederichsen Liebesgier hervor. Die
„vier Frauen/ein Mann-Band Liebesgier aus Berlin"
vertrete eine „von New York beeinflusste, aber sehr
eigenständige Minimal-Radikal-Musik (deutsche Texte)". Dabei schreibt er von „komplizierten Fraktions-

bildungen", die durch deren Auftritt sichtbar geworden seien. Man mache es sich zu einfach, wenn man hier Punks und Avantgardisten, Kunstschule und Straße, Toleranz und Intoleranz einander gegenüberstelle.[143] Frieder Butzmann: „Alle Bandmitglieder wurden von den Ätztussis beleidigt – außer ich. Wahrscheinlich, weil ich ein einen Meter achtundachtzig großer Zweizentner-Mann bin."[144]

Zeitreisen

Vom U-Bahnhof Friedrichstraße aus können Menschen von einer in die andere Welt gelangen. Der Dramatiker Heiner Müller erhält die Genehmigung der DDR-Behörden, von seinem Wohnort Ostberlin aus nach Westberlin einzureisen. Im Merve Verlag lernen sich Heiner Müller und Wolfgang Müller kennen. Aber nicht etwa die Brüder Heiner und Wolfgang Müller. Heiner Müllers Bruder heißt nämlich auch Wolfgang Müller. Immer wenn er von der Grenze am U-Bahnhof Friedrichstraße im Osten zum Zoologischen Garten im Westen fahre, so Heiner Müller zu Wolfgang Müller (West), dann spüre er eine große Differenz der Lebensstile, der Epochen, der Zeit. Es herrsche ein unterschiedliches Tempo, Beschleunigungsniveau, differente Raumzeiten. Er durchbreche eine Zeitschranke, eine Zeitmauer. Er sei Reisender innerhalb verschiedener Zeitzonen und fühle sich als Zeitreisender.

Normaler Tag

Trotz der Ummauerung stimmt Westberlin eigentümlich frei. Geschäftigkeit, Karriereplanung und Zukunftsdenken herrschen anderswo. Alexander von Borsig, der 1982 mit der 12-Inch-Maxi „Hiroshima" den ersten Platz einer ungeschriebenen Hitparade der Westberliner Subkultur erklomm: „In den Achtzigerjahren lief ein ganz normaler Tag folgendermaßen ab: Irgendwann hast du deine Wohnung verlassen und bist losgegangen, von einem Ort zum nächsten. Wahrscheinlich bist du dann mal sechs Stunden in der Wohnung von irgendjemandem hängen geblieben. Von dort aus bist du wieder in den Club gegangen, der gerade aufgemacht hatte oder noch auf war. Danach bist du wieder weitergezogen. Möglicherweise hast du mal eine Weile geschlafen, bei dir zu Hause oder bei irgendjemandem, den du kennen gelernt hast. Das ging fortwährend immer so weiter."[145]

Anführungszeichen: Behelfsmäßiger Personalausweis und sogenannte DDR

Am Sprachgebrauch zeigt sich, ob jemand Bürger der DDR oder der BRD ist. Für die Bürger der BRD heißt Westberlin einfach „Berlin", manchmal schriftlich versehen mit dem Zusatz „(West)". Für Bürger des Ostens ist Ostberlin ebenfalls einfach Berlin. Im offiziellen DDR-Sprachgebrauch wird es mit dem Titel „Hauptstadt der DDR" verbunden, während der Westteil als „Westberlin" und ganz spezielles politisches

Gebilde interpretiert wird, welches nicht Teil der BRD ist. Auf DDR-Landkarten bildet es eine Auslassung, eine monochrome graue Fläche. Die offizielle BRD betrachtet den gesamten Osten als eine Art Provisorium. Die auflagenstarken Tageszeitungen des Springer Verlags umrahmen beziehungsweise begrenzen bis zur Auflösung des ostdeutschen Staates das Wort DDR durchgehend mit Anführungszeichen: Es heißt dort die „DDR", also: die sogenannte.

Die Tödliche Doris [Projekt Nr. 1]

Doris ist fasziniert vom konsequenten Einsatz des Anführungszeichens in den Westberliner Boulevardzeitungen *Bild* und *B.Z.*: „Auch ich bin offiziell nicht anerkannt. Aber ich existiere ja trotzdem." Ihrem Drängen kann sich Wolfgang Müller nicht länger verweigern, schließlich hat er selbst keine bessere Idee. Auf der 1982 erscheinenden ersten LP wird „Die Tödliche Doris" von Gänsefüßchen umrahmt. Im Beiheft *Boingo Osmopol Nr. 2* werden die Zeichen zum offiziellen LP-Titel erklärt, übersetzt würde der LP-Titel etwa lauten: *die sogenannte*.

Identitätskonstruktion: Was passt am wenigsten zusammen?

Was in der Hülle steckt: Auf einem in den Achtzigern zu den gewöhnlichen Tonträgern zählenden Medium, der schwarzen Vinyllangspielplatte, finden sich dreizehn Musikstücke. Diese voneinander jeweils thematisch, stilistisch, in Lautstärke und Klang möglichst unterschiedlich gearteten Musikstücke sind in der Abspielfolge so geordnet, dass beim Hören der Tracks, beginnend mit Seite A und endend bei Seite B, möglichst wenig an fester, bestimmbarer Gestalt zurückbleibt. Ein Körper baut sich auf, gefolgt vom nächsten, der die größtmögliche Differenz zu seinem Vorgänger aufweist. Statt „Was passt am besten zueinander?" wird gefragt: „Was passt am schlechtesten zusammen?"

Welche Gestalt entsteht durch die permanente Dekonstruktion? Die Rezensionen zum Gänsefüßchenalbum fallen sehr unterschiedlich aus. Diedrich Diederichsen: „Die Hälfte (mindestens) der Doris-LP ist so klar, gut und unvergleichbar, daß ich empfehlen kann, das Produkt Doris zu kaufen, auch wenn du vielleicht bei der anderen Hälfte das Gefühl haben wirst, als Mäzen die Weiterexistenz Doris' und ihres Mäzens (ZickZack) zu unterstützen, ohne direkt etwas dafür im Austausch zu erhalten, das an die Existenz dieser Platte geknüpft wäre."[146]

Die Journalistin Kirsten Borchardt schreibt: „Projekte wie Die Tödliche Doris orientierten sich nicht einmal am Punk, sondern eher an der dadaistischen Auflehnung gegen bürgerlich-konformistische Kunstideale, die Zufall und Spontanität in den Mittelpunkt ihrer Arbeit stellten."[147]

Doris ist ein bürgerlicher, konventioneller Name. Auch sich selbst betrachtet sie als eher bürgerlich. Kein Wunder, dass sie in den subkulturellen Codes und Ritualen ständig die bürgerlichen Entsprechungen sucht. Sie sucht nach Ähnlichkeiten, nach Kontinuitäten, welche die Subkultur, den Punk und antibürgerliche Gesten mit bürgerlich-konformistischen Kunstidealen verbinden. Selten geht sie dabei spontan vor. Das Spontane ereignet sich sowieso ständig. Deshalb stellt sie Planung und Kalkulation in den Vordergrund. In der Subkultur findet Doris reiches Material für Untersuchungen. So wenig wie möglich soll dem Zufall überlassen werden. Der entsteht ohnehin, auch ohne ihre Mitwirkung und ist unkontrollierbar. Streng nummeriert sie ihre Projekte: Die erste LP trägt links neben dem Spinnrad auf dem Cover eine kleine Ziffer, die Nr. 1 – die Nummerierung setzt sich fort bis zum sechsten Projekt, bei dem sich die Nummer in den ausgeschriebenen Titel *sechs* verwandelt [Projekt Nr. 6]. Der Zufall ist für Doris nur ein Fall. Einer von vielen Fallen und Fällen: Abfall, Unfall, Anfall, Überfall, Zerfall, Kniefall und weitere mehr.

Glam und Glitter

Angeregt wird die Westberliner Punk- und Post-Punk-Szene der Endsiebziger zunächst besonders vom Glamrock, den New York Dolls, T. Rex, Roxy Music, David Bowie alias Ziggy Stardust, Gary Glitter, Sweet oder Slade. Das am 1. April 1977 eröffnete Café Anderes Ufer in der Schöneberger Hauptstraße ist das erste offen schwule Lokal Deutschlands. Im Namen wird ein neues Selbstbewusstsein der noch jungen Schwulenbewegung sichtbar. Das Andere Ufer zeigt sich ohne die üblichen verdunkelten Fenster, ohne Einlasskontrolle und ohne die für verbarrikadierte Schwulen- oder Lesbenkneipen üblichen exorbitant hohen Getränkepreise. Gleichzeitig verkörpert es die im Glamrock provokant-verspielt thematisierte Irritation von Geschlechtergrenzen und Identitäten wie wenige andere Orte. Kaum ein anderer Popstar der Zeit ist für sein Spiel mit Identitäten, mit Androgynität und den Geschlechtergrenzen so bekannt wie David Bowie. Er wohnt seit 1976 in der Schöneberger Hauptstraße 155. Nur ein Jahr später eröffnet das Andere Ufer zwei Hausnummern weiter in der Hauptstraße 157 seine Pforten. Kurz nach der Eröffnung wird die Schaufensterscheibe des Anderen Ufers von Unbekannten eingeworfen. Der zufällig vorbeikommende David Bowie hält zusammen mit den Kellnern Wache, bis die Glaserei kommt. Noch Jahrzehnte später wird das Andere Ufer von diesem Vorfall zehren. Zwei Jahre nach dessen Eröffnung wird am Savignyplatz 1979 der erste Westberliner Christopher Street Day stattfinden – mit knapp fünfhundert Teilnehmern.

Doris drängt Wolfgang Müller vehement dazu, im Anderen Ufer den allseits heiß begehrten Kellnerjob anzunehmen. Für ihn, den Mieter einer winzigen Wohnung mit Kohleheizung, ohne Dusche mit extra Außentoilette, bedeutet der karge Stundenlohn von fünf Mark 1980 den reinsten Luxus. Das Café läuft gut. Stolz zeigt ihm einer der beiden Inhaber, der Schriftsteller Reinhard von der Marwitz, den Plexiglasschreibtisch, den er soeben für siebentausend Mark erworben hat. Auf diesem Möbelstück entstehen poetische Werke. Eines davon wird 1983 unter dem Titel *Brandung. Reise an den Strand eines erfundenen Meeres* im Albino Verlag publiziert werden. Dort erscheinen homoerotische Klassiker wie Jean Cocteaus *Weißbuch* und der Roman *Der Einzelgänger* von Christopher Isherwood in deutscher Übersetzung oder auch das Fanbuch eines Zarah-Leander-Bewunderers. Gegründet hat den Albino Verlag Marwitz' Lebensgefährte und Mitinhaber des Cafés, Gerhard Hoffmann.

Je prominenter die Autoren sind, je edler die Bücher ausgestattet werden, umso hauchzarter muss der Gouda geschnitten werden, der den Frühstückskunden im Anderen Ufer serviert wird. Irgendwann kann man fast die Tageszeitungen durch die Scheiben lesen. Mithilfe des obligatorischen Salatblattes gelingt es den Kellnern dennoch, unauffällige Verstecke für dickere Goudascheiben zu finden. Seit seiner Eröffnung ist das Café nicht nur Treffpunkt der Lesben-, Schwulen- und Trans*-Szene, sondern auch einer der straighten oder multisexuellen Leute sowie proto-queerer Künstler, Schriftsteller und Verleger. Der Westberliner Schriftsteller Bernd Cailloux trinkt im Anderen Ufer oft

Kaffee und liest stundenlang Tageszeitungen, während der ebenfalls stockstraighte Hamburger Rockmusiker und Schriftsteller Kiev Stingl am Marmortischchen sitzend seiner Freundin unter den Rock langt, derweil diese ihm frivol in den Schritt greift. Sich allzu selbstvergessen küssende Heteropärchen werden jedoch trotzdem vom schwulen Personal ermahnt, „bitte doch Rücksicht auf die anderen Gäste" zu nehmen – als schwulenpolitisch-pädagogische Maßnahme, um die Gewalt heteronormativer Mehrheitsregime anschaulich und körpernah zu vermitteln. Selbstvergessenheit gehört für lesbische oder schwule verliebte Pärchen im öffentlichen Raum bis in die Gegenwart keineswegs zu den Selbstverständlichkeiten.

Im Zeitungsständer des Anderen Ufers findet sich auch die sehr kurzlebige deutschsprachige Ausgabe von Andy Warhols *Interview*. Für diese hat Stammgast Tabea Blumenschein eine Modestrecke gezeichnet. Die Körper und die Aktionen ihrer Models konterkarieren sämtliche damaligen Idealvorstellungen: Tabea Blumenschein zeichnet einarmige oder -beinige Modelle mit Hakenkreuzgürtel, Hammer- und Sichel-Tattoos und Irokesenhaarschnitt. Übergewichtige Models fuchteln auf ihren Modeentwürfen mit Fleischermessern herum, Männer mit X- und O-Beinen, fehlenden Gliedmaßen. Zwanzig Jahre später, Ende der Neunziger, wird die Schauspielerin und Sportlerin Aimee Mullins selbstbewusst über den Laufsteg schreiten, als Model mit amputiertem Bein und Prothese.

Durch ihre Rolle in *Bildnis einer Trinkerin* ist Tabea Blumenschein zum Glamourstar der Westberliner Lesbenszene geworden. Ihre atemberaubende Schönheit steht in extremem Kontrast zu ihren akribisch ausgeführten Buntstiftzeichnungen, die voller Gewalttätigkeit stecken. Ihre Zeichnungen sind wirklich zauberhaft, wahnsinnig, viel schöner als übliche, klassische Modeskizzen. Sie sind Kunst, naiv und wahnsinnig zugleich. Wer diese Zeichnungen kennt, kann sich gut vorstellen, warum der in Westberlin lebende Art-brut-Künstler Friedrich Schröder-Sonnenstern die Künstlerin als seine liebste Freundin bezeichnet und sie jedes Jahr zu seinem Geburtstag einlädt. So auch zu seinem Neunzigsten. Sie habe den Maler Schröder-Sonnenstern kürzlich auf dem Ku'damm getroffen. Der habe Laternen umarmt und geküsst, sagt Tabea Blumenschein. Bock, auf seinen Geburtstag zu gehen, habe sie jedoch nicht. Schröder-Sonnenstern sei ihr einfach zu verrückt.

Nina Hagen

Manchmal erscheint auch die aus der DDR in den Westen übergesiedelte Sängerin Nina Hagen im Anderen Ufer. Sie zieht Grimassen und ruft irgendetwas, das wie „Holterdiepolter" klingt. Steht sie nicht augenblicklich im Mittelpunkt des Interesses, verschwindet sie wie der Blitz. Drei Jahrzehnte später tritt sie in die evangelische Kirche ein und lässt sich taufen. In einer TV-Talkshow im September 2005 sagt Nina Hagen: „Mein Herz schlägt grün – auch für Joschka Fischer." Und: „Mit Merkel will der Staat Kriege machen, ohne Merkel nicht." Dass die Grünen 1999 zusammen mit der SPD am ersten Angriffskrieg der deutschen

Nachkriegsgeschichte beteiligt sind, hätte ihr die anwesende Soziologin und Ex-Grüne Jutta Ditfurth wahrscheinlich besser nicht sagen sollen. Nina Hagen: „Ich finde es furchtbar, was diese dicke Frau mit mir macht … Jutta Ditfurth ist eine blöde, blöde Kuh."[148]

Für Jutta Ditfurth bleibt Nina Hagen trotzdem weiterhin eine Vertreterin des Punk: „Ich begegnete ihr in einer Talkshow, mit Interesse, weil ich sie als Punk-Sängerin schätze. Auf ihr Ausmaß an Ignoranz und Irrationalität war ich nicht gefasst."[149] Als infolge der Finanzkrise 2011 Helmut Kohls Rede vom „Den-Gürtel-enger-Schnallen" verstärkte Aktualität gewinnt, die Rede vom Verzicht, dem Sparen und Nichtausgeben fast mantraartig aus allen Medien erklingt, da predigt Nina Hagen plötzlich sexuelle Enthaltsamkeit – das passt irgendwie zum harten Sparkurs der neoliberalen Regierungen Europas. Vielleicht setzt Nina Hagen allgemeine Stimmungsumschwünge einfach nur extrem individuell und ichbezogen um?

Heidi Paris und Peter Gente

Zu den Stammgästen des Cafés Anderes Ufer zählen Heidi Paris und Peter Gente vom Merve Verlag. Gelegentlich bringen die beiden ihre französischen Autoren ins Café mit. Als Wolfgang Müller mit Die Tödliche Doris 1982 vom Musée d'Art Moderne zur Pariser Biennale eingeladen wird, schreibt ihm Peter Gente die Adresse von Michel Foucault auf ein Stück Papier. Doch der Besuch kommt nicht zustande: Paris – Stadt der Autostaus. Gern hätte Wolfgang

Müller Foucault nach seinen Beobachtungen in der
Diskothek Dschungel oder im Anderen Ufer befragt.
Denn auch wenn sich hier, an den Orten der Subkultur, ein „selbstbestimmte Leben" realisierte – beispiels-
weise dadurch, dass Lesben und Schwule ihre Gefühle
entspannter zeigen konnten als in heteronormativer
Umgebung –, waren Hierarchien, Reglementierungen
und Bestrafungen trotzdem keineswegs abgeschafft.
In Kollektiven und basisdemokratischen Gruppen
setzen sich die Macht und ihre Verteilung lediglich in
anderer, neuer Gestalt um. Vielleicht könnte Michel
Foucaults *Überwachen und Strafen* oder *Der Wille zum
Wissen* manchem alternativen Projekt zum hilfreichen
Ratgeber werden.

Frühstück mit Lyotard

Heidi Paris lädt Wolfgang Müller einige Monate
später in die Merve-Fabriketage zum Frühstück ein. Sie
müsse jedoch währenddessen dringend etwas erledigen.
Ob Wolfgang nicht Lust habe, mit dem Botschafter der
Postmoderne, dem Philosophen Jean-François Lyotard, zu frühstücken? Heidi Paris hat bereits alles vor-
bereitet: dicke Käsescheiben, italienische Salami, frische Croissants, Kaffee und Orangensaft. Während des
Frühstücks sprechen sie darüber, worüber geschwiegen
wird und was nicht zur Sprache kommt. Jean-François
Lyotard meint, dass das postmoderne Gefühl anhand
der Lücken in den Sprachfertigkeiten entstünde.

Geile Tiere

Zur ersten Crew im Anderen Ufer gehört der seit 1973 in Westberlin wohnende Bauzeichner Wolfgang Ludwig Cihlarz. Inhaber Gerhard Hoffmann nennt den schmalen dünnen Mann irgendwann „Salomé". Damit setzt er eine in der schwulen Subkultur existierende Tradition fort, anderen Männern einen zur Persönlichkeit passenden Frauennamen zu geben. Zunächst, ab 1973, studiert Wolfgang Cihlarz an der Westberliner HdK Malerei bei Prof. Karl Horst Hödicke. Nackt und in Stacheldraht eingewickelt verharrt er 1978 eine halbe Stunde lang wie ein Statue im Anderen Ufer. Seine Performance nennt er *Für meine Schwestern in Österreich*. Damit möchte Salomé die „Leiden der Schwulen" im Alpenstaat verbildlichen. Später tritt er mit seiner Band Geile Tiere in der Diskothek Dschungel auf. Nackt hockt er mit Luciano Castelli am gekachelten Tanzboden und kreischt schrill: „Alle sind sie geile Tiere, nur vom Vögeln wird gequatscht!" Mit Super 8 dokumentiert Knut Hoffmeister das performative Highlight. Eine weitere Performance, bei der Salomé als „Bitch" den Maler Luciano Castelli am Hundehalsband spazieren führt,[150] wirkt aus heutiger Sicht wie die queere Fortsetzung von Valie Exports berühmtem Gassigang mit Peter Weibel.[151]

Das Andere Ufer

Ungeachtet der revolutionären Tat, ein Café „Anderes Ufer" zu nennen und es öffentlich und offensiv

als Schwulenlokal zu betreiben, halten sich die künst-
lerisch-ästhetischen Vorstellungen der Inhaber eher
im bürgerlich-gediegenen Rahmen. Die gebrauchten
Bettlaken mit Körperflüssigkeiten, welche Blixa Bargeld 1979 an den Wänden des Lokals drapiert, werden
noch am gleichen Tag von den pikierten Inhabern entfernt: Die Schweißspuren und das eingetrocknete Sperma von Blixa Bargeld kann die schwule Szene auf ihrer
identitätspolitischen Suche offensichtlich nicht gebrau-
chen. Erfolgreicher ist da schon *Milchsilber*, eine Anthologie mit Lyrik und Bildern schwuler Autoren und
Künstler. Sie erscheint in Egmont Fassbinders Verlag
Rosa Winkel. In der Poesie kann sich kaltes Sperma
schneller in edel-glänzendes Milchsilber verwandeln.[152]
Auf ähnlichen Widerwillen wie die Bettlaken stoßen
bei den Café-Inhabern die eigenwilligen Kreationen
aus Gudrun Guts und Bettina Kösters Modeladen Eisengrau. Mit einigen dieser bizarren Exponate deko-
riert Wolfgang Müller 1980 die Schaufenster seines
Arbeitsplatzes. Die pinkfarbenen und schreiend gelben
Pullover mit den riesigen Löchern wirken, als hätten
unzählige Motten sie angenagt. Grellfarbige drei- oder
viereckige Plexiglasohrringe baumeln über angeroste-
tem Maschendraht. Die Eisengrau-Ausstellung wird
von den Inhabern zunächst mit großem Interesse erwartet – und nach nur zwei Tagen kommentarlos entfernt. Kontrastreiche Akte idealtypischer Männerkör-
per wie die Fotografien von Patrick Sarfati bestimmen
fortan das Bild. Würden in dieses Ambiente nicht auch
die dekorativen Schwimmer- und Seerosenbilder von
Salomé ziemlich gut passen? Doch seine athletischen
Schwimmer ziehen ihre einsamen Bahnen längst durch

etablierte Galerien, sie lösen damit die gleißend rot und fleischfarben gemalten schwulen Sexorgien ab, wie das „Babylon". Salomés Seerosen treten den internationalen Siegeszug durch die Welt der Kunsthallen, Museen und Sammler an. Die neue „Wilde Malerei" aus Westberlin leuchtet in allen Augen, in aller Welt. Noch Jahrzehnte später schwärmt das *Hamburger Abendblatt* von dieser Frischzellenkur: „Fast wie ein Nobelpreisgewinn sei es, daß 22 Millionen Augen seine Seerosen heute in der *Bild*-Zeitung betrachten konnten, sagte der Berliner Maler Salomé (50) gestern abend zum Start der Kunstaktion ,Ein Bild für Bild'."[153] Was dem einen Künstler wie ein „Fast-Nobelpreis" erscheint, könnte bei anderen Paranoia auslösen: 22 Millionen *Bild*-Leser starren dich an.

Tali-Kino

Zu den wichtigen Punktreffpunkten in Westberlin zählt das Tali-Kino am Kottbusser Damm in Kreuzberg.[154] Dort findet 1977 die erste *Schwule After Punk Show* statt, unterlegt mit Musik von Ton Steine Scherben. Der Sänger der Band MDK, Volker Hauptvogel: „Man saß kiffend hinter der Leinwand unter einer Piratenflagge und konnte über einen Spiegel den Film doppelt sehen."[155] Die *Rocky Horror Picture Show*[156] mit dem Hauptdarsteller Tim Curry in der Rolle des Transvestiten Frank N. Furter wird zum Tali-Kassenknüller. Die Kopie läuft jahrelang, pausenlos, jeden Abend. Im Management arbeiten Wieland Speck und Elser Maxwell. Auch Max Müller und Hagen Liebing zählen zur Tali-Clique und helfen gelegentlich aus. Hagen Liebing ist Mitglied der Popgruppe Freundschaft, deren Sänger Mutfak das Fanzine *Y-Klrmpfnst* herausgibt. Mutfak heißt eigentlich Chris Reisse. Hagen Liebing: „Mutfak hatte mal einen Ferienjob im Lager eines Supermarktes. Dort lagen Hunderte Aufkleber mit eben diesem Wort „Mutfak" herum, gedruckt auf leuchtend orangem Untergrund. Einen besseren Anschub zur Selbstpromotion gab es damals kaum. Mutfak ist das türkische Wort für Küche."[157]

Die ersten drei Ausgaben von *Y-Klrmpfnst* vervielfältigt Mutfak mit einem alten Ormig-Piccolo-Matrizenkopierer aus der 1968er-Studentenbewegungszeit. Spätere Nummern werden bereits mit Xerox-Fotokopiergeräten der neu eröffneten Copyshops hergestellt. In Westberlin erscheinen zwischen 1978 und 1982 rund zwanzig Punk-Fanzines mit Namen wie *Krachturm*,

Würg, Verlorenes Geld oder *Boingo Osmopol*.[158] Hagen Liebing selbst publiziert das Fanzine *Penetrant*, das manchmal auch *Penetrat* heißt. Liebing: „Warum dies so war, das weiß ich ehrlich gesagt auch nicht mehr. Aus heutiger Sicht klingt ‚Penetrant‘ für mich doch schöner."[159] Später wird er Bassist bei den Ärzten und ist heute Musikredakteur der Berliner Stadtillustrierten *tip*. Max Müller ist bei der Gründung der Ärzte 1981 als Sänger und viertes Mitglied vorgesehen. Bei keiner einzigen Probe taucht er auf. Deshalb bleiben Die Ärzte bis heute eine Band aus drei Personen.

Rocky Horror Picture Show

„Die Kopie der *Rocky Horror Picture Show* war so uralt und spröde, dass sie dauernd riss und immer wieder zusammengeflickt werden musste", erinnert sich Betti Moser, Mitglied der Tali-Punkclique: „Teilweise war es mehr eine Art Diashow als ein Film." Seit Anfang der Neunziger lebt die freiberufliche Übersetzerin in England: „Tagsüber wurde das Tali-Büro zum Jugendclub, wo wir alle gesessen haben, Rocky, Bullensohn und diverse Punks und Skinheads. Das war 1979/80, als die Westberliner Skinheads noch unpolitisch waren, keine Nazis."[160]

Chris Huth, der Kartenkontrolleur des Kinos, verschreckt eine arglose Lehrerin, die mit ihrer Schulklasse einen Kinderfilm anschauen will. Diese erblickt ein Hakenkreuzbadge an seinem Revers. Bevor sie entsetzt mit ihrer Klasse flüchten kann, wird sie von den Schülern überstimmt und bleibt. Die Annahme,

Punk und dessen provokanter Umgang mit den verdrängten Symbolen der Vergangenheit wären identisch mit Sympathien gegenüber Nazitum, hält sich lange. Das Missverständnis, welches Medien mit den ersten effektvollen Beschreibungen von Punk im Jahr 1976 in bundesdeutsche Köpfe pflanzen, in Richtung, hier formiere sich eine neue Nazibewegung aus England, wirkt nachhaltig – gerade bei einigen Linksalternativen.

Innen ist das Tali-Kino verlebt, verklebt und ziemlich abgewrackt – und immer prall gefüllt mit Zuschauern, bis auf den letzten Platz. Begeisterte *Rocky Horror Picture*-Fans klappen die Kinosessel im Dunkeln auf, um sich niederzulassen und plumpsen prompt auf den Boden. So ausgeleiert sind die Sitzmöbel. Im Grunde stört das niemanden. Viele täglich wiederkehrende Besucher kennen den Film bald in- und auswendig. Sie erscheinen mittlerweile in den Kostümen der Filmdarsteller. Zu bestimmten Szenen führen sie dann spezielle Rituale auf: Wenn die Hauptfiguren, das Pärchen Brad und Janet, bei strömendem Regen eine Unterkunft suchen, schießen sie mit Wasserpistolen wild um sich. Während sich die Hochzeitsszene auf der Leinwand vollzieht, werfen sie im Kinosaal mit Reis um sich. Beim Auswickeln der Mumie fliegen Toilettenpapierrollen im Saal umher. Fällt im Film der Name „Dr. Scott", reagiert das Publikum darauf mit einem gedehnten lauten „Uhhhhh". Sämtliche Vorstellungen sind ausverkauft. Jeden Freitag findet eine Art „Kino-Karaoke" statt: Martin Teßmer alias „Rocky" und andere aus der Kinocrew spielen den laufenden Film parallel mit – unmittelbar vor der flimmernden Leinwand und mit selbst angefertigten Kostümen und vom Sperrmüll stammenden Requisiten.[161] Der Autor und Verleger Hans Hütt: „Blixa war damals Kassenfräulein und Putzfee des Kinos in einem. Wir nannten ihn Blixa Skorbut, weil er so dürr war. Irgendwann zog die 20th Century Fox die Kopie ab, weil der Kinoinhaber die Einnahmen in Koks steckte und sich hinter der Silberleinwand das Hirn wegsniefte."[162]

Verlag Rosa Winkel

Gemeinsam mit Egmont Fassbinder, einem Cousin von Rainer Werner Fassbinder, betreibt Hans Hütt den Verlag Rosa Winkel. Gegründet wird dieser 1975 von Peter Hedenström alias „Gesine Mehl", von Volker Bruns, genannt „Mechthild Sperrmüll", und dem Autor Elmar Kraushaar. Der Rosa-Winkel-Verlag ist der erste Verlag, welcher sich nach 1945 beziehungsweise seit 1968 vorrangig den Themen der Alten und Neuen Homosexuellenbewegung widmet. Der neuen Schwulenbewegung aus dem Umfeld der 1968er-Studentenbewegung macht er vergriffene, seltene alte und neue Texte zum Thema Homosexualität und Emanzipation zugänglich. Aber es erscheint auch Aktuelles, etwa das erste Comicheft von Ralf König. Zeitgleich mit dessen *Schwulcomix 1* erscheinen dort auch Wolf Mülls *Comic-Trips*, Wolfgang Müllers erstes und vorläufig letztes Comicheft. „Eigentlich stammt die Idee zu diesen Comics ja von Doris. Sie riet mir, sowohl den Comic als Genre als auch das Schwulsein selbst zu dekonstruieren." Müller erklärt weiter: „Eigentlich hat mich Doris voll ins Messer laufen lassen. Wer hätte sich denn damit identifizieren können und wollen?"

Distanziert äußert sich Ralf König heute über seinen ersten Comicstrip: „Wenn mir heute diese alten Sachen zum Signieren vorgelegt werden, dann laufe ich immer rot an. Ich finde meine Anfänge ziemlich fürchterlich. [...] Mir waren diese alten Sachen irgendwann so peinlich, dass ich die entsorgt habe. Ich hoffe, dass andere die dann auch nicht sehen."[163] Während Ralf Königs erster Comic den Beginn einer steilen Comic-Strip-Karriere einleitet, in deren Verlauf einer seiner Comics 1994 verfilmt und zum deutschen Kinobesteller wird,[164] liegen Wolfgang Müllers *Comic-Trips* fast drei Jahrzehnte lang schwer wie Blei in den Regalen, bevor sie endgültig in den Müll entsorgt werden. Wissenschaftlich analysiert und reproduziert werden sie erstmals im Jahr 2012.[165]

Travestie der Namen

Der Einfluss des Filmtransvestiten Frank N. Furter auf das Leben seiner Fans ist enorm. Die Französin Virginie Desforges lebt zwischen 1982 und 1983 in Westberlin: „Fast alle Westberliner Jungs schienen mir von diesem Frank N. Furter inspiriert zu sein. [...] Blixa verriet mir mal, dass er seinen Vornamen von einer Filzschreibermarke namens „Blixa" entlehnt habe. Am meisten habe ihm dabei gefallen, dass die Marke auf ‚a' endete, wie die Endung deutscher Frauennamen: Elsa, Anna, Maria oder Gerda."[166] Da er den Berliner Dada-Künstler Johannes Theodor Baargeld bewundert, von dem kaum ein Werk existiert, sondern vor allem ein Mythos, übernimmt er dessen Namen und streicht hier lediglich ein „a". So entsteht der Name Blixa Bargeld. „Die Idee, sich auf Johnny Cash zu beziehen, kam wahrscheinlich erst nachträglich", glaubt Virginie Desforges: „Bargeld ist Cash."[167]

Aus Matthias Ernst entsteht Max Goldt, Alex Hacke veradelt sich in Alexander von Borsig, Andrew Chudy wird wechselweise zu N.U. Unruh oder Andrew Unruh, Françoise van Hove zu Françoise Cactus. Edmund Brummer formt sich um zu Mark Eins, Frank-Martin Strauss wird zu FM Einheit, aus Joachim Stezelczyk bildet sich Jochen Arbeit, Wolfgang Müller verkürzt sich in Wolf Müll, und Gudrun Bredemann erfindet Gudrun Gut.

Gudrun Gut: „Es lag einfach in der Luft, dass sich alle neue Namen gegeben haben. Man hat sich selbst erfunden, man war Herr seiner Zukunft, Gegenwart und Vergangenheit."[168] Frieder Butzmann und Tabea Blumenschein behalten ihre bürgerlichen Namen. Sie werden sowieso für Künstlernamen gehalten. Nachdem seine *Comic-Trips* gefloppt sind, entschließt sich Wolf Müll, seinen bürgerlichen Namen Wolfgang Müller zukünftig sowohl als bürgerlichen als auch als Künstlernamen einzusetzen. Durch die Verdoppelung seines Namens verspricht er sich eine spürbare Raumvergrößerung.

Ming Wong

Ein weiterer wichtiger Flop wird Wolfgang Müllers spätere Vinyl-LP *BAT*, die 1989 fast zeitgleich mit Michael Jacksons Millionenseller, der LP

BAD, erscheint. *BAT* ist eine LP mit den Ultraschall-echolauten acht einheimischer Fledermausarten, die mittels Schalldetektor in für Menschenohren hörbare Frequenzen umgewandelt wurden. Sie liegt lange in den Regalen. Die letzten Exemplare der eintausend produzierten Exemplare werden erst um 2009 verkauft. Andererseits erzielt ein Exemplar von *BAT* bei Ebay-Auktionen gegenwärtig wesentlich höhere Preise als Michel Jacksons *BAD*.

Fast zwanzig Jahre nach dem Erscheinen von *BAT* lernt Wolfgang Müller den Künstler Ming Wong aus Singapur kennen. Ming Wong kommuniziert in Video-arbeiten mit seinen eigenen Filmklonen in verschiede-nen Rollen aus bekannten Filmen. Er untersucht auf diese Weise Sprache und Wahrnehmung und lässt die Fallgruben sichtbar werden, die in den Konstruktionen von Identität, Alterität und Ethnizität bestehen. Wolf-gang Müllers seinerzeit getroffene Entscheidung, den eigenen Namen zu verdoppeln, eröffnet nun weitere, unerwartete Möglichkeiten: Der Name Ming Wong stammt aus China und ist auf dem gesamten asiatischen Kontinent und selbst außerhalb davon noch wesentlich häufiger als der Name Wolfgang Müller im deutsch-sprachigen Raum. Ungewöhnlich selten und originell klängen hingegen Namenskombinationen wie Ming Müller oder Wolfgang Wong.[169]

Trans*

Mit der Eröffnung des Chez Nous 1958 etabliert sich das älteste Travestietheater Deutschlands in Westberlin. Eine Art Nachkriegszeittheater. Amanda Lear, die dort seit 1962 auftritt, wird dessen international bekanntester Star. Romy Haag knüpft mit dem Konzept ihres Travesticlubs an den historischen Vorkriegsglanz oder besser: Berlins altes wildes Image als Eldorado des „dritten Geschlechts" des Sexualforschers Magnus Hirschfeld und an den Mythos der Zwanzigerjahre an. Im Umfeld extrem spießig-reaktionärer und oft von einer gewissen Humorfreiheit und der Kommunistenparanoia des Kalten Krieges gekennzeichneter Westberliner Bürger ein durchaus mutiger, gewagter Schritt. Der alte Nazi- und Nachkriegsmief hält sich zäh in Westberlin.

Im Jahr 1974 eröffnet die damals 23-jährige Romy Haag ihr Lokal. Im Chez Romy Haag treffen internationale Weltstars auf Geniale Dilletanten. Schriftsteller wie Martin Schacht, der Filmemacher Wieland Speck, Wave-Popstars wie Annette und Inga Humpe und die Kabarettistin Désirée Nick stoßen auf Grace Jones, David Bowie und Tina Turner. Und Udo Kier sitzt mittendrin. Der Autor Martin Schacht weist in seinem Buch über die Clubbetreiberin auf eine intime Liebesbeziehung zwischen Romy Haag und David Bowie hin.[170] Unter den Gästen des Chez Romy Haag finden sich auch die Schauspielerin Katharina Thalbach und der Regisseur Thomas Brasch. Sub- und Hochkultur stehen in engstem Austausch miteinander. Manchmal sogar sehr eng. Romy Haag: „Ich habe dann meine Ideen im Schillertheater wiedergefunden."[171]

An wechselnden Orten dagegen erscheint Zazie de Paris alias Solange Dymenzstein. In Frankreich als klassischer Balletttänzer und Choreograf ausgebildet, beschwert sich Zazie de Paris nach einem Besuch im Louvre 1969 darüber, dass die Marmorskulptur des liegenden Hermaphroditen derart dicht an die Wand gerückt sei, dass dessen Penis unsichtbar werde. Die Museumsoffiziellen erklären, dies sei eine reine Vorsichtsmaßnahme. Man wolle Kinder und Jugendliche eben nicht allzu sehr irritieren. Zazie de Paris engagiert sich nun dafür, dass die Skulptur zukünftig von allen Seiten betrachtet werden kann. Mit Erfolg. Der Hermaphrodit wird von der Wand gerückt. Louvre-Besucher können zukünftig seinen/ihren ganzen Körper betrachten. Zazie de Paris: „Es geht mir dabei gar nicht um die Wahl zwischen zwei Geschlechtern. Ich betrachte das Leben vielmehr als eine Geschlechterreise: Man bekommt ein Geschlecht zugewiesen und reist ins andere."[172] In Westberlin tritt sie 1976 sowohl als Serge de Paris als auch als Zazie de Paris auf. Travestielokale würden in Frankreich von jeher auch von vielen Einheimischen besucht, in Westberlin sei das in den siebziger Jahren völlig anders gewesen: „Dort waren die Kabaretts vor allem ein Ort für Ausländer." Im Roxy an der Schöneberger Hauptstraße singt Zazie de Paris 1976 Lieder von Bert Brecht, spielt 1982 in Stücken von Heiner Müller und Peter Zadek mit. „Politik ist eine sinnliche Angelegenheit!", meint Zazie de Paris.[173] Mit Distanz betrachtet sie die anderen Travestiekünstler der Stadt. Die Chansonsängerin Georgette Dee ist ihr zu grün-alternativ, die Teufelsberger um Ades Zabel allzu verengt auf Neuköllner Stereotype und die verstorbene Charlotte von Mahlsdorf trägt für Zazies Geschmack die muffige Erbschaft aus Gründerzeit und DDR etwas zu schwer mit sich herum. Dadurch, dass Zazie de Paris selbstbewusst zwischen Hoch- und Subkultur pendelt, lässt sie sich schwerlich einer bestimmten Szene zuordnen. Sie ist wohl einzelartig.

Aufstieg und Fall der Trümmertunte

In den Achtzigern entwickelt sich zwischen Kreuzberg, Charlottenburg, dem Wedding und Schöneberg ein ganz spezieller Drag-Typus: das Genre der Trümmertunte. Diese ist eine bissige Erwiderung auf das mediale Bild der unentgeltlich schuftenden, sich aufopfernden und dabei noch von Krieg, Not, Entbehrung und Leid verbitterten Berliner Trümmerfrau, dem Nachkriegszeitstereotyp. Gegen Mitte der Achtziger erreicht die Trümmertunte ihre größte Popularität. Zum Genre Trümmertunte zählen das Ensemble um Ladies Neid und die Darsteller_innen um die Gruppe Teufelsberg von Ades Zabel. Ladies Neid bestehen aus Pepsi Boston, Melitta Sundström, Chou Chou de Briquette, Melitta Poppe und einigen anderen. Dazu kommen, mit stärkerem politischem Anspruch, Ovo Maltine – diese stellt sich 1998 als Direktkandidat_in zur Bundestagswahl für den Wahlkreis Kreuzberg-Schöneberg auf und erhält 534 Stimmen – sowie Tima die Göttliche, Ichgola Androgyn und BeV StroganoV. Manche der selbstbewussten Polittunten werden Darsteller_innen in Filmen Rosa von Praunheims und treten auch in Selfmade-Produktionen unabhängiger Fernsehkanäle auf.

Das Bild der Trümmertunte ist meilenweit entfernt von Glamour, Kaviar und Champagner. Es ist glanzlos, grau und trist. Boshaftigkeit, ja mitunter Verbitterung kann die Trümmertunte versprühen. Ihre Ausstattung ist extrem preiswert: Geschmacklose Kleider gibt es im Westberliner Trödel massenhaft. Perücken, hässliche Broschen, plumpe Perlenketten, Puderdosen, Haarnetze und grauenvolle Handtaschen, all dies ist leicht und preisgünstig zu besorgen. Der Fotograf Jürgen Baldiga porträtiert die bekanntesten Protagonist_innen dieser Szene, die mit der Nachkriegsästhetik und ihren fatalen Folgen spielen und dem Publikum kaum gefallen möchten. Trümmertunten biedern sich niemandem an – nicht einmal den eigenen Fans. Ihre Wut, ihre Aggression, die sich auch aus der Verdrängungsleistung der Eltern, der (Vor-) Kriegsgeneration, speist, verwandeln sie in einen kryptischen Insiderkosmos, dessen Strukturen für Außenstehende oft kaum noch nachzuvollziehen sind. Der erfolgreichste Schritt vom „Trümmertunten-Underground" in die Öffentlichkeit gelingt Ades Zabel. Mit seinem Teufelsberg-Filmkollektiv dreht er 1981 den Super-8-Film *Edith Schröder – eine deutsche Hausfrau*. Dieser nimmt die Sauberkeitsfantasien der Westberliner Bürger, Doppelmoral und nicht wahrgenommene Kontinuitäten der Nazizeit ins Visier. Ein „Siedlungsschutz" läuft, ausgestattet mit SS-Armbinden, in der Neubausiedlung umher und achtet darauf, dass keine eindringenden Punks die gutbürgerliche Idylle stören. Doch die Katastrophe erscheint im Inneren der Siedlung, nämlich in Gestalt einer zur Punkerin mutierten Bürgerstochter. Hermoine Zittlau, genial dilletantische

Poetin und Sängerin aus dem Berliner Stadtteil Lichtenrade, ist eins mit ihrer Filmrolle, zählt sie doch ohnehin zu den ersten Westberliner Punks. Im *Sinnfilm* (1981) wartet die ausgebildete Fußpflegerin mit einem riesigen Klapperlatschen auf ihr Zufallsopfer: „Ich muss töten!" Drei Jahrzehnte später wird Hermoine Zittlau an der Berliner Volksbühne dem Aktionskünstler und Regisseur Christoph Schlingensief schmerzhaft gegen das Bein treten – in echt, mitten auf der Bühne: Der Regisseur hatte die in der Garderobe geduldig auf ihren Auftritt Wartende und dort Vergessene zufällig entdeckt. Sein Stück war fast zu Ende. Er zerrte nun Hermoine mit beiden Händen quer über die Bühne. Das würde sich diese Künstlerin niemals gefallen lassen.

In den Neunzigern nimmt die amerikanische Entertainerin Gayle Tufts die Elemente des Schrillen und Penetranten auf, welche die Berliner Trümmertunte zwar einzigartig, aber für ihre Umgebung auch sehr anstrengend machten. Gayle Tufts verbindet diese Eigenschaften geschickt mit dem Klischee der Schwulenmutti und besetzt so eine weitere Nische. Als ewig gut gelaunte Nervensäge, mit aufgerissenen, ständig die Kamera suchenden Augen und einem betont eingesetzten „Denglisch" wird sie zum Liebling einer Szene, die im tiefen Herzen heim zu Mutti möchte. Einzig der Kabarettistin Désirée Nick gelingt es, die brutal spitze Zunge der Berliner Trümmertunten und deren verletzende Offenheit – die meist auf Kosten der Männer, aber manchmal eben auch der Frauen ging – zu größter Meisterschaft zu bringen. Diese Kabarettistin läutet damit auch das Ende der gehässigen, lästernden, verletzenden und giftigen Trümmertunte ein.

Travestie wie in den Achtzigern – heute

Die Galerie Studio St. St. ist eine Art Zeitblase der Achtziger im geografischen Raum Neuköllns der Gegenwart. Gelegen im Reuterkiez, versetzt sie Besucher sozusagen in ein anderes Jahrzehnt. Trans*-Betreiberin Juwelia ist dem Westberliner Publikum seit Mitte der Achtziger durch ihre unangekündigten Kurzauftritte in Bars, Klubs und Kneipen ein Begriff. Juwelias Autonomie und ihr souveränes Understatement machen sie einzigartig in einer Szene, die ansonsten oft eher schrill, laut oder billig um größtmögliche Aufmerksamkeit buhlt. Sie singt sogar dann, wenn niemand zuhört, und sie hört auch dann auf, wenn das Publikum rast und Zugaben verlangt. Im alten Westberlin, wo Juwelia ihre Gesangsdarbietungen als Einzelgängerin in Nachtclubs präsentierte, gingen diese oft im Lärm der amüsierfreudigen Gäste unter. Das war aber nicht weiter tragisch. Denn ob ihr nun jemand zuhörte, alle laut weiterquatschten oder ob sie begeistert applaudierten, das war Juwelia vollkommen egal. Rücksichtslos zog sie ihr Programm durch. Vielleicht liegt darin der Grund, warum Juwelia bis heute so viele Menschen anzieht, denen so etwas absolut nicht egal ist. Sie möchten das Geheimnis ihrer Souveränität und Autonomie erfahren. Im Grunde wollen diese Leute etwas Unmögliches – für ihre Persönlichkeit von allen akzeptiert und bewundert werden.

Vor wenigen Jahren erfüllte sich Juwelia mit zwei weiteren Trans* durch die Etablierung der Galerie Studio St. St. in der Neuköllner Sanderstraße 26 einen Lebenstraum. Der Autor übergibt nun das Wort an Doris:

„Es war Samstag, der 13. August 2011, genau um 12.18 Uhr: Gestern war ich bei Manfred Kirschners Ausstellung in der Galerie Studio St. St. in Neukölln. War dort verabredet mit Stefán Júlíusson, einem isländischen Hochseefischer, und An Paenhuysen, einer belgischen Kuratorin. Im vorderen Salon wurden die Gäste vom charmanten Concierge Rüdiger mit Sekt begrüßt. Anschließend konnten die ersten Besucher mit Beverly Schnett über den Kapitalismus diskutieren: Zur Anschauung zeigte sie einen roten Ballon: das Geld der armen Leute. Und einen gelben Ballon: das Geld der reichen Leute. Es quietschte furchtbar, als Beverly die Luft aus der gelben Blase drückte. Allmählich füllte sich die Galerie. Nachdem sich die knapp zehn Besucher aufgewärmt hatten, wurden sie in den mit Blumen geschmückten Bühnenraum gebeten. Während Juwelia die winzige Bühne betrat, flüsterte ein bärtiger Mann um die dreißig in mein Ohr: ‚Sie schlug mich, Juwelia hat mich vorhin geschlagen. Und dabei bewundere ich sie so sehr!‘ Dabei streichelte er zärtlich mein rechtes Knie. Juwelia sang bereits. Eine Frau quetschte sich während der Show auf das Sofa direkt zwischen An und mich. Irgendwie hatte ich das Gefühl, sie berühre mich ständig mit ihrem Schenkel. Nach einigen Minuten schaute ich zu ihr, sie sah mich an, sprang auf und zischte: ‚Du hast mich vorhin nicht gegrüßt!‘ Das solle sie nicht persönlich nehmen, antwortete ich. Es war genau die falsche Antwort. Drohend schwenkte sie ihr Weinglas. Juwelia sang ungerührt weiter. Die Fotografin Annette Frick schaute neugierig herüber, während die wutentbrannte Frau ihr Weinglas näher zu mir schwenkte und mich dabei wüst beschimpfte. Warum fotografiert Annette Frick jetzt nicht? Wo bleibt denn nur Anja Teske? Sie hat die schönsten Fotos von Juwelia gemacht. An meinem anderen Ohr analysierte Crystal-Ball-Galerist Manfred Kirschner aufgeregt drei junge Männer, die wie erstarrt auf dem Sofa saßen und Juwelia anstarrten: ‚Die verstehen überhaupt nicht, was hier geschieht, schau nur! Schau nur!' Ungerührt ob der Unruhe im Raum setzte Juwelia ihre Vorstellung fort. Ihre Show nahm das Thema „Illusion" wörtlich. Juwelia öffnete ihr Füllhorn. Doch statt duftender Rosenblätter streute sie tiefe Zweifel. Statt Gewissheit zu vermitteln, stellte sie bohrende Fragen: ‚Bin ich schön oder bin ich doch nicht schön? Was meinst du? Oder was meine ich?', sang sie, war fern und doch nah. Aber was war nur mit ihrer Garderobe los? Hatte die Travestiekünstlerin etwa keine Lust gehabt, sich etwas Schönes für ihre Show anzuziehen? In ganz ordinären Jeans trat sie nämlich auf, in Herrenhemd und rotem Riesenhut. ‚Ich bin heute als Drag King gekommen', sagte sie mit einem Mal. Ihre zauberhafte Kollegin Zsa Zsa Puppengesicht, geboren 1974 in Spandau, trug ein elegantes cremefarbenes Cocktailkleid. Sie lächelte vielsagend, nippte hin und wieder an einem Fruchtsaft. Die Atmosphäre, die Juwelias Illusionsshow auslöst, nenne man ‚borderline', sagte eine Dame, die zu meiner Linken saß. Ich kannte die Frau gar nicht und hatte sie auch gar nicht nach so etwas gefragt. Das Publikum schien jedenfalls immer mehr durchzudrehen, eine Neurose nach der anderen offenbarte sich und plumpste an unerwarteter Stelle in den Raum. Zwei Frauen preschten hastig nach vorn, unterhielten sich atemlos und angeregt, offenbar ohne sich selbst dabei wahrzunehmen. Ihre Sätze verklumpten im Tempo zu wirren Knäueln, im nächsten Moment stürzten sie auseinander und sichteten neue Opfer, die sie mit gnadenloser Energie volltexteten. Je länger sich indes Juwelia zurückhielt, je feiner sie ihre Netze spann, je dezenter ihre Anspielungen wurden, umso mehr Spannungen entluden sich unter den Zuschauern.

Eigentlich fand Juwelias Auftritt im Rahmen einer Ausstellungseröffnung mit Gemälden von Manfred Kirschner statt. Sie hingen im vorderen Raum. Mit wohlwollendem Interesse betrachteten Annette Frick und Wilhelm Hein die spannungsgeladene Atmosphäre des Berliner Undergrounds. ‚Hast du meine Bilder angeschaut?‘, fragte mich unvermittelt Manfred Kirschner. Bei der psychotischen Stimmung, die von der Galerie bis hin zum Parkplatz reichte? So stelle ich mir Zusammenkünfte in Otto Muehls AAO-Kommune vor – allerdings ohne Heilungsabsichten. Alles wurde hier ganz persönlich genommen und interpretiert, jede Geste, jeder Blick. Deshalb antwortete ich vorsichtshalber: ‚Ja, selbstverständlich, Manfred. Ich habe jedes einzelne Gemälde von dir freundlich begrüßt, damit es mich später nicht erschlägt!‘ Der Hochseefischer Stéfan meinte, der Wutausbruch meiner Nachbarin sei der Preis für eine gewisse Prominenz, den ich inzwischen zu zahlen hätte. Andere Augenzeugen glaubten vielleicht, sie seien Zeuge einer Situation gewesen, in der eine langjährige, intime Freundschaft zweier Freundinnen zerbrochen sei. Oder dass ich inzwischen Kuratorin einer bedeutenden Institution wäre und einem enttäuschten Talent falsche Versprechungen gemacht hätte. Dabei kenne ich die Frau kaum. Sie hat mich zweimal in der Galerie Crystal Ball als Faschistin beschimpft, sich aber jedes Mal kurz danach bei mir dafür entschuldigt. Wahrscheinlich erinnert sie sich selbst gar nicht mehr daran. Manfreds Freund, Frank Schoppmeier, sagte, er selbst komme mit allen klar. An ihm pralle alles ab. Schön für ihn, dachte ich – und schön für mich, das zu wissen. Mit dem Fahrrad entkam ich dem Inferno. Ein großartiger Abend. Juwelia – eine wunderbare Künstlerin!" Damit beendet Doris ihre Erzählung.

Die Zweite Hand

In den Achtzigern ist Westberlin im festen Griff der *Zweiten Hand*. Nirgendwo gibt es mehr billige, ranzige, abgewrackte und schäbige Flohmärkte, Trödelläden und staubige, muffige Secondhandshops. Selbst alte, zerrupfte Perücken von Verstorbenen, gebrauchte Haarbürsten und ausgeleierte Knabenslips aus den Siebzigern finden hier interessierte Käufer. Wären sie andernorts überhaupt im Angebot? Die Kette Kartoffel Krohn verkauft in ihren über das Stadtgebiet verstreuten schmalen, schmucklosen Läden ausschließlich Kartoffeln und Eier. „Nur im Hundesalon Exquisit am Maybachufer kann man heute noch den speziellen Geruch von Kartoffel Krohn finden", weiß Richard Stein.[174] Er ist Betreiber und Seele von legendären Kreuzberger Lokalen wie dem Möbel-Olfe, dem Café Anal und dem Südblock am Kottbusser Tor. Seiner Ansicht nach hätten die Kundinnen von Kartoffel Krohn den größten Einfluss auf das Outfit der Westberliner Trümmertunten gehabt. Vom Hautgout jener Zeit habe sich bis heute etwas erhalten, in gewissen Straßen von Neukölln und im Wedding, aber sogar auch in Schöneberg, beispielsweise der Groebenstraße Nummer 9. Dort, bei Möbel Schimala, einem Trödelgeschäft, erstreckt sich über etliche Meter das Vorstellbare und Unvorstellbare, was so alles an identifizierbaren und unidentifizierbaren Gegenständen existiert, von dessen Existenz aber niemand ahnt.

Ende der Siebzigerjahre entsprießen dem Muff und Moder, dem Humus Westberlins zahlreiche neue, frische Vorhaben. Im medialen Bereich entstehen die

Stadtmagazine *tip* und *zitty*. Eine enge Verbindung zum Trödel- und Secondhand-Gefühl dieser Zeit haben auch die alternative *tageszeitung*, kurz *taz*, sowie das Anzeigenblatt *Zweite Hand*. Zwischen alten Küchenmöbeln, Rasenmähern, Partnerschafts- und Wohnungsannoncen inseriert 1981 eine Produktionsfirma aus Düsseldorf: „Suchen dringend für eine Filmproduktion den jungen Mann, der am 12. April dieses Jahres, nur mit einem transparenten Minirock bekleidet, die Kreuzberger Oranienstraße herunterlief." Der Gesuchte wird sich – typisch Westberliner Totalverweigerer – bei der Produktionsfirma mit Sicherheit nicht melden. Wenn die Westberliner Stadthälfte in Westdeutschland ein Image hat, dann als Exil der Durchgeknallten, der Ausgeflippten, der Nichtsnutze, Tagediebe, Freaks und Verweigerer. Hier macht wirklich – außer einigen abgehalfterten Provinzpolitikern – niemand Karriere, auch deshalb, weil es kaum jemand unbedingt will. Die unwirkliche Atmosphäre wird durch das Bild verstärkt, welches von außen auf das Gebilde projiziert wird – und perfektioniert damit eine sich selbst erfüllende Prophezeiung. Sogar diejenigen, die hier besonders produktiv sind, fallen gar nicht weiter auf. Denn Produzenten, Manager, Förderer und Vermarkter existieren in Westberlin sowieso kaum. Tauchen sie doch unvermutet auf, dann fast immer jenseits exquisiten Geschmacks, oft als Hochstapler, Angeber und Wichtigtuer. Aber vielleicht ist das andernorts auch nicht so viel anders, lässt sich dort nur besser kaschieren?

taz-Säzzer

Wolfgang Müller wird gegen 1979 für einige
Wochen Setzer bei der jungen *taz*. Die Redaktions-
räume der 1978 gegründeten linksalternativen Tageszeitung befinden sich in einem alten Fabrikgebäude in
der Wattstraße im Wedding. Die Aufgabe des neuen
Mitarbeiters besteht darin, Anzeigen abzutippen und
für eine Seite, die sich „Wiese" nennt, zusammenzu-
stellen. Die Setzer, welche politische Artikel abtippen,
dürfen sogar mitten in die Artikel anderer Autoren hinein ihre ganz persönlichen Anmerkungen unter dem
Kürzel „der säzzer" oder „die säzzerin" einfügen. Eine
Technik, die bereits der letzte Goethe-Spross, Enkel
Walther W. von Goethe, in seinem Buch *Fährmann,
hol' über!* von 1911 ausgiebig praktiziert hatte.[175] Noch
inserieren kaum Firmen in der neuen Tageszeitung.
Täglich entstehen Leerstellen zwischen den privaten
Kleinanzeigen. Der ehrenamtliche Setzer nutzt diese,
um sie mit seinen Karikaturen zu füllen. Interesse und
Verständnis für moderne Kunst existieren bei der *taz*
in jener Zeit überhaupt nicht. Schon mehr für alternative Kultur, was sich in einer Vorliebe für das Kunst-
handwerk oder selbstproduzierten Ziegenkäse beziehungsweise ökologische Landwirtschaft äußert. Mit ins
Haar geflochtenem Glitzerschmuck präsentiert eine
Saxofonistin Klangimprovisationen auf dem Parteitag
der Alternativen Liste. Ein bärtiger Mann im Norwe-
gerpullover knödelt selbstverfasste Protestsongs und
spielt dazu auf der Klampfe. Es ist zum Mäusemelken.
Von Punk, Industrial oder New Wave ist die linksalternative Kulturszene jedenfalls ähnlich viele Lichtjahre

entfernt wie von moderner Kunst. Zu einem Zeitpunkt, an dem eine Ausstellung des Wiener Aktionisten und Zeichners Günter Brus in der DAAD-Galerie läuft,[176] schmuggelt Wolfgang Müller eine winzige Rezension in eine Lücke der Anzeigenseite. Dass dort eine Zeichnung zu sehen ist, bei der aus dem Fleisch der Schulter eines Mannes ein Penis wächst, wird in der *taz* kaum vermittelbar sein.

Ein Millimeter Penis und seine Folgen

Begeistert verschlingt der neue Setzer Valerie Solanas' *S.C.U.M.-Manifest der Gesellschaft zur Vernichtung der Männer* aus dem März Verlag.[177] Davon inspiriert, zeichnet er das Profil einer Comicfigur. Um deren Silhouette führt in geringem Abstand eine gebrochene Linie mit Scherensymbolen, quer über den unscheinbaren Penis. Für verschiedene Ausgaben der Anzeigenseite „Wiese" entwirft Wolfgang Müller eine „Kommunistische Volkswiese", eine „Frankfurter Rundwiese", eine „Tagesspiegelwiese" und eine „Frankfurter Allgemeine Wiese". Mimetisch folgen diese den Typografien der Titelseiten und den Ideologien bekannter deutscher Tageszeitungen. Einige *taz*-Mitarbeiter sind angetan und schlagen nun vor, Wolfgang Müller als festen Mitarbeiter einzustellen. Beim Plenum solle darüber entschieden werden. Dort erwähnt einer seiner Befürworter, dass die Wiese, die Anzeigenseite, inzwischen mehr Leserzuschriften bekäme als die überregionale Politikseite. Die Politikredakteure finden das gar nicht witzig, ihre Bärte erzittern. Geschlossener Widerstand kommt auch aus der Frauenredaktion: Die Zeichnung des Comicmännchens wird kollektiv als eindeutige „Verarschung der ‚Schwanz-ab-Parole'" interpretiert. Die basisdemokratische Abstimmung fällt mit großer Mehrheit gegen die Festeinstellung aus.

Riesenpenis

Seit November 2009 lenkt ein sechzehn Meter langer Penis, angebracht an der *taz*-Außenfassade in Sichtrichtung Hochhaus Axel Springer Verlag, alle Aufmerksamkeit auf sich. Der überdimensionale Penis entspringt einem um ein Vielfaches kleineren Mann. Der Künstler Peter Lenk verarbeitet mit dem Relief eine *taz*-Satire von Gerhard Henschel aus dem Jahr 2002. Diese handelte von einer Penisverlängerung des *Bild*-Chefs Kai Diekmann und veranlasste diesen zu einer Klage, die er verlor. Würde man den von Wolfgang Müller 1979 in der *taz* gezeichneten Ein-Millimeter-Penis mit dem Sechzehn-Meter-Penis von Peter Lenk aus dem Jahr 2009 verrechnen, hätten über sechzehntausend Redakteure nicht eingestellt werden dürfen.

Antiberliner II

Bis in die Achtzigerjahre nehmen die regierenden Politiker von Westberlin die ständig von außen Zustrom erhaltende Szene der Öko-Hippies, Politfreaks, Lesben, Schwulen und Trans* bis hin zu den Politanarchos, Punks und der Post-Punk-Boheme eher als feindlich gesinnte Parallelwelt wahr. Das in den subkulturellen Szenen bestehende Bedürfnis nach Bürgerlichkeit wird unterschätzt, übersehen oder auch bewusst ignoriert. Ein Blick in manches besetzte Haus hätte bereits eine Ahnung davon vermitteln können, wohin die Reise gehen kann. Dreißig Jahre später, 2010, befinden wir uns in der Periode des Bionade-Biedermeier. Sie ist benannt nach dem Siegeszug einer durch Fermentation von Malz aus biologisch gewonnenen Rohstoffen hergestellten Limonade. Der Berliner Stadtteil Prenzlauer Berg gilt als Zentrale dieser Epoche. „Grüne Spießer sind besonders nervig. Denn sie können sich gar nicht vorstellen, dass selbst aus Grünen Spießer werden können."[178]

Anfang der Achtziger sind die Fronten noch klar. Der Regierende Bürgermeister von Berlin-West, Eberhard Diepgen, gilt als Schöpfer des Wortes „Anti-Berliner" (1987):[179] So konstruiert er aus den disparaten Gruppen und verstreuten Einzelpersonen eine Gemeinschaft, ein Feindkollektiv. Mit dem Schlagwort lässt sich zugleich von allerlei auftauchenden Skandalen im Umfeld des Westberliner Politsumpfes ablenken. Als Bankdirektor nimmt der CDU-Fraktionsvorsitzende Klaus-Rüdiger Landowsky Parteispenden von CDU-Freunden an, die gleichzeitig Kreditkunden seiner Bank, der Berlin Hyp, sind, und lässt diese Spenden in einem System aus schwarzen Kassen versickern. Bevor der Berliner CDU-Senat wegen Banken- und anderer Skandale in sich zusammenfallen wird, steigert Klaus-Rüdiger Landowsky das Feindbild „Anti-berliner" in der Haushaltsrede vor dem Abgeordnetenhaus am 27. Februar 1997. Sie wird als „Rattenrede" bekannt. Die „Rattenrede" wird auch zum Zündfunken der Aufspaltung des Berliner Christopher Street Day, der innerhalb von zwei Jahrzehnten stark angewachsen und nunmehr von Kommerz und politischen Partei-en dominiert ist. Klaus-Rüdiger Landowsky: „Ich bin auch dankbar dafür, dass der Senat jetzt intensiv ge-gen die Verslumung Berlins vorgeht, gegen Sprayer, gegen Müll und Verwahrlosung auch der städtischen Brunnen. Es ist nun einmal so, dass dort, wo Müll ist, Ratten sind, und dass dort, wo Verwahrlosung herrscht, Gesindel ist. Das muss in der Stadt beseitigt werden." In Klaus-Rüdiger Landowsky, einem der maßgeblichen Beteiligten des Berliner Bankenskandals, sieht der So-ziologe Peter Grottian vor allem den politischen Arm der „Wilmersdorfer Witwen", eine Umschreibung für die Westberlinerinnen, welche von der Rente ihrer verstorbenen Nazimänner gut leben können. Für den Politologen ist der Politiker jedoch nicht der „Pate" von Westberlin – das sei zu viel der Ehre –, sondern nur einer unter vielen. Er nennt ihn ein „miefiges Relikt längst vergangener Westberliner Urzeiten".[180]

TCSD

Der Christopher Street Day (CSD) soll an den 28. Juni 1969 erinnern. Ausgehend von einer Polizei-razzia in der in der Christopher Street gelegenen Bar Stonewall Inn in New York wehrten sich erstmals Les-ben, Schwule und Trans* – viele von ihnen Afroameri-kaner_innen oder „of color" – gegen Razzien und Schi-kanen. Der sogenannte Stonewall-Aufstand ist Anlass, jährlich für die Rechte und gegen die Diskriminierung von Lesben, Schwulen, Bisexuellen und Transgender zu demonstrieren. Der Westberliner CSD wächst von fünfhundert Teilnehmern im Jahr 1979 über die Jahrzehnte auf über eine halbe Million. Wegen seiner zunehmenden Kommerzialisierung und Entpolitisierung steht er vermehrt in der Kritik. Im Jahr 1997 wird von der Organisationsleitung des CSD ein „Rattenwagen", der direkten Bezug auf Klaus-Rüdiger Landowskys „Rattenrede" nimmt, aus dem Umzug verbannt. Daraufhin bildet sich ab 1998 ein jährlich stattfindender alternativer „Transgenialer" Kreuzberger CSD, kurz TCSD. Dessen Anspruch lautet, politische, soziale, ökonomische und kulturelle Zusammenhänge wieder neu zu gewichten. Diskutiert werden queere Perspektiven auf Themen von neuer Armut, Gentrifizierung, Rassismus, Abschiebung, prekären Arbeitsbedingungen und Heteronormativität bis hin zur „Festung Europa". Bekannt wird der TCSD durch eine Empfehlung der Philosophin Judith Butler aus den USA. Wegen rassistischer Äußerungen einiger CSD-Organisatoren, namentlich erwähnt sie später auch einen *taz*-Redakteur, lehnt sie 2010 die Entgegennahme des Zivilcourage-Preises auf dem CSD Berlin ab.[181]

KUNSTWERKE DER WESTBERLINER SUBKULTUR

11

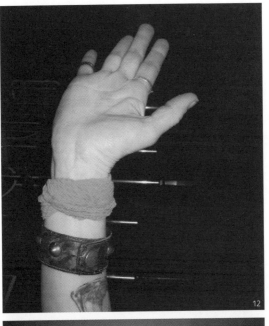

Nan Goldin & Wolfgang Müller

BLUE TIT

opening february 17th 8 pm
Martin Schmitz Gallery
Pferdemarkt 1A, 34117 Kassel
Tel. 0561/ 18292, Fax 713041

15–17

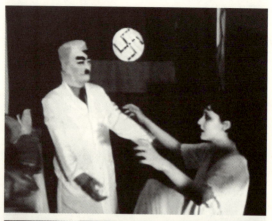

18, 19

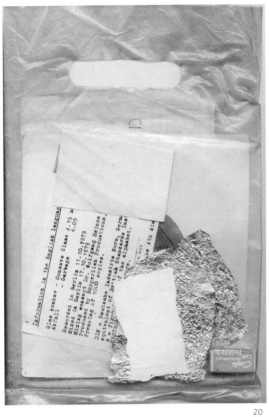

21

22

23

Pelze

24

BLUTIGE EXZESSE IM FÜHRERBUNKER

SUPER 8

FR. **17.12.82** ab 23ºº STUNDENLANG

SALZSTANGEN GRATIS!

RISIKO

YORCKSTR. 48

Ⓤ: YORCKSTRASSE

26, 27

14. 12. 79
S.O.36

1/36 Oranienstr. 21"
Übergangslösung P1/E
ManiaD Liebesgier specguests
+ Filme   Eintritt 5.-

28

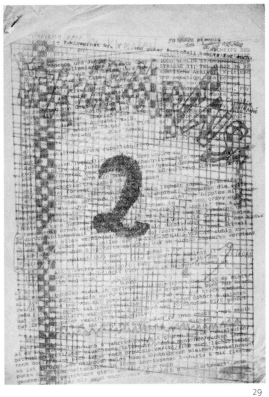

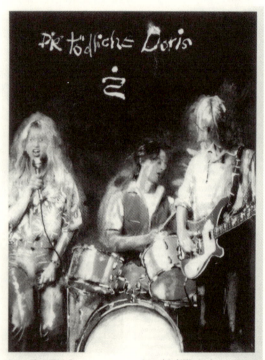

Autogrammkarte 1980, Unikat   Autograph Card 1980, original

TEIL 2: GESTALTBILDUNG

Tempodrom

Die Krankenschwester Irene Moessinger verwirklicht 1980 einen Lebenstraum. Sie investiert ihre Millionenerbschaft in den Kauf eines Zirkuszelts, das sie auf der Westseite des Potsdamer Platzes nahe der Mauer aufbauen lässt. Ihr Tempodrom soll ein Veranstaltungsort für alternative Künste, Zirkus, Konzerte und Theater werden. Irene Moessingers Selbstverwirklichungskonzept scheitert im März 1981 zwischenzeitlich am Geld. Doch gelingt es ihr immer wieder, finanzielle Unterstützung vom Westberliner Senat zu erhalten und so das Projekt fortzusetzen. Nach einigen Ortswechseln versteinert das Tempodrom: Am Anhalter Bahnhof entsteht schließlich ein Betonbau, welcher der Gestalt eines Zirkuszelts nachempfunden ist. Statt der dafür veranschlagten sechzehn Millionen DM Baukosten werden es am Ende zweiunddreißig Millionen sein. Diese und einige andere Ungereimtheiten bei der Finanzierung führen zum Rücktritt von Stadtentwicklungssenator Peter Strieder, SPD. Dekorativ hatte er sich auf Wahlplakaten vor dem Tempodrom abbilden lassen – um seine enge Verbindung zur Alternativszene zu demonstrieren. Das neue Tempodrom eröffnet 2001 und ist heute ein ganz normaler Veranstaltungsort.

Das Festival der Genialen Dilletanten

„Musik im festen Zustand (gefroren) läßt sich in Noten niederschreiben. Es können Ordnungen in Melodie und Rhythmus festgestellt werden. Verschiedene Töne verbinden sich zu Harmonie- und Melodiemolekülen (je nach ihrer Struktur als Ring oder Kette). In diesem Zustand läßt sich die Musik in einem gewissen Maße zerschneiden und zusammenpressen zu verkäuflichen und konsumierbaren Stücken. Nahe dem absoluten Punkt findet man die verschiedenen musikalischen Formen und Stilrichtungen.

Bei Energiezufuhr lösen sich zuerst die lockerer zusammengefügten Melodiemoleküle, während einzelne Harmonien über der noch fester verbundenen Rhythmuskette stehenbleiben.

Der flüssige Zustand ist erreicht. Dabei bleibt nur der Rhythmus bestehen; Melodie und Harmonien werden zunehmend atomisiert. Ihre Ordnungen lösen sich: die Töne geraten in eine Eigenbewegung. Nebenbei entstehen flüchtige und mehr oder weniger zufällige Disharmonien und ungewohnte Tonfolgen, bis sich keine festen Töne mehr ausmachen lassen. Sie gleiten, vibrieren oder schwingen. Die Musik wird heiß. Rhythmen vereinfachen sich, zerreißen. Die Musik verdampft zu Geräuschen. In der Gasform läßt sich keine Ordnung mehr feststellen. Jedes Tonelement hat seine spezifische Eigenbewegung, die sich im Zusammenhang nicht vorausberechnen lassen kann. Die Teile kollidieren in der immer stärkeren Bewegung. Sie geraten aus ihren Bahnen und werden in neue geschleudert. Der Energiegehalt steigt gleichzeitig und läßt sich bei weiterer Zufuhr in der Wirkung nicht mehr abschätzen."[182]

Die disparaten Szenen der Westberliner Achtzigerjahre-Boheme aus Musik, Kunst, Theater und Performance verbinden sich in verschiedenen Formen im *Festival der Genialen Dilletanten*. Erstmals formieren sich die aus dem Punk und Post-Punk entstandenen Noise-Bands, experimentelle Rockbands, Solisten, Performance- und Künstlergruppen aus Westberlin zu einem gemeinsamen Projekt. Das *Festival der Genialen Dilletanten* ist ein kybernetisches Festival, der Versuch einer Auseinandersetzung mit den gerade entstehenden, chaotischen, noch unkategorisierten Bildern und Klängen.

„Bis zum Mauerfall", sagt der Techno- und Houseproduzent Mark Ernestus von Hard Wax, „war Unübersichtlichkeit der chaotische Klang von Westberlin."[183] Die Unübersichtlichkeit und Komplexität dieser Klänge zu versammeln und damit etwas Heterogenes zu organisieren, wird zum Kennzeichen des Festivals. Das Festival findet am 4. September 1981 statt. Zum zentralen Ereignis, *Die große Untergangsshow – Festival Genialer Dilletanten*, strömen 1400 zahlende Zuschauer in das Zirkuszelt des Tempodroms. Der unerwartete Andrang überrascht alle, einschließlich Klaus Mabel Aschenneller, den damaligen Manager der Spielstätte.

Rechtschreibfehler

Auf den Ankündigungsflyern schleicht sich ein häufig vorkommender Rechtschreibfehler in das Wort „Dilettant" ein. Abweichend vom Duden wird er zum „Dilletanten". Die Flyer sind bereits gedruckt, niemand bemerkt den Rechtschreibfehler, der nun zum Druckfehler geworden ist. Erst Tage später fällt er auf und wird begrüßt. Der Fehler als solches, das Phänomen des Verspielens, Verschreibens, Versingens und Versprechens, bekommt durch die Genialen Dilletanten eine völlig neue, eine positive Bedeutung. „Vielleicht ist es ja das Wichtigste, was ich vom *Festival der Genialen Dilletanten* gelernt habe", meint Festivalteilnehmerin Gudrun Gut, „nämlich von fertigen Musikstücken die Fehler zu isolieren, anschließend mir diese Fehler ganz genau anzuschauen und mit ihnen, mit der Abweichung weiterzuarbeiten. Ganz offen damit umzugehen, aber auch bewusst."[184]

Was die Festivalakteure zunächst verbindet, ist ihre Vorstellung von grenzüberschreitenden Musik-, Klang-, Gestalt- und Kunstformen, die sich unterschiedlich ausbilden und permanent verwandeln können. Diese in Lokalitäten wie Frontkino, SO36, Mitropa oder Risiko durch praktische Aktionen und Performances bereits erprobte Theorie wird nun in einer Gesamtshow präsentiert. Alles soll offen sein. Blixa Bargelds Vorschlag, anschließend ein Foto aller Beteiligten nach dem Vorbild der französischen Surrealisten zu machen, scheitert an der Abwesenheit einer einzigen beteiligten Künstlerin, nämlich Doris: Da diese körperlich abwesend ist, wäre es unfair, ein Foto ohne sie zu machen. Wenn schon, dann müssten auch alle Künstler darauf zu sehen sein.

Auf dem *Festival der Genialen Dilletanten* werden auch unbekannte Nicht-Musikerinnen wie Beatrice und Ulla auf der Bühne performen. Als „Drei Mädels und das Meer" – mit Gudrun Gut – singen sie zum Schifferklavier fröhliche Seemannslieder. Der spätere Wirt des Risiko, Alex Kögler, wird begleitet von Peter Kögler am Schlagzeug. Als Sänger der Band Wir und das Menschliche e.V. wird Alex Kögler volltrunken auftreten – er ist erstmals auf einer Bühne – und markerschütternde Schreie zum Schlagzeugrhythmus von sich geben. Das Konzept für diese Band hat Frieder Butzmann entwickelt. Er bezieht sich einerseits durchaus auf Vertreter der Neuen Musik wie John Cage, möchte aber zugleich dem sterilen Akademismus dieser Szene entrinnen. Christiane F., weltberühmt aufgrund ihrer gerade verfilmten Drogenkarriere, wird als „Christiane X." mit Gitarre auftreten, zusammen mit ihrem damaligen Freund Alexander von Borsig als Sentimentale Jugend. Unter dem Namen „Frank Xerox" spielt der spätere Technostar Westbam in einer eigens für den Abend zusammengestellten Band: „Kriegsschauplatz Tempodrom". Zwei Gründungsmitglieder der Einstürzenden Neubauten treten als Duett auf: Blixa Bargeld und Gudrun Gut. Der Wolfsburger Punk Max Müller, der fünf Jahre später die Band Mutter gründet, spielt mit der Einabendband Vroammm!. An der Gitarre Mutfak, Kopf des Westberliner Kult-Fanzines *Y-Klrmpfnst*. Durch den in Westberlin lebenden Mark Reeder ist auch englischer Dark Wave vertreten: Aus Metropolis wird Nekropolis. Es spielen die Bands

Leben und Arbeiten, DIN A Testbild, Sprung aus den Wolken, Die Tödliche Doris und andere mehr. „Eine Meute junger Musiker, deren ausgelassene Heiterkeit an den Spieltrieb ganz junger Wölfe erinnert und der der bereits etablierten New Wave das Fürchten lehren könnte […]."[185]

Ob die Klänge nun angenehm oder ob sie unangenehm wirken, scheint den Akteuren auf der Bühne so gleichgültig zu sein wie dem Publikum. Die Aufmerksamkeit gilt dem Ungeformten, dem Unfertigen und dem Unmittelbaren. Dass die Gestaltbildung noch im vollen Gang ist, merkt man dem Beitrag der Einstürzenden Neubauten deutlich an. Ein seit 1982 in einem süddeutschen Keller lagerndes Videoband taucht aus dreißigjährigem Schlaf im Jahr 2009 wieder auf. Umgehend wird es von Christoph Blase in der ZKM-Werkstatt für antiquierte Videosysteme restauriert. Das Video von Gustav Adolf Schroeder dokumentiert in schönsten Schwarz-Weiß-Aufnahmen den Auftritt der Einstürzenden Neubauten auf dem Festival: Während Mark Chung mit der E-Gitarre an den klassischen Rock andockt, zaubert Schrottwerker Andrew Unruh aus zusammengeschweißten Metallabfällen bizarre Kakofonien. FM Einheit verbindet das Ganze durch seinen kraftvoll-präsenten Aktionismus und seine Körperlichkeit, derweil der spindeldürre Blixa Bargeld im Vordergrund mit pathetisch-theatralischem Gestus die kommende Apokalypse beschwört. Nicht nur auf, sondern auch jenseits der Bühne ist er davon überzeugt, dass der Weltuntergang kurz bevorsteht. Der vermeintliche Ex-Maoist verwandelt die pathetisch-totalitären Gesten der gegen Ende der Siebziger aufgelösten K-Gruppen in künstlerische Performance. Aus den Ästhetiken der APO formt er eine Ästhetik der Apokalypse. Die Schrott und Abfall gewordenen politischen Kampfparolen, die gerade ihren Ewiggültigkeitsstatus verloren haben, nähren nun das als gestalt- und formlos wahrgenommene Ich. Identität und Ego werden mit deren Fragmenten gefüttert. Hinzu kommen Skizzen abstruser Tagträume, Rauschfantasien und Geistesblitze. Sie mischen sich mit unter Speed- und Kokaineinfluss entstandenen Assoziationen, verbunden mit Vorstellungen von der Kreativität schizophrener Menschen. Oswald Tschirtner, einer der im hochkulturellen Kunstbetrieb „erfolgreichsten" Patienten des Psychiaters Leo Navratil aus Gugging, wird schließlich zum Namensgeber eines Albums der Gruppe.

Zu einer persönlichen Kontaktaufnahme zwischen Oswald Tschirtner oder dessen Psychiater Leo Navratil und den Bandmitgliedern wird es indes nie kommen. Das modifizierte, leicht verkürzte Zitat des Buchtitels von Dr. Leo Navratil, *Über Schizophrenie und Die Federzeichnungen des Patienten O.T.* (1974) nebst einer Zeichnung des Patienten auf dem Cover einer Einstürzende-Neubauten-LP mit dem Titel *Die Zeichnungen des Patienten O.T.* (1983) sind Bezugnahmen, die Außenstehenden meist verborgen bleiben.[186] O.T. ist das von Leo Navratil (1921–2006) verwandte Pseudonym für den von ihm betreuten Oswald Tschirtner (1920–2007), den er damit einerseits als sein Arzt anonym hält und schützt, während er ihn gleichzeitig im Kunstbetrieb als Art-brut-Künstler bekannt macht.

Gustav Adolf Schroeder fängt exakt den Moment ein, da sich die Performance der Einstürzenden

Neubauten als ausgewogener Balanceakt zwischen Kunstperformance, Rockkonzert und Theater bewegt. Die autopoietische Feedbackschleife, die prozessualen Wechselbeziehungen und Abhängigkeiten zwischen Künstler und Publikum spielt Schroeder in seinen Kameraschwenks zwischen Bühnenperformance und Zuschauerbereich noch einmal durch. Wohin die Reise schließlich geht, ist völlig offen. Die Akteure scheinen für eine schnelle Integration ins Rockgeschäft untauglich – dazu ist da zu viel Kunstperformance. Für das in seinen Traditionen und Konventionen erstarrte Theater sind die Einstürzenden Neubauten wiederum zu geräuschvoll, zu sehr Punkrock. Und schließlich sind sie für die protestantische Heiterkeit performativer Kunst zu körperbetont, zu sinnlich und zu lebendig. Die harmonisierende Unentschiedenheit und die Unterschiedlichkeit ihrer Akteure machen die Qualität der von Gustav Adolf Schroeder aufgezeichneten Performance aus. Frieder Butzmann: „Wären die Einstürzenden Neubauten nach ihrer Untergangsshow beim *Festival der Genialen Dilletanten* mit dem Flugzeug abgestürzt, wären sie heute wahrscheinlich Deutschlands Kultband Nummer eins."[187]

Freizeit

Das Tempo, in welchem der Prozess der Gestaltbildung vonstatten geht, in dem sich Bands bilden, Labels gegründet werden, Plattenläden, Bars und Kneipen eröffnen, Fanzines entstehen, und die Geschwindigkeit, mit der sie sich wieder auflösen, sich verwandeln und in neuer Gestalt an unerwarteten Orten wieder erscheinen, wirft die Frage auf: „Wie lässt sich Zeit zu Raum umgestalten?" Während es im 19. Jahrhundert noch hieß: „Die Zeit wird uns zum Raum", könnte die neue Devise lauten: „Der Raum wird uns zur (Frei-)Zeit."

Allegorien und Symbole

„Die Tödliche Doris tritt auf dem *Festival der Genialen Dilletanten* in allegorischen Kostümen auf: Den Kopf von Wolfgang schmücken die grauen, stumpfen Federn toter Berliner Stadttauben. Sein Oberteil besteht aus einem schwarzen Straußenfeder-Bolero. Er spielt Geige und singt das Lied von der ‚Schuld-Struktur'. Auf diese Weise verkörpert er die Ästhetik der westdeutschen Friedensbewegung. Dagmar Dimitroff trägt über ihrem kurzen Haar eine Langhaarperücke. Im zweiteiligen Perückenhaar-Bikini begleitet sie am Schlagzeug die ‚Schuld-Struktur'. Sie verkörpert die Ästhetik der neuen Frauenbewegung. Nikolaus Utermöhlen spielt eine Elektrogitarre. Über ihren Körper verlaufen drei E-Gitarrensaiten und zwei Bassgitarren-Saiten. Er verkörpert die sich ständig differenzierende Ästhetik des kritischen Individuums, welches sich gegen die Normen einer Massen- und Konsumgesellschaft richtet."[188] Womöglich eine Ahnung des dräuenden Neo-Individualliberalismus, der nach 1990 seinen totalitären Siegeszug antritt?

Ficken und Frieden

Zum Publikum des Festivals gehört auch Françoise Cactus, eine nach Westberlin ausgewanderte Französin. Sie erinnert sich: „Ich habe überhaupt nicht verstanden, was da auf der Bühne vor sich ging. Trotzdem war ich völlig fasziniert."[189] In jener Zeit lebt sie noch mit Ehemann Karl-Heinz Gardes zusammen. „Wir haben uns am Kurfürstendamm zärtlich aneinandergeschmiegt. Plötzlich winkt von fern eine ältere Frau freundlich zu uns herüber und ruft: Ja, geht nur schön ins Bettchen, Kinder! Zum Ficken!"[199] Der Ruf stammt von Helga Goetze, die 1982 aus der westdeutschen Provinz nach Westberlin zieht. In fünfundzwanzig langen Ehejahren habe sie, erklärt die 1922 geborene Helga Goetze, ihren eigenen Ehemann nie nackt gesehen – obwohl sie sieben Kinder geboren habe. Erstmals im Leben einen Orgasmus erlebt habe sie beim Sex mit ihrem sehr jungen sizilianischen Liebhaber Giovanni. Seit ihrer Flucht steht Helga Goetze nun täglich mit Plakaten wie „Ficken ist Frieden" vor der Westberliner Gedächtniskirche oder der TU-Mensa. Stundenlang. Françoise Cactus: „Ich wusste ja zuerst gar nicht, wer das ist. Aber dann sagte mir plötzlich mein damaliger Ehemann, dass er Helga Goetzes Sexgedichte auf seinem Stechapfel-Kassettenlabel veröffentlicht hat."[191] Während die Sexbefreiungsmissionarin Helga Goetze mit gestickten Stoffbildern als Art-brut-Künstlerin hochgeschätzt wird, nennt die *Bild*-Zeitung sie „Deutschlands Supersau". Später lernt Françoise Cactus ihren heutigen Freund Brezel Göring kennen und gründet mit ihm zusammen das deutschfranzösische Elektropopduo Stereo Total. Helga Goetze stirbt im Jahr 2008.

Deutsch-polnische Aggression

Aus der Zuschauermenge des *Festivals der Genialen Dilletanten* schleudert ein Punk halb volle Bierdosen in Richtung Bühne, zielgerade auf Moderator Wieland Speck. Durch seine strenge Kleidung gibt dieser dem Chaos Festigkeit und Struktur sowie einen würdigen Rahmen. In Smoking und Fliege kündigt er die auftretenden Künstler an. Vermutlich ist es der gleiche Smoking, den Wieland Speck schon drei Jahre zuvor, als Darsteller in Marlene Dietrichs letztem und völlig missglücktem Film *Schöner Gigolo, armer Gigolo* getragen hat.[192] „Du bezahlst mir später die Reinigung!", ermahnt Wieland Speck den Punk übers Mikro von der Bühne, als wieder eine Dose an sein Jackett knallt. Eine weitere Bierdose trifft die Geige von Wolfgang Müller, als dieser gerade von der „Schuld-Struktur" singt. Zusammen mit Egbert Hörmann schreibt Wieland Speck bereits am Drehbuch für seine Fernsehproduktion *Westler*. Der 1985 entstandene Spielfilm kreist um eine schwule Liebesgeschichte zwischen Ost- und Westberlin. Da es unmöglich erscheint, eine Drehgenehmigung für einen solchen Film in der DDR zu bekommen, dreht Wieland Speck die Ostberliner Szenen einfach mit einer Super-8-Kamera, getarnt als Tourist.

Harfenspieler auf Mauerkrone

Zu Wieland Specks frühen Videos zählt die Dokumentation eines auf der Mauerkrone sitzenden

Harfenisten aus Westberlin im Jahr 1978. Das sanfte, friedliche Spiel des Künstlers Per Lüke ruft Irritation und Nervosität hervor – sowohl im Ost- als auch im Westteil. Westberliner Polizisten versuchen den Musiker davon zu überzeugen, sein Harfenkonzert unbedingt zu beenden und von der Mauer zu steigen. Die Ostberliner Grenzorgane dagegen schießen zahlreiche Fotos, die durch Specks Stasi-Akte später zugänglich werden. Wieland Speck integriert diese Fotos als „Gegenschüsse" in seine Videoinstallation *Berlin Off/On Wall*. Der Regisseur, Autor und Filmemacher wird 1992 Programmleiter der Sektion Panorama der Internationalen Filmfestspiele Berlin. Der Dosen werfende Punk Matthias Roeingh wird später bekannt als Dr. Motte und Erfinder der Loveparade.

Aluminium oder Pfandglas?

Eng verbunden sind die Achtziger mit der Ästhetik der Aluminiumdose. In illegalen Punkclubs wird das Bier am liebsten in Aludosen serviert. Die Alternativen und Ökos sind entsetzt. Sie setzen auf Glasflaschen und Recycling. Mit bekannten Folgen: Zwanzig Jahre später, nach ein paar Jahren rot-grüner Regierungszeit und Umweltminister Jürgen Trittins engagiertem Einsatz für die Einführung des Dosenpfands, entscheidet sich der Kampf zugunsten des Glas-Recyclings – es wirkt im Rückblick wie eine Arbeitsbeschaffungsmaßnahme für die Opfer rot-grüner Hartz-IV-Reformen: Die Verteilung von unten nach oben, die Deregulierung des Arbeitsmarktes und die Privatisierung öffentlichen

Eigentums sowie der Rentenversicherung gehen unter rot-grüner Regierung ungebremst weiter, nehmen sogar an Dynamik noch zu. Durch die Einführung von Hartz IV, Zwangsarbeit für Arbeitslose, Billigjobs und die steigende Verarmung ganzer Bevölkerungsschichten bis hinein in die Mittelschicht ändert sich das Bild in den Städten und auf dem Land: Pfandflaschensammler in zunehmender Zahl inspizieren die Mülltonnen und Abfallkörbe auf der Suche nach Pfandgut.

Bruch des Raumgefüges

Für ein Spektakel, also um Aufmerksamkeit auf sich zu lenken, braucht es zunächst einen Disziplinarraum. Eine der Besonderheiten des Festivals war bis zu Matthias Roeinghs Dosenwürfen das Ausbleiben der ansonsten vollkommen üblichen Bierdosenattacken seitens der Zuschauer. Daher wirken Roeinghs Bierdosen auf dem *Festival der Genialen Dilletanten* wie ein Durchbruch. Sie brechen das vorgegebene Raumgefüge. Sie regen an, den Raum neu zu ordnen und zu organisieren. Der Dosenwerfer und eines seiner Opfer werden sich zwei Wochen später treffen, ganz zufällig, im Risiko. Stolz erzählt Matthias Roeingh, er habe kürzlich das Geigenspiel des Tödliche-Doris-Sängers mit gezielten Bierdosenattacken beendet. Dass sein Opfer direkt vor ihm sitzt, ahnt er zu diesem Zeitpunkt nicht. Die Gesichter der Bandmitglieder waren grell bemalt und kaum zu identifizieren. Wolfgang Müller lüftet seine Identität und bietet Matthias Roeingh einen Auftritt als Mitglied von Die Tödliche Doris nur zwei

Monate später an. Gegen Bezahlung, im Kreuzberger Club SO36.

Berliner Krankheit

Unter der Schlagzeile „Berliner Krankheit" hat der ZickZack-Labelchef Alfred Hilsberg für den 14. November 1981 ein Konzert mit den Einstürzenden Neubauten, Mekanik Deströktiw Komandöh und Sprung aus den Wolken im SO36 angekündigt – und mit der Tödlichen Doris. Doris hat Hilsberg vorher gar nicht erst gefragt. So erfahren deren Bandmitglieder erst durch Plakate an Bretter- und Hauswänden von ihrem Auftritt.[194] Auf Wolfgang Müllers Absagetelefonat reagiert Alfred Hilsberg unwirsch: „Ihr bekommt sogar Geld für den Auftritt, dreihundert Mark." Dass Hilsberg überhaupt ein Honorar anbietet, ist nicht nur eine kleine Sensation, sondern es ermöglicht, das Experiment „Die Tödliche Doris in Fremdverkörperung" zu realisieren. Und das funktioniert wie folgt: Drei einander zuvor nicht bekannte Menschen werden Die Tödliche Doris verkörpern. Einer davon ist bereits gefunden, der gelernte Betonmischer und Dosen werfende Punk aus dem Tempodrom, Matthias Roeingh. Für ihn ist es der erste große Auftritt vor Publikum. Und vermutlich auch der erste, für den er bezahlt wird. Aus Matthias Roeingh wird Dr. Motte. Und aus den Bierdosenwürfen werden Losungen wie „Friede, Freude, Eierkuchen".

Maximale Ausdehnung des Ähnlichkeitsfeldes

Die Fremdverkörperung: Drei miteinander nicht bekannte Personen werden eine Woche vor ihrem öffentlichen Auftritt in eine Wohnung geführt, in der sich eine Gitarre, ein Schlagzeug und ein Mikrofon sowie eine Mappe mit drei Texten aus dem Musikrepertoire der Tödlichen Doris befinden. Aus diesen drei Liedtexten, nämlich „Die Schuld-Struktur", „Der Tod ist ein Skandal" und „Kavaliere", sollen sie ein etwa fünfzehn Minuten umfassendes Musik- und Bühnenprogramm entwickeln. Ähnlichkeiten mit Die Tödliche Doris, formal und strukturell, können entstehen, sind aber keinesfalls beabsichtigt. Allein auf sich gestellt, proben die drei gecasteten Personen: Helmut Drucker, Matthias Roeingh und Michael Jarick alias Ziggy XY. Durch das Experiment soll erfahrbar werden, ob Die Tödliche Doris auch wie eine abstrakte Maschine funktioniert. Am 14. November 1981 sitzen die drei Urmitglieder mit den Fremd- und Neuverkörperungen im Backstagebereich des SO36. Die Mitglieder der Einstürzenden Neubauten gehen davon aus, dass Die Tödliche Doris in Urbesetzung auftritt. Die Unbekannten, die neben Dagmar Dimitroff, Nikolaus Utermöhlen und Wolfgang Müller sitzen, werden von ihnen für deren Fans oder Freunde gehalten. Als das Signal zum Auftritt ertönt, springen sechs Personen auf die Bühne. Die Urbesetzung hüpft in den Saal, verteilt sich unauffällig im Publikum und steckt Zuschauern Briefumschläge zu. In diesen befindet sich jeweils eine Karte, auf der „Kontaktvermittlung" steht.[195]

Kontaktvermittlung

Die Tödliche Doris hat drei zuvor miteinander nicht näher bekannte Personen zusammengeführt. Als Verkörperung der Tödlichen Doris werden sie heute auf der Bühne des SO36 für das Publikum musizieren. Im Publikum sehen und hören drei Entkörperlichte die Performance von Die Tödliche Doris. Es ist ein wunderbares Erlebnis, den eigenen Körper mit großer Distanz sehen zu können und dabei zu entdecken, dass er nicht nur Körper ist, sondern auch seinen eigenen Geist hat. Offensichtlich sind Körper und Geist untrennbar miteinander verbunden. Sie existieren nur in permanenter Interaktion. Helmut Drucker sitzt am Schlagzeug, Matthias Roeingh spielt Gitarre und Michael Jarick alias Ziggy XY krümmt sich am Mikrofon, kreischt: „Kavaliere treiben die Welt in den Abgrund!" Eine Konzertbesucherin: „Die sind immer voll daneben." Dagmar Dimitroff steht neben ihr.

Rockpalast-Special

Eigentlich hatte der TV-Moderator Albrecht Metzger vorgehabt, diesen Auftritt für sein WDR-*Rockpalast*-Special über den musikalischen Underground Berlins aufzunehmen. Mit seinem Filmteam zieht er enttäuscht aus dem SO36 ab. „Ihr habt ja gar nicht gespielt, obwohl ihr angekündigt gewesen seid", beklagt er sich bei Wolfgang Müller: „Das ganze Filmteam war da, wir hatten schon alles aufgebaut." Viele vermeintlich verpasste Chancen entpuppen sich später als Möglichkeit, wichtige Projekte endlich realisieren zu können. Denn nun ergibt sich die einmalige Gelegenheit, ein Video mit einem professionellen Fernsehteam nach den eigenen Vorstellungen der Künstler zu produzieren. So entstehen die Videos *Naturkatastrophenkonzert* und *Naturkatastrophenballett.*

Albrecht Metzger lässt Doris frei entscheiden, wo gedreht wird, wie, wann und was. Beim Schnitt im Studio sind Nikolaus Utermöhlen und Wolfgang Müller anwesend, sie entscheiden über die Schnittfolge, die Länge der Überblendungen und weitere Details.

Überraschend hat der Filmemacher Manfred Jelinski im SO36 Die Tödliche Doris in Fremdverkörperung dokumentiert, auf Super 8 mit Tonspur. Die Aufnahme wird Teil des einzigen existierenden abendfüllenden Kinofilms über das SO36: *So war das S.O.36.*[196]

Nach der Auszahlung des Auftrittshonorars an Helmut Drucker, Matthias Roeingh und Michael Jarick schlüpfen Dagmar Dimitroff, Nikolaus Utermöhlen und Wolfgang Müller wieder zurück in den Körper der Tödlichen Doris.

Doris als Musikerin

„Doris als Musikerin: Daß Doris tödlich ist, ist ihr selbst gar nicht so klar. Denn sie liebt eigentlich alle Menschen. Sie war sozusagen auf einem humanistischen Gymnasium, wo sie natürlich auch Musikunterricht hatte. Musik mag sie sehr gerne, wie alles. Ob sie jetzt gar kein Instrument oder alle beherrscht, ist egal; sie findet es toll, wenn Menschen Musik machen. Eigentlich sollte jeder ein bißchen musizieren. Doris versteht sich nicht direkt als Musikerin; das würde sie als eine Einschränkung für sich sehen. Zum Glück gibt es so viele, die das Musikmachen für sie erledigen. Trotzdem ist sie keine Dirigentin. Doris singt ganz gerne, ihre Lieblingsinstrumente sind Sirenen."[197]

Liebesbeweise

Matthias Roeingh benennt sich um in Dr. Motte, legt in der Diskothek Turbine Rosenheim auf und ruft 1989 die Loveparade ins Leben. Laut Wikipedia-Eintrag ist die Loveparade eine Gemeinschaftsidee von Dr. Motte und Danielle de Picciotto. Das bestätigt auch Françoise Cactus, eine der etwa hundert Teilnehmerinnen und Teilnehmer der ersten Parade: „Dr. Motte war damals unglaublich verknallt in Danielle de Picciotto." Die US-amerikanische Multimediakünstlerin aus Tacoma siedelt 1987 von New York nach Westberlin um. Françoise Cactus: „Zu Danielles Geburtstag wollte der total verliebte Dr. Motte ihr eine Art öffentliche Parade oder Aufzug schenken. Es wäre jedoch unbezahlbar gewesen, den ganzen Kurfürstendamm absperren zu lassen. Deshalb meldete Dr. Motte das Ganze als politische Demonstration an."[198] Nur wenige Monate nach der ersten Loveparade fällt die Berliner Mauer. Ein Grund mehr, die Loveparade im darauffolgenden Jahr zu wiederholen. Aus den Freunden und Bekannten, die Matthias Roeingh und Danielle de Picciotto bei der ersten Loveparade folgen, werden im folgenden Jahr immer mehr. Endlich können Jugendliche aus Ost- und Westberlin gemeinsam von Politik-, Partei- und Staatsbevormundung befreite Fröhlichkeit und Lebensfreude demonstrieren, Party machen. Die Loveparade ist eine Demonstration des entpolitisierten Hedonismus und der geteilten musikalischen und kulturellen Gemeinsamkeiten. Und das kann durchaus als politisches Statement gelesen werden. Auch ältere Semester wie der Schriftsteller Rainald Goetz entdecken ihre Jugendlichkeit und suchen aktuellen Anschluss. Dass in dessen jugendlicher Rave- und Techno-Begeisterung viel vom Muff Ernst Jüngers, dessen Nicht-alt-werden-Wollen und Nichtsterbenwollen, enthalten ist, stellt taz-Kulturredakteur Harald Fricke fest. Er konstatiert 1992 bei Rainald Goetz einen gewissen „Zwang zum Authentischen".[199] Martin Büsser beschreibt den Schriftsteller hingegen als einen „führenden Chronisten in Sachen Pop-Authentizität", der „beispielsweise in seinem Roman *Rave* nichts unangebrannt gelassen [habe], um gegen Studenten und sogenannte Intellektuelle zu stänkern."[200]

Berühmt wurde Goetz 1983 durch seinen Auftritt beim Wettbewerb um den Ingeborg-Bachmann-Preis in Klagenfurt: Während der Lesung ritzt er sich vor Publikum und laufender Kamera in einer dramatischen Geste die Stirn mit einer Rasierklinge auf, lässt das Blut über Hände und Manuskript sprudeln. Unter den Kreuzberger Hardcore-Punks galt die sogenannte Ritzerei bis dato noch als recht gewöhnliche, fast banale Freizeitbeschäftigung, medial fand sie zumindest keine besondere Beachtung. Erst durch die effektvolle Inszenierung eines Mannes, eines Schriftstellers in einer hochseriösen Umgebung, in Verbindung mit der Berichterstattung des Mediums *Spiegel*, kann selbst die Ritzerei ihren Weg in die Hochkultur antreten.

Entstehungsmythen

Eine anspruchsvolle Ursprungserzählung zur Loveparade liefert der Techno-DJ Westbam in seinem mit Rainald Goetz verfassten Merve-Reader *Mix, Cuts & Scratches*: Die Loveparade wird bei ihm gemäß Dr. Mottes Plan einer „International People Day"-Demo für House-Musik ins Leben gerufen.[201] Setzt letztendlich nicht die Öffnung der Grenzen zwischen Ost und West eine Dynamik in Gang, welche die Loveparade von einem kleinen Umzug im Laufe der folgenden Jahre zu einer gewaltigen Parade macht? Auf jeden Fall entwickelt sich die Loveparade durch den Fall des sogenannten Eisernen Vorhangs zum Selbstläufer. Ihr hedonistischer Körper vergrößert sich mit jedem Jahr. Aus anderen Ländern und Kontinenten strömen nun ausgelassene Partyfreaks ins grenzenlose Berlin. Irgendwann werden bereits über eine Million Besucher bei der Loveparade gezählt. Zur gleichen Zeit, seit 1990, nimmt die Zahl rassistisch motivierter Überfälle, Anschläge und Morde in Deutschland rapide zu.[202] Die Loveparade inspiriert zu weiteren Paraden: Im Jahr 1997 entsteht eine Hanfparade, auf der die Freigabe von Hanf als Medizin und Genussmittel gefordert wird, außerdem existiert eine später in „Fuckparade" umbenannte Hateparade, die sich als antikapitalistische Gegenbewegung zur Loveparade versteht. Die

Verdrängung nicht erwünschter Technostile auf der Loveparade, Kommerzialisierung und Entpolitisierung gelten als Hauptgründe für deren Entstehen. Spätestens ab dem Jahr 2000 manipulieren die Loveparade-Veranstalter die stark sinkenden Besucherzahlen nach oben. Attraktiv wird die Loveparade schnell auch für konservative und neoliberale politische Gruppen und Parteien. Sie verpassen sich und ihrem Anliegen durch ihre Teilnahme einen frischen, fortschrittlich-jugendlichen Touch. Nicht die Medien vereinnahmten die Massen, stellt Jean Baudrillard in *Im Schatten der schweigenden Mehrheiten* fest, dieser Schluss beruhe auf einer naiven Kommunikationslogik: Die Massen selbst seien das stärkere Medium, sie vereinnahmten die Medien und absorbierten sie. Und das gelte auch für Bereiche wie Kino, Technik, Wissen, die einem spektakulären Konsum geweiht seien, eine Hypersimulation, die das Simulierte doppelt und es nach ihrer eigenen Logik ausrottet. Das Ergebnis ist laut Baudrillard eine hyperreale Konformität, zu der nur ein Äquivalent existiere: der Terror. Entweder, konstatiert er, habe das Soziale sowieso nie existiert, war immer Simulacrum, oder es habe sehr wohl existiert und seine subtile Art des Todes als System des Ausschlusses verbreitet.[203]

Technonudeln

Die hedonistische, ecstasy- und alkoholfreundliche Loveparade bietet die Möglichkeit, eine im Grunde sehr politische Vision, nämlich die der neoindividualliberalen Ideologie, attraktiv zu machen. In ihr formt sich die Vision einer von staatlichen Fesseln befreiten Gesellschaft, welche sich sozusagen durch das Engagement und die Anstrengungen ihrer Individuen ganz von alleine regelt. Der bunt geschmückte Festwagen der CDU-Nachwuchsorganisation Junge Union mit dem fröhlich in die Menge winkenden Berliner CDU-Bürgermeister Eberhard Diepgen – dem Inbegriff von Westberliner Provinzialität, Korruption und Sumpf – auf der Loveparade 1999 markiert vielleicht den Höhepunkt dieser Repolitisierung. Der Begriff „Jugendbewegung" ist seit der Loveparade jedenfalls nicht mehr automatisch mit „links" assoziiert. Die Loveparade ist weder noch, sie ist jenseits davon. Sie ist auch nicht „rechts". Sie ist vor allem jung, gesund, vital, fröhlich, undogmatisch, unideologisch, in Feierlaune und immer leistungsbereit. Während mit Ecstasy aufgeputschte Hedonisten ihre Körper recken und stundenlang „Fun, Fun, Fun" schreien, diskutieren Experten über die vermeintliche Überalterung oder Vergreisung der Gesellschaft. In drögen TV-Talkrunden wird das apokalyptische Gegenstück zur jugendlichen Vitalität beschworen. Hier keimt bereits der Terror der Selbstverständlichkeit, dessen schleichendes, noch kaum wahrgenommenes Entstehen der Kulturarchäologe Matthias Mergl in seinem Buch über den Neo-Individualliberalismus 2011 beschreibt.[204]

Aberkennung von politischem Status und Doktortitel

Das Bundesverfassungsgericht erkennt 2001 der Loveparade den politischen Status ab, was ihren

Niedergang beschleunigt. Dr. Motte distanziert sich weitere fünf Jahre später von der noch einmal in Berlin stattfindenden Veranstaltung. Seinen Doktortitel behält er – im Gegensatz zu einem anderen prominenten Loveparade-Fan. Dieser tritt nach langem Drängen wegen seiner betrügerisch erstellten Dissertation 2011 als Verteidigungsminister zurück. Sein Doktortitel wird ihm aberkannt: Karl-Theodor zu Guttenberg. Beim Großen Zapfenstreich verabschiedet er sich jedoch nicht mit einem Technotrack – sondern mit dem Deep-Purple-Rockklassiker „Smoke on the water".

Was *Bild* noch alles weiß: Stephanie Gräfin von Bismarck-Schönhausen lernte Karl-Theodor zu Guttenberg auf der Berliner Loveparade 1995 kennen. Sie war gerade 18 Jahre alt. Als Ururenkelin des „Eisernen Kanzlers" Otto von Bismarck stand sie der großen Politik eigentlich näher als der Jurastudent Karl-Theodor. „Kann man eine Techno-Nudel wie dich auch zum klassischen Konzert überreden?", fragte er, den sie bis dahin nur vom Sehen kannte und nie sonderlich sympathisch fand. Ja, konnte man. Beim Verdi-Requiem in München, dirigiert vom Vater Enoch zu Guttenberg, war sie zu Tränen gerührt. Ganz langsam lernten sich die beiden kennen und lieben. Fünf Jahre später, am 12. Februar 2000, heirateten sie.[205]

Karl-Theodor zu Guttenberg muss 2011 seinen 2007 erworbenen Doktortitel wegen schwerwiegender Plagiatsvorwürfe abgeben. Ein Jahr zuvor implodiert die inzwischen nach Duisburg verpflanzte Loveparade. Einundzwanzig Menschen sterben, werden buchstäblich von den Massen zu Tode gequetscht. Niemand wird sich schließlich dafür verantwortlich erklären.

Der Loveparde-Erfinder Dr. Motte hat sich seit einigen Jahren von der Loveparade distanziert. Heute wehrt er sich gegen groteske Bauvorhaben in Berlin, solidarisiert sich mit Kulturprojekten wie dem Tacheles, die er als Opfer der Gentrifizierung sieht, und engagiert sich gegen Großprojekte wie Mediaspree.

„Die Informationen sind gegeben und verselbstständigen sich. Ganz sicher ist alles fertig, perfekt. Es gibt nichts Neues mehr. Alles ist bekannt. Stop! Stop der Information! Stop! Stop! Stop der Information. Menschenansammlungen in Kaufhäusern. Stop! Alles ist bekannt!"[206]

Gegen die Folgen von Erfolg

Während sich der Körper von Dr. Motte über die Loveparade ins Gigantische ausdehnt, um schließlich zu implodieren, gibt es auch Körper, die auf der Suche nach dem Authentischen ihre Kreativität intensiv gegen die Folgen möglichen Erfolgs einsetzen.

Wird hier statt größtmöglicher Vergrößerung ein Prozess permanenter Schrumpfung angestrebt? Ist das überhaupt möglich? Kreativ sein gegen den Erfolg. Funktioniert das überhaupt? Kein anderer beherrscht diese Kunst so perfekt wie der Kreuzberger Künstler Reinhard Wilhelmi.

Als ihn ein ungezogener Jugendlicher auf der Kreuzberger Oranienstraße mit den Worten „Ich ficke deine Mutter!" provoziert, antwortet der Performance-künstler: „Na, dann viel Spaß dabei! Die liegt schon seit zehn Jahren unter der Erde." Im Beharren auf größtmögliche Unabhängigkeit von den Konventionen der Gesellschaft sucht Reinhard Wilhelmi das Echte und findet es zuweilen in der Erniedrigung. Er berührt die Wunden und fragt: „Sind die auch wirklich echt?" Erst in der Ästhetisierung, Erotisierung und Sakralisierung der Wunde erscheint das Wahrhaftige.[207] Im Winter 1980 schwenkt er triumphierend das Kleinanzeigen-blatt *Zweite Hand*: „Die suchen in einer Annonce den Mann, der nackt, mit einem transparenten Minirock bekleidet die Oranienstraße entlanglief!" Er sei das nämlich gewesen. Eigentlich war es ein Unterhemd. Dieses habe er an der Unterseite zusammengenäht, es sah wie ein Rock aus, und damit sei er herumgelaufen. Auf gar keinen Fall wird sich Reinhard Wilhelmi bei

der Düsseldorfer Filmproduktion, die die Annonce
aufgegeben hatte, melden. Die Absage als Raum der
Freiheit. Während sich Dr. Motte stark für Bindungen
interessiert, interessiert sich Reinhard Wilhelmi intensiv für Trennungen. Der Abiturient und mittleres von
fünf Geschwistern einer sauerländischen Bauernfamilie
verdient seinen Lebensunterhalt in der Westberliner
Szene-Gastronomie. Als einziges Familienmitglied ist
er aus der katholischen Kirche ausgetreten. Ab 1982
kellnert er in der Kreuzberger Oranienbar. Sie ist einer der proto-queeren Orte, an denen die New Yorker Fotografin Nan Goldin manchmal anzutreffen ist.
Reinhard Wilhelmi ist auf ihren Fotografien zu finden.
Manchmal wendet er sein Gesicht desinteressiert ab,
verzieht es leicht angewidert. Deutlich bemerkt er, dass
er fotografiert wird, und deutlich soll auch werden,
dass er darauf absolut keinen Wert legt. Er liebt es,
fotografiert zu werden, und zeigt dabei zugleich seinen
Widerwillen, im Fokus zu stehen.[208] Damit unterscheidet er sich von den meisten anderen von Nan Goldin
Porträtierten aus dem Westberlin der frühen Achtziger.
Sie nehmen aufgrund des fast beiläufigen, unauffälligen
Erscheinens der New Yorkerin nämlich kaum wahr,
dass sie fotografiert werden. Sie bemerken es oft erst
dann, wenn sie von ihr nach einer Veröffentlichungs-
genehmigung gefragt werden. Das ist völlig anders bei
Reinhard Wilhelmi. Er ist eigentlich immer glocken-
wach, durchgehend nüchtern. Vielleicht ja sogar dann,
wenn er schläft und träumt?

32   Reinhard Wilhelmi in der Oranienbar, unten rechts mit
persönlicher Widmung von Nan Goldin, 1984

Irma Reinhold

Als die Oranienbar schließt und er seinen Ar-
beitsplatz verliert, setzt Reinhard Wilhelmi 1987 seine Tätigkeit im Kumpelnest 3000 fort – dort arbeitet
er noch heute. Ab 1999 kümmert er sich fürsorglich
um seine Nachbarin Irma Reinhold. Er geht mit ihr
spazieren, besucht Museen und das neue queere Lokal
Möbel-Olfe. Irma Reinhold wurde am 18. Januar 1908
in Kreuzberg geboren und wuchs dort auf. Im Museum
steuert Irma Reinhold immer die Gemälde von Peter
Paul Rubens an, erzählt Reinhard Wilhelmi. Die, auf
denen sich üppige nackte Frauen wohlig räkeln. Dann
eilt die zierliche Dame zielstrebig auf die Aufsichts-
beamten zu und fragt mit unschuldiger Miene: „Ach,
junger Mann, können Sie mir sagen, was auf dem Bild
zu sehen ist? Meine Augen sind nicht so gut." Irma
Reinhold weiß natürlich ganz genau, was dort zu sehen
ist. Solch süße Bosheit beeindruckt Reinhard.[209]

fliegt schnell – laut summend

Reinhard Wilhelmi wird 1980 zum Hauptdarsteller der Super-8-Films *fliegt schnell – laut summend*
von Die Tödliche Doris. Und dies entwickelt sich wie
folgt: In der Oranienbar geht Reinhard plötzlich in die
Hocke, winkelt die Beine eng an den Bauch, schwingt
seinen alten Herrenmantel um den Körper: Ein klein-
wüchsiger, korpulenter Mann erscheint. So watschelt
er nun durch die Tür der Gaststätte, stapft den ver-
schneiten Fußgängerweg entlang. Seine groteske

Performance stellt er zunächst einigen ausgewählten Gästen der Oranienbar vor, immer ohne Ankündigung, jedoch keineswegs spontan. Die Menschen auf den Bürgersteigen der Kreuzberger Oranienstraße blicken meist geradeaus, übersehen den kleinen Mann. In den frühen Achtzigerjahren ist es kaum möglich in Westberlins bizarr-unwirklichem Umfeld, irgendwie aufzufallen. Zu oft ist unentscheidbar, was hier Alltagsrealität ist und was eigentlich eine Performance sein soll. Viele Menschen, die noch das Westberlin der Achtziger kennen, haben deshalb heute große Schwierigkeiten, herauszufinden, ob die Individuen, die ihnen auf dem Bürgersteig begegnen und laut vor sich hin sprechen, eine schwere Psychose haben oder nur mit jemandem telefonieren.

In den Gedichten von Reinhard Wilhelmi vereinen sich die Ästhetiken von Camp und Märchen. Sorgfältig hat er sie auf Kassetten eingesprochen. Zum Beispiel das Poem über Aglais urticae, einen in Mitteleuropa recht häufigen Schmetterling, der auch als Kleiner Fuchs bekannt ist:

Kleiner Fuchs

Trunkener Freund des Sommertags
Mit zitternden Flügeln liegst du am Boden.
Deine Freundinnen, die Blumen, sehnen sich nach dir
Hörst du nicht das aufgeregte Läuten der Glockenblume?
Siehst du nicht die goldstrahlende Brautkrone der Sonnenblume?
Riechst du nicht den verlangenden Duft der Veilchen?
Deine Flügel sind zerfetzt, sagst du?
Du Armer!
– Warte, ich werde dich zertreten.[210]

Farbkopien im Aktenordner

In *fliegt schnell – laut summend* tanzt er am Ende nackt im Schnee. Zwei Wochen lang läuft Reinhard Wilhelmi wegen der erlittenen Frostbeulen in riesigen, unförmigen Filzpuschen umher. Solche Anblicke prägen gerade bei auswärtigen Besuchern das Bild von Westberlin als Stadt der Verrückten, Aussteiger und Ausgeflippten. Wer käme auch darauf, dass sich unter den Riesenpuschen Frostbeulen verbergen, dass es also eine ganz einfache Erklärung für das Tragen dieser Schuhe im Schnee gibt? Fotografien seiner in verschiedensten Kostümen ausgeführten Performances bearbeitet Reinhard Wilhelmi in seiner Wohnung mit Schere, Farbstift und Farbfotokopierer. Über die Jahre sammeln sich zahlreiche solcher Kunstwerke an, die er dann in Aktenordner einheftet. Er zeigt sie gern herum, und irgendwann verschenkt er den größten Teil der Ordner an den Galeristen Werner Müller. Dieser hat gerade seine Galerie von Kreuzberg in die Stadtmitte verlegt. Dort möchte er sein subkulturelles Image abschütteln und Aufnahme in der Hochkultur finden. Mit großer Wahrscheinlichkeit hält Reinhard Wilhelmi diesen Galeristen für eine tragische Gestalt – das würde jedenfalls seinem Verlangen nach der Wunde entsprechen, die Sophie Wennerscheid in ihrem Buch über Religion und Erotik im Schreiben Søren Kierkegaards anschaulich beschreibt.

Erst nach dreißig Jahren konsequenter Verweigerung und zahlreichen Absagen, im Jahr 2009, findet Reinhard Wilhelmis erste Ausstellung im offiziellen Kunstbetrieb Berlins statt. Die Galerie September gilt als eine der neuen In-Galerien der Stadt. Das Programm orientiert sich an den aktuellen Trends der Kunstszene. Derzeit ist der „Outsider" und „Einzelgänger" en vogue. So bietet sich die Gelegenheit, einige etwas aus dem Fokus geratene geniale Dilletanten der alten Westberliner Subkultur neu zu entdecken. Neben Tabea Blumenschein wird auch Reinhard Wilhelmi die Offerte der Galerie annehmen. Wilhelmi stellt erstmals eine von ihm geschaffene komplexe Installation vor und performt an den Eröffnungsabenden in ständig wechselnden Kostümen. Deutlich wird, dass der starke Wunsch nach Autonomie, Distanz, Abgrenzung und Trennung paradoxerweise dazu führt, dass alte Bindungen besonders stabil bleiben und besonders lange aufrechterhalten werden. Sie erscheinen immer wieder, erneuern sich in anderer, etwas modifizierter Gestalt.

Nan Goldin

In den Fotografien von Nan Goldin spielen die Abhängigkeit, die Nähe, Bindungen und Trennungen zwischen Menschen eine zentrale Rolle. Ihr gelingt es, in die Intimzonen einer Disco-Herrentoilette einzudringen, ohne von den Pimpernden, Koksenden oder Pinkelnden als störend wahrgenommen zu werden. Zudem fehlt ihr der wichtigtuerische Habitus vieler hauptberuflicher Fotografen. Sie behandelt ihren Fotoapparat als Nebensache. Das Fotografieren gilt in Clubs wie der Diskothek Dschungel, dem Punklokal Risiko oder dem Konzertort SO36 bis Mitte der Achtziger als peinlich. Fotos zu machen gilt als banal, stimmungszersetzend und ist deshalb tabu: So etwas tun nur Touristen und Spießer. Um 1985, mit dem allmählichen Auftauchen der mobilen Polaroid-Sofortbildfotografen in Westberliner Kneipen und Bars, löst sich der rigide Fotobann langsam auf. Endlich darf wieder fotografiert werden. Als unauffälliger Chronistin der Westberliner Szenerie bietet sich Nan Goldin bis dato ein recht konkurrenzarmes Feld. Neben ihr fotografieren vor allem Ilse Ruppert, Roland Owsnitzki, Matthias Levin, Eva Maria Ocherbauer und Anno Dittmer die Subkultur Westberlins und die sogenannte Boheme. In Goldins Fotografien aus den frühen Achtzigerjahren kommunizieren die Körper der Subjekte scheinbar mit den Räumen, deren Licht und Farben. Sie oszillieren zwischen Privatheit und Öffentlichkeit. Kaum jemand der von ihr Fotografierten geht seinerzeit ernsthaft davon aus, wenige Jahre später in großen Museen und Kunsthallen bewundert zu werden.

Gegen Mitte der Achtziger verfällt die Westberliner wie auch die New Yorker Subkultur in eine gewisse Agonie. Während die freizügige, anarchistische Atmosphäre der frühen Achtziger allmählich zum Mythos wird, steigt die Popularität von Nan Goldin. Ende der Achtziger ist die Fotografin so berühmt, dass sich unwillkürlich die Frage stellt, inwieweit ihre Modelle überhaupt noch unbeschwert agieren können, ohne Hintergedanken? Gerinnt der Ausdruck von Fröhlichkeit, von Verzweiflung, der verängstigte oder traurige Blick nun ein Stück weit zur Pose? Alles echt, oder was? Inwieweit können die sehr intimen Einblicke in das Leben anderer – so in ihren späteren Fotografien vom Leben und Sterben ihrer Freundin, der Schauspielerin Cookie Mueller – von Dritten auch als voyeuristisch, spektakulär und unmoralisch betrachtet werden? Zunächst wird diese Frage zwischen den Beteiligten selbst ausgehandelt. Die Unbekannten, die Kranken, die Armen und die Toten wirken immer etwas unschuldiger als die Berühmten, die Gesunden, die Reichen und die (Über-)Lebenden. Drag Queens und Transvestiten, die unbekümmert vor ihrer Kamera agieren, findet Nan Goldin später in Asien. In Subkulturen, in denen sich eine Berühmtheit wie Nan Goldin noch unerkannt bewegen kann.

Blaumeise (Parus caeruleus)

Wenige Jahre nach dem Mauerfall, 1994, treffen sich Nan Goldin und Wolfgang Müller bei einer Vernissage. Gerade ist in einer Berliner Tageszeitung ein Artikel erschienen, in dem der Künstler als skrupellos dargestellt wird. Eine Autorin namens Claudia Schandt [211] behauptet auf der *taz*-Satireseite unter der Überschrift „Blaumeisen für Feinkostgeschäfte", der Kunststudent züchte am Fenster seiner Kreuzberger Altbauwohnung Blaumeisen: Anschließend verkaufe Wolfgang Müller diese gewinnbringend an italienische Feinschmeckerläden und Restaurants der Stadt. Obgleich auf der Satireseite veröffentlicht, die den Namen „Die Wahrheit" trägt, zeigen empörte Leser den Künstler bei der Kripo an. In der Folge ermittelt ein Kriminalkommissar des Dezernats für Artenschutz. Drei Kripobeamte erscheinen in der *taz*-Redaktion, um von Kulturchef Harald Fricke die Adresse des Blaumeisenzüchters zu erfahren. Harald Fricke versucht die Beamten vergeblich von der Unschuld Wolfgang Müllers zu überzeugen. Dann informiert er den/die Verfasser_in des Artikels telefonisch: „Der ermittelnde Kommissar möchte sich absichern und verlangt eine schriftliche Erklärung mit deiner Unterschrift, dass du keine Meisen züchtest oder verkaufst!" Harald Fricke reserviert außerdem Platz für eine in Vorbereitung befindliche Gegendarstellung. Diese erscheint unter der Überschrift: „Der Berliner Blaumeisenschlächter wehrt sich: ‚Ich bin Opfer einer Intrige!'" [212] Die Nachricht vom „Kreuzberger Blaumeisenschlächter" erreicht schließlich Nan Goldin. Zunächst übersetzt sie den Namen des ihr unbekannten Vogels in die englische Sprache: „blue tit". Nan Goldin bekommt einen Lachkrampf. Dann übersetzt ihr Wolfgang Müller den betreffenden Artikel:

Blaumeisen für Feinkostgeschäfte

Berlin (taz) – Der Künstler Wolfgang Müller (36) hat an den Fenstern seiner Kreuzberger Altbauwohnung in der Wiener Straße Nistkästen hängen. Gegenüber seiner Wohnung liegt der Görlitzer Park. Von dort aus fliegen jedes Frühjahr Blau- und Kohlmeisen in seine Nistkästen. Doch Müller ist nicht etwa ein großer Tierfreund. Im Gegenteil: Nur wenige Wochen, nachdem die Jungen geschlüpft sind, verkauft er die possierlichen Vögel an italienische Feinschmeckerläden. Müller: „Sie sind unentbehrliche Zutat für eine bekannte italienische Spezialität." Bedenken hat er keine: „Ich fange ja keine freilebenden Vögel, sondern züchte an den Fenstern meiner Wohnung, außerdem kommen die Vögel freiwillig zu mir." Angefangen mit der Vogelzucht hat der ehemalige Kunststudent, nachdem sein BAföG auf 560 Mark gekürzt wurde. Der Nebenerwerb bringt jährlich etwa 200 bis 300 Mark extra. Ein Blaumeisenpärchen kann bis zu 14 Junge haben und brütet zweimal im Jahr. „Als mein Studium zu Ende war, hatte ich noch weniger Geld und war dringend auf Nebeneinkünfte angewiesen", sagt Müller. Nächstes Jahr will er Starenkästen aufhängen. „Stare wiegen doppelt so viel wie Meisen, obwohl die Nistkästen nur wenig größer sein müssen. Die Restaurants zahlen nach Gewicht." Müller hat nämlich herausgefunden, daß Stare, genau wie Krähen, Elstern und Raben, von den Wissenschaftlern zu den Singvögeln gerechnet werden.[213]

Blue Tit

Tatsächlich brüten Blaumeisen am Fenster der Wohnung von Wolfgang Müller. Nan Goldin möchte sie sehen. Noch wissen die Kreuzberger Blaumeisen, die gerade im Nistkasten ein und ausfliegen, nicht, dass sie beobachtet werden. Und natürlich wissen sie auch nicht, dass eine mittlerweile weltberühmte Fotografin nun auf sie wartet. Doch der Plan, die Fütterung der Jungen, den Aus- und Einflug der Eltern inklusive der Guanobeseitigung zu fotografieren, misslingt. Bei jeder kleinen Bewegung, die Nan Goldin hinter dem Fenster macht, flüchten die Blaumeisen – ganz im Gegensatz zu den Menschen der Berliner Kunst- und Kulturszene. Nach mehreren Versuchen gibt Nan Goldin schließlich auf.

blámeisa – tittlingur

Nan Goldin und Wolfgang Müller planen, eine Ausstellung mit dem Titel *Blue Tit* zu machen. In der Spielwarenabteilung des KaDeWe kauft sich zunächst Nan Goldin eine Steiff-Blaumeise, fliegt mit ihr nach New York und platziert sie auf große Porzellanteller, die sich zwischen glänzendem Besteck und gefalteten Servietten befinden. Zusätzlich fotografiert sie ausgestopfte Blaumeisen im Wiener Naturkundemuseum, während Wolfgang Müller dem Motiv ihres Lachkrampfs nachgeht. Auf der Suche nach der Herkunft des Wortes „tit" landet er in Island. In einem Land, in welchem gar keine Blaumeisen leben. Von

33 *o.T.* (Steiff-Blaumeise in New York), Foto: Nan Goldin 1995

der isländischen Sprachgesellschaft Íslensk Málstöð erfährt er, dass das englische Wort „tit" vom isländischen „tittr" abstammt. Das Wort „tittlingur" stehe, so die Auskunft der Íslensk Málstöð, für einen kleinen Vogel, wird aber auch verkürzt auf „tippi" als Bezeichnung für das Geschlechtsteil eines Knaben benutzt. Im Deutschen wäre das Wort in etwa vergleichbar mit „Piepmatz".[214]

Die Ausstellung *Blue Tit* wird in der Galerie Martin Schmitz in Kassel gezeigt. Der noch in Kreuzberg ansässige Galerist Werner Müller möchte die Arbeiten nur im Büro seiner Galerie zeigen.[215] Bei der Eröffnung strömen Menschenmassen in den winzigen, vier Quadratmeter umfassenden Raum.

Käthe (Elke) Kruse

Am 11. Dezember 1981 feiert Norbert Hähnel, der „wahre Heino", Weihnachten mit einer großen Party im SO36. Als besonderer Höhepunkt wird die Feuerschlucknummer von Käthe Kruse, einer Kreuzberger Hausbesetzerin, angekündigt. Käthe, die mit bürgerlichem Namen Elke Kruse heißt, ist eine Freundin von Norbert Hähnel aus westdeutschen Tagen. Ihr eilt der Ruf voraus, ein paar Jahre zuvor mit einem klapprigen Bus voller westfälischer Hippies bis nach Afghanistan gefahren zu sein. Außerdem soll sie, ihre Kleidung in einer Plastiktüte verpackt, mit hochgestecktem Rasta-Dutt die Donau durchschwommen haben, um illegal nach Österreich einzureisen – weil ihr zuvor die Einreise verweigert wurde; womöglich wegen ihres Rastalooks?

Im schwarzen engen Kleid und mit spitzen Flügeln aus schwarz angemalter Pappe an den Schultern betritt sie die Bühne des SO36. Die Pappflügel wackeln ungelenk auf und ab. Schon schwirren die ersten Bierdosen Richtung Bühne. Während der schwarze Engel anhebt, seine Feuerkünste zu zeigen, empfängt er einen Hagelschauer leerer und halbleerer Bierdosen. Ähnlich wie Jonglieren, Trommeln oder Seiltanz assoziieren Punks Feuerschlucken eher mit alternativer Hippiekunst, keinesfalls mit Pogo. Während ein Bierdosengewitter auf die Akteurin niederprasselt, präsentiert sie ihre Nummer, zieht das Programm souverän und unbeeindruckt bis zum Ende durch, ohne sichtbare Anspannung. Ästhetik ist nicht trennbar von Anästhesie. „Wäre das nicht ein ideales Ensemblemitglied für

uns?", fragt Wolfgang Müller seinen Nachbarn Niko-
laus Utermöhlen. Die Tödliche Doris besteht gerade
aus zwei Personen. Jüngst hat sich nämlich Dagmar
Dimitroff dem Künstlerzirkel um den Guru János Bak-
sa-Soós, Bruder von Veruschka Bódy, angeschlossen.
Dieser Kreis wirkt wie eine durchgeknallte Sekte, deren
Religion jedoch erst noch erfunden werden muss. Die
Wände ihrer Wohnung in der Lübbener Straße hat
Dagmar Dimitroff bis zur Decke über und über mit
Daunenfedern beklebt. Ihre Gemälde füllen sich mit
kryptischen Symbolen und geheimen Zeichen.

Wie ein Fels im Hagel der Bierdosen

Durch ihre Performance nimmt Käthe Kruse dem
Bierdosenhagel seine Eindeutigkeit. Sie demonstriert:
Kunst entsteht nicht durch das Hinzufügen, sondern
durch das Wegnehmen, das Reduzieren. Wolfgang
Müller überzeugt den zunächst zaudernden Nikolaus
Utermöhlen, sie als neues Ensemblemitglied zu gewinnen: Es gehe schließlich bei ihrem Projekt darum, eine
Skulptur zu formen, einen Körper in Erscheinung zu
bringen, ohne Rücksicht darauf, ob die in ihm enthal-
tenen und ihn formenden Kompositionen, Klänge, Geräusche und Töne dem jeweiligen Publikum gefallen,
es gleichgültig lassen oder ihm missfallen. Erst unter
dieser Voraussetzung könne der Körper von Doris
in Interaktionen Gestalt annehmen, sich offenbaren.
Die Tödliche Doris erscheine dann – unabhängig
von uns und dem Publikum. Nicht jeder Mensch er-
trage es, diese aktiv-passive Form von Gestaltbildung

zu begleiten. Mit ihrem Auftritt im Arsenal Kino am 25. Januar 1982 wird Käthe Kruse dann offizielles Ensemblemitglied von Die Tödliche Doris – und bleibt es fünf Jahre lang bis zur Auflösung der Gruppe. Da das erste Auslandskonzert bereits ansteht, ein Auftritt bei der Pariser Biennale im Musée d'Art Moderne am 30. Oktober 1982, bleibt Käthe Kruse wenig Zeit zum Erlernen des Schlagzeugs. Auf dem Flohmarkt erwirbt sie ein schrottreifes graues Schlagzeug für hundert Mark. Damit wird sie vielleicht drei oder vier unterschiedliche Rhythmen im Keller des besetzten Hauses Manteuffelstraße 40/41 einstudieren. Manchmal unterbricht Käthe Kruse im Konzert abrupt ihr Schlagzeugspiel. In aller Seelenruhe zieht sie ihre Lippen nach, in der linken Hand den Spiegel und in der rechten den Lippenstift.

Wie schon Chris Dreier und Dagmar Dimitroff performt Käthe Kruse in der Gruppe Die Tödliche Doris eine Schlagzeugerin. Gleichzeitig wird sie allmählich auch mehr und mehr als eine solche wahrgenommen. So, wie Nikolaus Utermöhlen einen Gitarristen performt und Wolfgang Müller einen Sänger. Gleichzeitig sind und werden sie sowohl Sänger als auch Performer, Gitarrist und Gitarristenperformer. Die Musik, die im Zwischenraum dieser gleichzeitigen Performances und Konzerte entsteht, formt den Körper der abwesenden Doris. Sie zeigt ihre Präsenz in der Abwesenheit. Doris' Lieblingsinstrumente sind Sirenen. Käthes Lieblingsinstrumente sind Damenschuhe.

Drei Jahre nach Auflösung der Tödlichen Doris bewirbt sie sich an der Berliner Kunsthochschule HdK, tritt 1990 ein Kunststudium an, welches sie 1996 als

ausgebildete Diplomgrafikerin beendet. Käthe Kruses
Professor, der Experimentalfilmer Heinz Emigholz, ist
direkter Nachfolger des 1991 verstorbenen Professors
Wolfgang Ramsbott. Bei Prof. Ramsbott studierten
Anfang der Achtzigerjahre Nikolaus Utermöhlen und
Wolfgang Müller sowie Chris Dreier, Gudrun Gut und
Mark Ernestus – es war ein Studium, welches parallel
zur Existenz von Die Tödliche Doris, Mania D und
Malaria! stattfand.

Luftleere an der Akademie

Der Akademieprofessor Wolfgang Ullrich stellt
in seinem Buch *Gesucht: Kunst! Phantombild eines Jokers*
eine düstere Zukunftsprognose für Kunststudenten. Er
schreibt, dass die Akademien luftleere Orte seien, in denen „scheinbar grenzenlose Freiheit" herrsche, welche
die Studierenden schließlich zu Gelegenheitsjobbern
werden lasse.[216] Die Bands Malaria! und Die Tödliche
Doris, aber auch der Musikproduzent Mark Ernestus
von Hard Wax sind der glatte Gegenbeweis zu seiner
These: Gerade die Luftleere der Berliner HdK, heute
UdK, hat sich für viele Studierende als ausgesprochen
sinnvoll und fruchtbar erwiesen – im Fall von Käthe
Kruse sogar Jahre nach bereits erfolgreicher Karriere als
Künstlerin. Zudem: Warum sollten junge Kunststudenten auf längere Sicht eigentlich verschont bleiben von
Minijob, Zwangsarbeit und Hartz-IV-Entmündigung?
Kunststudenten sind Bestandteile einer sich brutalisie-
renden Gesellschaft, deren utilitaristisches Menschen-
bild inzwischen bisweilen groteske Züge angenommen

hat. Sicher wäre es furchtbar, wenn alle Kunststudenten gut bezahlte Vollzeitkünstler würden, die mit mittelmäßiger und angepasster Kunst den Kunstmarkt fütterten. Doch die Welt benötigt gelegentlich auch ein paar Revolutionäre, Anarchistinnen oder Freigeister. Und diese brauchen Luftleere – was auch mit „Freizeit" übersetzt werden kann, das heißt unausgefüllte und unbestimmte Zeit. Deshalb: Gerade ein Kunststudium kann ein wichtiger Zeitraum sein, in dem unbekannte Talente zum Vorschein gelangen und wirksam werden. Die von Wolfgang Ullrich erwähnte Grenzenlosigkeit wird von ihm selbst „scheinbar" genannt. Genau diese Scheinbarkeit zu erforschen, dabei auch mal richtig faul sein zu dürfen, BAföG, „Staatsknete" zu erhalten – das gilt vor allem auch für Studierende aus weniger begüterten Familien –, ohne Zielvorgabe grübeln zu können, ja, Freizeit zu haben – das erst kann Raum entstehen lassen, der vielschichtige und geistreiche Kunst jenseits eines allgegenwärtigen, eilig-hastigen Verwertungs- und Kommerzgedankens möglich macht. Erst dieser Raum fördert dann auch Kunst, die unsere Wahrnehmung öffnet, erweitert, bereichert, beglückt und die Strukturen der Wahrnehmung erforscht – in Freizeit. Natürlich wird es auch Studierende geben, welche die nun entstehende Freizeit und Luftleere ungenutzt verstreichen lassen, herumgammeln und ihre Zeit verplempern – und wenn schon! Vieles Schöne ist mit großem Fleiß und großem Enthusiasmus zerstört worden. Durch Pflege vernichtet. Wo das Geschäft, die Vermarktung und Etablierung eines jungen Künstlers am Kunstmarkt in dieser ökonomisierten Gesellschaft zum Hauptmaßstab werden, da muss auch die Kunst so öd, leer, fad und eindimensional werden, wie sie sich gegenwärtig in dummdreist aufgeblähten, unterdimensionalen Spektakeln und in den mit dem Kunstbetrieb engstens verzahnten Medien darstellt. Oder die Kunst wird merkwürdig sakral und esoterisch, was ja auch nicht unbedingt so berauschend ist.

Künstler ohne Werke

Der Performancekünstler Reinhard Wilhelmi ist nicht der, die oder das Einzige, der, die, das im Westberlin der Achtzigerjahre den Freiraum findet, um sein Experiment größtmöglicher Autonomie in Angriff zu nehmen. Es gibt weitere Persönlichkeiten, welche diese Möglichkeit nutzen. Sie tragen Eigenbezeichnungen, Fremdbezeichnungen oder Spitznamen wie „Ratten-Jenny", „Straps-Harry", der „Sendermann", „Käthe Be", die „Nachtigall von Ramersdorf" oder „Sunshine". Sunshine heißt eigentlich Dagmar Stenschke. Geboren 1947, stirbt sie am 19. Juli 2011 in Berlin. Die Einzelgängerin trägt die Spitznamen „Underground-Queen" oder „Lady Di von Kreuzberg". Anzutreffen ist sie, meist solo, in den ersten Westberliner Punkclubs, etwa dem Steglitzer Shizzo im Jahr 1980, im Kreuzberger Chaos bis hin zu den queeren Bars der Gegenwart wie dem Möbel-Olfe. Als sie obdachlos wird, wohnt sie einige Wochen bei Françoise Cactus: „Zuerst befürchtete ich ja, das könnte sehr anstrengend werden. Aber ich habe überraschenderweise nie eine angenehmere und freundlichere Mitbewohnerin gehabt als Sunshine. Sie war total ruhig und machte gar keinen Stress", so Françoise Cactus.[217] Wie Ratten-Jenny, Christian Huth (1960–2006) und einige andere Persönlichkeiten aus dem Westberlin der Achtziger ist Sunshine so etwas wie eine „Künstlerin ohne Werk". Im Möbel-Olfe trifft Wolfgang Müller im Frühjahr 2011 Sunshine ein letztes Mal – sie begrüßt ihn überraschend mit einem sanften Kuss auf linke und rechte Wange. Der Tennislehrer Andreas Reiberg erinnert sich: „An einem Tisch im

Kumpelnest 3000 saßen zwei Leute, die offensichtlich gut miteinander bekannt waren, aber die wohl zum ersten Mal in diesem Lokal saßen. Man spürte deren Unsicherheit. Plötzlich plumpste Sunshine wie selbstverständlich auf den dritten Stuhl am Tisch – dabei nahm sie jedoch keine weitere Notiz von den beiden am Tisch Sitzenden. Die waren natürlich ziemlich irritiert." Sunshines Erscheinung – zerrissene Strumpfhosen über dünnen langen Beinen und merkwürdige, hübsche Schmuck-Accessoires aus Konsumabfällen sowie ihre Haare, die sie schon mal mit Nivea einfettet – ist absolut einzigartig. Andreas Reiberg: „Ganz entspannt saß Sunshine nun am Tisch, ohne die Leute neben sich zu beachten. Trat nun bei diesen eine gewisse Gewöhnung ein, war die Situation nach einiger Zeit völlig entspannt, langte Sunshine ganz seelenruhig mit ihren langen dünnen Armen über den Tisch und ergriff – als ob es das Selbstverständlichste der Welt sei – das volle Glas Bier eines der beiden Besucher und hob an, um davon zu trinken."[218] Ob die das nun zuließen oder auch nicht, war egal. Falls sie ihr das Glas panisch wegrissen, ging Sunshine einfach wortlos davon. Nahmen sie es hin, gab es trotzdem kein Dankeschön. Andreas Reiberg ist der Ansicht, Sunshine habe mit diesem Verhalten die Türsteher im Kumpelnest 3000 überflüssig gemacht: „Deshalb brauchte dieses Lokal bis in die Neunziger auch keinen Kontrolleur. Sunshine checkte die Leute direkt vor Ort. Wenn die Gäste von ihrem Verhalten überfordert waren, kamen sie garantiert nie wieder. Die Interessanteren aber blieben und kamen wieder." Andreas Reiberg nennt Sunshine deshalb die „Türsteherin des Inneren".

Karl Lagerfeld trifft Sunshine

Selbst der Modedesigner Karl Lagerfeld lernt Sunshine kennen. Von einer Zusammenarbeit zwischen beiden zu sprechen, wäre sicher übertrieben, aber es kommt durchaus zu einem konstruktiven Zusammenwirken. Als Lagerfeld eine Fotoserie mit Claudia Schiffer und Zazie de Paris im Kumpelnest 3000 plant und nach dem Mietpreis des Lokals fragt, wehrt Inhaber Mark Ernestus zunächst ab. Er vermiete sein Lokal grundsätzlich nicht, egal welcher Preis auch immer dafür geboten werde. Natürlich sei es kein Problem, wenn Karl Lagerfeld dort trotzdem arbeiten wolle. Der Modeschöpfer sagt zu, bittet Mark Ernestus jedoch eindringlich darum, die Presse nicht über das geplante Fotoshooting zu informieren. Es würde sonst überlaufen von Presseleuten und Neugierigen, seine Arbeit würde gestört. Das Versprechen gilt, nur die Abend- und Nachtschicht des Lokals, Gunter Trube, Käthe Kruse und Wolfgang Müller, sind eingeweiht. Am vereinbarten Tag hält um 19 Uhr ein großes Catering-Auto vor dem Lokal. Karl Lagerfeld betritt mit seiner Entourage das Lokal, in dem rund zwanzig völlig überraschte Zufallsgäste sitzen. Freundlich geht er auf jeden Einzelnen zu, schüttelt ihm oder ihr die Hand und fragt, ob wohl Lust bestünde, an seinem Fotoshooting teilzunehmen? Präpariert im Drag-Queen-Outfit erwartet Barmann Gunter Trube den Modestar. Karl Lagerfeld fragt Gunter, ob er eventuell Lust hätte, sich als Solist am Fotoshooting zu beteiligen? Gunter Trube antwortet in Gebärdensprache (DGS), er habe nichts verstanden. Lagerfeld fragt den neben Gunter sitzenden Wolfgang

Müller, welche Sprache Gunter Trube spreche, und bittet um eine Übersetzung. Für die Zufallsgäste hat er schwarze Masken mitgebracht. Auf diese Weise neutralisiert Lagerfeld das Publikum und bindet es in sein Konzept ein. Einzig Sunshine ignoriert das Geschehen. Wie immer sitzt sie auf dem durchgewetzten Sessel allein in der Mitte des Lokals, unmaskiert. Neben ihr, am Boden, steht die Zwei-Liter-Rotweinflasche, die sie mitgebracht hat. Deutlich vernehmbar zischt sie in Richtung Lagerfeld: „Geh doch wieder nach Paris!", kichert anschließend und schlenkert ihre goldreifbehängten Arme in die Höhe. Lagerfelds Assistentinnen zucken nervös zusammen, er selbst instruiert ungerührt seine Models. Claudia Schiffer stellt sich breitbeinig mit dem Rücken zum Tresen, die Maskenträger positionieren sich rechts und links von ihr.

Nach zwei Stunden kommt es zwischen Sunshine und Karl Lagerfeld zur Kooperation: „Dürfte ich wohl um ein Glas von Ihrem Rotwein bitten?", fragt der Modezar. Sunshine weist mit dem Arm Richtung Flasche: „Jaja, nimm, lang zu!" Lagerfeld bittet den Barmann um ein leeres Weinglas, füllt es mit Sunshines Rotwein. Dann stellt der Modeschöpfer das gefüllte Glas auf den kleinen Tresen zur Küche. Dahinter lanciert er eines seiner Models – einen bildhübschen Franzosen. Während der folgenden Aufnahmen starrt der am Fusel nippende Adonis etwas irritiert in Richtung Sunshine. Sie schaut interessiert zurück. Entspannt auf dem Sofa sitzend beobachtet sie die Szenerie, kichert und wirkt sehr zufrieden mit der Situation. Selbst ein schnorrender Modezar und sein bezaubernder Adonis finden einen Platz in Sunshines großem Kosmos.

Bruno Schleinstein

Bruno Schleinstein wird 1932 als Kind einer Deutschen und eines Polen bei Berlin geboren. 1941 wird der Junge in die Wittenauer Heilstätten in Berlin-Reinickendorf verfrachtet, wo die Ärzte mit Impfstoffen an vermeintlich asozialen und behinderten Kindern experimentieren. Erst 1955 wird er entlassen, lebt fortan in Obdachlosenasylen und Männerheimen. Seinen Lebensunterhalt verdient er meist als Hilfsarbeiter. In dieser Zeit beginnt er, mit Ziehharmonika und Akkordeon zu musizieren. Von 1963 an arbeitet er achtundzwanzig Jahre lang als Gabelstaplerfahrer. Mitte der Sechzigerjahre beginnt er, seine Liedtexte mit Zeichnungen zu illustrieren. In seiner Freizeit zieht er als Moritatensänger durch Westberliner Hinterhöfe. Über sich selbst spricht er nur in der dritten Person. Werner Herzog wird auf Bruno Schleinstein aufmerksam und engagiert ihn für die Rolle des Kaspar Hauser im Film *Jeder für sich und Gott gegen alle* (D 1974) und einige Jahre darauf für *Stroszek* (D 1977). In Bruno S. verwischen die Trennungslinien zwischen dem, was als Spiel, und dem, was als Wirklichkeit bezeichnet wird. Die Einzigartigkeit seiner Präsenz macht ihn zur Idealbesetzung der Figur des Kaspar Hauser und schlagartig berühmt. Später arbeitet Bruno Schleinstein als Solomusiker und Art-brut-Künstler. Manchmal sieht Wolfgang Müller ihn in der U-Bahn, in der Galerie endart oder im NGBK. Sein größter Unterstützer ist der Künstler Klaus Theuerkauf. Bruno S. und Klaus Theuerkauf kennen sich seit 1979. In Theuerkaufs endart-Galerie stellt Bruno S. bis zu seinem Tod 2010 regelmäßig seine Kunst aus. Erst wenige Monate davor, im Februar 2009, wird der von einer kleinen Rente lebende Bruno Schleinstein als Verfolgter des Nationalsozialismus anerkannt.

Ohr oder Ohrläppchen?

Dass es kein ganzes Ohr, sondern nur ein Ohrläppchen war, welches sich Vincent van Gogh abtrennte, gilt inzwischen als ziemlich sicher. Im Jahr 2008 erscheint das Buch *Van Goghs Ohr*. Darin belegen Rita Wildegans und Hans Kaufmann, dass die Ohrläppchenabtrennung nicht von van Gogh selbst vollzogen wurde, sondern von seinem Freund Paul Gauguin.[219]

Müssen wir wirklich so lange warten, bis die Wahrheit ans Licht kommt? Zu den Bonmots von Martin Kippenberger zählt der Satz: „Ich kann mir nicht jeden Tag ein Ohr abschneiden!" Damit spielte er auf das existenzialistische Drama an, das der aktuelle Kunstbetrieb vom Künstler verlangt. Martin Kippenberger schonte seinen eigenen Körper kaum. Bekannt ist das Gemälde, das ihn schwer verletzt mit bandagiertem Kopf zeigt. Der *Dialog mit der Jugend*, gemalt von einem Auftragsmaler nach einem Krankenhausfoto, ist Teil von Kippenbergers Triptychon *Berlin bei Nacht*. Der Kunstbetrieb ist wenig daran interessiert, die wahren Hintergründe dieser Verletzung aufzudecken. Leidende Künstler, Künstler als Opfer, ja besonders tote Künstler sind marktwirtschaftlich einfach viel interessanter als glückliche oder zufriedene.

Ratten-Jenny

Eine Punkerin namens Ratten-Jenny lauert Martin Kippenberger mit einem Rudel Punks vor dem Szenetreff Café Central am Schöneberger Nollendorfplatz auf. So zumindest heißt es in der Kippenberger-Biografie seiner Schwester, der *Tagesspiegel*-Redakteurin Susanne Kippenberger. „Ratten-Jenny als Anführerin einer Gruppe? Niemals! Die hat doch immer alleine zugehauen!", wundert sich nicht nur Angelika Sulzbacher, langjährige Kellnerin in der Domina-Bar in Schöneberg: „Ich kenne Ratten-Jenny nur als absolute Einzelgängerin."[220]

Eingebrannt in das Gedächtnis von Wolfgang Müller hat sich auch fest eine Szene, die er 1980 in der Punkkneipe Chaos erlebte: Ein sogenannter Hertha-Frosch – das waren Fußballfans, denen eine Nähe zu rechten Skinheads nachgesagt wurde – steht am Tresen, spricht irgendwann von „Scheißschwuchteln" – kaum hat Ratten-Jenny das vernommen, stürzt sie sich auf den Mann, stößt ihren Regenschirm brutal zwischen seine Schenkel.

Der Hertha-Frosch verlässt überstürzt das Chaos. Auch beim Pogotanz ist Ratten-Jenny immer solo. Gegen 1979 pogt sie derart wild auf der Tanzfläche des SO36, dass sich der Boden öffnet und sie schlagartig im Tanzboden verschwindet. „Da war plötzlich ein Loch. Nach einiger Zeit erschien Ratten-Jennys Kopf, dann ihr Körper. Ganz allmählich. Und als sie aus dem Loch gekrochen war, tanzte sie einfach weiter, so, als sei nichts geschehen", sagt Lilo Ungers, bis heute eine der SO36-Betreiberinnen.[221]

Im 2007 erschienenen Kippenberger-Buch wird Ratten-Jenny von der Fotografin Jutta Henglein folgendermaßen beschrieben: „Eine Berliner Göre mit Spatzenhirn, eine Punkerin ohne Sinn für Humor". Sie sei „irre, drogensüchtig, eklig."[222]

Kein Geheimnis sei, sagt Martin Kippenbergers zeitweilige Assistentin, die Fotografin Andrea Stappert, dass Martin sich in jungen Jahren eine Hepatitis C durch Drogenkonsum zugezogen habe: „Trotz dem im Alter von siebzehn erlittenen schweren Leberschaden trank Martin aber auch weiterhin viel Alkohol."[223] Ratten-Jenny hat den im Alter von 44 Jahren verstorbenen Künstler Martin Kippenberger jedenfalls überlebt und wirkt bis dato sehr lebendig. Ihr Name rührt von der weißen Ratte her, die sie in den Achtzigern ständig auf ihrer Schulter trug und mit Käse, Speck und ihrem Speichel versorgte. Nachdem Ratten-Jenny fast dreißig Jahre lang in London gewohnt hat, kehrt sie seit 2008 wieder gelegentlich im Bezirk Kreuzberg ein. Und: Sie ist immer noch eine Punkerin, mit einem großen pinkfarbenen Iro ausgerüstet, schwarzen Plastikhosen, pinkem Plastiktop und einer Kette, welche die Nase mit dem rechten Ohr verbindet. Im Hinterzimmer der Kreuzberger Punkkneipe Trinkteufel, dort, wo Anfang Dezember 2009 der englische Popmusiker Pete Doherty randalierte,[224] verabreden sich im Mai 2009 Ratten-Jenny und Wolfgang Müller. Es ist das erste Interview, welches mit Ratten-Jenny überhaupt geführt wird. Mit bürgerlichem Namen heißt sie Jenny Schmidt. Während des Gesprächs wird sie das Gegenstück zum *Dialog mit der Jugend* zeigen – es sind die Narben und Verletzungen, die sie von diesem Dialog zurückbehalten hat.[225]

Interview mit Ratten-Jenny (Jenny Schmidt)

Wolfgang Müller: *Du gehörst zu den allerersten Punks des damaligen Westberlin.*

Ratten-Jenny: Ja, es gab 1978 noch so gut wie keine. Ich wohnte damals im Stonz, einem besetzten Haus gleich gegenüber der Ruine am Schöneberger Winterfeldtplatz. Das Stonz war auch die erste Punkkneipe in Westberlin. Das kennen heute nicht mehr viele.

WM: *Die Ruine war eine Absturzkneipe, die im einzig erhaltenen Raum eines im Krieg vollkommen zerbombten Hauses lag.*

RJ: Nur die Hauswände standen noch. Unten, im Erdgeschoss, gab es hinter einem morschen Tor den einzigen Raum. In dem befand sich das Lokal.

WM: *Plötzlich warst du in den Schlagzeilen …*

RJ: Das muss auch so um '78 gewesen sein. Die grüne Front stand plötzlich vor unserem Haus. Von oben habe ich immer wieder laut nach unten gerufen: „Hallo Papa, hallo Papa!"

WM: *Papa?*

RJ: Ja, mein Vater war Kriminalkommissar und für diese Hausräumung abkommandiert worden. Zwischen all den Wannen und den Bullen lief er wie von der Tarantel gestochen herum und regelte den Einsatz.

Am nächsten Tag schrieb dann *Bild:* „Polizistentochter schrie um Hilfe: ‚Papa, hol mich hier raus!'" In der Zeitung wirkte es dann so, als sei die arme Tochter eines Kriminalkommissars jahrelang im dunklen Kellerverlies von sadistischen Hausbesetzern festgehalten worden. So sollte es wohl auch so wirken.

WM: *Im 1980 eröffneten Chaos in der Kreuzberger Großbeerenstraße warst du oft. Dort kamen auch mal „Hertha-Frösche" herein.*

RJ: Die machten blöde Witze über Frauen, Schwule oder Ausländer.

WM: *Wenn so etwas in deiner Reichweite fiel, hast du dich mit denen angelegt. Auch dein Zusammenstoß mit Martin Kippenberger verlief blutig …*

RJ: Kippenberger war neuer Pächter von meinem Kreuzberger Stammlokal, dem SO36. Zuerst provozierte er mit Plakaten, wo „Luxus im SO36" draufstand, rannte mit Anzug und Schlips herum und erhöhte die Eintritts- und Getränkepreise. Und dann wollte er mich aus dem SO36 rauswerfen, vollkommen grundlos. Es war nämlich so, dass ich bereits im Laden drinnen war. Ich stand da herum und hielt ein großes Bier in der Hand – bezahlt, einen Humpen mit Henkel.

WM: *In der Kippenberger-Biografie seiner Schwester findet dieser Zusammenprall am Nollendorfplatz statt.*

RJ: Ich habe ihn ja mehrfach getroffen. Kippenberger brüllte jedenfalls herum, als er mich sah: „Die wollen wir hier nicht!" und so; er schob mich mit Gewalt zum Ausgang. Er schubste, bis ich vor der Tür der Länge nach hinfiel – mit dem vollen Glas in der Hand. Das Glas zerbrach und schlitzte meine rechte Innenhand der Länge nach tief auf. Es blutete höllisch. Ich bin aufgestanden, in der blutenden Hand noch den Henkel und den halben Humpen. Und dann habe ich das Restglas so (*schiebt den Arm langsam von der linken Hälfte des Halses hoch ins Gesicht*) gedrückt und geschoben.

WM: *Entsetzlich!*

RJ: Ja, schau nur, hier (*zeigt ihre rechte Hand*), eine ganz lange Narbe. Die zieht sich quer über die Innenhand. Und hier, mein Ringfinger, der ist viel dicker als der von der anderen Hand. Fühl mal! Der ist doppelt so dick und seitdem steif! – (*schnaubt wütend*) Dieses Arschloch!

WM: *Und was hast du im Finger heute für ein Gefühl?*

RJ: Gar keins. Der ist völlig taub. Aber man kann sehr gut mit ihm spielen (*lacht und macht eine obszöne Geste*) …

WM: *Was geschah dann?*

RJ: Kippenberger setzte sofort so eine Art Mafia auf mich an. Die sollten mich für 10000 Mark umbringen.

WM: *Unvorstellbar.*

RJ: Von wegen. Der hätte auch jemanden gefunden, der mich für eine Mark umgebracht hätte. Er hatte nämlich ein „double face". Also ein öffentliches, höfliches Gesicht für Geschäftskunden und ein ganz fieses, hässliches Gesicht, so eins auf die Fresse, ganz brutal. Übrigens besonders Frauen gegenüber. Du kanntest ihn doch auch.

WM: *Kasper König hatte Martin Schmitz und seinen Verlag in den Portikus nach Frankfurt eingeladen. Plötzlich kam Kippenberger und drängte Tabea Blumenschein, vor unserem Auftritt noch einen mit ihr trinken zu gehen.*

RJ: Und, ging sie mit?

WM: *Mir war völlig klar, dass Tabea niemals wiederkommen würde, wenn sie vor unserer Lesung noch einen trinken ginge. Ich sagte zu Kippenberger: „Sie wissen ja, Tabea lebt seit Jahren von Sozialhilfe und wohnt im Obdachlosenheim. Deshalb braucht sie dringend die 300 Mark, die sie heute Abend bekommt." Ich wusste, dass Kippenberger sie bisher nie in der Czeminskistraße besucht hatte. Er traf sie höchstens mal zufällig bei ihren grotesken Ausflügen in der Paris Bar. In erster Linie wollte ich natürlich unsere Leseshow retten. Bevor Tabea, Ueli Etter und ich die Lesung starteten, war Kippenberger spurlos verschwunden. Dich hat er als schizophrene Krankenschwester bezeichnet, die ihn nach Feierabend attackierte.*

RJ: Ich war tatsächlich mal in Bonnies Ranch, der Karl-Bonhoeffer-Nervenklinik in Heiligensee, angestellt als Krankenschwester. Aber die Patienten kamen mir oft normaler vor als das Personal. Deshalb konnte ich da nicht mehr arbeiten.

WM: *Kippenberger ging nach eurem Zusammenprall nach Paris – und du nach London, wo du bis heute lebst.*

RJ: In Berlin war ich mit Nina Hagen und Wayne County befreundet.

WM: *Die Sängerin von den Electric Chairs, die sich nach ihrer geschlechtsangleichenden Operation Jayne County nannte. Ich sah sie oft im Café Central am Nollendorfplatz.*

RJ: Nach all dem Stress machte ich jedenfalls erst mal Urlaub. Ich fuhr also nach London, in die Punkmetropole, und besuchte dort Jayne. Und da blieb ich dann – bis heute.

WM: *In Westberlin kannten dich nicht nur alle Punks, sondern auch die New-Wave- und die Künstlerszene. Im Dschungel warst du genauso häufig wie in Punkläden. Angeblich hast du auch mal den Maler Salomé und den Künstler Klaus Theuerkauf von endart verprügelt?*

RJ: Ja, aber mit Klaus Theuerkauf bin ich heute gut befreundet.

WM: Irgendwann bemerkten einige, dass du wie vom Erdboden verschluckt warst. Niemand wusste etwas. Im Jahr 2007 organisierte dann die Musikerin Bettina Köster im SO36 eine Veranstaltung mit dem Titel Ratten-Jenny, bitte melden!. *Richtig?*

RJ: Ich dachte ja zuerst, da wird Geld für mich gesammelt. Als ich ein Jahr später nach Berlin kam und im SO36 nachfragte, lag da aber kein Geld ... – Du wolltest doch ein Foto von meinem Finger und der Narbe machen? Hier, auf dem schwarzen Tisch ist sie besser zu sehen. (*hält ihre Hand über den Tisch*)

Der Augenzeuge

Guido Schirmeyer, ein Journalist, ist in Martin Kippenbergers Begleitung, als dieser von Ratten-Jenny attackiert wird. Die in den Medien kursierenden Versionen des Vorfalls hält er für Legendenstrickerei. Seiner Ansicht nach haben sie die Funktion, den Kunstmarkt zu beflügeln. Er erinnert sich daran, dass die Attacke von Ratten-Jenny im Café Central stattgefunden habe. Dass Ratten-Jenny den Angriff in ihrer Erinnerung an einen anderen Ort verlagert habe, erklärt er sich folgendermaßen: „Wer sich an die Achtzigerjahre in Westberlin erinnert, der hat sie nicht wirklich erlebt. Wahrscheinlich hat Ratten-Jenny Kippy auch im SO36 schon mal verprügelt und verwechselt das heute."[226]
Guido Schirmeyer erinnert sich wie folgt: „Martin Kippenberger und ich gehen ins Café Central. Als Kippy Ratten-Jenny sieht, ruft er laut durch das Lokal:

‚Na, du Fotze!' Ratten-Jenny, die sich einige Meter entfernt befindet, nimmt blitzschnell eine Bierflasche, halbiert diese durch einen Schlag und stürmt mit dem Rest auf Kippenberger zu. Meine hellblaue Hose war voller Blutspritzer von Kippy."[227]

Weder Ratten-Jennys noch Guido Schirmeyers Version der Vorfälle fanden bislang bei Kunstwissenschaftlern oder Journalisten Berücksichtigung. Die neue Disziplin der Missverständniswissenschaft hat sich zur Aufgabe gemacht, jenseits von absoluten Wahrheitsansprüchen zu forschen und stattdessen in den durch menschliche Wahrnehmung und Interessen geprägten Schilderungen über Realität die Entstehung von Missverständnissen zu erkunden. Nun können die Hintergründe geklärt werden, welche beispielsweise zur Entstehung des Gemäldes *Dialog mit der Jugend* führten.

Scheißladen

Zu den Treffpunkten der Szene zählen die Vinyl-, Kassetten- und Fanzineläden wie der Zensor in der Belziger Straße, das Eisengrau in der Goltzstraße, kurze Zeit das Schlitz in der Schönleinstraße, der Vinyl Boogie in der Gleditschstraße und der Scheißladen in der Großbeerenstraße. Burkhardt Seilers Zensor und der Vinyl Boogie veröffentlichen Independentbands auf hauseigenen Labels. Seilers Plattenladen ist im Hinterzimmer des Modeshops Blue Moon untergebracht. „Am 7. April 1979 hat der Zensor aufgemacht, glaube ich jedenfalls", so Betti Moser. „Auf jeden Fall gab es Freibier im Blue Moon. Irgendwas wurde also gefeiert."[228] Norbert Hähnel eröffnet am 1. Mai 1980 sein Plattengeschäft für unabhängige Produktionen auf Vinyl und Kassette. In der Kreuzberger Großbeerenstraße schreibt er mit weißer Farbe in großer Kinderschönschreibschrift „Scheißladen" auf die Fenster. Die Begeisterung des Vermieters und der Hausbewohner über den Namen des neuen Plattengeschäfts hält sich in Grenzen.

Blütezeit des Audiotapes

Der ZickZack-Labelchef Alfred Hilsberg prägt 1980 den Begriff „Neue Deutsche Welle". In rasendem Tempo veröffentlicht er Schallplatten von neuen Post-Punk-Bands und den Westberliner Genialen Dilletanten wie den Einstürzenden Neubauten, der Tödlichen Doris und später, auf seinem Label What's

So Funny About, Christoph Drehers Gitarrenband Die Haut sowie Mutter, der Band von Max Müller. Alfred Hilsberg produziert rauschartig, wirft ständig Vinyls von unbekannten, sich gerade formierenden Gruppen auf den Markt. Das Spektrum reicht von wirren Belanglosigkeiten bis hin zu einzigartigen Experimenten. Der Begriff „Neue Deutsche Welle" wird innerhalb kurzer Zeit von den großen ausschließlich am Umsatz orientierten Plattenlabels dankbar aufgenommen, mit talentfreien Kunstprodukten besetzt und kommerziell ausgeschlachtet. Doch selbst Alfred Hilsberg lässt nicht alles auf Vinyl pressen, was die überbordende Kreativitätswelle gerade hervorbringt. Immerhin schreibt er die erste Kolumne über selbst produzierte Audiotapes in *Sounds*, später setzt Diedrich Diederichsen die Rezensionen über ausschließlich auf Kassette Veröffentlichtes in *Spex* fort.

Die kurze Blütezeit der Audiokassette beginnt etwa 1980. Kleinstlabels und Musik-Dilletanten kopieren Audiotapes in Auflagen zwischen fünf und fünfhundert. Kassettenlabels entstehen sowohl in der westdeutschen Provinz als auch in großen Städten, sie entstehen in Polen und der DDR. Das Mainzer Audiolabel heißt „Wahrnehmungen", in Aachen nennt es sich „Kompakt Produkte", in Westberlin „Eisengrau". Im Jahr 1981 kommen „Graf Haufen Tapes", das „Cassettencombinat" und unzählige andere dazu. Verkauft werden die Tapes in Läden wie 235 in Bonn, Unterm Durchschnitt in Hamburg, in Molto Menz' Münchner „Du bist so gut zu mir – Cassetten & Zeitvertreib" oder dem Scheißladen in Westberlin.

Ein polit-hippiesker Prototyp des Kassettenlabels existiert in Westberlin mit Stechapfel bereits in den Siebzigerjahren. Dieser versteht sich zunächst als Kollektiv von Kassettenproduzenten. Der Verlag der Tonträger für Genossen und ihre Freunde veröffentlicht Reden von Rudi Dutschke, philosophische Abhandlungen des Kabarettisten Wolfgang Neuss sowie Kostproben der sexuellen Befreiungstheologie von Helga Goetze. Nina Hagen witzelt über Gott und die Welt, bevor sie dreißig Jahre später ernsthaft religiös werden wird. Um 1981 ist Volker Hauptvogels Post-Punk-Hardcore-Band Mekanik Destrüktiw Komandöh vertreten, und schlussendlich erscheint ein Sampler mit Aufnahmen vom *Berlin atonal Festival* 1982 auf Stechapfel. Ein eigenes Label zu gründen, Schallplatten selbst zu produzieren, diese in die Vertriebe und den Handel zu bringen, ist in den Siebzigerjahren fast unmöglich. Alles liegt in den Händen großer Plattenkonzerne, die genau darauf achten, dass ausschließlich ihre Produkte den besten Platz finden im Sortiment der Läden. Die unabhängige Plattenproduktion und das Vertriebsmodell der Politrockband Ton Steine Scherben sind Versuche, die unsichtbare Zensur im Kapitalismus zu brechen, die von der Vorstellung geschützt wird, der Markt regle sich selbst.

Eisengrau

Im Sommer 1979 sucht Bettina Köster dringend nach einer Wohnung in Westberlin, findet aber nur einen leer stehenden Laden in der Schöneberger

Goltzstraße. Bei dessen Renovierung stößt Gudrun Gut hinzu. Es entsteht Eisengrau – ein Modeladen. Im Hinterzimmer zeigen die Künstlerinnen Super-8-Filme. New-Waverinnen mit spitzen Absätzen zertreten in diesen Filmen aufblasbare Sexpuppen. Bald übernimmt die Kassenfee des Tali-Kinos, Blixa Bargeld, das Eisengrau. Allmählich wird es zur Zentrale der Westberliner Audiokassettenfreunde und der Geniale-Dilletanten-Szene. Nur durch die relativ niedrigen Mieten und bei gleichzeitiger Nutzung als Wohnraum ist ein solcher Laden mit Fanzines, Tapes und ein paar Strickpullovern in Westberlin überhaupt zu finanzieren – nicht durch Verkäufe. Zudem sprudelt Geld durch die permanent ausverkauften Vorführungen der *Rocky Horror Picture Show* im Tali-Kino hinein. Unbesorgt kann Blixa Bargeld die *Vogue*-Journalistin aus Paris angrunzen, die sich für die grellen Plexiglasohrringe und den letzten mottenzerfressenen Punkpullover von Designerin Susä zu interessieren scheint. In der kleinen Küche krümmen sich eingetrocknete Spaghetti in verkrusteten Töpfen, auf dem Boden liegen schmutzige Unterhosen. Noch möchte und will niemand etwas verkaufen. Noch ist der Westberliner Underground nicht interessiert an kommerzieller Verwertung. Zwar lockt im Eisengrau-Fenster eine Schaufensterpuppe – aber baumelnd: Erwürgt von einem Strang um den Hals hängt sie von der Decke. Über den Kopf der Puppe spannt sich die Plastiktüte eines Discounters. Sie trägt ein fleischfarbenes, zerrupftes Strickkleidchen von Gudrun Gut. Empörte Anwohner rufen die Polizei, doch diese befindet die Schaufenstergestaltung für im Rahmen der Legalität und zieht achselzuckend davon.

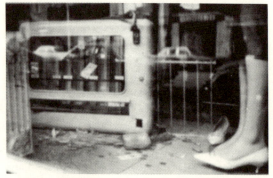

34 Blick in den Eisengrau-Laden: erhängte Schaufensterpuppe,
erkennbar an den etwas in der Luft schwebenden Schuhen

Vom Audioband zur Vinylplatte

Der Tape-Archivar Günter Sahler, der in seiner Edition Blechluft die Audiotapespuren jener Zeit sichert, schreibt: „1982 wurde so etwas wie ein quantitativer und qualitativer Höhepunkt überschritten."[229] In der Tat lässt auch die ab 1982 beginnende Kommerzialisierung der Neuen Deutschen Welle durch Hitparade und Schlagershows immer weniger Raum für Experimente. In der Zeit der Hochblüte des Audiotapes bis 1982 ist Distinktion angesagt, Anpassung oder gar Mainstream sind verpönt. Noch möchte keine Band klingen wie eine andere. Um alle Differenzen einigermaßen vollständig zu versammeln, reicht kaum das ZickZack-Vinyllabel Alfred Hilsbergs mit seiner Devise des „Lieber zu viel als zu wenig" aus.

„Einige der Kassetten hätten sicherlich auf Vinyl erscheinen können, rein qualitativ", meint Günter Sahler mit Blick auf die musikalische Vielfalt dieser Zeit. Er erforscht heute die subkulturellen Musikproduktionen, die als vervielfältigte Audiokassetten in den Städten und auf dem Land vertrieben wurden. Er bezeichnet sich als „Kassettenarchäologe".[230]

Vinyl On Demand

Um die Vielschichtigkeit seinerzeit nur auf Audiotape erschienener Aufnahmen weiß auch Frank Maier aus Friedrichshafen am Bodensee. In den Achtzigerjahren sammelt er um die viertausend Audiotapes von Musikgruppen aus dem Umfeld von Wave,

Minimal Synth, Experimental, Industrial, Avantgarde, Punk und Post-Punk, wählt zwanzig Jahre später seine Favoriten aus und veröffentlicht sie auf Vinyl – sofern die Kontaktaufnahme mit den Urhebern gelingt. Seit 2004 erscheinen die Musiken im monatlichen Rhythmus auf Vinyllangspielplatten, die Auflagen zwischen fünfhundert bis maximal siebenhundert Exemplaren haben.

Frank Maier: „Ich hatte damals gar keine Zeit, die Tapes alle durchzuhören. Es waren einfach zu viele." Das existierende Audiotapematerial der Endsiebziger bis zu den frühen Achtzigern böte, so Maier, genügend an ungewöhnlichen und spannenden Klangexperimenten, um sein Label Vinyl On Demand „noch bis zum Jahr 2050 betreiben zu können."[231] Zudem veröffentlicht Frank Maier die Musik von Kunstschlachter Hermann Nitsch. Seine Vinylveröffentlichungen bringt er in aufwendig gestalteten Boxen unter, die mit informativem Beiheft und Beigaben versehen sind – sehr zur Freude der Vinylsammler. Neben unveröffentlichtem Tapematerial der Industrialband SPK erscheinen auf Vinyl On Demand Editionen internationaler experimenteller Post-Punk-Bands wie Laibach, Psychic TV, Nurse With Wound, Portion Control, Current 93, Nocturnal Emissions, Die Form, Die Tödliche Doris und Etant Donnés. Frank Maier sichert all die bizarren Klänge jener Zeit, bevor sie auf den zarten, schmalen Tonbändern verrauschen und für immer spurlos verschwinden. Er weiß, dass sich die allgemeine Wertschätzung, der Respekt vor einer Musik durch ihre Übertragung vom Medium Audioband auf das Medium Schallplatte erhöht.[232]

Auch das Performance- und Musikduo Etant Donnés aus Grenoble veröffentlicht von 1981 bis 1983 ausschließlich Audiotapes. Über Tapes wird das performative Körper- und Musikprojekt der Brüder Eric und Marc Hurtado dem Filmemacher Rainer Werner Fassbinder bekannt. Dieser sucht im Frühjahr 1982 den bekanntesten Kassetten- und Fanzineladen Westberlins auf, den Scheißladen. „Fassbinder kam mit einem vollbärtigen Typ. Er fragte nach Tapes und Platten von Die Tödliche Doris", so Inhaber Norbert Hähnel.[233] Sein nächster Film solle eine Verfilmung von Pitigrillis *Kokain*-Buch werden, mit der Musik von Bands wie Etant Donnés und Die Tödliche Doris. Norbert Hähnel ruft Wolfgang Müller an, um ihm vom Besuch des prominenten Kunden zu erzählen. Fassbinder stirbt nur wenige Wochen nach seinem Besuch im Scheißladen, am 10. Juni 1982. Das Zeitalter von Helmut Kohl und Wim Wenders bricht an.

Unglaubliche Scheißmusik

Die Produktionen von Punkbands und experimentellen Projekten wie Frieder Butzmann, P1/E, DIN A Testbild, Einstürzende Neubauten und Mania D erscheinen auf Kleinstlabels wie Elisabeth Reckers Monogam Records, dem Zensor und ZickZack auf Vinyl. So wächst das Sortiment im Scheißladen. Zum einjährigen Bestehen seines Plattenladens tritt am 1. Oktober 1981 Norbert Hähnel als Der wahre Heino auf, im Punklokal Risiko neben den Yorckbrücken. Punk und Heino sind sich näher, als viele auch nur ahnen: Jello Biafra, der Sänger der kalifornischen Punkband Dead Kennedys outet sich als großer Fan des deutschen Superstars: „Wollt ihr auch wissen, wieso ich Heino-Platten sammle? Damit ich meinen Freunden beweisen kann, was es für unglaubliche Scheißmusik auf dieser Welt gibt. So was glaubt einem ja keiner!"[234]

Norbert Hähnel betritt das Risiko mit weißblond gefärbtem Haar und einer großen dunklen Sonnenbrille. Er spricht sehr tief, langsam, stockend, über einem weißen Rollkragenpulli trägt er einen unspektakulären grauen Anzug, dazu eine breite, dezent gemusterte Krawatte. Zum Playback bewegt er synchron die Lippen, formt seinen Mund, schlenkert dazu steif und ungelenk mit den Armen. Die Mimikry ist perfekt. Später greift die Düsseldorfer Spaßpunkband Die Toten Hosen die Nummer des „wahren Heino" auf. Zur Gaudi ihrer Fans engagieren sie ihn für das Vorprogramm ihrer Konzerte. Auch die Toten Hosen treten später im Hinterzimmer des Risiko auf. Dafür leihen sie sich die Instrumente der Tödlichen Doris aus und später auch die Idee eines Open-Air-Konzerts auf Helgoland.

Open Air

Bei einem ominösen Reisebüro bucht Die Tödliche Doris fünfundzwanzig Tickets für eine Ein-Tages-Schnäppchenreise, eine sogenannte Butterfahrt. Am 23. Juli 1983 fährt ein Reisebus von Westberlin über die DDR nach Helgoland – und am Abend wieder zurück. Bizarr gekleidete Vertreter der Westberliner Szene sitzen zwischen arglosen Rentnern, die ihre

Mitreisenden mit größter Sorge und entsprechender Distanz betrachten: Ades Zabel, Ogar Grafe, Hermoine Zittlau, Blixa Bargeld, Reinhard Wilhelmi, Sabina Maria van der Linden, Käthe Kruse, Tabea Blumenschein, Andreas Kelling und andere mehr. Angekommen auf Helgoland, stürzen die Rentner aus dem Bus und hinein in die Läden, um zollfrei Alkohol und Zigaretten zu kaufen. Die Tödliche Doris fährt mit den mit ihr reisenden Konzertbesuchern per Lift auf das Oberland von Helgoland. Ades Zabel nimmt die Bilder des Open-Air-Konzerts mit seiner Super-8-Kamera auf und Blixa Bargeld den Ton. Schlangen von Touristen laufen derweil auf den schmalen Trampelpfaden vorbei. Tabea Blumenschein kreischt laut: „Südwestwind – The Sound of Bells … In unserer Konfession gibt es so etwas nicht!" Nikolaus Utermöhlen greift in die Tasten seines Schifferklaviers. „Hier ist ein Stückchen Fleisch von einem toten Pferd!", kreischt Käthe Kruse, und Wolfgang Müller schreit: „Kavaliere treiben die Welt in den Abgrund!" Vereinzelt bleiben Touristen stehen. Nach dem Konzert springen Publikum und Künstler wieder auf das Schiff, steigen zusammen mit den Rentnern und deren Beute an Zigarettenstangen und großen Butterklumpen in den Bus, erreichen spätnachts Westberlin. Vier Jahre später kündigen Die Toten Hosen ein Konzert auf Helgoland an. Als sich die Nachricht durch die Medien wie ein Lauffeuer verbreitet, versuchen Helgoländer, das Konzert mit einer polizeilichen Verfügung zu verhindern. Im Rahmen einer seriösen Butterfahrt organisiert, hätte sich die Spaßpunkband viel Ärger damit ersparen können.

Heino gegen Apartheid

Die Biografie, die Der wahre Heino erzählt, ist
ein groteskes Meisterwerk: Der Mann, der überall als
„Heino" im Fernsehen und auf den großen Bühnen in
Deutschland und Österreich oder vor deutschsprachigen Minderheiten in allen Ländern auftrete, sei eine
Kopie, die raffinierte Fälschung des geldgierigen Plat-
tenkonzerns EMI. Eigentlich sei er, Norbert Hähnel
aus Westfalen, Heino – das Original, der berühmteste
Volkslied- und Schlagersänger Deutschlands. Seine
Wandlung vom Schlagersänger zum Punker habe erst
bei einem Besuch in Südafrika begonnen: Im Armen-
viertel von Johannesburg habe er Schwarze Musiker[235]
getroffen, mit denen er unbedingt eine LP aufnehmen
wollte. EMI habe das Vorhaben strikt untersagt, da es
angeblich nicht ins „Heino-Konzept" passe. Er sei über
die Beschränkung seiner künstlerischen Freiheit derart
verärgert gewesen, dass er seinen Vertrag beim Plat-
tenkonzern fristlos gekündigt habe. Anschließend habe
er sich nach Kreuzberg abgesetzt. Dort, unter Hausbesetzern, Linksradikalen, Migranten und Punks, fühle
er sich wohl und erstmals richtig verstanden. Deshalb
habe er entschieden: Solange in Südafrika das Apart-
heidsystem fortbestehe, weigere er sich, dort aufzutreten. Doch EMI habe ihn ausgetrickst. Um das lukrati-
ve Geschäft mit Heino weiterlaufen lassen zu können,
habe ihn die Plattenfirma einfach durch ein Double
ersetzt, welches seinen Stil perfekt kopiert habe. Dieses Heino-Imitat toure nun unter seinem Namen nicht
nur durch Südafrika und Namibia, sondern auch durch
den ganzen deutschsprachigen Raum. Der „wahre

Heino" wehrt sich und singt nun auf Punkkonzerten „Schwarzbraun ist die Haselnuss". Oder auch „Blau, blau, blau blüht der Enzian". Allmählich kommen sogar vereinzelt ältere Damen und Herren, ja rüstige Greise ins SO36, ins Tempodrom oder in düstere Punkclubs, um den wahren Heino zu sehen, halten ihn für Heinz-Georg Kramm, den gelernten Bäcker, der als „Heino" unter EMI-Vertrag steht.

Irgendwann wird das Heinz-Georg Kramm zu viel. Im Jahr 1985 verklagt er seinen Doppelgänger. Der wahre Heino Norbert Hähnel weigert sich, die Geldstrafe in Höhe von fünfzehntausend DM zu zahlen, und geht für zwei Wochen ins Gefängnis. Im Gericht sitzen während des Prozesses zahlreiche Norbert-Hähnel-Unterstützer auf den Zuschauerbänken – als Heino-Klone mit blonden Haaren und Sonnenbrillen. Vor Journalisten äußert Norbert Hähnel den Verdacht, Heinz-Georg Kramm habe nur gegen ihn geklagt, weil er befürchte, seine Fans könnten allmählich zu ihm, dem wahren Heino, überlaufen. Im Rahmen eines „Heino-Abschiedskonzerts" wird ein Benefiz veranstaltet. Norbert Hähnel schließt 1987 den Scheißladen und eröffnet eine Kneipe, das Enzian in Kreuzberg.

Über zwanzig Jahre später, 2011, verlässt Norbert Hähnel seine Kreuzberger Wohnung und zieht um nach Tempelhof.[236] Die zunehmende Gentrifizierung Berlins, die unter der Regentschaft von Linkspartei und Sozialdemokraten gnadenlos voranschreitet, fordert ihre Opfer.

Auch der Komiker Otto scheint von Norbert Hähnels hyperaffirmativer Inszenierung inspiriert. In *Otto – Der Film* (D 1985) erhebt sich ein Dutzend

Zombie-Heinos aus ihren Gräbern – eine Parodie auf
Michael Jacksons Video „Thriller" –, um das Volkslied
„Schwarzbraun ist die Haselnuss" als Rap darzubieten.
Endlich will selbst Heinz-Georg Kramm, Heino, kein
Spießer und Spielverderber mehr sein: 1988 veröffent-
licht er den „Enzian-RAP", eine Techno-Version seines
Schlagerhits von 1972.

Flatulist

Der letzte hauptberufliche Vertreter des jahr-
hundertealten Genres des Kunstfurzens, der Franzose
Joseph Pujol, genannt „Le Pétomane", trat um 1900
mit großem Erfolg im Pariser Varieté Moulin Rouge
auf. Kunstfurzer besitzen die Fähigkeit, die Tonhöhen
ihrer Darmwinde so präzise zu kontrollieren, dass
Rhythmen, Akkorde und erkennbare Melodien entstehen. Der wahre Heino wird 1988 zum Abschluss
seiner Musikkarriere eine gefurzte Version der deutschen Nationalhymne veröffentlichen.[237] Die Single
„Dem Deutschen sein Lied" wird über seine Kneipe
Enzian vertrieben. Ähnlich wie bei den Kunstfurzern
im „Palast der Winde" aus André Hellers Parkkonzept
Luna Luna – ein schönes Vergnügen (1987) bleibt offen,
ob er der wahre Urheber der Flatulenzlaute ist oder
doch ein Computer mit gespeicherten Geräuschen.
Im Jahr 1995 geht Norbert Hähnel in die Politik. Er
schließt sich der bereits 1988 gegründeten Spaßpartei
Kreuzberger Patriotische Demokraten/Realistisches
Zentrum, kurz: KPD/RZ an. Bei der Bundestagswahl
2005 tritt Norbert Hähnel im Berliner Wahlkreis

Friedrichshain-Kreuzberg-Prenzlauer Berg Ost als Direktkandidat für die von der KPD/RZ unterstützte Partei Die Partei an. Er erhält 1363 Erststimmen (0,8 Prozent).

Wundervolles Kreuzberg

Im Musikkollektiv Mekanik Deströktiv Komandöh (MDK) um Volker Hauptvogel und Edgar Domin wird Politik in Musik und Performance verwandelt. Das Manifest zu dieser Metamorphose erscheint 1983 im Karin Kramer Verlag: Der NO!art-Künstler Dietmar Kirves schreibt dort: „die GRÜNEN versuchen, die aufgezwungene ordnung zu stören, geben sich aber notfalls mit dem zufrieden, was ist!"[238] In ihrem Buchmanifest fordern MDK neue konstruktive Ausdrucksformen, mehr Ironie und Humor innerhalb der politischen Subkultur: „Weg mit dem verbissenen Ernst!" Stattdessen: sich öffnen, Theorie und Praxis verbinden und Spaß haben durch Musik: „ALLE sollten ALLE Instrumente spielen! Keiner konnte es!"[239] Die Verbindung von Selbstironie mit politischer Solidarität bleibt vielen Linksalternativen und Politfreaks lange ein Mysterium, mitunter bis heute. Vielleicht ist die Band MDK am ehesten so etwas wie der moderne, dekonstruktive Nachfolger der Politrockband Ton Steine Scherben. Deren Frontsänger Rio Reiser träumt 1994 bereits von der Monarchie. Bei der Bundeswehr würde es dann keine Militär-, sondern nur noch Hitparaden geben. Ob sich Rio Reiser hätte vorstellen können, dass ausgerechnet seine Ex-Managerin Claudia Roth später langjährige Vorsitzende der inzwischen entpazifizierten Grünen wird, die in rot-grüner Regierungsverantwortung die deutsche Armee erstmals seit 1945 in Auslandskriege entsenden wird? Ob sich Rio Reiser hätte vorstellen können, dass während rot-grüner Regierungszeit die Schere zwischen Arm und

Reich noch weiter und in noch schnellerem Tempo auseinanderklaffen würde als zuvor, in CDU-Zeiten? Dass mit Unterstützung der Grünen in Deutschland eine Zwangsarbeitspflicht für Arbeitslose eingeführt werden würde? Man wird es nie erfahren. Rio Reiser starb 1996.

<u>Kreuzberg ist so wundervoll</u>

KREUZBERG IST SO WUNDERVOLL
DIESE GEILEN AUSSENKLOOHS
DIESE GRAUEN BETONSILOOS
WENN ICH DURCH DIE STRASSEN GEH
UND DIE BESÄTZTEN HÄUSER SEEH
DURCH DIE STRASSEN GEHEN
FAHANEN WEHN; FAHNEN WEHN IM
WIND
UND DIE LEUTE AUS DEM BESETZTEN
HAUS
WINKEN MIR ZUM FENSTER RAUS
EIN-ZWEI-DREI, LASST DIE LEUTE FREI
IS DOCH WIRKLICH EINERLEI, ES IST
DER GROSSE
DER GROSSE UND DER KLEINE KNAST
KREUZBERG IS SOOH WUNDERVOLL.

(MDK 1983)[240]

Die MDK-Revolutionäre Volker Hauptvogel und Edgar Domin bezeichnen sich selbst als straight bis halbstraight, fordern „Bunter ficken!" und

„Homosexuelle Anarchisten". Die kräftigen Männer begrüßen sich öffentlich mit „Darling" und „Schätzchen", laufen Arm in Arm und Händchen haltend in Kreuzberg und Schöneberg herum. Sie fordern die auch in linksalternativen Kreisen weitverbreitete Homophobie heraus: „Ich weiß ja, du bist straight / gefroren wie das Eis / Du willst dich nicht infizieren / mit schwulen Bakterien / Du hast Angst / Du hast Angst vor mir [...]",[241] sie kritisieren deren ideologische Verbohrtheit und irritieren mit der Umwandlung linker Parolen, indem sie diese in Textgrotesken umwandeln. MDK verteilen Flugblätter mit Überschriften wie „Botschaft zur Lage der Nation" oder „Die Kriegserklärung an die Dummheit", welche den totalitären Sprachstil von Stalinisten und verschwurbelt grün-alternativen Esoterikern miteinander verknüpfen. Als verantwortlich im Sinne des Presserechts erklärt sich eine „Üniweria Zekt". Zur Finanzierung des Anarcho-Buchs steuern Oswald und Ingrid Wiener eine ganzseitige Anzeige ihres Kreuzberger Restaurants Exil bei: Weiße Schrift auf tiefschwarzem Grund. Gedruckt wird das Manifest – wie schon die Merve-Bücher – auf dem preisgünstigsten Material von Westberlin, dem schnell gilbenden Papier der Kreuzberger Druckerei Dieter Dressler.

Kettenrasselnde Lederschwule

Die am Rande der Stadt liegende Schwulenbar Chaguaramas und der Lesbenclub Louise entwickeln sich 1976 zu Keimzellen der Londoner Punkszene. Sie werden zu ersten Treffpunkten der Sex Pistols und von The Clash. Der englische Autor Jon Savage schreibt, dass die Szene um Siouxsie Sioux und Billy Idol als ehemalige Fans von David Bowie und Roxy Music vom Film *Cabaret* völlig besessen gewesen sei. Der Film, der nach dem Buch *Goodbye to Berlin* des schwulen englischen Autors Christopher Isherwood entstand, beschreibt den Umbruch der freien „wilden Zwanziger" in die düsteren Nazizeiten der Dreißigerjahre in Berlin. Mit etwa zweijähriger Verspätung erreicht der Punkimpuls aus London Westberlin. Und wie in London spielen auch dort prä-queere lesbische, schwule und Trans*-Lokale eine in den Erzählungen über Punk bis heute stark unterschätzte Rolle. Über London schreibt Jon Savage: „Dieser Verbindung mit einer anderen Außenseiterkultur wurde in vielen Geschichten des Punk nicht der entsprechende Stellenwert eingeräumt. Die Darstellungen neigen dazu, sich auf das Machoverhalten der Jungs in der Band zu konzentrieren. Obgleich Homosexualität seit fast einem Jahrzehnt teilweise entkriminalisiert worden war, wurde sie immer noch missverstanden und dämonisiert [...]. Die Schwulenclubs lagen häufig in vergessenen Teilen der Stadt und hatten somit – neben der Freiheit, die sie boten, was Kleidung und Verhalten betraf – ihren Anteil an der Veränderung des Stadtbildes durch Punk."[242] In Westberlin waren es das Café Anderes Ufer, das Risiko und Diskotheken wie der Dschungel, die zu den wichtigen Treffpunkten der Szene zählten. Gudrun Gut lernt den langhaarigen, geschminkten Blixa Bargeld im Anderen Ufer kennen. „Wir hatten einen gemeinsamen Musikgeschmack, waren beide Fans der Band Neu."[243] Aus der linksalternativen Lesbenkneipe

Blocksberg entsteht im fließenden Übergang die Punk-kneipe Risiko. Die Westberliner Frauenband Malaria! tritt erstmals vor größerem Publikum im Juli 1980 bei einem Lesbenfestival in der Diskothek Metropol auf. Diese Schwulendiskothek ist auch der Ort, an dem der straighte[244] Frank Xerox von der Ein-Abend-Geniale-Dilletantenband Kriegsschauplatz Tempodrom, später bekannt als DJ Westbam, 1984 seine ersten Erfahrungen als DJ macht. Hier entwickelt er nach Joseph Beuys' erweitertem Kunstbegriff seinen erweiterten Mixbegriff. Westbam: „Als ich 1982 das Metropol zum ersten Mal betrat, war es eine Erleuchtung. Aus dem Trockeneisnebel kamen kettenrasselnde Lederschwule, und dann trat man in die hysterische Kathedrale der Verstörung, in ein energiegeladenes Sodom & Gomor-rha, wo der Beat niemals aufhörte und das Publikum jeden gelungenen Mix mit Geschrei und Trillerpfeifen zelebrierte – ich hatte so etwas noch nie zuvor gehört oder gesehen."[245]

Zahlreiche Kulturschaffende aus dem straighten Milieu, beispielsweise der spätere Filmregisseur Oskar Roehler, schwärmen in Rückblicken von der lesbisch-schwulen Atmosphäre Westberlins, verknüpfen diese oft mit dem Image des Berlins der Zwanzigerjahre. Von den politischen Forderungen der Schwulenbewegung weitestgehend entleert, dient Homosexualität nun auch der Erweiterung des Männlichkeitsspektrums und wird entpolitisiert: Partylaune kommt auf, Sex überall, An-schluss an die vermeintlich hedonistischen Zwanziger. Die Zeit zwischen 1933 und 1945 und die verklemm-te, prüde Adenauer-Ära bis 1963, die im Grunde erst 1969 endete, können nun ad acta gelegt werden,

werden ausgeblendet. Oskar Roehler: „Bei mir waren's die Achtzigerjahre, genauer gesagt das West-Berlin der Achtziger, das mir geholfen hat, den Kreislauf zu durchbrechen. Ich bin ein absoluter Apologet dieser Zeit. Die ist meine schöpferische Basis. Da waren, mit Malern wie Fetting und Salomé, mit Filmleuten, Musikern, mit dem ganzen schwulen Party-Volk, das die Stadt dominierte, endlich wieder Leute am Werk, die hinguckten, die die Welt wahrnahmen, wie sie wirklich war. Die kein hybrides Weltanschauungs-Gebräu aus fragwürdigen politischen, ideologischen und sonstigen Versatzstücken vor sich hertrugen, diese ganzen deutschen Dunkelheiten. Nein, jetzt endlich schaffte man wieder den Anschluss an die Zwanzigerjahre, in denen ein Christian Schad oder ein George Grosz ihre Bestandsaufnahme vorgenommen hatten."[246]

Tote Hose im SchwuZ

Es könnte der irrige Eindruck entstehen, die schwul-lesbische Szene der frühen Achtziger sei den Post-Punk-Klängen und performativen, interdisziplinären Künsten gegenüber sehr aufgeschlossen gewesen. Dem ist aber keineswegs so. Um die fünfhundert Menschen – etwa entsprechend der Anzahl der Teilnehmer des ersten Westberliner CSD im Jahr 1979 – treffen sich 1980 jedes Wochenende im SchwuZ, dem alternativen Schwulenzentrum. Es liegt in einer Schöneberger Fabriketage im dritten Hinterhof in der Kulmer Straße. Direkt neben der Tanzfläche residiert Egmont Fassbinders Verlag Rosa Winkel. Als der österreichische Psychologe Hannes Hauser, Nikolaus Utermöhlen und Wolfgang Müller an einem Samstag im Februar 1980 einen Post-Punk- und Industrial-Musikabend im SchwuZ mit Musik von PiL, Throbbing Gristle, Stranglers, Can, Velvet Underground, Minus Delta t und Mania D veranstalten, flüchten die Vergnügungswilligen panikartig. Selbst eine Versöhnungssingle, Alice Coopers „School's Out", kann sie nicht aufhalten. Die linksalternative Schwulenszene jener Zeit ist fast völlig der Discomusik, Eurovisionstrash und dem deutschen Schlager verfallen. Der schwule RIAS-Moderator Barry Graves und die öffentlich-rechtliche Schlager- und Discomafia beherrschen den Äther und die Diskotheken Westberlins. Erst über Techno wird Ende der Achtziger der Geschmack der schwulen Szene etwas reformiert. Zwanzig schwule Punks, Industrialfans und Noiseliebhaber tanzen 1980 am Ende einsam im SchwuZ.

Eingemeindung

Als der bekannteste Komponist in der Neuen Musik, John Cage, 1991 nach Berlin kommt, um am Kollwitzplatz öffentlich ein Stück aufzuführen, glänzt das größte seit 1984 in Berlin erscheinende schwul-lesbische Monatsmagazin *Siegessäule* durch Abwesenheit. Die Zeitschrift entdeckt die – übrigens nie verheimlichte – Beziehung zwischen John Cage (1912–1992) und Merce Cunningham erst nach beider Tod, nämlich zum 99. Geburtstag von Cage 2011. Abgebildet mit Cunningham (1919–2009), seinem langjährigen

Lebenspartner, wird John Cage frisch in die Szene ein-
gemeindet: „Entfesseltes Erbe: Der September steht
voll im Zeichen des schwulen Künstlerpaares Merce
Cunningham und John Cage".[247]

Solches Nichtwahrnehmen findet auch in anderen
Feldern statt. Der Autor Martin Büsser hat im Artikel
„Floating Anarchy" auf John Cages politische Haltung
bei gleichzeitiger medialer Verharmlosung hingewie-
sen.[248] Dass John Cage dem besetzten, von Schließung
bedrohten Autonomen Kulturzentrum in Hanau auf
dessen Anfrage eines seiner letzten Stücke schenkt –
dieses erscheint beim Label KomistA als Single –, passt
gleichfalls nicht in das bis heute dominierende Bild dieses Musikers und Künstlers.

Das Abschnappuniversum

Klaus Roehler, der Vater von Oskar Roehler, ist Lektor beim Luchterhand Verlag. Durch die Initiative seines Sohnes erhalten Literatur und Prosa aus der Westberliner Undergroundszene im Jahr 1984 hier zum ersten Mal ein Forum in der Hochkultur. Unter dem Pseudonym Oskar v. Reuth versammelt Oskar Roehler, Sohn der Schriftstellerin Gisela Elsner, Beiträge von achtzehn Autoren in der Anthologie *Das Abschnappuniversum*. Unter den Autoren finden sich Harry Hass, Alexander Christou, Detlev Holland-Moritz, Thomas Brasch, Wolfgang Müller und – als einzige Autorin – Françoise van Hove, die später unter dem Namen Françoise Cactus als Sängerin des Elektropop-duos Stereo Total bekannt werden wird. Alle Autoren, so heißt es auf dem Buchrücken, seien Anfang zwanzig, die Ältesten Anfang dreißig. Sie „leben in der alten Hauptstadt abseits, die wirkliche Mauer vor der Nase, die wirkliche Mauer im Rücken."[249] Dieser Versuch, ein wenig an die Publikationen des März Verlags von 1969 und seine Popliteratur anzudocken, einen anderen Strang neben der als muffig, besserwisserisch oder lehrmeisterlich empfundenen Literatur von Günter Grass, Martin Walser und Heinrich Böll zu etablieren, scheitert. Zwar richtet der von Erich Maas 1992 gegründete Maas Verlag später seinen Blick auf literarische Außenseiter, Existenzialisten und Unangepasste in Berlin. Doch diese sind bei Maas allesamt ausgesprochen straight und männlich – Frauen existieren im Maas-Verlagsprogramm gar nicht. Die erste Autorin taucht 1994 auf, unter Dutzenden von Männern, in

Mario Mentrups Anthologie *Bubizin/Mädizin*. Allerdings als Mann, als François. Obgleich Françoise Cactus den Verleger und den Herausgeber mehrfach auf die Falschschreibung ihres Namens in Prospekten und später den Fahnen hinweist, wird sie im Maas Verlag auch weiterhin als François Cactus geführt – sowohl im Buch als auch auf dessen Cover.[250] So entscheidet ein einziger Buchstabe, ein „e", über das Geschlecht – beziehungsweise ein Verleger.

Mitte der Neunzigerjahre nimmt so etwas wie eine neue deutsche Popliteratur allmählich Gestalt an. Im Jahr 2001 erscheint Johannes Ullmaiers Zusammenfassung der deutschsprachigen Popliteratur, *Von Acid nach Adlon und zurück*. Korrekt geschrieben sind hier sämtliche Namen der vorkommenden Autorinnen – darunter auch der von Françoise Cactus.[251]

Penny Lane Frisörsalon

Auf dem Cover von Oskar Roehlers 1984 erschienener Anthologie findet sich ein Foto der Ausstellung *Die Tödliche Doris – Haartrachten*, welche Nikolaus Utermöhlen und Wolfgang Müller im Jahr zuvor im Penny Lane Frisörsalon organisiert haben. Die dort erstmals ausgestellte Teppichhaarfrisur (*Carpet-Tile-Hair-Style*, 1981) ist einer von dreizehn zukunftsorientierten Modeentwürfen, die zu jedem der dreizehn Tracks auf *Die Tödliche Doris* [Projekt Nr. 1] entwickelt werden. Es ist gar nicht die Apokalypse, die uns in der Zukunft bedroht, die uns umbringen wird – sondern der schlechte Geschmack. Der Tod versteckt sich hinter den Motiven eines Tapeten-Musterkatalogs von 1984 – und nicht etwa in George Orwells Roman *1984*. Die zeitgenössischen Tapetenmuster werden von der Tödlichen Doris verfilmt und auf eine kahle Wand im Penny Lane Frisörsalon projiziert. Für das Archiv der Design-Universität von Kobe erwirbt der Designprofessor Akira Koyama 1987 eine 16-mm-Kopie des 25 Minuten langen Super-8-Films *Tapete*.

Der Penny Lane Frisörsalon befindet sich in einem der besetzten Häuser in der Potsdamer Straße in Schöneberg. Untergebracht ist er in einer winzigen ehemaligen Dönerbude. Chefin Lucy Weisshaupt feiert bizarre Themenpartys mit dilletantischen Noisebands und verabreicht nüchternen Gästen selbst gemixte Pilzcocktails. Stammgast Johannes Beck erinnert sich: „Man stand da immer irgendwie unter den gewaltigen verranzten ehemaligen Abzugshauben rum, die nicht abmontiert waren."[251] Konzerte mit Fön, Rasierer und Elektrogitarre werden auf einer zwanzig Quadratmeter umfassenden Fläche veranstaltet, darüber führt eine Treppe zu Lucys Bett – in Lucys Privatsphäre. Während das Konzert stattfindet, schneidet eine Punklady Konzertbesuchern die Schamhaare – „Free pubic hairdressing". Merve-Verleger Peter Gente lässt sich das Gesicht mit einer Gurkenmaske erfrischen. Der Fotograf Anno Dittmer hält zahlreiche Aktionen auf seinen Schwarz-Weiß-Fotos fest. In der hauseigenen Noiseband Manna Maschine spielen Cassia Hecker und Santrra Oxyd aus dem Umfeld des Haschrebellen Wolfgang Neuss. Santrra Oxyd musiziert mit der Quetschkommode, derweil Johannes Beck „Step by Step" brummt. Zwischendrin wuseln im Chaos der

Super-8-Filmer Hans Otto Richter, Videofilmer Gustav Adolf Schroeder, Cathy Haase, eine Schauspielerin aus New York, und Christine Bottrich aus München. Das kollektive Musikprojekt kennt weder Anfang noch Ende. Johannes Beck: „Ich hatte das selber immer eher als so eine Art Free Jazz begriffen. Sehr lyrisch und extrem romantisch."[253] Nach einigen Monaten ändert sich Cassia Heckers Verhalten, wird unnachvollziehbar für die anderen. Sie spricht davon, dass sie intimen Kontakt zu Charles Manson habe. Ihre frühere verspielte Verrücktheit verwandelt sich in düstere Ausweglosigkeit. Sie geht zurück in ihre Heimatstadt Cuxhaven. Johannes Beck: „Ein halbes Jahr später war sie nochmals in Berlin. Völlig aufgedunsen von dem ganzen Haldol, das man ihr da zwangsverabreicht hatte, aber sie hatte immer noch diese irren Schübe und ging dann wieder nach Cuxhaven zurück, wo sie sich dann auch irgendwann am Strand mit Benzin übergoss und anzündete."[254] Die Szene ist geschockt. Im Penny Lane Frisörsalon wird es still. Heute ist die Schaufensterfront von Penny Lane vollgewuchert mit Knöterich, wildem Wein, Brennnesseln, Löwenzahn und allerlei Buschwerk. Eine grüne Holzbank schmiegt sich in die Wildnis. Wie eine Gartenlaube in Punk. Nebenan feiern Hausbesetzer Geburtstag: „25. März 1981 – 30 Jahre besetzt!", so das Jubiläumsschild über der Haustür Potsdamer Straße 159. Tatsächlich wohnt Lucy Weisshaupt bis heute im legendären Penny Lane Frisörsalon. In einem lauschigen Biotop, einem Stück Dschungel in der Potsdamer Straße, das jeder Gleichmacherei trotzt, sogar der kapitalistischen.

Gunter Trube: Ich verstehe dich nicht

> *Die Gebärdensprache ist eine Sprache und wir ha-*
> *ben sie nicht – im gewöhnlichen Sinne – gelernt. Das*
> *heißt: sie wurde uns nicht geflissentlich gelehrt. – Und*
> *jedenfalls nicht durch Zeichenerklärungen.*[255]
> (Ludwig Wittgenstein)

Der Punkimpuls beeinflusst auch die sich in den Achtzigern weiter ausdifferenzierenden sozialen Bewegungen. Mit fröhlicher Miene malträtiert ein junger blond gelockter Mann die Ohren der anwesenden Gäste im Frontkino, indem er einen Luftballon, den er mit beiden Händen am rechten Ohr hält, so knetet und reibt, dass die unterschiedlichsten Geräusche entstehen. Dabei beobachtet er genau die im Raum Anwesenden. Zum Ensemble der Tonkneter von Nils Krüger zählt der Ballonkneter offensichtlich nicht.

Der Multimediakünstler Nils Krüger (geb. 1945) entwickelt Anfang der Achtziger in Westberlin ein Instrumentarium aus klangtauglichem Gerümpel, vornehmlich alten Staubsaugern und Gummihandschuhen. Die Tonkneter, gibt Nils Krüger kund, seien immer auf der Suche nach dem verlorenen Ton, der seine Erwiderung in großer Freude finde.

Große Freude lösen die quietschend-quakenden Sounds des Ballonkneters Gunter Puttrich-Reignard im Frontkino jedenfalls nicht aus. Irgendwann bittet ein entnervter Punk um Stille: „Kannst du bitte mal aufhören?" Doch Gunter zuckt nur bedauernd mit den Schultern: „Ich verstehe dich nicht." Noch während der Punk überlegt, aus welchem Land der Ballonkneter und sein Akzent wohl stammen könnten, sagt Gunter: „Ich bin taub!" und macht eine entsprechende Hand- und Mundbewegung in DGS, der Deutschen Gebärdensprache. Natürlich versteht Gunter sehr gut – besonders gut versteht er, dass in der deutschen Lautsprache im Wort „verstehen" sowohl „hören" als auch „kapieren" in eins fallen. In der Deutschen Gebärdensprache ist das völlig anders.

Nach seiner Verpartnerung mit seinem hörenden Freund Tom heißt er Gunter Trube. In Westberlin und London geht er in den Achtzigern gern auf Konzerte. Seine Lieblingsband sind die Sex Pistols. Außerdem bewundert er Grace Jones und den_die Trans* Divine, den Star aus John-Waters-Filmen. Gunter Trube ist sich zwar der extrem getrennten Welten zwischen hörender und gehörloser Kultur bewusst, ignoriert diese Trennungen aber wie kaum ein anderer. Oft ist er der einzig anwesende Gehörlose innerhalb von Bars und Cafés – und fordert in seinen Soloperformances von der hörenden Mehrheit die oftmals erste Auseinandersetzung überhaupt mit gehörloser Kultur. Auf diese Weise durchbricht er eine nicht wahrgenommene, unsichtbare Mauer in Berlin: die Mauer der streng voneinander isolierten Welten von Hörenden und Gehörlosen. Mit sechzehn Jahren besucht er Workshops des International Visual Theatre in Hamburg und Paris, unterrichtet später Deutsche Gebärdensprache und wird staatlich anerkannter Gebärdensprachdozent. Der Westberliner Gehörlosenaktivist und Gebärdenpoesiekünstler macht auf die Gewalt aufmerksam, der Gehörlose in einer mehrheitlich hörenden Gesellschaft durch Ignoranz und Unwissenheit ausgesetzt sind. Im Jahr 1985 gründet Gunter Trube die „Verkehrten Gehörlosen Berlin 85 e.V.", die erste Organisation gehörloser Lesben und Schwuler im Land.

Unter den irritierten Blicken des Tontechnikers wählt er 1980 die Bassfrequenzen für das Stück „Der Tod ist ein Skandal" auf der ersten LP der Tödlichen Doris aus. Gunters gehörloser Bruder Rolf Puttrich-Reignard spielt 1984 im Künstlerhaus Bethanien Schlagzeug für einen Film der Gruppe. Als Mark Ernestus am 1. Mai 1987 die Berliner Nachtbar Kumpelnest 3000 eröffnet, stellt er Gunter Trube schon bald als Kellner ein: Er schätzt längst dessen kommunikatives, künstlerisches und musikalisches Talent. Gunter Trube besitzt eine Audiotape-Sammlung, die diverse Musikstimmungen und -strömungen umfasst. Diese Tapes setzt er gezielt während seiner Schichten ein. Alles tanzt, wenn Trube arbeitet, Hörende und Gehörlose. Innerhalb kürzester Zeit wird das Lokal auch zum Treffpunkt der weltweit immer besser vernetzten Gehörlosen. In unterschiedlichsten Gebärdensprachen wird dabei kommuniziert. Gunter Trube komponiert zahlreiche eigene Werke in Gebärdenpoesie. Mit diesen tritt er auf internationalen Festivals und in Berlin auf, wie 1995 an der Berliner Volksbühne in der Show *Hormone des Mannes*. In der Bremerhavener Kunsthalle hält er 1990 die Eröffnungsrede zur ersten Solo-Ausstellung der Tödlichen Doris – ausschließlich in DGS, Deutscher Gebärdensprache. Dem hörenden, auf DGS unvorbereiteten Publikum bleibt nur übrig, seinen Vortrag anschließend auf den verteilten Zetteln nachzulesen. „Das lief eben genauso, wie es Gehörlose aus manchen Gottesdiensten kennen ...", kommentiert

Trube trocken: „Die Gehörlosen versuchen eine Stunde lang, dem Pastor von den Lippen abzulesen, und am Ende der Veranstaltung bekommen sie einen Zettel mit der Predigt in die Hand gedrückt."

Im gleichen Jahr performt Gunter Trube für den englischen Kulturkanal Channel 4 im Video *The Fall of a Queen, or the Taste of the Fruit to Come* von Akiko Hada.[256] Im Hörspiel unerhört, einem Projekt von Holger Hiller und Wolfgang Müller für den Bayerischen Rundfunk (1994), machen gehörlose oder resthörige Sprecher wie Andreas Costrau, Thomas Elenz und Gunter Trube lautsprachlich auf die Besonderheiten, die Geschichte und die Vorzüge der Gehörlosenkultur und von Gebärdensprachen aufmerksam. Andreas Costrau leitet heute den Gebärdenservice in der Berliner Stresemannstraße. Seine Vision: „Früher sagte man ‚Gehörlosenkultur', heute überwiegend ‚Taubenkultur'. Für die Zukunft wünsche ich mir die Bezeichnung ‚Visuelle Kultur'."[257]

Gunter Trube kämpft zwei Jahrzehnte lang für die rechtliche Anerkennung und die Gleichstellung der Deutschen Gebärdensprache DGS mit der deutschen Schrift- und Lautsprache. Diese erfolgt erst 2002 durch Bundestagsbeschluss.

Verärgert reagiert Gunter Trube auf neo-individualliberale Äußerungen, wie sie bei einer (hörenden) Zuschauerin zum Ausdruck kommen, die dem 1998 stattfindenden ersten *Festival Gehörlose Musik* im Prater der Berliner Volksbühne beiwohnt. In einem Artikel für den *Tagesspiegel* erklärt die Betroffenheitstrunkene Gebärdensprache zur kunstfreien Alltagssprache, das Übersetzen gerät ihr folglich zur „bitteren Notwendigkeit". Iris Hanika schreibt: „Ich fand, es entstand vor allem der Zwang zum Voyeurismus bei den Hörenden, und bei mir dazu das unangenehme Gefühl, die anwesenden Gehörlosen gründlich zu verarschen. Denn für die war das ja keine neue Kunst oder so, sondern Alltag, das Dolmetschen bittere Notwendigkeit."[258]

Thomas Zander, der Leiter des Berliner Gehörlosentheaters, äußert sich über die gleiche Aufführung: „Es gab 1998 mal eine Veranstaltung Gehörlose Musik im Prater, also etwas, was sich eigentlich ausschließt. Da wurde von Dolmetschern versucht, sowohl Texte als auch Musik zu übersetzen. Dabei entstand so etwas wie eine neue Kunstform, die mehr etwas von einer Performance hatte als von einer Übersetzung. [...] Das ist ein neues experimentelles Feld: Musik in Bilder umzusetzen für Gehörlose."[259]

Der Film, der das Thema Gebärdensprache 1996 populär machte, *Jenseits der Stille*, ist nach Ansicht Gunter Trubes in erster Linie für ein hörendes Publikum bestimmt. Auch Artur Żmijewskis Kunstkonzept *Singing Lesson* aus dem Jahr 2003, so Trube, bestätige lediglich die normativen Vorstellungen der hörenden Mehrheit. Ein von Żmijewski gecasteter Chor gehörloser Individuen wird von einer professionellen Musikerin angeleitet, klassische Musikkompositionen aus der Hochkultur der Hörenden zu reproduzieren. Kaum überraschend fällt das Urteil der Kunsthistorikerin Ariane Beyn aus: „Nicht einmal die Teilnahme einer Sängerin von tadellosem Gehör kann die Bach-Kantaten vor der musikalischen und klanglichen Deformation retten."[260] Deformation? Ist das „Scheitern" im Verständnis der (hörenden) Mehrheit nicht bereits im Konzept antizipiert? Bleibt dann also mehr als „exotistisches" Spektakel für Hörende? In Żmijewskis Macho-Erlöserkunst wird die dominierende Vorstellung von „Normalität" bestätigt, kaum infrage gestellt. Bestehende Hierarchien und Ästhetiken werden durch den Einsatz „anerkannter" Minderheiten reproduziert. Dabei haben Gehörlose längst eine reiche, differenzierte, den meisten Hörenden völlig unbekannte Gebärdensprachkultur oder visuelle Kultur, wie sie Andreas Costrau nennt, entwickelt. Warum sollten also von der hörenden Mehrheit als „deformiert" bezeichnete Stimmen die Hochkultur dieser hörenden Mehrheit, beispielsweise die Musik von Johannes Brahms oder Johann Sebastian Bach, reproduzieren?

Die *Singing Lesson* von Artur Żmijewski ähnelt kolonialen Eroberungsgesten, dem Eindringen in das „Andere", das „Fremde". In normativer Umgebung wird das Fremde zur Schau gestellt. Es wird erobertes Mitbringsel einer exotischen Expedition. Der von bekannter weltlicher und unbekannter spiritueller Instanz berufene Künstler wird dabei selbst zum körperlosen, „geistigen" Zentrum.

Der Raum der zeitgenössischen Kunst ist homogen: Alles folgt dem Kommando: Sei frei und brich alle Grenzen! Dadurch entsteht ein paradoxer Raum, homogen in der radikalen Zerstreuung in bloße Vielstimmigkeit.

Was tun? Erstens: Folge dem herrschenden Befehl, also dem kolonialen Kommando: Expansion. Zweitens: Nimm den Befehl ernst, kehre ihn gegen dich selbst und du findest Grenzen im Raum der

Freiheit in unglaublicher Anzahl. Nun stellt sich die Frage: Welche davon sind relevant?

Im Jahr 1996 konzipiert Gunter Trube gemeinsam mit der Fotografin Barbara Stauss die Broschüre „AIDS: Informationen (nicht nur) für gehörlose Schwule". Das Thema HIV/Aids wird von Trube in verschiedenen Kostümen in DGS erläutert, die von ihm gebärdeten Wörter fotografiert. Der Deutsche Gehörlosen-Bund verleiht Gunter Trube im Jahr 2001 seinen alljährlichen Kulturpreis. Am 29. Juni 2008 stirbt er unerwartet im Alter von 47 Jahren. Sein politischer Kampf für die Rechte der Gehörlosen und ihre Anerkennung als kulturelle Minderheit wird in den mittlerweile weltweit digital vernetzten Gehörlosengemeinschaften bereits kurze Zeit später zur Legende – einschließlich Gunter Trubes kultureller Beiträge im Genre Gebärdenpoesie und den Gebärdenkünsten sowie seiner zahlreichen Wortschöpfungen für die Deutsche Gebärdensprache.

35   Videostills der Performance von Gunter Trube im Roten Salon
der Berliner Volksbühne, 1995, anlässlich der Vorstellung von   .
Hormone des Mannes. Ein deutsches Lesebuch

Theater

Im Jahr 1987 engagiert der Regisseur Peter Zadek die Einstürzenden Neubauten für sein sozialkritisches Musical *Andi* in Hamburg. Um das Theaterpublikum vor vermeintlichem Hörverlust zu schützen, werden am Eingang Ohrstöpsel verteilt. Es gelingt dem Regisseur mithilfe der Band, jüngeres und dem Theater gegenüber eher desinteressiertes Publikum in sein Stück zu locken. Die Einstürzenden Neubauten werden so erstmals deutlich in der Hochkultur verortet. Auch Die Tödliche Doris macht Theater. Ihr erstes und einziges Theaterstück wird 1988 inszeniert. Da die Gruppe sich bereits 1987 aufgelöst hat, ihre Mitglieder aber das Angebot, nach Japan zu reisen, um dort aufzutreten, zu verlockend finden, entwickelt Wolfgang Müller das Stück *Das war Die Tödliche Doris (1980–1987)*. Die einzelnen Stationen ihrer Musikkarriere werden von Moderator Masanori Akashi in japanischer Sprache ausführlich kommentiert. Zwischen den drei Akteuren auf der Bühne stehend, erläutert er die sich dort ereignenden Vorgänge im Präsens historicum: Die drei Schauspieler setzen die Wandlungen der Tödlichen Doris in Szene, ihre Gestalt, ihr Image, ihre Musik – von den Anfängen 1980 bis zur Auflösung 1987: von den noise-industrial-punkigen Anfängen bis zum minimalistischen Rauschen des Liveplaybackkonzepts. Am Ende teilt Masanori Akashi dem Publikum mit, dass er gerade direkt zwischen den Mitgliedern einer Band stehe, die in Wirklichkeit gar nicht mehr existiere. Sie habe sich 1987 in einen Weißwein aufgelöst. Er stellt eine Weinflasche mit dem Etikett „Die

Tödliche Doris – Vino da tavola bianco" auf den Tisch, entkorkt sie, gießt den Wein in ein Glas und leert es: „Schmeckt gut!"

Rockkonzert wird Theaterstück

Die in Tokio vollzogene Metamorphose einer Musik- und Performancegruppe in ein Theaterstück hätte 1989 auch in Westberlin aufgeführt werden sollen. Angefragt wird beim Hebbel-Theater. Der neuen Intendantin Nele Hertling eilt zwar der Ruf voraus, offen für Projekte aus dem Off-Theater zu sein – Die Tödliche Doris zählt offenbar nicht dazu. Einige Jahre zuvor war bereits der in Westberlin lebende Musiker, Autor und Komponist Georg Kreisler mit seinen Projekten zur Reaktivierung des lange brachliegenden Hebbel-Theaters bei den Kulturbehörden Westberlins auf Granit gestoßen.

Das Desinteresse des Theaterbetriebs gegenüber der Pop- und Subkultur (und nicht allein der musikalischen) schwindet in Berlin erst nach 1992 mit der Neuausrichtung der Berliner Volksbühne am Rosa-Luxemburg-Platz. Unter der Leitung von Frank Castorf werden Regisseure wie der Filmemacher und Aktionskünstler Christoph Schlingensief die Möglichkeit erhalten, bislang im Theater ausgeblendete Szenen auf die Bühne zu bringen. Alte Bekannte und Freunde aus dem Umfeld der Tödlichen Doris tauchen nun vermehrt im Theater auf: der Filmkritiker und Staatsanwalt a. D. Dietrich Kuhlbrodt, der fünfte Beatle Klaus Beyer und auch Wolfgang Müller selbst. Mit

Schauspielern aus der Umgebung von Rainer Werner Fassbinder und den Stars aus dem Volksbühnenensemble werden sie zu Akteuren in Christoph Schlingensiefs Theaterinszenierungen.

Stereo Total

Die Berliner Volksbühne ist auch der Ort, an dem Stereo Total erstmals zur Theatergruppe werden: bei der Vorstellung des Buchs *Hormone des Mannes* 1995 im Roten Salon.[262] In späteren Inszenierungen am HAU performen die Bandmitglieder Françoise Cactus und Brezel Göring zusammen mit Angie Reed Szenen von Jacques Tati; sie entwerfen ein Musical über das Leben der Christiane F., spielen *Weekend* von Godard (F 1967) nach und schreiben Stücke, die zwischen Musik, Theater und Musical changieren. Heute ist die subkulturelle Musik der Achtziger auch im Theater angekommen. Popbands werden inzwischen von hochkulturellen Theaterhäusern gern eingeladen. Eine weitere ursprünglich aus der Subkultur der Achtziger stammende Musikgruppe, deren Gründungsmitglieder sich inzwischen häufig am Theater wiederfinden, sind die 1984 gegründeten Goldenen Zitronen. So inszeniert deren Sänger Schorsch Kamerun seit einigen Jahren eigene Stücke an verschiedenen deutschsprachigen Häusern.

Der kopfstehende Gospelchor

Soziale Bewegungen, von Mehrheiten ignoriert oder kaum wahrgenommen, formieren sich in Westberlin Anfang der Achtziger. In einer mehrheitlich *weißen* Umgebung,[263] die sich selbst für frei von Rassismus hält und sich aus diesem Grund nicht mit rassistischer Gewalt und ihren Folgen auseinandersetzt, stoßen Schwarze Menschen unentwegt an unsichtbare Mauern.

Es ist vor allem die afroamerikanische Autorin und Aktivistin Audre Lorde, die seit 1984 in der politischen und künstlerischen Subkultur Westberlins auf diesbezügliche Zustände aufmerksam macht. Als „black lesbian feminist mother poet warrior" regt sie einen deutschen Diskurs über Rassismus, Xenophobie, Antisemitismus, Klassismus und Homophobie innerhalb der Schwarzen wie auch der *weißen* Frauenbewegung an, der bis heute andauert. In ihren letzten Lebensjahren engagiert sie sich maßgeblich bei der Bildung der afrodeutschen Bewegung und prägt deren Selbstdefinition sowie ihre Begriffe von Widerstand und Empowerment mit.[264]

Eine weitere international bekannte Lyrikerin, Wissenschaftlerin und Aktivistin, die 1960 in Hamburg geborene May Ayim, zieht ebenfalls 1984 nach Westberlin und gehört 1986 zu den Gründerinnen der später bundesweiten Initiative Schwarze Deutsche und Schwarze Menschen in Deutschland (inzwischen Initiative Schwarze Menschen in Deutschland, ISD). May Ayim stirbt 1996 in Berlin. Als im Frühjahr 2010 in Kreuzberg eine Straße nach ihr benannt wird, die vormals dem Kolonialpionier Otto Friedrich von der Groeben gewidmet war, werden die alten Fronten wieder spürbar. Die Gegner dieser Straßenumbenennung, die – zum ersten Mal in Deutschland – der Ehrung einer afrodeutschen Aktivistin gelten soll, empören sich und sprechen von einer „Schande".[265]

Ausländerpullover

Marc Brandenburg, 1965 in Westberlin als Kind eines afroamerikanischen GIs und einer *weißen* deutschen Mutter geboren, ist ab Mitte der Achtzigerjahre Türsteher in der Diskothek Dschungel, seinerzeit ein gut bezahlter Job. Als Teil der Punkszene entwirft er Mode und thematisiert mit einem „Ausländerpullover" – einem Pullover vom Trödel, an den er schwarze, rote, gelbe und weiße Knöpfe genäht hat – den seit Anfang der Neunzigerjahre spürbar zunehmenden Rassismus im vereinten Deutschland.

Seine Arbeiten bewegen sich im Zwischenbereich von Kunst, Mode und Design, zuweilen gehen sie fließend über in die Skulptur. Marc Brandenburg spielt in frühen Videos von Falco mit und performt mit Die Tödliche Doris sowohl 1989 bei einem illegalen Konzert in der DDR als auch in Westberlin, im Blauen Satelliten – einer Tanzschule und Seniorendiskothek im zwanzigsten Stock des Ku'damm-Karrees. In Tabea Blumenscheins Super-8-TV-Film *Zagarbata* (D 1985) trägt er blond gefärbte Haare, nennt sich selber provokant „Bastard" oder „Marc Mulatte" und spielt mit dem Thema *weiß*/Schwarz, was ihm nicht

„entweder – oder" bedeutet, sondern „sowohl – als auch". Für eine Ausstellung im Kumpelnest 3000 schneidert er einen lebensgroßen vielköpfigen Schwarzen Gospelchor aus Satin: Kopfunter baumelt dieser von der Decke. Titel der Arbeit: *Song für Rodney King*. Hängt die Welt nun Kopf oder steht nach wie vor alles auf den Füßen?

Für die Ausstellung *Die Hormone des Mannes*, die 1992 im Schwulen Museum stattfindet, entwirft Marc Brandenburg eine Arbeit, die deren Zentrum bildet: *Sleeping Bag Jack/Sleeping Bag Jim*, zwei betrunkene *weiße* Matrosen, deren Körper inklusive ihrer Uniformen aus Stoff bestehen. Die Ausstellung umfasst daneben noch Beiträge von weiteren fünfzig Künstler_innen, die die Kuratoren bewusst ungeachtet ihrer sexuellen Präferenz und ihres Geschlechts auswählen – etwa achtzig Prozent dieser nun vom Schwulen Museum eingeladenen Männer und Frauen definieren sich zumindest nicht als schwul oder gay.

Sleeping Bag Jack/Sleeping Bag Jim

Der Kurator Frank Wagner vermisst in der Ausstellung im Schwulen Museum folglich „unsere" Themen, wie Aids oder Gewalt gegen Schwule. In seiner ganzseitigen Rezension im Magazin *magnus* verschwendet er über die Arbeit von Marc Brandenburg keinen weiteren Gedanken. Sie ist vermutlich bereits zu queer, um im Jahr 1994 einfach nur schwul sein zu können. Mit den larvenartigen Schlafsäcken thematisiert der Schwarze deutsche Künstler neben einer „schwulen

Identität", die sich im Objekt beziehungsweise der Gestalt der Matrosen äußert, auch eine „körperliche" und eine „äußerliche" Identität. Er zeigt Begehrensdynamiken und die Verflechtung verschiedener Identitätskategorisierungen im einzelnen Subjekt und stellt die Frage nach der Trennung von Selbst- und Fremdbild. Ein solcher Umgang mit der Vielschichtigkeit von Identität entzieht sich der Wahrnehmung sowohl heteronormativ als auch homonational gesinnter Kreise. Marc Brandenburgs erste Veröffentlichung, das *picture book*, erscheint 1994 beim Verlag Martin Schmitz, damals noch in Kassel. In seinen vorwiegend autobiografischen, in London entstandenen Bleistiftzeichnungen experimentiert er mit Umkehrungen und Spiegelungen. Erstmals zu sehen sein werden seine Zeichnungen in der Galerie Martin Schmitz in Kassel und bei Bruno Brunnet in Berlin. Als Künstler wird Marc Brandenburg vor allem mit den Bleistift- und Grafitzeichnungen bekannt. Deutlich thematisieren sie zwar Rassismus, aber eben über eine Umkehrung der Wahrnehmung. Sie zeigen die Relevanz der Oberflächenästhetik dominanter Körperpolitiken, indem sie „negativ" und „positiv" umkehren. Sie thematisieren den Schein und die Bedeutung der Oberfläche. In Marc Brandenburgs Selbstporträts verschmelzen positiv und negativ.

Das Buch Geniale Dilletanten

Zurück in das Jahr 1982. Kurz nach dem *Festival der Genialen Dilletanten* begegnen Heidi Paris und Peter Gente im Risiko Wolfgang Müller. Sie fragen ihn, ob er Interesse hätte, im Merve Verlag ein Buch über die Westberliner Genialen Dilletanten zu veröffentlichen. Heidi Paris und Peter Gente publizieren in ihrem Verlag deutsche Übersetzungen der französischen Poststrukturalisten Deleuze, Guattari, Foucault und Lyotard, registrieren aber auch mit großem Interesse all das, was sich direkt vor Ort entwickelt. Da die Westberliner Museen und Kunstinstitutionen Kunst mit subkulturellem Image in den Achtzigern fast durchweg ignorieren, kann Merve mit Martin Kippenberger das Fotokonzeptbuch „Frauen" (1980), mit Christian Borngräber das „Berliner Design-Handbuch" (1987) oder mit Blixa Bargeld dessen Songbuch „Stimme frisst Feuer" (1988) produzieren, konkurrenzlos. Passend zum armen Westberliner Trödelmarktambiente erscheinen die Merve-Bücher auf allerbilligstem Papier, hergestellt bei Dressler, der wohl preiswertesten Druckerei in Kreuzberg. Graue, schnell gilbende Seiten, schlecht geleimte Bücher, die leicht auseinanderfallen, mit Letraset selbst gerubbelte schiefe Buchstaben auf den Covern. Gefüllt mit Texten, welche die Grenzziehungen zwischen Sub- und Hochkultur in Frage stellen. Soziologie, Philosophie, Musik, Kunst und Literatur flimmern an den Grenzen ihrer Genres oder überschreiten sie. Hier also wird *Geniale Dilletanten* erscheinen. Innerhalb von vier Wochen werden Bilder und Texte für das neue Buch zusammengetragen.

Um der rhizomartig ausufernden Bewegung um die Genialen Dilletanten ein stabiles Gerüst zu geben, entschließt sich der Herausgeber, das Chaos zu zähmen. So werden die Fanzines, die gerade noch einen Boom in puncto Vielfalt erleben, vorzeitig mumifiziert, musealisiert und unter ausgesprochen seriös und humorfrei klingenden Überschriften wie „Die Literatur im Genialen Dilletantismus" einsortiert. Ähnlich feierlich werden Themen wie Musik und „Musik" behandelt. Musik wird im ausführlichen Register am Ende des Buches in einundfünfzig Gestaltbildungen kategorisiert. Darunter finden sich Musik und „Musik" in folgenden Zuständen: zerschnitten, gepresst, links- und rechtsradikal, verdampft, strukturiert, populär oder sogenannt. Bildungsbeflissen und gutbürgerlich wird Johann Wolfgang von Goethe zitiert, sein revolutionäres Gegenstück Friedrich Schiller kommt gar nicht erst vor – dafür aber „Schimpansengekreische", auf Seite 64. Das zunächst von Blixa Bargeld vorgeschlagene Gemeinschaftsfoto der Genialen Dilletanten nach dem Vorbild der französischen Surrealisten wird durch ein dreizehnzeiliges Geleitwort Bargelds mit insgesamt drei Rechtschreibfehlern und ein dazugehöriges Starporträt im Gummimantel mit Flugzeuggurt ersetzt.

Unverlangt Eingesandtes

Auch unerwartet eingesandte Beiträge werden berücksichtigt. So schickt Klaus Hoffmann, Leiter der Städtischen Galerie Wolfsburg, ein Sado-Maso-Zwei-Personen-Stück namens *Wort-Schmerz* an die

Redaktion. Als Konzeptkünstler hortet er sein Œuvre für spätere Generationen in seinem Privatgemach im Schloss Wolfsburg. Die Merve-Verleger sind von seinem Beitrag zwar wenig angetan, doch kombiniert mit dem Punk-Comic „Schlagzeugkurs" aus dem Fanzine *Norm 1/Gruppe normmmmmmmmmmmmmm* wirkt er super und bereichert das Buch. Unter dem visionären Titel „Konzept für ein Liebeslied" stellt der spätere Loveparade-Gründer Dr. Motte seine aktuelle Punkband Deutsch-Polnische Aggression (DPA) vor. Als leibhaftiger Sensenmann erscheint der Punk „Droge" alias Ralf Droge alias Goldkind auf einem Foto: „Der Tod kennt nur mein Gesicht!" Gemeinsam mit Ina Lucia Hildebrand alias Luci van Org gründet das Goldkind 1993 die Popband Lucilectric, die weit hinauf in die Charts klettert. Doch bald schon verschwindet die Band in den unendlichen Weiten des Popuniversums. Goldkinds Fotogenität bleibt bis heute erhalten.

Die *B.Z.* – ein Punkfanzine?

Nach dem Erfolg der Westberliner Moritzplatz Boys Ende der Siebzigerjahre lenkt das Kunstbusiness durch die Künstlergruppe Mülheimer Freiheit den neuerwachten deutschen Expressionismus in der Malerei wieder zurück in Richtung Köln, Westdeutschland. Unter dem Titel *Die Seefahrt und der Tod* bemalen wilde Männer die fest an die dicken Mauern von Schloss Wolfsburg montierten Stellwände des örtlichen Kunstvereins mit VW-Phalli. Das VW-Werk und seine Schornsteine – vier Phalli im Graffitilook.

Der Wolfsburger Galeriedirektor Klaus Hoffmann ist begeistert. Doch der erwartete Skandal bleibt aus – in Wolfsburg und andernorts. Wer hat in den Achtzigern eigentlich noch Angst vor ein paar Graffitipimmeln? Die Punk- und Bilderstürmerposen der Künstlergruppe führen dennoch zu vermehrter Aufmerksamkeit im Kunstbetrieb und damit in der Folge zu Verkäufen im Kunsthandel. Im Katalog über die Mülheimer Freiheit um Hans Peter Adamski, Peter Bömmels, Walter Dahn, Jiří Georg Dokoupil, Gerard Kever und Gerhard Naschberger erwähnt der Galerieleiter den Wolfsburger Schulabgänger Hans-Werner Marquardt als ein besonders herausragendes Künstlertalent.[266] Dieser lebt inzwischen in Westberlin, plant eine Schauspielerkarriere. Zunächst startet er diese in einer von Lothar Lamberts Low-Budget-16-mm-Filmproduktionen. Eine Rolle erhält Hans-Werner Marquardt auch in *Jeder stirbt für sich allein*, der Fallada-Revue von Peter Zadek und Gottfried Greiffenhagen, aufgeführt im Westberliner Schillertheater 1980. Zudem tritt Marquardt als Sänger auf: Nackt, nur mit einem goldenen String-Tanga bekleidet, singt er am 4.5.1981 als Frontmann im SFB für die Post-Punk-Band Didaktische Einheit. Schließlich meldet er sich auf das Inserat des Fotografen Peter Schenck, der auf der Suche nach jungen Erotikmodellen ist. Dieser attestiert ihm „einen Schuss Zeigefreudigkeit"[267] und publiziert die entstehenden Akt- und Erotikfotos in einschlägigen Magazinen. „Hans-Werner war ganz hemmungslos, und wir konnten Bilder auf einer unbelebten Straße in Wannsee, vor dem Schinkelschlößchen an der Glienicker Brücke und ähnlichen Örtlichkeiten schießen.

Viel davon ist schon veröffentlicht worden."[268] Hans-Werner Marquardts Text- und Bildbeitrag in *Geniale Dilletanten* besteht aus einem Foto, auf dem sich der Künstler mit einem Hundemaulkorb vorstellt: „Hundemusik", so der Titel. Damit veranschaulicht er das Gefängnis, welches sich das „Ich" baue, wie der zugehörige Text verlauten lässt. Nach einem längeren Bühnenengagement in Stuttgart beginnt Hans-Werner Marquardt, kurze TV-Kritiken für die *B.Z.* zu schreiben, steigt dann allmählich zum *B.Z.*-Kulturchef auf – und bleibt es bis heute. Selbst wenn er heute nicht mehr im String-Tanga auftritt, sondern im Smoking den *B.Z.*-Kulturpreis an Prominenz aller Art verleiht – das Berliner Boulevardblatt, die lokale *Bild*-Schwester, wird von manchen Altpunks immer noch für eine Art Punk-Fanzine gehalten.

Von der Nullnummer zum Regiegenie

In einem *B.Z.*-Kommentar am 18. Dezember 2007 wertet Hans-Werner Marquardt Christoph Schlingensiefs Inszenierungen im Theater als „Wiederbelebung des alten Happenings aus dem Geiste des Dilletantismus" – dabei verwendet er das berühmtberüchtigte Doppel-„l" der Genialen Dilletanten. In seinem Kommentar nennt er den Aktionskünstler wechselweise kumpelhaft „Schlinge" oder distanziert „Herr Schlingensief". Sein Text endet mit der Frage, ob „Herr Schlingensief" eigentlich überhaupt etwas könne. Ein paar Monate darauf erkrankt der Künstler schwer. Nun verwandelt sich der Aktionskünstler bei den Kulturexperten der *B.Z.* schlagartig in ein „Regie-Genie". So bekommt dieser, zwei Jahre nach Jonathan Meese, 2009 den *B.Z.*-Kulturpreis verliehen. Mit der Annahme des *B.Z.*-Kulturpreises erlöst Christoph Schlingensief (1960–2010) als bekennender Katholik die Welt noch einmal von ihren Widersprüchen.

Westbam

Wir befinden uns im Jahr 1981. William Röttger verspricht eine Sensation. In einer großen, gutbürgerlich eingerichteten Charlottenburger Wohnung zieht er vorsichtig einen Umschlag aus einer Schublade, in dem sich zwei bunt bemalte Collagen befinden. Zusammengesetzt sind sie aus einer zerschnittenen Fotokopie von Pablo Picassos Gemälde *Guernica*. „Ist das nicht genial?", beschwört William Röttger die überraschten Merve-Rechercheure Nikolaus Utermöhlen und Wolfgang Müller: „Total genial?" William Röttger outet sich als Mentor eines von ihm entdeckten jungen Genies. Doch die Redaktion hält das Werk seines Stiefsohns, des sechzehnjährigen Frank Xerox, für noch nicht ganz ausgereift. Ein fataler Fehler. Später wird sich Frank Xerox alias Maximilian Lenz in den DJ Westbam verwandeln und anhand von Pablo Picasso, dem Klassiker der modernen Kunst, sein musikalisches Collagesystem erklären: „Das Picasso-Prinzip: möglichst viel von anderen abmalen, nur nicht von sich selber."[269]

Vom DJ-Pult aus wird er als Westbam eine „Wiedergeburt des heiligen Kunst- und Musikbegriffes" in

Angriff nehmen. Der DJ vollziehe diesen als „sein oberster Priester". Es klingt fast wie auf einem katholischen Kirchentreffen. Der DJ, so Westbam weiter, erreiche die höchste Stufe, wenn „der Widerspruch zwischen DJ und den Leuten falle".[270] Nach der Wiedervereinigung erklärt Westbam den Rave im vereinten Berlin zum „Befreiungstanz", mit religiöser Wirkung: „Das Heilige der Musik tritt deutlich in den Vordergrund."[271] Vielleicht sind wir ja doch am Ende alle nur Papst?[272]

Schlechte billige Bücher

Das fehlerhafte „Dilletant" wirkt noch Jahrzehnte später, weil das Wort – bei Eingabe der korrekten Rechtschreibung – in Google und anderen Suchmaschinen unauffindbar bleibt. Für seine eigene Unauffindbarkeit hat Nikolaus Utermöhlen bereits durch multiple Falschschreibungen seines Namens gesorgt: Sein Name findet sich allein in fünf Schreibweisen in *Geniale Dilletanten*: „Ufermöler", „Ufermöhlen", „Ufermöhler", „Vermöhlen" und „Utermöhlen". Heidi Paris und Peter Gente verabschieden sich in *Geniale Dilletanten* mit einer „Fuß-Note" in korrekter Rechtschreibung: „Wir sind Dilletanten und bekennen uns dazu, unseriös zu sein, schlechte und billige Bücher zu machen."[273]

Berlin, zweiteilig

Im Herbst 1982 erscheint *Geniale Dilletanten* bei Merve, kurz darauf Heiner Müllers *Rotwelsch*. Mit einer Müller-Ost- und Müller-West-Party wollen die Verleger die Bücher in ihrer Fabriketage präsentieren. Heiner Müllers Buch trägt die Merve-Nummer 104 und ein dunkelrotes Cover. *Geniale Dilletanten*, Nr. 101, ist in ein anthrazitgraues Cover gekleidet. Nach der Party packt Heiner Müller zwanzig Exemplare des Buchs *Geniale Dilletanten* in sein Diplomatengepäck und reist zurück nach Ostberlin. Er verteilt sie in der Szene um den Prenzlauer Berg. Über zahlreiche derartige Schmuggelwege gelangen in den Achtzigern Schallplatten und Bücher in die DDR und andere Ostblockstaaten. Der umgekehrte Weg wird ebenfalls gern genutzt: Lyrikhefte von Bert Papenfuß, vervielfältigt auf Kohlepapier, Siebdrucke von Künstlern und Tapes mit Aufnahmen von experimentellen Bands aus der DDR, Ungarn und Polen landen über Schleichwege und gelegentlich sogar mit der Post in Westberlin.

Profis und Dilletanten

Zu den Merkmalen der Genialen Dilletanten gehört die Gleichzeitigkeit eines „Wir" und eines „Getrenntseins". Diese Eigenschaft findet sich schon im Titel *Geniale Dilletanten*. Dilletantismus und Genialität sind im Grunde Gegensätze, die sich trotzdem in fruchtbarer Weise auf einer Ebene begegnen können. Was aber geschieht, wenn ein Subjekt tatsächlich nicht „dabei ist", aber dieses „Nicht-dabei-Sein" zum Programm macht, um sich so ständig aus dem „Wir" herauszukatapultieren? Dieses Subjekt müsste in die Rubrik „verkannte Dilettanten" beziehungsweise „sich verkennende Dilettanten" einsortiert werden: Einerseits fordert es ein „Wir", welches alle Trennungen aufhebt, andererseits verkennt es, dass in dem Moment, da das Subjekt ein „Wir" mit Wahlmöglichkeit fordert, die Trennung eben nicht aufgehoben ist. Während der Geniale Dilletant im Trennenden die Gemeinsamkeit findet, fordert der „verkannte Dilettant" eine Aufhebung eben dieser Trennung. Er sehnt sich nach einer Verschmelzung mit der Welt und verkennt sich dabei sozusagen selbst: Fremd bleibt ihm zeitlebens die befruchtende Spannung der Gleichzeitigkeit des Ungleichzeitigen.

Eine andere Situation entsteht, wenn die Vorstellung über den Genialen Dilletantismus allzu stark vom traditionellen Männerbild dominiert wird. Vertreter dieses Männerbildes neigen dazu, künstlerische „Grenzüberschreitung" mit ichzentrierten beziehungsweise neo-individualliberalen Aufmerksamkeitseffekten und martialischen Eroberergesten gleichzusetzen. Es besteht die Gefahr, dass dieser Dilettantismus dann lediglich die Funktion übernimmt, dem Subjekt die Anerkennung zu verschaffen, die ihn in normativer Mehrheitswahrnehmung zum „Genie" und „Künstler" macht. Eine Künstlerin, die sich und ihre Kunst in ähnlicher Art und Weise darstellen würde, bekäme übrigens vermutlich eher Etiketten wie beispielsweise „verrückt", „hysterisch" oder „eitel" verpasst, wohl kaum die Bezeichnung „genial".

Rezeption

Als *Geniale Dilletanten* erscheint, empören sich zunächst vor allem professionelle Musiker der Westberliner Rockmusikszene in Kommentaren und Leserbriefen über die „selbsternannten genialen Dilettanten", während das Radio eisern schweigt. In linksalternativen Kreisen gibt es ebenfalls wenig Zustimmung, herrscht eher deutlich ablehnende Haltung. Besonders in den aufsprießenden öko-spiritualistischen pazifistisch-friedensbewegten Zusammenhängen, wo manchmal selbst das Wachstum des Grases lautstark vernommen wird.

Grüne Musikwelle

Ein Autor mit dem italienischen Namen C. Sciolti publiziert Anfang 1982 zwei große Artikel in der *taz*. Unter dem Namen Dr. Thomas Lang lanciert C. Sciolti einen weiteren, mehrseitigen Artikel im linksalternativen Frankfurter Stadtmagazin *Pflasterstrand*.[274] Es seien, so stellen C. Sciolti und Dr. Thomas Lang fest, einige „bedeutende Künstler" in dem Merve-Band ausgeschlossen worden. C. Sciolti stellt drei – von ihm eigens dafür ersonnene – Öko-Musikerinnen aus dem „Molino di Capraia" vor: Elfi, Leni und Ohio. Sie brächten, so C. Sciolti, die „grüne Welle" in die Musik.[275] Gleich in der Einleitung macht er seine ablehnende Haltung gegenüber dem Buch klar: „Ich will mich in dieser Rezension des Buches auf die Arbeit dieser italienischen Gruppe beschränken."[276] Im zweiten Teil seines Textes porträtiert C. Sciolti den Berliner Autor Thomas Kapielski.

Sowohl die ganzseitigen Artikel in der *taz* als auch derjenige im *Pflasterstrand* nehmen den Merve-Band zum Anlass, eine eigene Geschichte „ausgeschlossener genialer Dilettanten" zu erzählen. Hinter den Pseudonymen, erfährt Wolfgang Müller, steckt der Journalist und Schriftsteller Helmut Höge.[277]

Salaternte

Den Genialen Dilletanten attestiert Höge jedenfalls Oberflächlichkeit und mangelnde Sorgfalt, besonders bei der Salaternte: „Sie sind fanatische und geniale Techniker, Tüftler und Künstler/Musiker. Über diese ihre Leidenschaft haben sie selbst die einfachsten botanischen Kenntnisse vergessen oder verschlampt – nicht einmal der Salat im Garten wird geerntet, bevor er schießt."[278] Die stark wachsende linksalternative Ökoszene hat mit Punk und Genialen Dilletanten nur wenig am Hut. Stattdessen setzt man dort auf „Natürlichkeit" und „Nachhaltigkeit", schätzt sich als bewusst, sensibel und der Ganzheitlichkeit verpflichtet ein. Der Kulturjournalist Wolfgang Hagen schreibt der *taz* einen Leserbrief:

Dill

„War es der Autor „Sciolti" oder der Setzer? Jedenfalls hieß sowohl das Festival als auch das Buch aus dem Merve Verlag „Geniale Dilletanten" (mit doppeltem l und einem t). […] Der Name spielt nämlich an auf „Dill": altgerm. Pflanzenname –tille, niederl. –dille, engl. –dill, schwed. –dill. Der Anlaut „d" ist niederd. wie in „Damm", „Dohle" etc. Es sollte damit auf eine noch hinter die Anthropologie zurückreichende Musik angespielt werden. Wäre Sciolti im September nur auf dem Tempodrom-Festival (Berlin) erschienen, er hätte es leicht heraushören können. Die Damenriege aus der „Molino di Capraia" wurde nicht deshalb ausgeladen, weil sie „nur noch zwei Töne kennen – einen hohen (das Geräusch des arbeitenden Nervensystems) und einen tiefen (des pulsierenden Blutes) –, also die Töne der blut- und nervenlosen Pflanzen nicht registrieren wollten, sondern weil hinter ihrer „verkabelten Flora" eine Konzeption von „zellularem Bewußtsein" („Was die Bäume singen!") steht, die sich weniger als Absage an den „Intellektualismus" begreift, als vielmehr – umgekehrt – die mit elektronischem Gerät ausgestatteten Pflanzen noch in die Anthropologie mit hineinzunehmen bemüht ist. Wir dagegen – die „genialen *Dill*etanten" – versuchen demgegenüber, die „kleinen grauen Zellen" aus jeglicher Musikproduktion rauszuhalten, auch aus der pflanzlichen. Das war die ganze Kontroverse zwischen den „Molino-di-Capraia-Frauen" und den „genialen Dilletanten". Und wer Scioltis Artikel gelesen hat, wird feststellen, daß er in seiner Unwissenheit genau das Gegenteil behauptet, er kommt damit zu den selben Ergebnissen wie vor einigen Monaten Hotte Buchholz in seiner „Astro-Show". Das „Festival der Genialen Dilletanten" aber mit der „Astro-Show" in einen Topf zu werfen, das ist mehr als unverschämt."[279]

Die Verschmelzungstheorie

Helmut Höge zählt zu den lokalen Eigenheiten der Kultur Westberlins. Seine Qualität besteht darin, die Grenzen zwischen Subjektivem und Objektivem zu verwischen und an deren Ununterscheidbarkeit zu arbeiten. Er schreibt sowohl unter mehreren Pseudonymen als auch unter seinem bürgerlichen Namen. Seine Recherche fördert manchmal Sensationelles zutage, wie die Ereignisse um das Leben des Westberliner Erfinders Dieter Binninger. Dieser entwickelt in den Achtzigerjahren eine Wunderglühbirne mit einer angeblichen Lebensdauer von hundertfünfzigtausend Stunden.

Kurz nachdem Dieter Binninger seine Kaufofferte für einen Teil eines DDR-Glühlampenwerks bei der Treuhand abgegeben hat, stürzt er mit einem Privatflugzeug ab. Zufall oder Verschwörung? Helmut Höge verbindet den Mythos der ewig brennenden Glühbirne mit der Abwicklung der DDR-Glühlampenfirma Narva und dem Tod des Erfinders zu einer Art Realitysoap. Die Erzählung sprudelt dabei assoziativ vor sich hin, gewebeartig.[280]

Die Rohrdommel vom Engelbecken

Helmut Höges Grenzverwischungen führen manchmal zu grotesken Resultaten. So verkündet er den *taz*-Lesern, ein Bekannter habe die Große Rohrdommel, einen extrem scheuen Sumpfvogel, inmitten des dicht besiedelten Stadtteils Kreuzberg bei der Brut entdeckt. Dieser Entdecker, offenbar ebenfalls ein *taz*-Autor, nämlich Cord Riechelmann, würde jedoch „niemandem verraten", wo genau sich die im Parksee brütende Seltenheit verstecke. Der Einwand, der Ruf dieses raren Vogels sei kilometerweit zu hören, die Bewohner der neuen Luxuslofts am Engelbecken müssten nachts geschockt aus dem Bett plumpsen, bleibt unbeantwortet. Auch eine vom Hobbyornithologen Wolfgang Müller weitergeleitete Mail des Biologen Prof. Dr. Böhner, des Verantwortlichen für die Bestandsaufnahme der Vogelpopulation im Raum Berlin, verpufft wirkungslos. Prof. Dr. Böhner bestätigt die Vermutung: Im Berliner Stadtgebiet besetze Botaurus stellaris keinen Brutort.

Da die Welt in Helmut Höges Kosmos immer eine reine Erfindung, eine Konstruktion ist, da Phantasie, Dichtung und Wahrheit in ihr einander kreuzen und ineinander verwabern, bleibt die Klarstellung letztlich für ihn ohne weitere Bedeutung. Die Große Rohrdommel, eine Reiherart, verwandelt sich so von einer boulevardesken *taz*-Sensation in eine (Zeitungs-) Ente, in ein Phantom, eine Vision – oder auch in den Gegenstand einer Verwechslung mit dem Graureiher.[281] Da folglich unzählige Wahrheiten existieren, muss am Ende auch nichts geklärt werden. Es bildet sich ein dichtes Geflecht aus Fakten, Wissen, Gerüchten, Missverständnissen, Erfindungen, Spekulationen, Annahmen und Meinungen. Die entstehenden Asymmetrien und Unausgewogenheiten rufen Kettenreaktionen hervor, die dem System neue Nahrung geben: So widerspricht der um seine wissenschaftliche Reputation besorgte zitierte Cord Riechelmann der Darstellung von Helmut Höge in der Musikzeitschrift *Spex*, indem er darauf hinweist, in seiner inzwischen eingestellten *B.Z.*-Kolumne „Berlin Safari" niemals über die Große Rohrdommel, sondern ausschließlich über die Kleine Rohrdommel am Pichelsee berichtet zu haben.[282]

Da es beim sich selbst verkennenden Dilettanten keine festen, gültigen Wahrheiten gibt, ist das Spektakuläre gezwungen, die Rolle des stabilisierenden Zentrums zu spielen. Um dieses Zentrum ranken sich immer weitere Erzählungen. Der Wahrheitsgehalt muss dabei unentwegt betont werden, um das Interesse der Rezipienten wachzuhalten. Irritierend auftauchende Fakten werden als Beleg des systemimmanenten Wahrheitsgehaltes so integriert, dass die ursprünglichen

Setzungen keiner Korrektur bedürfen. In der Vision des „Wahllos-Werdens" offenbart Helmut Höge seine persönliche Utopie, eine im Grunde hippieeske Verschmelzungsfantasie: „Erst im Werden eines ‚Wir' bekommt man, was einem fehlt, z. B. die Aufhebung der Trennungen zwischen Mann und Frau, alt und jung, dumm und klug, arm und reich, In- und Ausländer."[283]

Concierge im Ideenhaus

Differenzen nimmt der sich selbst verkennende Dilettant als Verlust oder Trennung wahr. In der praktisch vollzogenen Verschmelzungsutopie verschwimmen deshalb oft die Grenzen der Urheberschaft. In der Subkultur trägt Helmut Höge den Spitznamen „Concierge im Ideenhaus". Der Verleger Martin Schmitz erinnert sich, dass Helmut Höges Rezension zu Jörg Buttgereits 2006 erschienenen Buch *Japan – Die Monsterinsel. Godzilla, Gamera, Frankenstein und Co.* in der Zeitschrift *mare* so verfasst war, dass Leser den Eindruck bekamen, die dort gemachten Feststellungen entsprängen den ureigenen Analysen des Rezensenten selbst. Wer kennt schon alles auswendig, was so verfasst wurde und was es so alles gibt? Lediglich betroffene Urheber wundern sich über die fließende, unmarkierte Übernahme von ihnen mühevoll entwickelter Ideen, Gedanken und Konzepte. In der praktizierten Verschmelzungsutopie entstehen Konflikte deshalb auch immer erst dann, wenn diese mit konträren Vorstellungen von Urheberschaft und Copyright kollidiert, wie der folgende Fall demonstriert.

BISMARC MEDIA S.A.

1. RUE CÉARD
1204 GENÈVE (SUISSE)
TÉLÉPHONE: 24 22 07 · TELEX: 22349
BANQUE:
UNION DE BANQUES SUISSES, GENÈVE

36   Bismarc-Media-Briefpapier, 1970: Stahlstich auf gestrichenem
Römerturmbütten

Bismarc Media

März-Verleger Jörg Schröder konzipiert im Jahr 1970 das Projekt Bismarc Media. Es ist Teil seines Konzepts vom erweiterten Verlegertum. Die Aufgabe dieser kryptischen Agentur, so Jörg Schröder, sollte darin bestehen, nicht oder noch nicht anschlussfähige Konzepte zu entwickeln. Jörg Schröder: „Doch all das im exklusiven äußeren Rahmen. Ein Büro mit kühlem Design und einer Atmosphäre der Stille."[284]

Sechzehn Jahre später bewirbt sich Helmut Höge mit dem Bismarc-Media-Konzept beim Westberliner Kultursenat und erhält dafür eine finanzielle Förderung. Der Urheber selbst bezeichnet dieses Vorgehen als „einen klaren Fall von Diebstahl geistigen Eigentums".[285] Helmut Höges damalige Lebensgefährtin, die in das geförderte Projekt involvierte Journalistin Sabine Vogel, will offenbar die Situation deeskalieren und schreibt von einer „ursprünglich von Jörg Schröder initiierten Agentur". Später dann, dass „die Gruppe Bismarc Media 1988 wiedergegründet" worden sei.[286] Und schließlich: „,Besser machen' lautete der Obertitel. Das Motto entstammte einem Zitat, weshalb wir uns für die Dauer des Projektes Bismarc Media nannten."[287]

Ein Bastard aus Don Quixote und Wilhelm Meister

In Georg Stanitzeks Lexikon *Essay – BRD* wird Helmut Höge als „belesener und lesender Tunichtgut" charakterisiert. Und: „Ein Bastard aus Don Quixote und Wilhelm Meister. Ein schreibender

Taugenichts."[288] Dessen dort als besonders gelungen bezeichneter *Vogelsberg-Endlosroman* bestehe, so Jörg Schröder, zu einem großen Teil aus Geschichten, die er und Barbara Kalender Helmut Höge „off the record" zugetragen hätten.[289] „Laut der Lektorin [...] setzte man im Rotbuch-Verlag darauf, mit *Vogelsberg* nicht nur ein Erfolgsbuch, sondern überdies ein neues Erzählgenre zu lancieren. Von diesen Hoffnungen musste man Abstand nehmen, als sich Höge trotz intensiver Überzeugungsversuche nicht zu einer „onymen" Veröffentlichung bereit fand (Gabriele Dietze, mündliche Mitteilung v. 5.7.2008)."[290] Tatsächlich wurde das Buch aufgrund einer einstweiligen Verfügung durch richterlichen Bescheid aus dem Verkehr gezogen und musste makuliert werden. Die große Rolle, die Georg Stanitzek dem Einfluss von Helmut Höge auf die im März Verlag erschienenen Anthologien und Textsammlungen einräumt, wird von den Verlegern selbst als weit geringer eingeschätzt. Die beiden begegnen in der *Mammut*-Anthologie Höges exzessivem Einsatz von Pseudonymen und seiner „Schreibdiarrhö" mit einer ironischen Paraphrase: Das kurze, im *Mammut*-Buch namentlich mit „Helmut Höge" als Autor verzeichnete Gedicht stammt tatsächlich aus der Feder der März-Verleger Barbara Kalender und Jörg Schröder:

Helmut Höge –

Vogelsberg:
Ich seh den Berg
Vor lauter Vögeln nicht
Mehr Licht![291]

Kann denn Hegel Gründgens sein?

Zu den von Helmut Höge als ausgelassen bezeichneten Genialen Dilletanten zählt Thomas Kapielski. Dieser ist heute seinerseits Verfasser einer „Verkannten-Kolumne" in der *Kunstzeitung*, die in vielen Kunstvereinen, Museen und Institutionen gratis ausliegt. Thomas Kapielskis weltanschauliche Betrachtungen sind in betont Berlinerischer Icke-Perspektive verfasst. Sie atmen altpreußischen Wilhelminismus, verströmen Urberliner Herrenhumor und klingen oft mit einem fröhlichen „Prosit!" aus. Der ehemalige Geografie- und Philosophiestudent erfindet Wörter wie „Klorollenriff" und wird später Mitglied des Kreuzberger Nasenflötenorchesters. Ähnlich wie Martin Kippenberger macht ihn das für manchen bürgerlichen Intellektuellen zum Punk – für die Punks jedoch nicht automatisch zu einem der ihren.

In Thomas Kapielskis Suche nach Anerkennung verschränken sich gelegentlich martialische Machoposen mit bildungsbeflissenen Gesten. „Kann denn Hegel Gründgens sein?", ruft er fröhlich-trunken aus dem Publikum im Delphi-Kino, als Die Tödliche Doris in der Silvesternacht 1983/1984 während der *Langen Nacht des Gesamtkunstwerkes* erstmals vor ihrem Super-8-Film *Tapete* vor der riesigen Cinemascopeleinwand auftritt.

Die Veranstaltung ist Teil des Westberliner Rahmenprogramms von Harald Szeemanns Ausstellung *Der Hang zum Gesamtkunstwerk*. Die Galeristen Ursula Block und René Block sind mit der Organisation im Delphi betraut und suchen zwei Stunden lang hektisch einen Ersatz für den siebentausend DM teuren, kurz vorher aus dem Vorführraum gestohlenen Super-8-Projektor. Der private Projektor von René und Ursula Block rettet die Aufführung. Als Tabea Blumenschein „Maria, Maria …" singt, ruft Thomas Kapielski aus dem Publikum: „Lass das Kind in Ruhe!" Eine Anspielung auf das jüngst erschienene *Stern*-Cover? Es zeigt Tabea Blumenschein mit ihrer jungen Geliebten Isabell Geisler über der Schlagzeile „Wir sind lesbisch!".

taz-Mitarbeiter

Im Jahr 1988 wird Thomas Kapielski Mitarbeiter der *taz* und zur Berichterstattung in die Diskothek Dschungel geschickt. In seinem Artikel schreibt er, diese sei „nachts bereits um acht Uhr abends gaskammervoll" gewesen.[292] Damit entfacht er einen Skandal, in dessen Folge er große mediale Aufmerksamkeit erhält.[293] Fortan erobert er mit seinen philosophischen Weltbetrachtungen das deutsche Feuilleton. Zunächst bildet er in seinen Texten einen Konsens ab, bringt ihn und dessen Einrichtungsgegenstände durch Ironie, Humor und Kalauer in Bewegung. Thomas Kapielskis Texte sind bildungsbeflissen, anspielungsreich aus deutlich heteronormativ geprägter Perspektive. Frauen sind in ihnen vor allem Objekte männlicher Lust – alternativ tragen sie „asexuelles Reformschuhwerk"[294] oder erscheinen in Gestalt „grantiger Lesben".[295] Von seinem eigenen familiären Umfeld und seiner Person gibt Kapielski wenig preis. Er wird zum unmarkierten

Markierer, dessen Identität vorwiegend durch Abgrenzung gegenüber anderen Individuen und Kollektiven Gestalt entwickelt. In den Redaktionsräumen der *taz* beobachtet er: „Gläserne Lesben trinken Mineralwasser aus schwulen Gläsern."[296] Dagegen stehen bei ihm Männergruppen miteinander befreundeter Künstler, Verleger und Galeristen, deren Sinnlichkeit sich gelegentlich in exzessivem Alkoholkonsum offenbart. In Kollektivbesäufnissen verlieren deren Mitglieder die Kontrolle, um ekstatisch die Grenzen gesellschaftlicher Konventionen zu überschreiten. Erfolg und Misserfolg im Kulturbetrieb offenbaren sich für Kapielski jenseits von Qualitätskategorien: „Gute Kunst setzt sich durch, weil man gut nennt, was sich durchsetzt! [...] Kunst ist weder schön noch bedeutend, allenfalls erfolgreich durch Zufall, Ränke, Aufwand, und theatralischer Mist."[297]

Opfer linker Sprachpolizei

Das Betreiberkollektiv des Dschungels erteilt dem Autor nach seinem *taz*-Artikel Hausverbot. Einige Tage später erhält die *taz* einen Leserbrief von HYDRA-Gründerin Pieke Biermann. Die nach der neunköpfigen Schlange aus der griechischen Mythologie benannte Organisation ist die erste autonome Hurenorganisation in Deutschland. Sie wird 1980 von sozial engagierten Frauen aus unterschiedlichen Berufssparten ins Leben gerufen. Biermann weist auf das Wort „gaskammervoll" in dem Artikel hin und fordert eine klare Positionierung der Redaktion. Teile der

Belegschaft solidarisieren sich mit dem Autor. Letztlich wird mit sechzehn zu elf Stimmen seine Entlassung beschlossen. Die beiden verantwortlichen Redakteurinnen weigern sich, eine öffentliche Entschuldigung abzugeben. Auch sie werden entlassen. Helmut Höge: „Der Autor des Gaskammervoll-Artikels, Thomas Kapielski hatte ‚Schreibverbot' bei der *taz* bekommen. Er wandte sich dem Bücherschreiben zu und wurde als ‚Merve'-Autor berühmt."[298]

In seinen 2009 erschienenen Nachbetrachtungen sieht sich Thomas Kapielski als Opfer einer „Sprachpolizei", die „linke Gerechte" und „westdeutsche Trauerarbeiter" betrieben hätten: „Diese Scheißdiskothek in dem Laden in der Straße, aus der sie die jüdischen Miederwarenhändler vertrieben hatten, war für mich verflucht gaskammervoll an diesem Abend, als mich [Helmut] Höge dazu überredete, zwecks Berichterstattung da reinzugehen."[299] Thomas Kapielski spielt mit der Erwähnung der Vertreibung jüdischer Händler die Gewalt der Sprache gegen die von jenen Händlern erlittene körperliche Gewalt in der jüngeren politischen Geschichte Deutschlands aus. Über die Ereignisse äußert sich 1988 auch der Kabarettist und damalige *taz*-Kolumnist Wolfgang Neuss. Dieser richtet seinen Fokus auf die Redakteurinnen, die sich mit dem Entlassenen solidarisiert haben: „Eine *taz*, die jüdisch denkt, sagt: ‚Achtung, wir haben in der Kulturabteilung zwei infizierte Faschistinnen – aber wir behalten sie bei uns!'"[300]

Im Rückblick auf seinen Rauswurf fordert Thomas Kapielski mittels exzessiven Gebrauchs des N-Wortes[301] sein individuelles Recht auf „freien

Sprachgebrauch" ein. Er meint: „Schreiben und Reden ist eben doch harm- und schadloser als tun und töten."[302] Folglich können nun auch Gedanken „frei" geäußert werden, die aus anderer Perspektive betrachtet eindeutig rassistisch und islamophob sind. So ist in Kapielskis *Gottesbeweisen* die Rede von „sehr verirrten Jungtürken" und „kriegerischen männlichen Ostvölkern", die „voller Verachtung dieses Landes sind, in dem sie nicht leben müssen. [...] Ihr Verhältnis zu Frauen bedarf sowieso keines Kommentars." Ein evangelischer Theologe habe ihm erzählt, dass „deren" Männer „ihre Weiber neuerdings hässlich" machten, „sie müssen zu Hause bleiben". So müssten die Männer „stark behaarte Nutten ficken, weil der Herr [...] ihren Weibern die Rasur der Scham vorschreibt."[303]

Beim Bachmann-Wettbewerb 1999 verortet Jurymitglied Robert Schindel die Weltbetrachtungen Kapielskis in der Tradition literarisch-satirischer Texte, die „vielleicht heutzutage manchmal leider als nicht ganz anständig und hochliterarisch gelten." Kapielskis Text habe „Humor, offenbart hinter Lustigem aber auch eine tragische Facette". Er sei „sprachlich von hoher Qualität". Die Literaturwissenschaftlerin Ulrike Längle meint dagegen: „Ich konnte nicht lachen, hier ist ein literarischer Schwadroneur am Werk, er bringt Humor der gröberen Art, die Sprache ist angestrengt, aufgeschwemmt und anbiedernd witzelnd."[304]

Tom Kummer: **Die Welt in Anführungszeichen**

Im trist-grauen Matschwinter 1983 landet ein
kerniger Schweizer aus dem Appenzell in der grauen
Häuserwüste Westberlins. Tom Kummer erscheint
wie ein übergesundes Kräuter-Ufo, niedergeschwebt
von einer fernen alpinen Bergalm. Sein einnehmendes
Wesen, untermalt von seiner kraftvollen Stimme und
den großen, pathetischen Gesten, wirkt zunächst be-
fremdlich in der kohlenstauberfüllten Luft der schall-
gedämpften Stadthälfte. Seine raumfüllende Präsenz
wird oftmals als großspurig oder sogar geltungssüchtig
missinterpretiert – schnell ändert sich diese Einschätzung, wenn man den Schweizer persönlich kennen-
lernt. Öffnet er sich, strahlt und lacht, so behandelt
Tom Kummer alle, die ihm begegnen, nicht unbedingt
als gleich, aber doch als gleichwertig: Er vermittelt das
Gefühl, hier rede jemand auf gleicher Augenhöhe mit
ihnen. Tom Kummer reißt andere Menschen in seinem Enthusiasmus mit. Ein Jahr lang wohnt er in der
Kreuzberger Fabriketage des Büro-Berlin-Künstlers
Raimund Kummer in der Admiralstraße. Danach lebt
er zehn Jahre in der Yorckstraße 48, direkt über der
Punkkneipe Risiko, nahe dem von Kreuzberg nach
Schöneberg umgezogenen Frontkino.

Die Metamorphose des Tom Skapoda

Tom Kummer erfindet in Westberlin für sich eine
Figur namens „Tom Skapoda", einen mit Feuer und
Farbe arbeitenden Aktionskünstler. Nan Goldin lernt

diesen 1984 in New York kennen, fotografiert ihn dort und später in Westberlin, wo er seit 1983 lebt. Tom Kummer: „Ich wollte in New York als Maler auftreten, hab' auch so einige Sachen geliefert und mir den Namen Tom Skapoda gegeben. Nan hat den Namen einfach falsch verstanden und dann ‚Scarpota' unter ihr Foto gesetzt."[305]

Nan Goldin fotografiert „Scarpota" in der Knox Bar, im Kumpelnest 3000, im Frontkino und in der Oranienbar. Auf einer ihrer bekannten Fotografien steht eine frisch entkorkte Flasche direkt vor ihm. Sein Blick ist unbestimmt, unzielgerichtet. Oder hat er womöglich nur etwas intus?

Aus dem Aktionskünstler Tom Skapoda entwickelt sich „die fiktive Figur eines Journalisten, einer, der fieser, witziger, klüger, lebendiger und erfüllter von Charisma ist, als ich hätte jemals sein können."[306] Mit durchschlagendem Erfolg: Tom Kummer schreibt schon bald für das Lifestylemagazin *Tempo* und wird in den Neunzigern Hollywood-Korrespondent. Als solcher verfasst er Beiträge für die Magazine der *Süddeutschen Zeitung* und des Zürcher *Tages-Anzeigers*. Außerdem arbeitet er als freier Journalist für den *Spiegel*, die *Neue Zürcher Zeitung*, die *Frankfurter Allgemeine*, *Die Zeit*, *Vogue* und den *Stern*. Die Medienprofis sind fasziniert von Kummers eigenwilligem, originellem Schreibstil und davon, dass es ihm offenbar gelingt, in die Privatgemächer der unnahbarsten Hollywoodlegenden eingelassen zu werden, um diesen dort die bizarrsten Intimitäten und Philosophien zu entlocken. Die grotesk-poetische Komik, die sich durch Tom Kummers Artikel und Interviews zieht, scheint den

Medienprofis entweder vollkommen zu entgehen oder sie aber besonders anzuziehen. Vermutlich ist es beides zugleich.

Die Journalistenperformance

Tom Kummer selbst betrachtet sein Schreiben als eine spezielle Form der Literatur – wovon die Käufer der exklusiven Interviews und intimen Reportagen in den Medienhäusern besser nichts hören und wissen möchten. Nie äußern sie Zweifel am tatsächlichen Zustandegekommensein der Interviews mit den Superstars. Nie fordern sie einen Tonbandmitschnitt oder irgendeinen Beleg für geführte Gespräche. Als eine einsame Redakteurin der *Süddeutschen Zeitung* eindringlich darauf hinweist, dass viele Passagen, die identisch in einem längst publizierten Interview stehen, in einem von Kummer neu abgelieferten Werke wieder vorkommen, bleibt sie auf ihrer Enthüllung sitzen. Ihre mit gelbem Textmarker versehenen Ausdrucke will keiner anschauen, schon gar nicht der verantwortliche Redakteur Ulf Poschardt. Der Journalist Miklós Gimes umschreibt die eindeutige Überführung des Betruges durch die SZ-Redakteurin später euphemistisch mit dem Wort „Kritik". Damit gewinnt er Verständnis für sich selbst und seine vermeintliche Naivität, denn auch er zählt sich wahrscheinlich zu den Opfern eines gerissenen Betrügers und Hochstaplers. Miklós Gimes: „Poschardt begegnete ihrer Kritik mit dem Argument, sie sei nur neidisch auf Kummers tolle Interviews."[307] Tom Kummer: „Meine Star-Interviews waren vielleicht bloß so eine extreme Version von Gonzo-Journalismus, im Spiegel habe ich das auch mal Borderline-Journalismus genannt."[308] Seine Interviews und Artikel über die unerreichbaren Hollywood-Superstars sind brillante Kompositionen, mimetisch perfekt und finden reißenden Absatz. Tom Kummer: „Für mich waren die Texte wie Theater, so eine Art Selbstgespräche."[309] Im ökonomisch hart umkämpften Medienmarkt interessiert Chefredakteure, Mitarbeiter und Zeitungseigentümer kaum mehr der potenzielle Fakten- oder Wahrheitsgehalt, sondern in erster Linie der ökonomische Erfolg ihres Produktes. Dieser ist eng mit ihren eigenen Karrieren verbunden. Tom Kummer ist bis heute verwundert, dass alles so reibungslos funktionierte, ihm jeder seine Sensationsinterviews und Reportagen abnahm. Eigentlich hätte es allen Journalisten und Zeitungsredakteuren klar sein müssen, dass man solche Interviews nicht so einfach bekommt, meint er. Kummer mobilisiert das obszöne Supplement des Wissens. Alle spüren es – niemand spricht es aus, solange sie selbst davon profitieren. Erst als es offen zutage tritt, zeigt es die Gewalt, die in der schönen Oberfläche ruht.[310] Tom Kummer: „Ich funktioniere ja wirklich ziemlich anders als ein Journalist. Ich wollte die ganze Welt immer nur in Anführungszeichen sehen."[311] Selbst einfach gestrickte Sportlegenden und strunzdumme Schauspieler erhalten durch Kummers Interviews schillernde Originalität, erstaunliche Belesenheit und philosophische Brillanz – sie gewinnen. Keiner der von Tom Kummer so aufgeladenen Stars wird sich je über die erfundenen Interviews beschweren. Der Autor füllt die berühmten stereotypen Körper und Images mit Leben. Vielschichtige Persönlichkeiten mit Geist, Schlagfertigkeit, Humor und einer überraschenden menschlichen Nähe entstehen.

Das offene Geheimnis

Schlagartig berühmt wird Tom Kummer, als die Zeitschrift *Focus* im Jahr 2000 das offene Geheimnis endlich ausspricht. Tom Kummers Exklusivinterviews mit Hollywood-Stars wie Sean Penn, Brad Pitt, Sharon Stone, Pamela Anderson, Charles Bronson und Mike Tyson sind frei erfundene Kreationen oder kunstvolle Collagen aus bereits vorhandenem Textmaterial. Die Chefredakteure des *SZ-Magazins*, Ulf Poschardt und Christian Kämmerling, werden entlassen. Die Glaubwürdigkeit der Medien insgesamt stehe auf dem Spiel, heißt es. Sicher trifft das wohl auch auf die Karriere der Macher zu. Eine Welle der Empörung entlädt sich über Tom Kummer. Während die Medien diesen in großer Einigkeit zum Betrüger, Hochstapler oder Psychopathen erklären, verwandeln sie sich selbst verstärkt in Lieferanten der Wahrheit und Diener des Presseethos.

Miklós Gimes ist 1997 stellvertretender Chefredaktor beim *Tages-Anzeiger-Magazin*. Dort ist er Tom Kummers größter Förderer. Dass er ein Opfer von Kummer wurde, erklärt er sich selbst im Nachhinein mit „Naivität". Tom Kummer meint dazu: „Nein, das glaube ich ihm nicht. Das Argument der Gutgläubigkeit ist ziemlich lächerlich. Überlegen Sie mal: Wenn in den Topetagen des deutschsprachigen Journalismus – inklusive ‚SZ', ‚NZZ', ‚Tages-Anzeiger', ‚Zeit', ‚FAZ',

‚Stern' usw. ‚Gutgläubigkeit' als Verteidigung geltend gemacht wird, um meinen Fall mit den zu Dutzenden gedruckten Interviews und Reportagen zu begründen, dann müsste man ja annehmen, dass in den Chefetagen und Dokumentationen dieser großen Medienhäuser noch viel realitätsfremdere und schlampiger arbeitende Journalisten am Werk sind, als ich es je gewesen bin!"[312]

Miklós Gimes schlüpft später in die Rolle des Dokumentarfilmers. Hier kann er sich seinen ganz individuellen Tom Kummer erschaffen und dabei praktischerweise die Rolle eines Psychologen und Nervenarztes gleich mit übernehmen. Den zwanghaften Psychoknacks, dem er bei Tom Kummer auf der Spur ist, sucht er in den neunzig Minuten seines Films vergebens. Bleibt nur die minder schwere Diagnose „krankhafter Geltungsdrang" – die prominentesten Opfer von Tom Kummer sind schlau oder eitel genug, in diesem Kontext nicht vor der Kamera als Zeugen der Anklage aufzutauchen. Miklós Gimes' Geltungssucht-Diagnose lässt an den Hasen von Joseph Beuys denken, der als totes Tier nicht mehr in der raffinierten, seine Feinde irritierenden Zickzackstrategie entkommen muss. Unentwegt versucht Beuys am 26. November 1965 in der Düsseldorfer Galerie Schmela dem toten Tier „die Bilder zu erklären". Gimes über Kummer: „Ich glaube, er ist einfach einer, der immer neue Haken schlägt, um seine Spuren zu verwischen. Neue Fährten legen und gleichzeitig verwischen – das ist sein Ding."[313] In Miklós Gimes' Film *Bad Boy Kummer* (CH/D 2010) selbst wirkt Tom Kummer kooperativ und unverstellt – besonders in der Gegenüberstellung mit einigen Journalisten, die als seine Opfer auftreten.

Kummer bedauert: „Doch es fehlt mir das Duell, die Kampfschiff-Szenen im Orion-Nebel, die Gegenspieler: Poschardt, Köppel, Kämmerling, die Chefs! Und wo sind die Hollywood-Agenten und ihre Stars, die den Zuschauern erklären, dass es ihnen so was von egal ist, was über sie geschrieben wird, solange man ihnen kein Aids, Drogensucht oder Sex mit Tauben andichtet?"[314] Tom Kummer schreibt heute Romane. Als Paddle-Tennislehrer lebt er mit seiner Familie in Los Angeles.

Zusammenfassung

Helmut Höge ist ein sich selbst verkennender Dilettant. Als Dilettanten verkennt er sich, weil er die perfekte Selbstmimikry in Person ist. Thomas Kapielski verwechselt dagegen genialen Dilletantismus mit dem Männlichkeitsgebaren im Kulturbetrieb. Die Definition „verkannter genialer Dilletant" könnte am ehesten auf Tom Kummer zutreffen. Seine genial dilettantischen Meisterwerke werden vom gesamten sich als hochprofessionell verstehenden Feuilleton als die große Welt akzeptiert und gekauft.

Prä-genialer Dilletantismus

Die Tänzerin, Prä-Performancekünstlerin, Schauspielerin, Autorin, Theaterregisseurin, Komponistin und Sängerin Valeska Gert (1892–1978) versetzt mit ihren interdisziplinär-konzeptionellen Kunstwerken bereits in den Zwanzigerjahren die Grenzen vieler Genres in unauflösliche Schwingung. In Valeska Gert findet sich die Künstlerin, mit der sich die Genialen Dilletanten der Achtzigerjahre am passgenauesten identifizieren können. Valeska Gert entwirft interdisziplinäre Kunstformen, noch bevor diese Gestalt annehmen, um kategorisiert werden zu können. „Wenn die passenden Schubladen für ihre Erfindungen gebaut werden, macht sie längst etwas anderes."[315] Sie selbst schreibt: „Jede Art von Routine geht mir auf die Nerven. Ich muss immer etwas Neues machen."[316]

In Valeska Gerts Künsten werden Kontinuitäten und Ähnlichkeiten von den Zwanzigerjahren in Berlin über die Nachkriegszeit hin zu Kunstformen der Westberliner Subkultur der Achtzigerjahre deutlich. Ihr Einfluss reicht bis in die entstehende Punkbewegung hinein. Manche, wie Tabea Blumenschein, lernen Valeska Gert noch zu deren Lebzeiten persönlich kennen. Gemeinsam mit Ulrike Ottinger konzipiert Tabea Blumenschein den Experimentalfilm *Die Betörung der blauen Matrosen*, der teilweise auf Sylt gedreht wird (D 1975). Dort besitzt Valeska Gert ein kleines Haus. Im Film performt sie die Rolle eines alten, sterbenden Vogels, Tabea Blumenschein die Rolle eines jungen, aufwachsenden Vogels. Noch lieber hätte sie allerdings eine Wasserleiche in dem Film gespielt, äußert

Valeska Gert gegenüber Ulrike Ottinger.[317] Auch der Wiener Aktionist und Zeichner Günter Brus beobachtet Valeska Gert in den Siebzigerjahren in einem Westberliner Café, ohne sie allerdings anzusprechen. Die Kieler AAO-Kommune des Wiener Aktionskünstlers Otto Muehl glaubt gar an eine Geistes- oder Körperverwandtschaft mit der radikalen Performerin und schreibt ihr 1977 einen Brief: „Vielleicht sind Sie erstaunt, daß wir gerade an Sie herantreten, aber wie wir gehört haben, haben Sie auch schon früher versucht, sich selbst öffentlich darzustellen."[318] Ob die Kommune-Mitglieder Valeska Gert in der Rolle des Mediums Pijma in Federico Fellinis *Julia und die Geister* von 1965 gesehen haben, ihre exzessiven Ausbrüche als unter Trance stehendes Medium? Zumindest rein netzhautkunstmäßig betrachtet wirkt dieser Ausbruch wie ein Vorläufer der „körperanalytischen Befreiungsaktionen" der AAO. Valeska Gerts Ekstase in Fellinis Film ist jedoch ihr eigenes Kunstwerk – kein Aufruf zur persönlichen Befreiung oder der anderer. In einem unveröffentlichten Interview mit Sonja Schwarz-Arendt meint Valeska Gert bezüglich Otto Muehls AAO-Kommune, deren Mitglieder wollten wohl auf das hinaus, was sie selbst fünfzig Jahre zuvor gemacht habe: „Und die Theorien, die die da vertreten … na ja, wissen Sie. Dafür bin ich wahrscheinlich zu alt."[319]

Für die ersten Punks ist die 86-Jährige offensichtlich jung. Volker Schlöndorffs TV-Dokumentation *Nur zum Spaß, nur zum Spiel – Kaleidoskop Valeska Gert* von 1977 enthält eine knappe Stunde mit Interviews und Dokumenten und einige von Valeska Gert eigens vorgetragene Tänze und Gesänge. Offensichtlich wirken sie und ihre Kunst auf eine gerade erst im Entstehen befindliche Jugendkultur. „Zurückgekehrt in Valeskas Wohnung, blättern wir die Post durch. Punks schreiben, sie würden Valeska gern kennenlernen", berichtet Christiane Retzlaff, ihre langjährige Mitarbeitern und Vertraute aus dem Sylter Lokal Ziegenstall in ihrer Hommage zum 100. Geburtstag der Künstlerin.[320]

Nach Valeska Gert

Zwei Jahre nach Valeska Gerts Tod veröffentlicht Frieder Butzmann 1980 das 7-Inch-Vinyl *Valeska*. Das Cover konzipiert Gudrun Gut nach Gerts Performance *Japanischer Tanz*, während Die Tödliche Doris Valeska Gert eine Pause widmet: Die 1982 erschienene LP *Die Tödliche Doris* [Projekt Nr. 1] endet auf der B-Seite mit dem Stück „In der Pause". Es ist eine Verdoppelung der Pause, die am Ende jeder LP entsteht – und hier zusätzlich die Pause zwischen [Projekt Nr. 1] und dem folgenden Projekt, dem [Projekt Nr. 2]. Damit wird die von Valeska Gert performte Pause vertont, die sie in den Zwanzigerjahren tanzte.[321] Tabea Blumenschein schreibt für Die Tödliche Doris einen Song über den „Apache-Tanz", den Valeska Gert in ihren Büchern beschreibt. Der erotisch-aggressive Tanz, den die grell gekleideten Pariser Zuhälter, die „Apachen", mit ihren Mädchen tanzten, gilt als Vorläufer des Tangos. Das Stück erscheint 1982 auf dem Audiotape *Doris und Tabea dürfen doch wohl noch Apache tanzen*. Der geniale Dilletant Ogar Grafe: „Valeska Gert war in den Achtzigern unser aller Superstar! Dabei lief so gut wie nichts von ihr im Fernsehen oder im Radio. Dann spielte sie in diesem Schlöndorff-Film *Der Fangschuss* mit. Jeder, der den sah, spürte sofort: Valeska Gert, das war die einzige wirklich lebendige Person in diesem ganzen Film."[322]

Valeska Gerts visionäre musikalische und performative Konzepte fallen in der aufgekratzten Post-Punk-Atmosphäre Westberlins wieder auf fruchtbaren Boden. In der Geschichte des modernen Tanzes wird ihre interdisziplinäre Tanzkunst bis heute eher am Rand verortet, Valeska Gert reduziert auf die Rolle einer „schrill-schrägen" Grotesktänzerin und Kabarettistin der Zwanzigerjahre. Ihre radikalen avantgardistischen Theater-, Performance-, Kunst- und Musikexperimente – so fordert sie in ihrem 1931 erschienenen Buch *Mein Weg* eine „neue Musik, die aus Wirklichkeitsgeräuschen zusammengesetzt ist" – werden bis in die aktuelle Gegenwart erfolgreich ignoriert.[323] Sie konzipiert einen „städtischen Marsch", der „aus Surren von Aeroplanen, Radrennen, laufenden Menschen, keifenden Frauen und stampfenden Maschinen" besteht. Dieser müsste vom Musiker nur noch „montiert" werden, schreibt sie 1931: Solche Cut-up-Geräuschmusik – also Samplings –, beschreibt Valeska Gert, „kann nur über den Tonfilm oder das Radio zu uns kommen" – das Tonband existiert in jener Zeit jedoch nur als Tonspur auf Filmzelluloid. Andere Konzepte – sie schildert in ihrem Buch das zärtliche Streicheln und anschließende Zertrümmern ihres geliebten Klaviers – nehmen die Kunstformen Happening und Autodestruktion der Siebzigerjahre vorweg. Sie nennt dieses Konzept *Opus 1 – Komposition auf ausgeleiertem Klavier*.[324] Sie erfindet in den Dreißigerjahren „Tontänze" und konzipiert Lieder, die allein aus Geräuschen des Kehlkopfes und der Stimmbänder entstehen. Während des Exils in den USA in den Vierzigerjahren engagiert sie den ebenfalls emigrierten siebzehnjährigen Pianisten Georg Kreisler. Sie braucht ihn, um amerikanischen Produzenten ihre interdisziplinäre performative Kunst vorzustellen.

Georg Kreisler im Gespräch mit Wolfgang Müller
am 20. Februar 2011

Wolfgang Müller: *Herr Kreisler, als 17-Jähriger begleiteten Sie Valeska Gert als Pianist, in New York im Jahr 1939. In diesem Zusammenhang erwähnten Sie den Komponisten Curt Bry?*

Georg Kreisler: Er war derjenige, der mich vermittelte, als Probenpianist und für die Auftritte von Valeska Gert.

WM: *Wie verlief Ihr erstes Treffen? An was erinnern Sie sich?*

GK: Valeska Gert rief mich an und wir verabredeten uns. Als ich bei ihr ankam, lag sie vollkommen nackt auf dem Bett.

WM: *Nackt auf dem Bett?*

GK: Ja, und ich wußte auch nicht, ob das eigenartige Wesen, das dort lag, nun ein Mann oder eine Frau war.

WM: *Und dann begann die Probe? Sie sollten ein Kinderlied spielen und währenddessen weinen, heißt es in einem biografischen Buch über Georg Kreisler.*

GK: Nein, ich sollte nur ein Kinderlied spielen. Gleichzeitig fing Valeska Gert an, laut zu weinen.

WM: *Bei einem anderen Stück sollten Sie laut Anweisung die ganze Zeit über nur einen einzigen Ton spielen. Wissen Sie noch, welcher Ton das war? Und was Valeska Gert selbst währenddessen tat?*

GK: Nein. So genau im Detail weiß ich das nicht mehr. Es entwickelte sich auch nie eine wirklich enge Verbindung zwischen uns.

WM: *Als Sie die Anweisung von Valeska Gert bekamen, bei einem Stück fortwährend nur einen einzigen Ton zu spielen, stand da genau fest, um welchen Ton es sich handeln sollte? Wo die Intervalle sein sollten, welche Taste, beispielsweise eine weiße oder schwarze?*

GK: Ja, das hatte sie alles ganz genau festgelegt und notiert.

WM: *Mit diesen performativen Miniaturen wollte sich Valeska Gert bei Produzenten, Agenten und Regisseuren bewerben?*

GK: Wir spielten denen die Stücke dann vor. Aber engagiert wurden wir nie. Meist war schon nach wenigen Sekunden klar, dass sie uns niemals engagieren würden. Manche saßen wie erschlagen da. Ein Produzent rannte schon nach ihren ersten Worten entsetzt aus dem Zimmer und schlug die Tür hinter sich zu.

WM: *War das, was Valeska Gert da konzipierte und vorführte, so etwas wie Performance, Happening und Aktionskunst? Ähnelte es also Kunstformen, die erst in den 1970er-Jahren als solche definiert wurden?*

GK: Ja, das könnte man so sagen.

WM: *Sie haben sich dann in Hollywood mit Valeska Gert zerstritten.*

GK: Für das Vorspielen sollte ich jeweils fünf Dollar bekommen. Sie gab mir aber nur zwei. Das lief einige Wochen und dann rief sie mich nachts um zwei Uhr an, weil ich dringend kommen sollte, um in einem Nachtlokal etwas vorzuspielen.

WM: *Sie weigerten sich?*

GK: Ihr Schuldenstand belief sich bereits bei dreißig Dollar.

WM: *Aber Sie besuchten Valeska Gert nach dem Krieg wieder in Deutschland?*

GK: Zweimal in den Sechzigerjahren, während des Urlaubs auf Sylt. Dort leitete sie einen Club, den Ziegenstall. Die Tänzerinnen, die dort auftraten, mussten im Garten in Zelten übernachten. Sie bedienten außerdem die Gäste des Lokals. Der Ziegenstall war Valeskas Wohnung, Kneipe und Kabarett in einem.

WM: *In der Dokumentation von Volker Schlöndorff von 1977 sagt Valeska Gert, sie möchte nur auf der Bühne geliebt werden, nicht aber im Leben, da sei es ihr egal.*

GK: Ob das tatsächlich so war – das kann ich nicht beurteilen.[325]

Peter Penewsky

Der Schauspieler Peter Penewsky lernt Valeska Gert ebenfalls als junger Mann durch den Fotografen Herbert Tobias kennen. Peter Penewsky: „Valeska empfahl mir eine Veranstaltung von John Cage und Merce Cunningham, die im Westberliner Hebbeltheater so um 1957 stattfand. Die Bühnenausstattung stammte von Jasper Johns, oder war es doch Robert Rauschenberg? Dann empfahl sie mir, eine Ausstellung von Jackson Pollock anzuschauen, die in der Hochschule für Bildende Künste stattfand. Jackson Pollock zählte zu den Stammgästen von Valeska Gerts New Yorker Beggars Bar in den Vierzigerjahren. Außerdem schlug sie mir vor, zu einer Filmvorführung des Rohmaterials von Sergej Eisensteins *Que Viva Mexico* zu gehen. Das waren etwa sechs bis sieben Stunden Film, die damals im Haus der deutsch-sowjetischen Freundschaft am Kupfergraben, im Ostteil Berlins gezeigt wurden. Valeska war eine große Künstlerin und immer sofort bereit, jungen Menschen Hinweise und Tipps zu geben. Sie war eine absolute Anregerin im besten Sinne. Vielleicht hat sie mit ihrem Tanz *Pause* gar John Cage zu seinem Musikstück *4'33"* angeregt?" Mit ihren künstlerischen Konzepten sei Valeska Gert der Entwicklung stets Jahrzehnte voraus gewesen.[326] Valeska Gerts kompromisslose und lebendige Auseinandersetzung mit der aktuellen Gegenwart wird von den unterschiedlichsten Akteuren um die Westberliner Genialen Dilletanten geschätzt: Wieland Speck, Mark Eins, Mahide Lein, Bridge Markland, Nikolaus Utermöhlen, Dagmar Dimitroff, Reinhard Wilhelmi, Ogar Grafe, Gudrun Gut, Bettina Köster, Hermoine Zittlau und viele andere sind von ihren interdisziplinären Kunstformen und der kompromisslosen Haltung, mit der sie diese Konzepte zeitlebens vertreten hat, stark inspiriert. Noch bevor sie aus der westdeutschen Provinz kommend nach Westberlin gezogen sei, so die Malerin Yana Yo von der Performancegruppe Notorische Reflexe, habe sie die Beschreibungen der Kunst von Valeska Gert regelrecht verschlungen. Yana Yo: „Valeska Gert ist eine große Liebe, seit ich 1975 das erste Buch von ihr kaufte."[327]

Die Maske des Tanzes

Valeska Gert interessiert sich für die Vorgänge hinter der Netzhaut. So wie Marcel Duchamp ironisch von der konventionellen Malerei als „Netzhautkunst" spricht, fordert Valeska Gert einen Tanz hinter dem Tanz, einen Tanz hinter dem Netzhauttanz: „Ich bin keine Solotänzerin. Ich brauche einen Partner, und dieser Partner ist mein Publikum. Erst der Partner reißt dem Tanz die Maske herunter. Dann erst zeigt er sein wahres Gesicht." Das schreibt Valeska Gert 1931 in einem Text über den modernen Tanz in der Zeitschrift *Kulturwille. Monatsblätter für Kultur der Arbeiterschaft.*[328]

In den Anfängen des Kinos in den Zwanzigerjahren tanzt sie einige durch die Technik neu entstehende und wahrnehmbare Phänomene wie *Zeitlupe* und *Zeitraffer*. Sie thematisiert den motorisierten Individualverkehr, tanzt einen *vom Auto überfahrenen Mann*, den *Verkehrsstau* oder den *Verkehrsunfall*. Auch setzt sie Figuren wie „Boxer", „Politiker" und „Prostituierte" tänzerisch um. In letztgenannte Figur bezieht sie die performative Umsetzung des Orgasmus – des simulierten oder „echten" – mit ein.

Die Pause

Statt euphorisch oder kritiklos den technischen Fortschritt zu begrüßen – wie es beispielsweise die Künstlergruppe der Futuristen tut –, thematisiert Valeska Gert auch die durch den Fortschritt neu entstehenden Grenzen: den Verkehrsstau, den Unfall, die Nervosität der Großstadt oder die technisch bedingte Unterbrechung, also eine durchaus unerwünschte Pause.

Die Kinobesitzer der Zwanzigerjahre versuchen die durch den Filmrollenwechsel bedingten Filmpausen durch den Einsatz von Unterhaltungskünstlern zu überbrücken. Während des Spulenwechsels singen, tanzen und musizieren zu diesem Zweck engagierte Künstler vor geschlossenem Vorhang auf der erleuchteten Filmbühne. Davon ausgehend entwickelt Valeska Gert den Tanz *Pause* – einen Tanz des Innehaltens, des Wartens, der Nichtbewegung. Mit *Pause* verlässt Valeska Gert die Grenzmarkierungen des modernen Tanzes. Die *Pause* weist eher in Richtung Performance oder konzeptionelles Happening. Der in München lebende Medienkünstler Ernst Mitzka zeichnet 1969 in Westberlin mit Valeska Gert die Tanz-Vokal-Performances *Baby* und *Tod* auf Video auf. Ihm erzählt sie auch von ihren Tänzen und ihren getanzten Miniaturen während der Kinopausen. Während eines solchen Pausentanzes sei Bertolt Brecht auf sie aufmerksam geworden und habe sie angesprochen. Brecht liebte das Kino, den Jahrmarkt und alles, was seinerzeit als anspruchslose Unterhaltungskunst galt.

Mit dieser *Pause* thematisiert Valeska Gert das Innehalten, Abbrechen der Bewegung, das Warten auf Fortsetzung wie nach dem technischen Vorgang eines Filmrollenwechsels. Valeska Gert macht das Phänomen der Pause deutlich wahrnehmbar. Ein schwerer, faltenreicher, aus einfarbigem Samt bestehender Vorhang schiebt sich in einer Kinopause von zwei Seiten gleichmäßig über die Leinwand. Dabei ertönt ein summendes Geräusch. Während das Filmlicht erlischt, geht das Licht im Kinosaal allmählich an, dieser verharrt im Dämmerzustand – bis zum Ende der Pause. Erlischt das Saallicht langsam wieder, verdunkelt sich der Raum, öffnet sich der Kinovorhang, fällt das Licht des Filmprojektors auf die Leinwand, setzt sich der Film fort – dann endet die Pause.

Valeska Gert materialisiert und verdoppelt das Phänomen der Pause gegen 1919 mit ihrem Körper. *Pause* ist ein einziger kurzer Bewegungsablauf, der in eine Geste mit geschlossenen Armen über dem Kopf mündet – und hier erstarrt. Damit besetzt Valeska Gert eine fundamentale Gegenposition zum damaligen Mainstream, wie er nicht nur in der erwähnten Fortschrittseuphorie der Futuristen, sondern auch im stärker werdenden Kulturpessimismus der konservativen Revolution seine extremsten Ausprägungen fand. Von der *Pause* existiert ein Fotodokument von Käthe Ruppel in Fred Hildenbrandts 1928 erschienener Biografie *Die Tänzerin Valeska Gert*.[329] Im Hintergrund befindet sich ein dunkler, faltenreicher geschlossener Vorhang, der unmittelbar hinter dem erstarrten Körper auf den Boden fällt, ein Kinovorhang? „Pause", so wird auch die Ausstellung heißen, welche erstmals die transdisziplinäre Kunst der lange ignorierten Künstlerin würdigt: *Pause. Valeska Gert: Bewegte Fragmente*. Sie findet vom 17. September 2010 bis zum 10. April 2011 in der Nationalgalerie im Hamburger Bahnhof statt. Auch Kunsthistoriker, unter denen Valeska Gert bis zu diesem Zeitpunkt geflissentlich ignoriert wurde, nehmen in der Folge zwar erstmals Konzepte wie *Pause* überhaupt zur Kenntnis, konstruieren darüber aber sogleich einen Gert-Expertenstreit, indem sie die Unterschiede zwischen dokumentarhistorischer Ebene und ästhetischer Interpretation verwischen.[330] Karl Lagerfeld schneidert Valeska Gert im Oktober 2012 einfach ein schönes neues Kostüm und wiederveröffentlicht ihr erstmals 1950 im arani-Verlag und 1958 im

Pause.

Phot. Käte Ruppel, Berlin

37 Käthe Ruppel: Valeska Gert performt die *Pause*

Selbstverlag erschienenes Buch *Die Bettlerbar von New York* in seiner L.S.D. Edition im Steidl Verlag.

Punk und Pause

Während eines Benefizkonzerts in Hamburg 1980 kreischt die Sängerin der Westberliner Band Liebesgier in einem Song: „Mach doch mal 'ne Pause!" – sicher ohne dabei zwingend Valeska Gerts *Pause*-Performance im Sinn zu haben. Eine Düsseldorfer Punkband macht die Pause sogar zum Bandnamen, nennt sich Mittagspause.[331] Die Pause ist politisch! In einer zunehmend ökonomisierten Gesellschaft klingt das Wort „Pause" wie eine Aufforderung zum Nichtstun, zum Faulsein, zum Streik. Der Filmemacher Michael Snow zeigt in seinem aus Wörtern und Sätzen bestehenden Experimentalfilm *So Is This* von 1982 lange das Wort „Pause".[332] Die Pause, das Innehalten, bietet die Möglichkeit, Abstand zum allgemeinen Geschehen und zum eigenen Werk zu schaffen. Distanz entsteht durch die Unterbrechung des Gewohnten, des Automatischen, des linearen Zeitempfindens. Wo der Mensch in neoliberalen Politikerphrasen inzwischen zur ökonomischen Kosten-Nutzen-Maschine erklärt wird, klingt die Forderung nach einer Pause bereits wie ein Aufruf zur Revolution.

In der Pause

Die erste entscheidende Körperwerdung der Tödlichen Doris vollzieht sich 1981 mit dem [Projekt Nr. 1]: Doris erscheint in Gestalt einer schwarzen Vinyllangspielplatte. Als letztes Stück auf der B-Seite erklingt der Track „In der Pause". Es ist ein Hinweis auf ein Ende, welches keines ist, sondern ein Entr'acte, ein Übergang. „In der Pause" macht die Zeit zum Raum. Es ist auch ein Vorgriff und enthält gleichzeitig Hinweise darauf, was zuvor geschah und danach geschehen könnte. Zerfetzte Stimmenfragmente und ihre Überschneidungen verteilen sich unzielgerichtet im Pausenraum. Zwanzig Jahre darauf, im November 1998, übertragen die Gebärdensprachdolmetscherinnen Dina Tabbert und Andrea Schulz diese Zerstreutheit bei der Umsetzung des Stückes „In der Pause" in interaktive Gebärden. Dies geschieht während der Transformation der Vinyllangspielplatte *Die Tödliche Doris* in *Die Tödliche Doris in gebärdensprachlicher Gestaltung*. Die ziellos umherwandernden Körper der Dolmetscherinnen gebärden vor sich hin. Ein Raum oder besser: eine Räumlichkeit entsteht, mit flimmernden, changierenden Grenzen und abwesendem, da nicht zu lokalisierendem Zentrum. Die Veranstaltung *Gehörlose Musik* findet im Prater der Berliner Volksbühne statt. Durch das anwesende überwiegend gehörlose Publikum ändert sich auch der Körper der Tödlichen Doris, er erweitert sich.[333]

Eine Pause beginnt, wenn ein Stück auf einer Langspielplatte endet. Nun wird die Platte entweder umgedreht oder durch eine andere ersetzt. In der Pause kann der Körper noch einmal ergriffen und betrachtet werden: Er ist rund, schwarz, flach, hat ein Label um das Loch in der Mitte und eine spiralförmige Tonspur jeweils auf der A- und B-Seite. Wie kann sich dieser feste Körper der Erstarrung entziehen, wie kann er pulsieren, lebendig bleiben?

Dekonstruktion des Objekts Schallplatte

Eine Wiederholung des Konzepts von [Projekt Nr. 1], in welchem die Materialität der Langspielplatte, des Vinylkörpers von Doris, durch dreizehn Musiktracks in Dialog steht mit den streng voneinander getrennten, differierenden Bestandteilen ihrer inneren Persönlichkeit, würde diese verfestigen. Eine Wiederholung würde dem Konzept zu Stabilität verhelfen, folglich das Gegenteil dessen bewirken, was das Experiment erforscht: Wie weit ist es möglich, der eigenen Erstarrung zu entgehen? Bereits jetzt ist klar: Nachdem die Vinyllangspielplatte *Die Tödliche Doris* [Projekt Nr. 1] 1982 erschienen ist, werden sich die Ohren der Rezensenten, neu gewonnener Fans und auch der Gegner auf Doris' nächstes Projekt richten. Wohin will diese Musik? Was hat Doris vor, und wer ist sie wirklich? Wie sieht sie aus?

Der Vinylkörper

Könnten die Hörer vielleicht durch ihre Augen, durch Visuelles vom Hören abgelenkt oder anderweitig beeinflusst werden? Wie kann es gelingen, Doris' Körperbildung so voranzutreiben, dass sie sich, während sie sich auflöst, gleichzeitig von Neuem konstituiert? Doris erscheint zunächst durch ihre Abwesenheit. Ihre Gestalt entwickelt sich in einer Intra-Aktion zwischen den am Projekt beteiligten Künstlern und Künstlerinnen und all dem – materiell und geistig –, was außerhalb von ihnen und dem Projekt selbst liegt. Schon wegen dieser Abhängigkeiten kann das Konzept der Unterschiedlichkeit der Tracks von [Projekt Nr. 1] nicht wiederholt werden. Sonst würde Doris in der allgemeinen Wahrnehmung reflexartig zur Vielfältigen, Vielseitigen, Wandelbaren, zu einer Band, die sich musikalisch nicht festlegen möchte, oder zur Widersprüchlichen und Sprunghaften.

Die Wahrnehmung muss also von Doris' Musik auf Doris' Körper gelenkt werden. Dieser Körper ist bislang nahezu identisch mit den anderen Körpern in ihrer Umgebung: schwarzes Vinyl mit eingefräster Spirale und einem Loch in der Mitte. Dieser Körper liegt geschützt in einer Papierhülle, die umhüllt ist von einer farbig bedruckten Papphülle. Kann es gelingen, diesen sehr gewöhnlichen und daher kaum wahrgenommenen Körper zu verlassen, ihn so aufzulösen oder zu transformieren, dass sich dadurch die ganze Aufmerksamkeit der Menschen auf Doris' äußere Gestalt richtet, auf ihre Äußerlichkeit, ihre Materie? Von dem, was innere Gestalt genannt wird und als ihre Seele gilt, nämlich Musik, auf das Äußere, ihren Körper? Sodass sich die Aufmerksamkeit vom Klang zur Materie, vom Unsichtbaren zum Sichtbaren hin verlagert?

Plattenkörper

In der Post-Punk-Szene der Achtzigerjahre wird viel mit der Vinylschallplatte als solcher experimentiert. Weißes, farbiges und mehrfarbiges Vinyl wird hergestellt. Es erscheinen Schallplatten mit asymmetrischen Formen oder solche, die statt einem mehrere Löcher zum Abspielen aufweisen. Ein solches Vinylexperiment erwirbt Wolfgang Müller 1980 bei Burkhardt Seiler, dem Inhaber des Plattenladens Zensor in der Belziger Straße: In einer LP-Hülle steckt eine kleine Single. Doch diese ist weder Single noch Langspielplatte, sondern eher eine Ewigkeitsspielplatte. Sie ist mit zusätzlichen Löchern versehen, die leicht versetzt von ihrer Mitte mit einer Bohrmaschine hineingefräst wurden. Auf beiden Seiten der Schallplatte befinden sich ausschließlich Endlosschleifen. Die 7-Inch-Vinyl-Single *Pagan Muzak* von Boyd Rice aus dem Jahr 1975 gilt als eine der ersten Veröffentlichungen der Industrial-Musik. Hörer können ganz demokratisch auswählen, welche der Endlosrillen sie in welchem Tempo abspielen möchten. Boyd Rice: „It's my first record and my earliest recordings, from 75 on. I think, it's the first record you can play at any different speed, so you get 4 times as much for you."[334]

Über die Jahre weicht Boyd Rice' Ironie, die sich in seiner Frage nach der Gewichtung zwischen Materie und inhaltlicher Substanz einer Vinylschallplatte äußert, einer deutlichen Verbissenheit. Aufmerksamkeit erregt er später eher mit kruden sozialdarwinistischen Ansichten oder seiner offenbar ernst gemeinten Bewunderung für Nazigrößen. Der Autor und Noisemusiker Masami Akita bezeichnet Boyd Rice' *Pagan Muzak* in *testcard* als „Anti-Record" – offensichtlich überwiegt der destruktive Impuls, der gelegentlich in groteskem Größenwahn endet.[335] Ein konstruktives Element solcher Experimente mit dem Medium Vinylschallplatte entdeckt der Hip-Hop-Pionier Grandwizard Theodore. Seit 1975 macht er das Scratchen populär. Es entwickelt sich Anfang der Achtziger zum festen Bestandteil des DJing in der Hip-Hop-Musik.

Auf der Suche nach dem Schallkörper

Wie könnte der zukünftige Körper von Doris' [Projekt Nr. 2] aussehen? Ist es beispielsweise möglich, eine Schallplatte herzustellen, die so groß ist, dass sie auf keinen existierenden Schallplattenspieler passt? Oder zu klein, um abspielbar zu sein? Der dem [Projekt Nr. 1] folgende Tonträger muss folgende Bedingungen erfüllen: Einerseits soll er interaktiv mit der ersten Langspielplatte und ihren dreizehn konträr zueinander stehenden Titeln kommunizieren, andererseits mit seiner Materie als schwarze Vinyllangspielplatte. Zugleich müsste dieser Körper mit den Affekten des Publikums kommunizieren, einem eher jungen Publikum, welches Zeit linear wahrnimmt. Besonders, wenn es um Popmusik geht – denn Doris ist auch Pop.

Chöre und Soli [Projekt Nr. 2]

Auf der Suche nach diesem anderen Körper stößt Wolfgang Müller 1983 in der Spielzeugabteilung des Westberliner Kaufhauses KaDeWe auf eine Abteilung mit Sprechpuppen. Im Rücken der rosafarbenen Puppen befindet sich ein einfaches batteriegespeistes Plattenabspielgerät. Ein Knopf am Rücken setzt dieses in Gang. Dazu gibt es ein Set acht unterschiedlich gefärbter Plastikschallplatten im 4-Inch-Format. Die

Spielzeit pro Plattenseite beträgt zwanzig Sekunden. Die Sprechpuppen selbst verleihen ihrem Hunger Ausdruck, lachen, weinen, sind fröhlich erregt oder singen kurze Kinderlieder: „Suse, liebe Suse. Was raschelt im Stroh?"

Das Minifonabspielverfahren ist patentiert, die westeuropäische Produktionsstätte der Geräte und Platten liegt in Italien. Zunächst stellt sich Die Tödliche Doris in einem englischsprachigen Brief der Firma Minifon als Westberliner Punkband vor, die ihre Musik auf den Minifonschallplatten verbreiten möchte. Daran schließt sich die Frage nach den Herstellungspreisen für acht 4-Inch-Plastikschallplatten und entsprechende Abspielgeräte an. Eine Antwort erhält sie nicht. Erst nach Versand des Briefes in italienischer Übersetzung schickt die Firma umgehend ein Preisangebot für eine Tausender-Auflage mit acht beidseitig spielbaren Minifonschallplatten und tausend Abspielgeräten. Nun können sechzehn Lieder von je zwanzig Sekunden Spieldauer aufgenommen werden. Ausgaben für ein Tonstudio entstehen nicht. Doch Alfred Hilsberg, dessen ZickZack-Label die vertragliche Option auf die nächste Produktion der Tödlichen Doris hat, lehnt ab: Die Herstellung von *Chöre und Soli* sei unfinanzierbar. Außerdem würde kein Mensch so etwas kaufen. Mit dem Konzept in der Hand beginnt nun erstmals für Die Tödliche Doris die Suche nach einem neuen Label. Im Jahr 1983 ist die Begeisterung für Post-Punk-Musik, Neue Deutsche Welle und Experimentelles längst abgeflaut – zumindest in der Independentszene. Während die Indies bereits unter Umsatzproblemen leiden, picken sich die großen Firmen die ihrer Ansicht nach kommerziell verwertbaren Rosinen heraus. Kein angefragtes Label äußert Interesse an [Projekt Nr. 2] *Chöre und Soli* – trotz dessen GEMA-Gebührenfreiheit.

Grüne Box

Unbescheiden tröstet sich Die Tödliche Doris mit Marcel Duchamp. Der Privatgelehrte Bruno Hoffmann, ein Freund von Peter Gente, hat gerade in der Fabriketage des Merve Verlags drei Stunden lang das *Große Glas* erklärt. Mit seiner *Grünen Schachtel* wollte sich Duchamp als Historiker seiner eigenen künstlerischen Vergangenheit erweisen. Auch er fand dafür lange Zeit keinen Verlag.[336] Somit ist also zunächst die Farbe gefunden: Grün wie die 1938 entstandene *Boîte verte*. Wie Marcel Duchamp sich selbst und das eigene Werk aus der Distanz zu betrachten, das interessiert Doris. Sie möchte die Stimmungen und ihre Veränderungen innerhalb der subkulturellen Szene Westberlins in ihre eigene Gestalt mit aufnehmen. Die Tödliche Doris war und ist keineswegs independent, unabhängig. Im Gegenteil: Sie ist abhängig. Sie ist sogar extrem abhängig und stark beeinflussbar. Während sich in Marcel Duchamps *Boîte verte* kommentar- und erklärungslos reproduzierte Dokumente für ein zukünftiges Werk versammeln, soll *Chöre und Soli* die Verwandlung des von staatlicher Stelle als pornografisch eingeschätzten Doriskörpers [Projekt Nr. 1] in den eines Kleinkindes ermöglichen, dem Sexualität im Allgemeinen abgesprochen wird. Dass das Jugendamt Celle – dieses stellte bei der Bundesprüfstelle für jugendgefährdende

Schriften in Bonn den Antrag, den ersten Doris-Körper auf den Index zu setzen – nun daraus einen ernsthaften Gesinnungswandel ableitet, bleibt unwahrscheinlich.

Aus dem Indizierungsantrag

„Das Titelbild der betreffenden Plattenhülle stellt eine Frau in Reizunterwäsche dar, bei der es sich anscheinend um ‚die tödliche Doris‘ handelt, welches offensichtlich auch der Gruppenname ist. [...] Dabei ist der erste Absatz eindeutig pornographisch, der Rest des Textes hebt den pornographischen Inhalt teilweise wieder auf. [...] Es ist zu befürchten, daß Jugendliche den ersten Absatz lesen, die Auflösung des ersten Absatzes im weiteren Text jedoch nicht verstehen und daher den Text nicht weiterlesen. [...] Der künstlerische Charakter der Platte bzw. der Plattenhülle erfordert weiterhin erhebliche Vorkenntnisse, um ihn richtig einordnen zu können. Diese Vorkenntnisse kann man jedoch bei Kindern und Jugendlichen nicht voraussetzen. Es besteht daher die Gefahr, daß Jugendliche den Text falsch einordnen und dadurch in ihrer sozialethischen Entwicklung erheblich behindert werden. [...] Ich beantrage daher, die betreffende Plattenhülle auf die Liste der jugendgefährdenden Schriften zu setzen."[337]

Kleinkindkörper

Sechzehn A-cappella-Gesänge erklingen, dargeboten im Unschuldsgestus eines garstigen Kindes.

Beteiligt am Chor sind Tabea Blumenschein, Käthe Kruse, Nikolaus Utermöhlen und Wolfgang Müller. Mit einem Tonbandgerät werden die Lieder im Heimstudio aufgenommen. Eigentlich gehört es zum Konzept der Tödlichen Doris, nie zu fragen oder zu bitten, weder nach Auftritts- noch nach Veröffentlichungsmöglichkeiten. Doch kein Label meldet sich. Schließlich fragt Wolfgang Müller den Albino Verlag, ob Interesse an *Chöre und Soli* bestünde. Verleger Gerhard Hoffmann zeigte nämlich nach dem Verkaufserfolg von *Geniale Dilletanten* 1982 großes Interesse, von weiteren Projekten seines Ex-Kellners zu erfahren. Doch das aktuelle ist auch ihm ökonomisch zu riskant, er hält *Chöre und Soli* für unverkäuflich. Erst eine Anfrage bei Ursula Block, Künstlerschallplatten Gelbe MUSIK, hat Erfolg. Bald meldet sie sich mit dem Vorschlag, das Projekt gemeinsam auf ihrem und Carmen Knoebels Pure-Freude-Label herauszubringen. *Chöre und Soli* erscheint 1983. Es gelingt, größtmögliche visuelle und materielle Differenz zur LP *Die Tödliche Doris* [Projekt Nr. 1] zu generieren. Niemand vergleicht deren Musik mit der des neuen Projekts. Gleichzeitig wird darauf geachtet, dass beide Projekte auch gewisse Ähnlichkeiten miteinander aufweisen, die über den Gruppennamen Die Tödliche Doris hinausreichen. Um Kontinuität zum vorangegangenen Projekt zu erzeugen, ist die grüne Box mit Minischallplatten, Buch und Gerät so geformt, dass sie von den Maßen her gut ein Dutzend Vinyl-LPs beherbergen könnte. Von der äußeren Gestalt her ähnelt sie also einer großen LP-Box mit Wagner-Opern oder sämtlichen LPs von ABBA. Im Inneren von *Chöre und Soli* befinden sich auf einem Aufsatz acht farbige Minofonschallplatten in transparenter Schutzhülle. Außerdem ein Abspielgerät für die Platten, eine Batterie und ein Buch, welches von zwei Gummibändern gehalten wird. Innerhalb weniger Wochen werden alle eintausend Exemplare von *Chöre und Soli* verkauft. Großbestellungen aus den USA und Japan treffen ein, als die Auflage längst vergriffen ist. Einige Plattenfirmen melden nun Interesse an: Könnte Die Tödliche Doris vielleicht „dasselbe" oder „etwas Ähnliches" wie Chöre und Soli auf ihrem Label wiederholen? Doch Doris ist ein kaltherziges Kind. Über die Stimme von Tabea Blumenschein lässt sie einen Zwanzigsekundensong erklingen:

> Die Luft,
> ist voll von Licht
> und sehen kann ich dich gut.
> Mein Herz,
> es hört dein Lachen nicht
> – es pumpt sich voll mit Blut.[338]

TEIL 3: ÄSTHETIK DER ABSAGE

Westberliner Galerien

Das Westberlin der Achtziger ist ein ausgesprochen ungeeigneter Ort für junge Künstler, um eine kommerziell erfolgreiche Karriere zu starten. In der Hochblüte der Wilden Westberliner Malerei Anfang der Achtziger gelingt es zwar einigen Malern und ihren Galeristen vorübergehend, größere Aufmerksamkeit, Wohlstand und Ruhm zu erlangen. Neue konzeptionelle interdisziplinäre Kunst oder eine Spielart derselben, die das Kunstsystem selbst sowie gesellschaftliche Strukturen reflektiert, findet erst nach Mitte der Achtzigerjahre neue Spielstätten. So in den Galerien Vincenz Sala, Paranorm, endart, Giannozzo, Eisenbahnstraße, Zwinger und in Institutionen wie dem Künstlerhaus Bethanien, der NGBK und dem DAAD. In der Gelben MUSIK, gelegen in den Räumen der legendären Galerie René Block, findet interdisziplinäre Kunst ebenfalls einen Ort. Im Dezember 1981 von Ursula Block eröffnet, ist Gelbe MUSIK auf Künstlerschallplatten um Fluxus und Neue Musik spezialisiert, führt aber auch etliches, was eher im Post-Punk-Bereich angesiedelt wird. Gelbe MUSIK ist Ladengeschäft und Galerie zugleich. Zu den bekannten Örtlichkeiten, an denen performative Kunst stattfindet, zählen Anfang 1980 das Kreuzberger Frontkino, der Projektraum Oranienstraße, das SO36 und der Platten- und Modeladen Gift. Die Künstlergruppe Büro Berlin um Fritz Rahmann, Raimund Kummer und Hermann Pitz besetzt mit konzeptionellen Kunstwerken temporär Bereiche im öffentlichen Raum. Nach 1990 stehen Künstlern in der Stadt zahlreiche vorübergehend frei werdende Räume zur Verfügung. In Ladenlokalen, Kellerräumen und leer stehenden Wohnungen installieren sie Arbeiten, die mit dem jeweiligen Ort und seinen Spezifika korrespondieren.

Gegen Mitte der Neunzigerjahre bewegen sich die westdeutschen und internationalen Galerien allmählich gen Osten, Richtung Berlin. Zuletzt, im Jahr 2001, folgt dem Fanfarenruf Berlins die Kölner Zeitschrift *Texte zur Kunst*. Sie bleibt dennoch weiterhin eng vernetzt mit der Kölner Galerienszene. Der Wiener Aktionist und Zeichner Günter Brus, der 1970 wegen „Herabwürdigung der österreichischen Staatssymbole" zu sechs Monaten verschärften Arrests verurteilt nach Westberlin floh, beschreibt in seinen Erinnerungen treffend die Kunstmarktsituation der Achtziger: „Dieses alte Westberlin war für den Kunsthandel ein Kleiderschrank für olle Klamotten. Von Köln und München ausgelacht."[339]

Wer in den Achtzigern mit Kunst Erfolg haben und Geld verdienen will, verlagert seinen Wirkungskreis nach Stuttgart, Köln, Düsseldorf oder München. Oder auch nach New York, Basel und London. Wer professioneller Journalist sein will, wandert aus nach Hamburg oder München. Überall ist es betriebsamer und zukunftsorientierter, kurz: normaler als beim Westberliner Trödelmarkt. Eine klassische Künstlerkarriere macht hier kaum jemand. Was dem vermotteten alten Schlafsack völlig fehlt, sind Manager, Produzenten, Vermarkter, Vermittler und Geschäftsleute. Zum Glück und zum Unglück.

Hochkultur

Der Westberliner Kulturbetrieb ignoriert während der Achtziger so gut wie alles, was sich gerade parallel an Interdisziplinärem im Punk- und Post-Punk-Bereich ereignet. Schon in den Jahrzehnten zuvor, in den Zeiten von Fluxus, erfuhr die Galerie René Block von den staatlichen Westberliner Institutionen lange wenig Wertschätzung. Wie die Ostberliner sind auch die Westberliner Kulturfunktionäre ausschließlich auf die Berliner Realismustradition fixiert, auf entsprechende Malerei und Skulptur. In Westberlin folgt dem Kritischen Realismus der späten Sechzigerjahre[340] in den Achtzigern die Wilde Malerei, der figürliche Neoexpressionismus.

Punkmalerei

Ein einsamer Versuch, Phänomene der Post-Punk-Szene in die hochkulturelle Kunst einzusortieren, findet sich im *Tagesspiegel* vom 7. Februar 1980. Der Kunstkritiker Heinz Ohff, ein begeisterter Anhänger der Jungen Wilden, präsentiert den Maler Peter Schmidt, den „Engelmann-Schüler an der hiesigen Hochschule der Künste". Er sei, so Ohff, Westberlins „erster Punk-Maler, der an die Öffentlichkeit tritt". Peter Schmidt stelle in „erregt kolorierten Zeichnungen Typen der neuen Underground-Szene dar, kurze Haare, bunt eingefärbt, Lederkleidung mit Kettendrapierung, grimmiger Blick."[341]

Der Kritiker verpflanzt den „Punk-Maler" in die Tradition von Lüpertz, Baselitz und Höckelmann. Diese, so Ohff, hätten dessen Absichten „in einer Art Vor-Punk" aber bereits ausgeführt: roh, ungeschminkt, ohne Konzessionen an jenen „guten Geschmack", der bürgerliche Kunst auszeichnet (oder auszeichnen sollte).[342] Auch dieser Kritiker zeigt so gut wie kein Interesse an interdisziplinären neuen Kunstformen aus Westberlin. Wie fast alle Kunstkritiker vor Ort ist er den Traditionen des Berliner Realismus verpflichtet. Seine Kritik in „Punk als Malerei" zielt denn auch hauptsächlich auf die mangelnde professionell-malerische Reife des HdK-Schülers. Dabei stellt Heinz Ohff das Bild *Punk-Pärchen* in den Mittelpunkt seiner Kritik, um die „Unausgereiftheit" wortwörtlich zu demonstrieren. Während der Mann von Kopf bis Fuß malerisch ausgeführt sei, seien von der Frau nur Kopf und Oberkörper skizziert – für Heinz Ohff „skizziert von Peter Schmidt und mangels Geduld des weiblichen Modells nicht zu Ende geführt."[343] Das klingt sehr komisch – besonders im oft recht humorfrei-biederen *Tagesspiegel* jener Zeit. Tatsächlich öffnet Heinz Ohff hier unversehens einen Frischluftkorridor, eine Alternative jenseits der Tradition des Berliner Realismus. Ein Akt muss ja nicht unbedingt die Treppe hinab- oder heraufsteigen, um eine Richtungsänderung in der Kunstgeschichte zu verursachen. Das Modell des Malers könnte auch einfach die Sitzung abbrechen und aus dem Bild gehen und damit den ihm zugewiesenen Platz verlassen: als selbstbestimmtes, emanzipiertes Modell, welches die eigene Position gegen die Interessen des Künstlers abwägt und daraus entsprechende Konsequenzen zieht.

Ungeduld

Das Modell, das die Sitzung mit dem Maler Peter Schmidt vorzeitig abbrach, konnte im Laufe der Recherchen für das vorliegende Buch ermittelt werden. Es heißt mit bürgerlichem Namen Betti Moser und ist gebürtige Westberlinerin. Heute lebt sie als Übersetzerin in Nordengland. Tatsächlich hatte sie, wie sie heute sagt, damals keine Lust, lange bewegungslos zu verharren. Betti Moser gehört zur ersten Generation junger Westberliner Punks um 1978, die bis 1980 zwei- bis dreihundert Personen umfasst. Nun gestalten die Punks sich selbst, ihre Kleidung und ihren Körper selber. Sie sind quasi ihr eigenes Kunstwerk und dessen Schöpfer zugleich. Sie wandeln auf den Spuren der „Lebenden Bilder" aus der Goethezeit – nur eben individualisiert, bewegt und atomisiert. Daraus erklärt sich auch das Misstrauen gegen die Anwesenheit von Künstlern in Punklokalen – Künstlern, die in einer künstlerischen Mission wahrgenommen werden wollen. Warum sollte ein lebendes, selbstständiges Kunstwerk Interesse zeigen, an seiner eigenen Nachbildung in Form von Flachware mitzuwirken?

In den von Rainer Fetting gemalten neoexpressiven Punks erkennt sich kaum ein Punk wieder – dafür vermutlich aber die Anhänger des deutschen Expressionismus, auf der Suche nach der lang ersehnten zeitgenössischen Fortsetzung. Gemalte Punks wirken wie Rockstars, die Punkposen imitieren. Punks in Acrylfarben sehen ungefähr so aus, wie sich die Musik von Spliff, Interzone, Tempo oder PVC anhört.

Dank ihres akribisch geführten Tagebuchs kann Betti Moser Ort und Tag rekonstruieren, an dem sie das Modellstehen abbrach und zum unvollendeten Künstlermodell wurde: „23. September 1978 – Fete bei Martin. Der andere Typ auf dem Bild hieß übrigens Herbert. Er war zu Punkhouse-Zeiten mit in der Clique mit Chris und Mario Huth. Die Fete fand in einer Ladenwohnung oder einer Galerie statt – das war irgendwo in der Nähe des Kaiserdamms in Charlottenburg."[344]

Atonal

Das neue musikalische Image Westberlins wird besonders im Ausland von der Szene um die Genialen Dilletanten geprägt. Auf Dauer können die Kulturfunktionäre und Politiker vor Ort dies nicht ignorieren. Man kann es beispielsweise wie folgt formulieren: „Schon das Atonal-Festival 1982, bei dem die Genialen Dilletanten maßgeblich mitgewirkt hatten, war vom Berliner Senat gefördert worden, der damals bereit war, alles zu tun, um zu verhindern, dass noch mehr junge Leute aus der isolierten und wirtschaftlich schwachen Stadt abwanderten."[345] Es ist jedoch eher anzunehmen, dass es dem Berliner Senat ganz recht gewesen wäre, wenn sämtliche „Antiberliner" mitsamt den Genialen Dilletanten die Stadthälfte flugs verlassen hätten und Scharen von Yuppies, Poppern und Finanzhaien auf die marode Halbinsel geströmt wären. Doch diese treten erst nach 1990 vermehrt in Erscheinung. Innerhalb der Subkultur sind Anfang der Achtziger die wenigsten an einer Vermarktung ihrer Kunst interessiert. Solche Gedanken wären auch sinnlos, zumal ohnehin kaum Manager und Vermarkter mit Anschluss an das Große in der Stadt herumlaufen. Hinzu kommt eine gewisse Lust an der Verweigerung, am Nein, am Genuss der freien Zeit. Ein wahrer Luxus, den man sich hier noch leisten kann. „Westberlin hängt am bundesdeutschen Finanztropf!", rufen neidische Bundesbürger. Doch ist dieser Luxus nicht unproduktiv. Im Gegenteil. Ungeahnte, unzählige Möglichkeiten entstehen, die andernorts gar nicht erst angedacht werden. Denn in der BRD verhindert oft allein Zeitmangel das Entstehen substanzieller Bewegungen. Viele der seinerzeit in Westberlin in der Musik und anderen Künsten entstehenden Ideen werden lange Zeit nicht wahrgenommen. Mit jahrzehntelanger Verspätung tauchen sie plötzlich wieder auf, an unerwartetem und doch passendem Ort. Wie Tabea Blumenscheins für die deutsche Ausgabe der *Interview* gezeichnete einbeinige Models oder mit Prothesen ausgestattete Modeentwürfe. Drei Jahrzehnte später erscheinen diese Models beim Catwalk auf dem Laufsteg.

Astronauten aus der UdSSR

Zu den raren Persönlichkeiten in Westberlin, die ein Gespür für Dinge haben, die im Entstehen begriffen sind, und deren ökonomische Nutzbarmachung, zählt Dimitri Hegemann. Dass über tausend zahlende Zuschauer beim *Geniale-Dilletanten-Festival* erscheinen, überrascht selbst die Organisatoren und auftretenden Personen. Besonders aber Dietmar-Maria Hegemann, der sich für seine Band Leningrad Sandwich den russischen Künstlernamen Dimitri zugelegt hat und der über hervorragende Kontakte zu den Westberliner Medien verfügt. In den Stadtmagazinen *tip*, *zitty* und sämtlichen örtlichen Tageszeitungen gehört – neben La Loora und Tempo – Leningrad Sandwich zu den wohl meisterwähnten Bands des Jahrzehnts, obwohl deren Konzerte nur mäßig besucht sind. Dimitri Hegemann erkennt umgehend das Potenzial des Festivals. Es ist wohl weniger die Musik selbst, ihre Ziellosigkeit, ihre

Unfertigkeit und Offenheit, die ihn fasziniert. Dafür klingt seine eigene Band einfach viel zu konventionell. Es ist vielleicht eher die Anzahl der Zuschauer, welche Dimitri Hegemann beim *Festival der Genialen Dilletanten* zu entsprechenden Aktivitäten inspiriert.

Der Autor Dirk Kurbjuweit schreibt im *Spiegel* über Dimitri Hegemann: „Seine Geschichten enden immer so: Die Massen jubeln. Vielleicht hat er das vermisst, als er Bassist bei Leningrad Sandwich war, einer Berliner New-Wave-Band, die Anfang der Achtzigerjahre gern neben Imbissbuden auftrat und dabei pro Konzert sechs bis acht Zuschauer hatte."[346]

Dimitri Hegemann verbindet das Publikumspotenzial der Genialen Dilletanten mit dem Schlagwort „atonal". Dass der Student der Musikwissenschaft mit dem Begriff aus der klassischen Musikgeschichte die Perspektive auf den musikalischen Aspekt reduziert, ist markttechnisch gesehen eine kluge Entscheidung: Einige Monate nach dem *Festival der Genialen Dilletanten* kündigt Dimitri Hegemann ein *Berlin atonal Festival* an, das in Westberlin stattfinden soll. Finanzielle Unterstützung erhält er vom Berliner Kultursenator. Zum Festival werden sowohl tonale als auch atonale, total normale, konventionelle und experimentelle Gruppen eingeladen. Das Punk-Fanzine *Assassin* fragt: „Wer darf denn nun klammheimlich Freude empfinden? Die Dilletanten, dass sie nun vom Senat Kohle bekommen haben, oder der Senat, dass er die Dilletanten in seinem Einkaufswagen hat?"[347]

Doris sagt ab

Für den Körperbildungsprozess von Die Tödliche Doris hat diese Entwicklung fatale Folgen. Zunächst lehnt Doris die Einladung, auf dem *Berlin atonal Festival* zu spielen, ab, ebenso wie das Angebot im gleichen Jahr, auf der documenta 7 aufzutreten. Hier werden unterschiedliche Strategien sichtbar: Die Einstürzenden Neubauten nehmen an beiden Veranstaltungen teil. Blixa Bargeld ist davon überzeugt, dass ein Auftritt auf der documenta 7 sowie bei *atonal* die Möglichkeiten für sein Projekt mehre. Das Körperbildungskonzept von Die Tödliche Doris verunmöglicht dagegen diese Strategie: Es wäre gescheitert, orientierte es sich auch nur ein bisschen an einem Publikum, bevor dieses überhaupt existiert. Denn Doris' Körper kann nur im Moment des intra-aktiven Kontakts mit dem Außen entstehen und gedeihen.

Durch ihre Nichtzusagen haftet der Tödlichen Doris zunehmend das Etikett an, besonders schwierig zu sein, sich komplett zu verweigern oder aber besonders idealistisch und aufrichtig zu sein, was natürlich Unsinn ist. Dieses Image verstärkt sich, indem sie der von Kasper König als Kurator initiierten Ausstellung *Von hier aus – Zwei Monate neue deutsche Kunst in Düsseldorf* (1984) ebenfalls die Zusage verweigert. All die erwähnten Fälle und weitere mehr prägen Doris' Image. Dabei geht es gar nicht um das Absagen. Es geht weder um die Verweigerung, am etablierten Kunstbetrieb teilzunehmen, noch um eine Fundamentalopposition. Im Gegenteil: Sehr gern ist Die Tödliche Doris dabei. Der Grund vieler Nichtzusagen liegt allein im

künstlerischen Konzept: Damit ein möglichst authen-
tisch-unverzerrtes Bild ihrer abwesenden Gestalt
entsteht, ist Die Tödliche Doris gezwungen, auf die
Vorausetzungen zu achten, die mit einer Anfrage verbunden sind. Diese Faktoren haben einen bedeutenden
Einfluss auf ihre Gestalt. Diese Abwägungen betreffen
den Auftritt im besetzten Haus genauso wie den im
Museum of Modern Art. Die Gesellschaft steht mit
Doris' Körper in engster Verbindung, sie gestaltet ihn
mit. Wenn seine Abwesenheit dazu führt, ihn nicht
ebenso wertzuschätzen wie den anwesenden, materia-
lisierten Körper, dann sind die Vorausetzungen dafür,
ihn in voller Pracht erleben zu dürfen, nicht gegeben.
Um aber zu vermeiden, dass die notwendigen Absagen
von den Empfängern als persönliche Zurückweisung
empfunden werden oder gar kränken oder beleidigen,
werden hundertfünfzig Postkarten gedruckt und handschriftlich signiert:

Lieber Schriftsteller,

Die Tödliche Doris hat kaum noch Zeit. Sie kann
gerade eben noch zum Postkasten gehen und
diesen Vordruck einwerfen. Das ist dann auch
schon alles.
Mit freundlichen Grüßen
Monika Reich
(i. A. von Die Tödliche Doris)

Gruß
(Nikolaus Utermöhlen, Tabea Blumenschein,
Käthe Kruse, Wolfgang Müller)

Weitere fünf Jahre später, 1987, wird Die Tödliche Doris erneut zur documenta eingeladen. Dieses
Mal kann sie teilnehmen und erhält, wie die anderen
offiziell geladenen Künstler auch, entsprechende Seiten
zur freien Gestaltung im Katalog. Dazu kommt ein für
ihre Verhältnisse üppiges Budget von zwölftausend DM
für Kunst- und Musikprojekte innerhalb eines Zehn-
Tage-Programms in Kassel. Die Konditionen haben
sich gegenüber der documenta-7-Offerte überraschend
verbessert. Das Programm trägt nach der gleichnamigen Gemäldeserie den Titel *Die Gesamtheit allen Lebens
und alles Darüberhinausgehende*.[348] Die Nachteile, die
entstanden wären durch die Folgen der Nichtzusage
eines Auftritts bei *Von hier aus*, bleiben im Bereich der
Spekulation.

Sponsoring

Das documenta-8-Leitungsteam bittet die Künstler, sich zusätzlich individuell nach Sponsoren umzuse-
hen. Diese würden dann im documenta-8-Katalog in
einer Sponsorenauflistung erwähnt werden. Auf ihrer
Suche nach Unterstützung schreibt Käthe Kruse an
Doris' Lieblingsfirmen Glocken-Beune – Westfäli-
sche Fleischwarenfabrik GmbH, Herta KG, Moritz
Eiskonfekt, Henkell Kellereien, Mero-Raumstruktur
GmbH & Co. und Chocolat Tobler GmbH. Sie erhält ausschließlich Absagen. Auch die Anfrage bei der
Sparkasse, das Bedrucken von T-Shirts zu sponsern, auf
denen das spiegelverkehrte und auf den Kopf gestellte
Logo der Sparkasse zu sehen sein soll – seit 1980 das

Doris-Logo –, wird abgelehnt. Zumindest wird aus der Absage deutlich, dass die Sparkasse die Idee zwar nicht für „wünschenswert" hält, andererseits aber auch keine Klage androht. Unterzeichnet mit den Namen Griesel und Heß schreibt die Sparkasse:

> Eine Veränderung des Sparkassen-Emblems in der von Ihnen geplanten Form erscheint uns im Hinblick auf das öffentliche Erscheinungsbild der Stadtsparkasse Kassel nicht für wünschenswert. Dieses Emblem, Teil der Corporate Identity der Stadtsparkasse, hat sich als Markenzeichen der Sparkassen in der Bevölkerung nachhaltig etabliert, so daß wir in einer derartigen Veränderung keine positive werbliche Wirkung für unser Haus sehen.[349]

Eine Sponsoring-Zusage gibt es lediglich vom Aachener Punk-Fanzine *Bierfront* und vom Westberliner Lokal Kumpelnest 3000. Nach der Übersendung der Sponsorennamen ruft die documenta-8-Katalogredaktion an. Sie fragt, ob es sich um einen Scherz handle. Widerstrebend fügt man die beiden vermutlich ärmsten Sponsoren in der Geschichte der documenta in die Sponsorenliste ein. Im documenta-8-Katalog finden sie sich nun gleichberechtigt zwischen den Namen internationaler Großkonzerne, riesiger Unternehmen und Banken: „Bierfront und Kumpelnest 3000". Das Aachener Punk-Fanzine stiftet achtzig Dosen Bier, während das Ex-Bordell Kumpelnest 3000 einen Betriebsausflug für seine Angestellten nach Kassel finanziert. Die Kellner und Kellnerinnen vom Kumpelnest

Förderer und Spender

AGFA-Gevaert AG, Leverkusen
Air Canada
Ajas GmbH, Hennef
Alide Büld, Köln
ASCO Druck GmbH & Co KG, Bremen
Assessorato a la Cultura de Commune di Firenze
Association Française d'Action Artistique, Paris
Atelier Barg, Bremen
Austria Tabak – Milde Sorte
Autohaus Glinicke, Kassel
Bambus Zentrum Deutschland – Baumschule Eberts, Baden-Baden
Inge und Fritz Barth, Niestetal
Bayerische Rückversicherung, München
Bernd Behrens KG, Kassel
Bierfront, Aachen
Blaupunkt, Hildesheim
British Council, London
Canada Council, Toronto
Centro di Ricerca per il Teatro di Milano
Centro Teatrale San Geminiano, Modena
Commerzbank AG, Kassel
C & A Brenninkmeyer, Peine
Daimler Benz AG, Kassel
Deutscher Akademischer Austauschdienst
Deutsche Bundespost, Kassel
Deutsche Bundeswehr, Standort Kassel
Deutsche Linoleumwerke, Bietigheim
Deutsche Lufthansa AG, Köln
Deutsche Städtereklame, Kassel
Deutsches Kulturinstitut, Madrid
documenta-Foundation, Köln
Druckhaus Dierichs GmbH & Co KG, Kassel
Helmut Eberlein, Kassel
HERTIE Waren- und Kaufhaus GmbH, Kassel
Elektrizitäts-Aktiengesellschaft-Mitteldeutschland, Kassel
Electro-Voice, Wien
ERCO-Leuchten GmbH, Lüdenscheid
Eschenbach Porzellan, Windischeschenbach
Expresso-Deutschland, Kassel
FEKA Spezialmaschinen u. Fahrzeugbau GmbH, Kassel
Feuerwehr, Kassel
Frankfurter Allgemeine Zeitung – Bereich Neue Medien, Frankfurt
Fundido S.A., Madrid
Dietmar Henneka, Stuttgart
HEWI Heinrich Wilke GmbH, Arolsen
Hochtief AG, Frankfurt
Hübner Gummi- und Kunststoff GmbH, Kassel
Humanic, Graz
Italienische Botschaft, Bonn

Italienisches Kulturinstitut, Köln
Kali und Salz AG, Kassel
Kanadische Botschaft, Bonn
Kraftwerk Kassel GmbH
Kreissparkasse, Kassel
H. Kretschmer GmbH, Kassel
Kumpelnest 3000, Berlin
MAHO AG, Pfronten
Marburger Tapetenfabrik Schiefer KG, Marburg
Rud. Otto Meyer, Kassel
Otto-Versand, Hamburg
Miele, Gütersloh
Ministerie van Welzijn, Volksgezondheid en Cultuur, Rijswijk
Ministero de Cultura, Madrid
Ministero del Turismo e dello Spettacolo, Rom
Mündener Gummiwerke GmbH, Hannoversch Münden
Nederlands Theater Instituut, Amsterdam
Niederländische Botschaft, Bonn
Nixdorf Computer AG, Paderborn
Océ-Deutschland GmbH, Mühlheim
Ludwig Pfeiffer Tiefbau, Kassel
Prinz-Regent-Luitpold-Stiftung, München
PRO HELVETIA, Zürich
Raab Karcher GmbH, Kassel
RANK XEROX AG, Zürich
Rockwool
Schaulandt GmbH, Hamburg
Schott Zwiesel AG, Zwiesel
de Sede, Schweiz
Siemens AG, Kassel
Sony Deutschland GmbH, Köln
Sony Nederland
Stadtsparkasse Kassel, Kassel
STAFF Leuchten GmbH & Co KG, Lemgo
Stahlbau Lamparter, Kassel
Bernhard Starke, Kassel
Steiff, Giengen an der Brenz
Steinwerke Rauen, Mühlheim
TC Gruppe Communication Service, Ludwigsburg
TECTA Möbel, Lauenförde
Telefonica, Madrid
TEMPO Jahreszeiten-Verlag GmbH, Hamburg
Tom Foto, Bergisch-Gladbach
United States Information Agency, Washington DC
Verkehrsverein Kassel e.V., Kassel
Voepel Textilhaus, Kassel
Volkswagen AG, Wolfsburg
Weinkontor Jörn Kaufmann GmbH, Frankfurt
Wilhelmi-Akustik
Wintershall AG, Kassel
Otto Wolf AG, Rasselstein Neuwied
Zahn Hoch-Tief und Stahlbeton GmbH, Kassel

8

38 documenta-8-Katalog, Sponsorenseite

3000 werden die Zuschauer während, nach oder vor den Performances mit belegten Häppchen verwöhnen. Unter den Kellnern sind die Burlesque-Tänzerin Valerie Caris-Ruhnke, die Künstlerin Sabina Maria van der Linden und der Escort-Boy David Steeves. Der Eintrag der Wörter „Bierfront" und „Kumpelnest 3000" bricht die Monotonie der Sponsorenliste auf. Sie gewinnt an poetischer Qualität. Natürlich ist ein Wort wie „Lufthansa" auch sehr ästhetisch. Doch andere, etwas stärker kontaminierte Wörter, wie etwa „Deutsche Bank", können nun mit anderen Augen betrachtet werden.

Performance-Space oder Möbelhaus?

Überraschend erobert die 1985 in Köln gegründete Designergruppe Pentagon den documenta-8-Spielort. Per Zufall erfährt Wolfgang Müller, dass die Designer den Inhabern der Diskothek New York vermutlich eine kostenlose Vollrenovierung angeboten haben. Zwischen Die Tödliche Doris und documenta-8-Leitung wurde indes nach einer Vorbesichtigung ein Vertrag unterzeichnet. Da befand sich die Diskothek im Sperrmüllzustand. Die Drohung an die documenta-8-Leitung, abzusagen und keinesfalls zehn Tage in einem frisch gestylten New-Wave-Möbellager aufzutreten, zeigt Wirkung. Die zierlich-pittoresken Springbrunnen und die eiskalten, nach Einschätzung von Testpersonen hämorrhoidenfördernden Stahlsessel von Pentagon müssen für zehn Tage entfernt werden. Zwar sind beim Start der Performancereihe die meisten Möbel weggeräumt, doch füllt sich nun der

Raum mit zwischenmenschlichen Spannungen. Der Plan der Designer, in hauseigener Küche kulinarische Köstlichkeiten zu gehobenen Preisen in gepflegter Performanceatmosphäre anzubieten, ist allein wegen der häufig ausverkauften Veranstaltungen undurchführbar. Hereinströmende Gäste hüpfen fröhlich auf die übrig gebliebenen Stahltische, um einen besseren Blick auf die Bühne zu erhaschen. Um die drei schäbigen Papphäuschen loszuwerden, in denen sich das Fanzine *Bierfront* mit Elke Wittich, der Darmstädter Verlag der Georg-Büchner-Buchhandlung mit Jürgen Schneider und das Archiv der Tödlichen Doris mit wechselnden Mitarbeitern häuslich niedergelassen haben, informiert Pentagon-Designer Detlef Meyer Voggenreiter umgehend die Kasseler Feuerwehr. Nach der feuerpolizeilichen Inspektion müssen die Pappwände tatsächlich abmontiert werden. Das darunter zum Vorschein kommende armselige Holzgerippe darf allerdings stehen bleiben. Und es bleibt auch stehen. Die Designer sind entsetzt. Und doch: Detlef Meyer Voggenreiters 1987 entstandene Design-Arbeit *Mai 68* aus drei hölzernen Obstkisten und Stahl erinnert stark an die drei abscheulichen Holzgerippe. Vielleicht erfüllt sich ja irgendwann die Vorstellung des Designers aus seinem documenta-8-Prospekt, ein „Verteiler für die Gedankenspiele der Postmoderne" zu sein.

Am letzten Tag der über zehn Tage verteilten documenta-8-Performances werden die Holzbutzen enträumlicht. Deren Dreidimensionalität soll in Zweidimensionalität verwandelt werden: Auf den Boden der Diskothek geklappt, werden sie zur Installation

Büroräume, auf den Boden genagelt (1987) und zugleich zur gefährlichen Stolperfalle für allzu eilige, ehrgeizige und zielstrebige Menschen.[350] Drei Nebelmaschinen pusten ständig Dampf in die Diskothek, die Sichtweite beträgt mitunter nur wenige Zentimeter. Menschen tasten sich mühsam vor. Hilfe erhalten sie dabei von den Performern. Irgendwann findet selbst Detlef Meyer Voggenreiter die Fenster nicht mehr, aus denen er den Nebel ins Freie entlassen möchte. Auf den raumfüllenden kalten Dampf wird in Endlosschlaufe der 1,6 Sekunden lange Super-8-Film projiziert, der dem documenta-8-Programm der Tödlichen Doris seinen Namen gab: *Die Gesamtheit allen Lebens und alles Darüberhinausgehende.* Auf den Nebel projiziert erhält der Film-Loop eine neue Gestalt: Er wird zur dreidimensionalen Skulptur.[351]

Das Fanzine zur documenta 8

In der Diskothek New York entsteht während der zehn Tage dauernden Performancereihe die documenta-8-*Bierfront.* Statt der Punkcharts ist sie mit einer Kunsthitliste versehen. Sie enthält die zehn besten Kunstwerke der documenta 8. Punk und Kunst begegnen sich erstmals – auf Augenhöhe. Die auf hundert Exemplare limitierte Sonderausgabe des Punk-Fanzines ist heute ein begehrtes Sammlerstück, sowohl in Punk- als auch in Kunstkreisen. Die documenta-8-*Bierfront*-Sondernummer-Redakteurin Elke Wittich ist heute Sport- und Kulturredakteurin der Wochenzeitung *Jungle World.*[352]

Zwar darf nach Ende der zehn Tage das Möbellager wieder vollständig eingeräumt werden – aber die Tische und Stühle werden nun von Mike Hentz und seinen Mannen von der Gruppe Minus Delta t zu Musikinstrumenten umfunktioniert. Täglich singen sie mit dem Koch, der den Namen Sing trägt, italienische Arien, immer die drei gleichen Teile, in endloser Wiederholung. „Das Publikum sang enthusiastisch mit und setzte die Möbel zum Klopfen ein."[353] Die Resultate der Session strahlen sie im Kunstradio aus, einem illegal installierten Sender. Post und Polizei sind ihm ständig auf den Fersen. Mike Hentz: „Das ging so lange, bis uns schließlich das Radio als Soundskulptur bewilligt wurde. In der Disko im zweiten Stock konnten wir dann ein Livestudio einrichteten."[354]

Urlaub

Nachdem die Tödliche Doris beim ersten *Berlin atonal Festival* bereits abwesend war, versucht Dimitri Hegemann, die Gruppe für sein zweites Festival zu gewinnen. Doris, so wehren die Bandmitglieder die Anfrage ab, befinde sich gerade im Spanienurlaub. Sie dürften keine eigenmächtigen Entscheidungen treffen. Doris erweist sich als eine unnahbare, dominante, kompromisslose und strenge Persönlichkeit. Dem Verlangen von Dimitri Hegemann nach ihrer persönlichen Telefonnummer geben weder Nikolaus Utermöhlen noch die ebenfalls von ihm kontaktierte Dagmar Dimitroff nach. Doris wünscht partout, nicht gestört zu werden – schon gar nicht während des Urlaubs. Hegemann lässt nicht locker, gibt nicht auf. Immer wieder drängt er auf einen direkten, persönlichen Kontakt. Vergeblich. Sich selbst gönnt Hegemann wenig freie Zeit. Er ist immer auf der Suche nach dem Magischen im Großformatigen. Er eröffnet Bars wie das Fischlabor, wo Performancekünstler den Berliner Dadaismus der Zwanzigerjahre wiederbeleben oder neue Musiktrends wie Techno befördern wollen. Er eröffnet den Ufo-Club in Kreuzberg, Restaurants wie die Markthalle, den Goldenen Hahn, das Schwarzenraben und den Technoclub Tresor in Berlin-Mitte. Auch hat er Ben Beckers Club Trompete mitgegründet. Der Tresor wird sein erfolgreichstes Projekt. Bei all seiner Suche, deren spirituellen Gehalt er in Interviews betont, hat er, der sich „Raumforscher" nennt,[355] Doris nie persönlich kennenlernen dürfen. Oder etwa doch?

Techno

Schon auf den ersten Seiten des Technobuchs *Der Klang der Familie*, welches 2012 bei Suhrkamp erscheint, springt den Lesern der Körper der Tödlichen Doris entgegen – in tiefschwarzen Lettern auf weißer Zellulose. Dimitri Hegemann: „1982 habe ich dann ein Festival im SO36 veranstaltet. Das hieß atonal. Wir wollten eingefahrene Hörgewohnheiten brechen und Neues zeigen – in Bild und Ton. Da haben viele Bands mit tollen Namen gespielt: Malaria!, Sprung aus den Wolken, Die Tödliche Doris und die Einstürzenden Neubauten."[356]

Ein solcher Auftritt entzog sich bislang der Kenntnis der Bandmitglieder. Doch gerade diese Materialisierung beweist eindrucksvoll, wie sich die Präsenz der Tödlichen Doris in ihrer permanenten körperlichen Abwesenheit offenbart – und zeigt, in welcher Gestalt sich Doris in diesen Nichtanwesenheiten materialisiert. Die Konzerte der Tödlichen Doris finden überall statt, nicht nur auf Bühnen und vor Menschenmassen. Doris präsentiert ihren Körper ebenso in den persönlichen Vorstellungen, Wünschen, Ideen, Phantasien bis hin zu Wahnvorstellungen einzelner Individuen.

Empfehlungsschreiben

Zum Entsetzen der Gebäudestatiker beginnen die Einstürzenden Neubauten 1981 damit, während ihrer Konzerte die Bühne mit Presslufthämmern zu attackieren, sie in Brand zu setzen. Sie begegnen ihrem Publikum mit „roher Emotion", sie stoßen dabei „entmenschte Schreie" aus, wie Kirsten Borchardt beobachtet.[357] Doch weiß die Musikjournalistin, sie können auch ganz anders: „Der Berliner Kultursenator hatte den Neubauten für ihre erste USA-Tournee sogar ein Empfehlungsschreiben mitgegeben, in dem er die Band als ‚besonders unterstützenswert' bezeichnete."[358] Entmenschte Schreie werden bei der Zusammenkunft mit dem Kultursenator wohl kaum zu vernehmen gewesen sein – allein die Polsterung der Rathaustüren wirkt bekanntlich schallschluckend. Bassist Mark Chung ist nicht nur Musiker, sondern auch ein talentierter Geschäftsmann. Seit 1982 ist er Bandmitglied und kümmert sich um das Management. Zwei Jahre, nachdem er die Einstürzenden Neubauten verlassen hat, wird er 1996 Vizepräsident von Sony Music Entertainment International.

Mehr Empfehlungsschreiben

Offensichtlich geistern weitere Empfehlungsschreiben des Berliner Kultursenators herum: Als Die Tödliche Doris 1987 zur Ausstellung *1961 Berlinart 1987* ins Museum of Modern Art nach New York eingeladen wird, sagt ein Mitarbeiter vor Ort, ihm sei vom Westberliner Kultursenat eindringlich von dieser Einladung abgeraten worden. Wie bei solchen Veranstaltungen üblich, habe das MoMA die Westberliner Kulturbehörden zuvor gebeten, einen Teil der Kosten zu übernehmen. Der zuständige Senatsmitarbeiter habe jedoch davor gewarnt, diese Kreuzberger Chaoten- und Hausbesetzertruppe einzuladen: „Laden Sie doch besser das Rocktheater Reineke Fuchs ein!" Die könnten richtig was und würden in New York sicher gut ankommen."[359]

Der Senatsrockbeauftragte

Die Westberliner Politelite etabliert 1980 einen „Rockbeauftragten" und schreibt einen „Senatsrock-wettbewerb" aus. Unglaubliche 166 Bands beteiligen sich am ersten Contest, beim zweiten werden es bereits 225 sein. Zu den ersten glücklichen Gewinnern gehört eine Band namens „Perplex", die nun Aussicht auf eine heiß ersehnte Plattenproduktion hat. Zufällig ist Perplex die Gruppe von Lutz Manthe, dem Rockbeauftragten, der zudem selbst Jurymitglied des Wettbewerbs ist. Das wird selbst den Politikern zu viel, unauffällig wird er entsorgt. Laut dem Hamburger *Sounds*-Mitarbeiter Kid P. besteht die Westberliner Rockwettbewerbsjury „aus dem alternativen Abschaum der Hippie-Musiker-Rockjournaille".[360] Entsprechend spritzig und innovativ klingt die Musik der jeweiligen Preisträger. Immerhin stellt der Senat 1982 einen 2,2-Millionen-Etat für den Wettbewerb bereit. Zum Nachfolger von Lutz Manthe wird der begeisterte Amateurjazzer Bernd Mehlitz bestellt. Auf dessen hilflos bemühte Offenheit reagieren in Manfred Jelinskis Dokumentarfilm *So war das S.O.36* die Punks mit Lachkrämpfen.

Neoexpressionismus

Als David Bowie 1976 nach Westberlin zieht, schwärmt er vom deutschen Expressionismus, von Ernst Ludwig Kirchner, Otto Mueller und Erich Heckel. Er lässt sich ein Künstlerbärtchen wachsen, kauft eine Staffelei und beginnt in seiner Schöneberger Wohnung zu malen, expressionistisch. Fast täglich pilgert er ins Brücke-Museum – heißt es jedenfalls in den Westberliner Zeitungen. Auf dem Foto des Schwarz-Weiß-Covers seiner LP *Heroes* stellt er ein gemaltes Selbstporträt von Egon Schiele nach. Liegt in Bowies Umzug nach Westberlin der eigentliche Zündfunke, der die neue neoexpressionistische Malereiwelle erst auslöst? Der Höhenflug der Neuen Wilden Maler Anfang der Achtziger hält nur kurze Zeit. Als der Maler ter Hell sein *Ich bin's* 1983 mit „trotzig blutigem Stolz" – O-Ton Berlinische Galerie – auf Leinwand pinselt und dafür den hochdotierten Philip-Morris-Kunstpreis, also fünfundsiebzigtausend DM, erhält, ist die Begeisterung für Malerei aus Westberlin bereits stark abgeflaut. Mit den Worten „Ich war sein Kokain" beschreibt der Journalistenperformer Tom Kummer in seinem 2007 veröffentlichten Buch *Blow up* seine intensive, sechs Monate während Beziehung zu ter Hell. Ter Hell sei ein Kifferexperte gewesen und habe in ihm, Tom Kummer, die Energie zu erkennen geglaubt, um seinen vom Kiffen stotternden Motor in Schwung zu halten. Tom Kummer: „Wir kooperierten: Ein alter Mercedes flog in die Luft (B.Z. und Stern berichteten), die Berliner Mauer wurde auf der Höhe des Potsdamer Platzes in Brand gesetzt (Stern, B.Z., Tagesspiegel berichteten)."[361]

Michael Morris/Vincent Trasov

Durch ein Stipendium des DAAD kommen Michael Morris und Vincent Trasov im Jahr 1981 nach Westberlin. Bereits seit den Sechzigerjahren befassen sie sich mit interdisziplinärer Kunst und Performance. Die kanadischen Künstler registrieren bei ihrem ersten Westberlinbesuch die absolute Dominanz der Neuen Wilden Malerei. Michael Morris: „Wir hielten das Ganze für so eine Art ‚back to the roots'-Bewegung, eine Rückkehr zum deutschen Expressionismus."[362]

Michael Morris und Vincent Trasov sind mit der Künstlergruppe General Idea aus Toronto (AA Bronson, Jorge Zontal und Felix Partz) vernetzt und steuern zahlreiche Beiträge zu deren von 1972 bis 1989 publiziertem *FILE Magazine* bei. Dessen Titelbild ist eine Mimikry der populären Zeitschrift *LIFE*. In einer *FILE*-Ausgabe von 1974 befindet sich eine Flexidisc der kalifornischen Band Residents. Deren Musik erfährt später im Zuge der Punkbewegung neue Aufmerksamkeit. Der umfangreichste Beitrag von Michael Morris und Vincent Trasov für FILE sind die „Artists' Adress and Image Request Lists", ein 1969 entwickeltes Künstlernetzwerk zum gegenseitigen Ideen-, Bild- und Informationsaustausch: „Image Bank compiled and printed address and image request lists that were sent to participants through the mail creating an open ended decentralized method of networking."[363] Von 1971 bis 1983 verkörpert Michael Morris Miss General Idea. Vincent Trasov: „Miss General Idea captured beauty without falling into it."[364] Vincent Trasov selbst kandidiert 1974 bei den Bürgermeisterwahlen in Vancouver, ganzkörperverkleidet als Erdnuss. Mit dieser Rüstung ausgestattet, verteilt er auf der Suche nach Wählerstimmen Flugblätter. Das nach außerhalb vermittelte Bild Westberlins steht für die Neuberliner in krassem Gegensatz zur Realität. Den beiden kanadischen Künstlern wird das vor Ort klar. Michael Morris: „Was uns zunächst überraschte, war, dass Westberlin überhaupt nicht den Eindruck machte, wie es in den bunten großformatigen Gemälden von Salomé, Rainer Fetting, Luciano Castelli, Helmut Middendorff oder Elvira Bach erschien. Ganz im Gegenteil: Westberlin wirkte auf uns extrem grau, kalt und trist."[365] Das Phänomen der farbenfrohen neoexpressiven Malerei lässt sich natürlich auch aus völlig anderer Perspektive betrachten. Die Kulturredakteurin Gunda Bartels schreibt im *Tagesspiegel*: „Überhaupt Kreuzberg. Da hat Bach, die vor Jahren von dort der Kinder wegen nach Charlottenburg zog, in ihrem alten Atelier in der Oranienstraße gegenüber dem SO36 von Anfang an gegen das Hässliche, Graue angemalt."[366] Anmalen gegen das Hässliche? Trotz der abweisenden Atmosphäre verlieben sich die beiden Künstler aus Kanada in die Stadt und bleiben. Michael Morris wohnt hier immerhin bis 1999 und Vincent Trasov bis heute. Morris: „Westberlin war eine extrem offene Stadt – allerdings mit einer total geschlossenen, hermetischen Kunstszene. Wir bewegten uns meist im Umfeld der Fluxuskünstler Robert Filliou und Dick Higgins." Und Vincent Trasov ergänzt: „Mit Videokunst, Performances oder Interdisziplinärem stieß man bei den offiziellen Westberliner Institutionen auf null Interesse."[367]

Michael Morris tritt während der *Tödliche-Doris-Pfingstparty* 1984 im Frontkino auf: Als Miss General Idea in Kellnerinnenschürze serviert er einem Seifenblasen produzierenden Knaben ein ordentliches Frühstück. Cornflakes treffen auf Seife.

Cross Culture

„Als aus der Westberliner Malerei eine festgefügte, wiedererkennbare und wiederholbare Manier wurde, lugte auch schon die Trivialität um die Ecke."[368] So schreibt der Kunstautor Thomas Mießgang 2008 im Katalog zur Wiener *Punk*-Ausstellung. Ein paar Jahre nach erfolgreicher Durchsetzung der Wilden Westberliner Malerei am Markt nimmt sich deren Mentor, der Kunsttheoretiker Wolfgang Max Faust, vor, eine „neue Tendenz in der Kunst" zu vermitteln.[369] Dafür verwendet er den Begriff der „Cross Culture", der ursprünglich aus der amerikanischen Kultursoziologie stammt. „Cross Culture", schreibt Wolfgang Max Faust, sei überall zu finden, sowohl in der New Yorker und Londoner als auch in der Westberliner Subkultur. Ihr Merkmal sei es, die „Beschränkung auf einzelne Kunstgattungen" zu unterlaufen. Es sei dies ein „Affront gegen die neuen Selbstverständlichkeiten", die dem „neu-alten Bild des Künstlers als dem großen Einzelnen" entsprächen. Überschreitung, Verkettung, Irritation seien ihre Hauptaspekte. Eine selbstbestimmte Öffentlichkeit entwickle sich dabei „quer" zu bestehenden Kontexten. Mit „Cross Culture" sei ein Gruppenphänomen beschrieben, welches „die Spannung von Differenz und Assimilation sucht." Wolfgang Max Faust wählt drei Beispiele, um diese künstlerisch-politische Interdisziplinarität vorzustellen, die sich eine Öffentlichkeit im Schnittpunkt von „privat" und „öffentlich" schaffe: die Künstlergruppe endart um Klaus Theuerkauf, Discount Kunst – ein Kunstprojekt um Funny van Dannen – und Die Tödliche Doris. Die „Entdeckung des Wandels als Ort permanenter Überschreitung" und die Einbeziehung dieses Bewusstseins in das künstlerische Werk schafften „odds and ends", ein Werk aus Verkettungen. Wolfgang Max Faust: „Es sind dieses regionale Belege, die eng mit dem Ort ihrer Entstehung verbunden sind. West-Berlin, vor allem Kreuzberg als Stadtbezirk ‚im Übergang', provozierte das Nebeneinander der Extreme. Die Arbeit mit allen Medien, Lebensformen, Konzepten zeigt ein ‚Querdurch', das Ulk, Groteske, Simulation, anarchisches Spielen mit Politik- und Kunstaktionen verbindet." Im westdeutschen Kunstbetrieb kann der Kunsttheoretiker mit seiner Kreuzberger Querdurchtheorie keinen Blumentopf gewinnen. Er wird bespöttelt, verlacht. Kreuzberger Ulk und Anarchie? Das hat gerade noch gefehlt in den Karnevalsstädten Köln und Düsseldorf. Die „radikale Offenheit", die Wolfgang Max Faust dem Phänomen „Cross Culture" unterstellt, wird im vorrangig kommerziell orientierten Kunstbetrieb eher als unverschämte Störung denn als gewünschte Bereicherung empfunden. Künstler dürfen sich bei Performances schlecht benehmen, aber doch bitte nicht im Hinterzimmer marktwirtschaftlich arbeitender Galeristen.

Dies alles gibt es also

Nach seinem *Cross Culture*-Flop veröffentlicht Wolfgang Max Faust 1993 das Buch *Dies alles gibt es also. Alltag, Kunst, Aids.* Es ist eine assoziative Sammlung von Gedanken über Kunst, das Leben und seiner sehr persönlichen, oft resignativ-bitteren Tagebuchnotizen. Wolfgang Max Fausts fortgeschrittene Aidserkrankung spielt dabei eine zentrale Rolle. Im Krankenhaus begegnet er an HIV erkrankten Kollegen, etwa Alf Boldt aus dem Arsenal Kino, ein Freund von Nan Goldin, oder Christian Borngräber, einem Design-Theoretiker.

Wolfgang Max Fausts Fazit in seinem letzten Buch: Die Kunst löse sich auf, verschwinde spurlos. Oder sie werde „woanders" sein, in Menschenmassen oder bestenfalls, Adorno-like, in der Menschwerdung aufgehen. Sie verschwinde im Spektakel, im Konsum. Dann wieder ganz bizarr, zwischen Männerbund und Erlösungsphantasma: „Die Kunst ist eine männliche Erfindung. Mit der Auflösung des Patriarchats kann sie verschwinden. Es wird kein Matriarchat geben, sondern eine Gesellschaft jenseits des Geschlechtes, beide verehrend."[370]

Es klingt wie ein resignativer, bitterer Abschied vom Leben und der Kunst. Auch die Kunst ist nicht mehr das, was sie mal war: „Selbst die Verweigerung dient der Verkaufsstrategie."[371] Möglich ist also, dass Wolfgang Max Faust das Desinteresse beziehungsweise die Absage der Tödlichen Doris bezüglich einer *Cross Culture*-Ausstellung in der Schirn Kunsthalle als Marketing-Gag verstanden hat. Heidi Paris und Peter Gente sagten einmal über den Merve Verlag, dass dessen

Werbungstrategie darin bestehen würde, an gewissen Orten nicht in Erscheinung zu treten. Insofern liegt in jeder Absage immer auch eine Zusage. Selbst wenn mit Ort hier kein geografischer oder eine Institution gemeint ist, sondern eine Position.

Das Verschwinden der Kunst

Zu den Künstlern, die in ihren Kunstwerken auf aktuelle politische und soziale Spannungen aufmerksam machen wollen, gehört der von Wolfgang Max Faust in seinem letzten Buch besonders hervorgehobene Bildhauer Olaf Metzel. Beim Schreiben über dessen Hamburger Ausstellung, so Wolfgang Max Faust, sei ihm erstmals der Gedanke vom Verschwinden der Kunst gekommen. Olaf Metzels Kunstaktionen tragen Titel wie *Türkenwohnung Abstand 12000 DM VB* (1982), Installationen thematisieren die RAF (1984) oder, Ende der Neunziger, den „Turbokapitalismus". Am 22. September 1981 jagen Polizisten bei einer Hausräumung unter dem rechtspopulistischen Innensenator Heinrich Lummer Demonstranten in den fließenden Verkehr. Noch während sich der Innensenator stolz wie Napoleon auf dem Balkon des geräumten Hauses präsentiert, wird der Hausbesetzer Klaus-Jürgen Rattay von einem Linienbus erfasst, einige Meter mitgeschleift und stirbt. Der Rockbarde Heinz Rudolf Kunze widmet ihm die Betroffenheitsballade „Regen in Berlin", während Olaf Metzel dem Verstorbenen ein *Randale-Denkmal* mit dem Titel „13.4.1981" widmet.Es ist eine in den Himmel ragende Skulptur aus ineinander verschränkten rot-weißen Absperrgittern. An deren Spitze thront ein vergrößerter Einkaufswagen. Punks unken im Fanzine *Boingo Osmopol*: „Olaf Metzel setzt die Tradition des Kritischen Realismus Westberliner Prägung fort – nur jetzt in 3-D."[372] Mit seinen Installationen und Objekten gelingt Olaf Metzel der Sprung in den hoch-kulturellen Kunstbetrieb. Von 1995 bis 1999 ist er Rektor der Akademie der Bildenden Künste in Mün-chen. Verschwunden sind jedenfalls weder Olaf Metzel noch seine Kunst. Und alles andere auch nicht.

Kunst und Hausbesetzung

Endlose Menschenschlangen stehen frühmorgens mit den Tageszeitungen vor Telefonhäuschen, um eine der raren Wohnungen zu bekommen. Vom Ende der Siebziger- bis in die Achtzigerjahre ist es nahezu un-möglich, eine bezahlbare Wohnung in Westberlin zu finden – gleichzeitig verrotten ganze Häuserzeilen. In der Folge werden allein bis 1981 über hundertsieb-zig Häuser besetzt. Bei angeordneten Räumungen liefern sich Hausbesetzer und Polizei dramatische Straßenschlachten. Auch ein Haus des Kunstsamm-lers Dr. Erich Marx wird 1982 besetzt – von Kunst-studenten. Die Besetzer bitten Joseph Beuys – er ist zu jenem Zeitpunkt im Gropius-Bau mit seinem En-vironment *Blitzschlag mit Lichtschein auf Hirsch* in der Ausstellung *Zeitgeist* vertreten –, ihr Besetzer-Pate zu werden. Beuys sagt zu. In der Stadtillustrierten *zitty* macht Kunstredakteur Marius Babias auf einen Wider-spruch aufmerksam: Tagsüber engagiere sich Beuys für Hausbesetzer und am Abend treffe er sich mit dem Eigentümer des Hauses, dem Sammler Dr. Marx. Gerade die linksalternativen Medien jener Zeit, *taz*, *zitty* und andere, fordern eine glasklare, eindeutige politische Positionierung ihrer Mitarbeiter. Die anberaumte Diskussion mit den Künstlerpaten Johannes Grützke und Joseph Beuys findet im besetzten Haus statt. Unter den etwa hundert Zuschauern befindet sich auch Wolfgang Müller. Als ein Hausbesetzer von Beuys fordert, er als Hauspate könne doch einfach seinen Lehmberg aus dem Gropius-Bau vor das besetzte Haus transportieren lassen, als Schutzwall, reagiert Joseph Beuys verärgert. Er entgegnet: „Mit Rembrandts baut man keine Barrikaden!"

Eine andere Strategie verfolgen die Hausbesetzer der Cuvrystraße 23. Hans Habiger: „Die schütten einfach ihren gesamten Müll vor die Nationalgalerie, dort wo Erich Marx gerade seine Sammlung mit Bildern von Andy Warhol, Robert Rauschenberg und anderen ausstellte."[373]

Den jungen Künstlern und Hausbesetzern schenkt ihr Pate ein Dutzend seiner Zeichnungen, die erste Rate für den späteren Hauskauf. Joseph Beuys empfiehlt den „langen Marsch durch die Institutionen", der gerade auch im Kunstbetrieb gegangen werden müsse. Widerspruch regt sich im Publikum: Das Resultat dieses langen Marsches könne man ja gut an den politischen Parteien beobachten. Nicht die SPD habe den Staat verändert, sondern der Staat die SPD. Und bei den Grünen sei es wohl auch nur noch eine Frage der Zeit.

endart

In der Nähe der Galerie der Neuen Wilden am Moritzplatz eröffnet Klaus Theuerkauf am 13. September 1981 die Galerie endart. Sie ist Ausstellungs- und Performanceraum seines am 13. Juni 1980 gegründeten Künstlerkollektivs. In der Oranienstraße entsteht damit etwas, was in der Subkultur am ehesten als „Punk-Kunst" wahrgenommen wird: statt Gewissheit und Propagierung von Wahrheit die kreative Gestaltung der Destruktion. Aus Farbe, Abfall, Obszönität und der Überschreitung politischer Schamgrenzen wird ein Körper geschaffen, der Westberlin, die „Welthauptstadt des Heroins", von anderen Städten in Deutschland unterscheidet. Ein Kollektiv wilder, zorniger, scham- und hemmungsloser Männer, die in Malerei, Skulptur und Performance den radikalen Aufstand gegen die Zeichenordnung vollziehen. Sie steigern Anfang der Achtziger die Rolle des wilden Mannes, des überdrehten Künstlers und Wahnsinnigen bis ins Groteske, schonen sich und ihre Körper kein bisschen. Zwar sollen alle Aktivitäten unter dem Gruppennamen laufen, doch schließlich kristallisiert sich laut Klaus Theuerkauf eine Gruppe um Gerd Lüer, Peter Meseck und ihn selbst heraus. Theuerkauf: „Die schwächeren Persönlichkeiten wollten allerdings ihr Ego bedienen. Sie haben es schwer verdauen können, dass alle Aktivitäten unter einem Gruppennamen liefen."[374]

Endart sieht sich selbst als Bürgerschreck in der Tradition von Dada und Surrealismus. „Wir hatten einfach keinen Bock, uns in der Kunsthierarchie hochzudienen. Deshalb entschlossen wir uns auch, einen

eigenen Laden zu eröffnen."[375] Die Galerieeröffnung
wird auf den 13. September 1981 festgesetzt, den Tag
des Besuchs von US-Außenminister Alexander Haig in
Westberlin. Mit Sicherheit wird dieser von Demons-
trationen und Unruhen begleitet sein. Klaus Theuerkauf: „Die Autonomen bestanden aber auch zu 90 % aus
Schrott und nahmen ein ähnliches Gebaren an wie die
Bullen – kleine Sheriffs sozusagen."[376] In einer auf Video dokumentierten Performance verbindet der unbe-
kleidete, mit rechtem Seitenscheitel und Hitlerbärtchen
ausgestattete endart-Künstler Wixfried Schüttelheimer
(d. i. Ralph Arens) seinen schlaffen Penis mit einem langen schwarz-rot-goldenen Bindfaden. Er macht diesen
an seinem rechten Arm fest. Dann reißt er den rechten
Arm ruckartig zum Hitlergruß hoch, reißt dabei jedes
Mal den Penis ein bisschen mit. Klaus Theuerkauf:
„Dabei brüllte er: ‚Abspritzen, abspritzen!'" Das, so
Klaus Theuerkauf, bezog sich auf den KZ-Arzt Josef
Mengele, der bei seinen Experimenten mit Zwillingen
beim Überleben eines der Zwillinge das Todesurteil
mit dem Wort „Abspritzen" gefällt habe.[377] Eine andere endart-Performance zeigt Ralph Arens am Boden
liegend. Zwischen seinen gespreizten Beinen, direkt
in Höhe seines Anus, steckt das herausgelöste Gummi
-teil einer Drahtbürste: die *Geburt eines Igels* (siehe
Bildteil S. 204, Abb. 19). Nach der Wilden Malerei,
so Klaus Theuerkauf, sei der Kunstbetrieb hektisch auf
der Suche nach etwas Neuem gewesen, nach etwas, das
noch nicht verwurstet war: „Der Galerist Paul Maenz
hätte ähnlich wie bei der Mülheimer Freiheit gerne
die für ihn Interessantesten aus der endart-Gruppe
isoliert."[378] Doch das Kollektiv verweigert sich, wird

39   Küssende Polizisten aller Länder:
endart: *Rein in die Institutionen oder Alexandriner Tiergarten*, 1985

40 Küssende Polizisten aller Länder: Banksy: *o. T.*, 1995

in der Folge entsprechend ignoriert. Seinen Ärger zeigt Theuerkauf offen: „Jeder Depp hat damals irgendeine Mauer als Hintergrund gewählt und einen van Gogh daran entlanglaufen lassen und dann hieß es: The wall in us all."[379] Politisch korrekt für die Sammler zu sein, bedeute eben auch: „schön antisozialistisch", so Theuerkauf. In den Bilderkosmos von endart gehören auch zwei sich im Westberliner Tiergarten innig küssende Polizisten in Kampfausrüstung. Jochen Knigge und Klaus Theuerkauf mimen diese für ein Foto, welches 1985 als Siebdruckplakat erscheint. Immer prominenter und damit immer kunstmarktkompatibler, taucht das Motiv der küssenden Polizisten fortan alle zehn Jahre in anderen Staaten auf. Zwei englische Bobbys küssen sich 1995 bei Banksy. Weitere zehn Jahre später, 2005, werden es russische Polizisten sein. Die Arbeit der russischen Künstlergruppe Blue Noses trägt den Titel *An Epoch of Clemency*.

Küssende Autoritäten

Die Uniform wird als Ausdruck der Autorität und Männlichkeit hier an Homosexualität und damit verbundenes „unmännliches Verhalten" gekoppelt. Durch diese „Unmännlichkeit" wird die mit Männlichkeit konnotierte Autorität verletzt, beschädigt, irritiert oder infrage gestellt. So kann angesichts der küssenden Polizisten die auch im Kunstbetrieb durchaus verbreitete Homophobie wahrnehmbar werden – welche sicherlich gerade dort am wohl vehementesten bestritten wird. Welches Motiv würde er heute wählen?

Klaus Theuerkauf: „Heute wären es wohl zwei küssende Bundesligaspieler, im Berliner Olympiastadion."[380]
Beim professionellen Herrenfußball sei Homophobie
immer noch am deutlichsten verbreitet.

Aus den Fragmenten entsorgter Alltagsgegenstän-
de und aus unidentifizierbaren Gerätschaften konstruiert Klaus Theuerkauf Objekte und Bildcollagen. Die
Galerie endart wechselt nach Lust und Laune ihren
Namen: In der „Galerie Penis" werden am 9. März
1984 *Tausend Leckereien* angeboten, eine Installation aus
Essbarem. Mancher Knochen, manches leicht Verderb-
liche wandert anschließend als Element einer Collage
auf eine Leinwand.

Ellis Bierbar

Dass Klaus Theuerkauf eine konstruktive Rolle
gegen das Vergessen spielt, beweist er mit der Rettung
eines Gemäldes aus der Inneneinrichtung von Ellis
Bierbar, laut Mythos in den Achtzigern die älteste
durchgehend existierende Schwulenkneipe Berlins.
Seit den zwanziger Jahre sei sie in Betrieb, so heißt
es und habe selbst die Nazizeit überstanden. Direkt
gegenüber der Hochbahnstation am Görlitzer Bahnhof
gelegen, mischen sich dort Lesben, Schwule und Transvestiten im Rentenalter mit minderjährigen Vertretern
der Punkszene aus dem SO36. Wolfgang Müller erinnert sich an drei Damen mit grauen, hochgesteckten
Haaren. Im Hinterzimmer des Lokals rauchten sie ku-
banische Zigarren. Das Trio brannte sich fest in sein
Gedächtnis ein. In den Sechzigerjahren treffen sich bei

41   Küssende Polizisten aller Länder:
Blue Noses: *An Epoch of Clemency*, 2005

Elli die Schriftstellerin Ingeborg Bachmann, die Maler Kurt Mühlenhaupt und Friedrich Schröder-Sonnenstern und auch Studentenführer Rudi Dutschke. Rosa von Praunheim setzte dem Lokal 1971 in seinem Film *Nicht der Homosexuelle ist pervers, sondern die Situation, in der er lebt* ein Denkmal. Nach Ausstrahlung des Films im öffentlich-rechtlichen Fernsehen wird der Schwulenaktivist von sämtlichen Schwulenkneipen Westberlins zum „Nestbeschmutzer" und zur unerwünschten Person erklärt – einzig Ellis Bierbar heißt ihn weiterhin willkommen. Bevor das Lokal im Jahr 1997 endgültig schließt – heute residiert dort ein Immobilienbüro –, rettet Klaus Theuerkauf Kostbarkeiten aus der Inneneinrichtung. Ob darunter tatsächlich Elemente wie „Hitlers Nachttischlampen aus der Reichskanzlei" oder „der Kronleuchter von Hermann Göring" sind, wie die Wirtin Elli ihren Stammgästen anvertraut, bleibt Spekulation. Auf jeden Fall rettet Theuerkauf eine Gouache des Malers „Wilmar" – ein Pseudonym – vor der Müllentsorgung. Bis heute spurlos verschwunden bleibt allerdings die große Wandbekleidung, die der Westberliner Maler Werner Heldt in den Fünfzigerjahren als Theaterkulisse malte und später Ellis Bierbar schenkte.

Galerie Paranorm

Den Versuch, in Westberlin einen Galerieraum an der Schnittstelle zwischen Text, Kunst und Musik zu etablieren, unternehmen 1987 Ralf Roszius, Mirjam Lehnert und Karsten Rodemann. Letzterer ist als Graf Haufen und Macher eines gleichnamigen Underground-Kassettenlabels der Post-Punk-Szene bekannt. Zu den bekanntesten Künstlern der Galerie gehören Marius Babias und Hartmut Andryczuk. Die Galerie Paranorm eröffnet im Bezirk Tiergarten, findet jedoch nur sehr eingeschränkt Resonanz. Das Resümee, welches Marius Babias zieht, klingt entsprechend: „In Berlin findet sich das Missverständnis in übersteigerter Form, weil man hier zu Mauerzeiten abgeschottet lebte, weil es keinen Austausch gab, weil der Diskurs vor dem Mauerstreifen endete. Zumindest gilt das für die Post-Punk-Boheme in den 1980er Jahren. Man frönte seinem Dasein als Outdrop und kam damit recht gut durchs Leben."[381] Sein damaliger Künstlerkollege Hartmut Andryczuk widerspricht. Für ihn sei es gerade die Westberliner Punk-Boheme gewesen, die nach den Lücken in der Mauer suchte – und sie fand, lange bevor die offiziell entsandten Künstler, Filmemacher und Musiker eintrafen. Die in Ostberlin auf Super-8-Film gedrehten Passagen von Wieland Specks 16-mm-Spielfilm *Westler* seien nur ein Beispiel unter vielen, so Hartmut Andryczuk: „Es gab einen regen inoffiziellen Austausch zwischen den Künstlern in Ost und West, der bis heute kaum aufgearbeitet und dokumentiert ist. Besonders Graf Haufen intensivierte seit Mitte der Achtzigerjahre seine Kontakte zur ostdeutschen Künstlerszene. Das lief zunächst über Mail-Art. Werke, die wegen ihres kleinen Formates problemlos über die Grenze kamen, stellte Graf Haufen in seiner Artcore Gallery aus." Andryczuk selbst suchte für seinen Hybriden-Verlag noch etwas weiter ostwärts: „Die vom Kunstmarkt nicht ernst genommene, belächelte

Mail-Art hatte vor 1990 große Bedeutung in Osteuropa. In den Sechziger- und den Siebzigerjahren war sie ähnlich wichtig in den lateinamerikanischen Diktaturen. Dort boten konkrete und visuelle Poesie die beste Möglichkeit, politische Zensur zu umgehen. Ich betrieb in den Achtzigern ein kleines Netzwerk zur sowjetischen Underground-Poesieszene, den Neofuturisten oder Transpoeten um Serge Segay, Rea Nikonova und Boris Konstriktor."[382] Über komplizierte Wege werden Kunst, Literatur und Musik aus den Ostblockstaaten nach Westberlin geschmuggelt. Westliche Kunst, besonders in Form von Schallplatten und Büchern, gelangt von Westberlin aus über Diplomaten, Veranstalter oder Künstler in den Osten. Während der 1965 geborene und in Spandau, Westberlin, aufgewachsene Graf Haufen nach Schließung der Artcore Gallery im Jahr 1990 in einen auf drei Jahre angelegten, tatsächlich nie wieder beendeten „Art Strike" eintritt und später Miteigentümer der Berliner Off-Videothek Videodrom wird, wird der 1962 in Rumänien geborene Marius Babias zwei Jahrzehnte nach dem Fall der Berliner Mauer 2008 zum Leiter des NBK in Berlin.

Galerie Petersen

Jes Petersen gehört neben René Block und Rolf Langebartels von der Galerie Giannozzo zu den Westberliner Galeristen der Achtzigerjahre mit Bezug zu interdisziplinärer Kunst. Zu den Westberliner Bands, die mit Punk assoziiert werden, deren Hauptmerkmal aber wohl eher darin besteht, handwerklich gut gemachte, solide Rockmusik zu produzieren, zählen Tempo, White Russia, Leningrad Sandwich, PVC, Lilli Berlin, Interzone sowie die Nina Hagen Band, aus der später Spliff hervorgehen. Von den Medien, den Zeitungen und im Fernsehen werden diese Bands mit dem Etikett „Punk" oder „Neue Deutsche Welle" versehen. Sie beherrschen das Image der „Punkband" im RIAS, dem öffentlich-rechtlichen Radiosender SFB und oft auch in den Stadtzeitungen.

Der Galerist Jes Petersen stellt 1978 einen Kontakt zwischen dem Aktionskünstler Hermann Nitsch, dem Orgelspieler Frank Dolch und der Band PVC her. Die Musik von PVC wird so unversehens Teil der *60. Aktion* von Hermann Nitsch. Die von der Aktion gepresste Künstlerschallplatte erscheint im Dieter Roth's Verlag in einer Auflage von fünfhundert Stück. Sie wird zur bis heute gefragtesten Schallplatte der Band.[383]

Jes Petersen eröffnet 1977 seine Galerie in Westberlin, seine Ehefrau Ilona tanzt derweil in der Sylter Kneipe Ziegenstall der mittlerweile achtzigjährigen Valeska Gert. Jes Petersen betätigt sich als Ghostwriter ihrer Autobiografie *Ich bin eine Hexe*. Er ärgert sich sehr, dass Valeska Gert alles ganz wortgetreu aufgezeichnet haben will. Seinen Vorschlag, ihre persönlichen Erzählungen um andere Ereignisse und Personen der künstlerischen Avantgarde der Zwanzigerjahre zu erweitern, lehnt sie brüsk ab. In seinen Augen degradiert sie ihn damit zum Sekretär. Valeska Gert lebt in der Gegenwart – auch wenn sich die Menschen der Gegenwart kaum für sie interessieren.

Aus der norddeutschen Provinz knüpft Jes Petersen bereits in den frühen Sechzigern persönliche

Kontakte zu den noch lebenden Dadaisten der Zwanzigerjahre, zu Raoul Hausmann und Hannah Höch. In seiner Westberliner Galerie findet sich Art brut sowie Zeichnungen und Malerei sogenannter Outsider wie Friedrich Schröder-Sonnenstern und Blalla W. Hallmann. Außerdem Kunst von Dieter Roth und Hermann Nitsch. Geld verdienen lässt sich damals kaum damit. Im Jahr 1981 präsentiert Jes Petersen *Kippenberger in Nudelauflauf sehr gerne*. Dies ist Martin Kippenbergers erste Galerie-Einzelausstellung überhaupt. Auch das kommt zu früh – zum Geldverdienen. Später entwickelt sich Petersen zum Bewunderer der Malerin Elvira Bach. Er wird zum Liebhaber ihrer schrillbunten Selbstporträts mit den spitzen Stiletto-Absätzen. Endlich sprudelt Geld. Wie rasend verkauft er ihre Bilder – genau wie Kokain. Sein Geschäft mit Kokain erweist sich indes als sein größter Fehler. Es bringt Jes Petersen mehrere Jahre Gefängnis ein. Sein Gefängnistagebuch macht deutlich, dass die Sucht nach Erfolg sich bei ihm im Kokain konzentriert. Die Droge wirkt immer – im Gegensatz zu Elvira Bach.[384]

Galerie Eisenbahnstraße

Im Jahr 1987 mieten der Schweizer Künstler Ueli Etter und Wolfgang Müller für die Dauer eines Jahres einen Kohlenkeller im besetzten Haus Manteuffelstraße 40/41. Die meisten Selbsthilfegalerien und Independentprojekte dieser Zeit tragen Namen wie „Kunstbüro", „Büro für Kunst", „Büro Berlin", „Institut Unzeit", „Büro für ungewöhnliche Maßnahmen", „Projektraum

Oranienstraße" oder „Fischlabor". Die Galeristen der Manteuffelstraße 40/41, entschließen sich, ihr Projekt mit dem gewöhnlichen Wort „Galerie" auszustatten – Galerie Eisenbahnstraße: „Unser Projekt Galerie zu nennen, fanden wir komisch genug."[385] Den Namen des reaktionären preußischen Politikers Otto Theodor Freiherr von Manteuffel (1805–1882) soll sie jedenfalls nicht tragen. So heißt die Galerie nach einer Straße um die Ecke schließlich Galerie Eisenbahnstraße. Im Projekt werden knapp zwanzig Ausstellungen und Veranstaltungen innerhalb eines Jahres stattfinden. Darunter wird eine Ausstellung der „Würfelbilder" des Tiroler Malers Christian Stock sein. Über Monate und Jahre trägt er Schicht um Schicht Farbe auf Leinwände auf, bis die Keilrahmenbilder zu schweren Skulpturen werden.

In der Galerie Eisenbahnstraße porträtiert Sabina Maria van der Linden den erigierten Penis des Co-Galeristen Ueli Etter und bedruckt damit T-Shirts. Hier findet die erste Einzelausstellung von Heinz Emigholz in einer Galerie statt. Später wird er als Professor Nachfolger von Wolfgang Ramsbott im Bereich Experimentelle Filmgestaltung an der UdK Berlin. Um die Miete einzuspielen, verpflichtet sich jeder performende, vortragende oder ausstellende Künstler, ein extrem preisgünstiges Multiple zu basteln, das im Endverkaufspreis zwischen 1,20 bis 3,50 DM angeboten wird. Darunter finden sich Martin Schmitz' gefaltete Papiermütze *Weltsekunden des Dilettantismus* für 2 DM, Michael Morris' Aquarell *Berliner Landschaft mit Tennisplatz* für 3,50 DM und Sabina Maria van der Lindens *Zoten-Zofen*-Heft für 2,45 DM. Der Handleser Hannes

Hauser errichtet eine zwei Meter große Gipshand auf einem Sockel. In ihr finden sich sämtliche Schicksals-, Lebens- und Liebeslinien. Neben dem Podest liest er in einem Zelt Interessierten aus der Hand. Neben dem Haus, in der Baugrube des Grundstücks Manteuffelstraße/Oranienstraße, einer „Spekulantengrube", stellt der aus Basel angereiste Professor Lucius Burckhardt seinen Diaprojektor auf und referiert mit Annemarie Burckhardt zusammen über Landschaft und Landschaftsgestaltung. Da der Ort beim Westberliner Innensenat wegen der unmittelbar angrenzenden besetzten Häuser als „kritische Zone" betrachtet wird, fährt die Polizei während seines Vortrages ständig davor auf und ab. In der Galerie Eisenbahnstraße findet die erste Ausstellung mit den Aquarellen von Lucius Burckhardt statt. Geschlossen wird die Galerie Eisenbahnstraße mit einer Ausverkaufsausstellung. Zwei Stunden vor deren Eröffnung steht der Designtheoretiker Christian Borngräber mit zwei Plastiktüten in der Hand vor der Tür – zum Shopping. Die letzte Ausstellung ist eine Gemeinschaftsarbeit von Ueli Etter und Wolfgang Müller. Auf die zuvor mit Schweinfurter Grün behandelten Kellerwände der ausgeräumten Galerie Eisenbahnstraße schreibt das Paar mit roter Farbe während dreier Tage alle Namen von Künstlern, die ihnen so einfallen: berühmte, unbekannte, lokale, interessante und uninteressante. Es ist eine Teufelsaustreibung im Kohlenkeller. Diese Aktion wiederholen sie 1995 in der Ausstellung *dagegen-dabei* im Kunstverein Hamburg – nun als Solisten, sowohl im Privat- als auch im öffentlichen Leben.

Galerie Zwinger

Unmittelbar nach Schließung der Galerie Eisenbahnstraße 1987 gründen Werner Müller und der Künstler Gerhard Faulhaber in der Dresdener Straße die Galerie Zwinger. Diese liegt wenige Straßenzüge entfernt von der Manteuffelstraße. Das Paar, das in der Szene den Spitznamen „Die Zuschauer" trägt, zählte zu den Stammgästen der Galerie Eisenbahnstraße. Sie übernehmen viele von deren Künstlern wie Heinz Emigholz, Christian Stock, Ueli Etter, Nikolaus Utermöhlen, Wolfgang Müller und Käthe Kruse sowie Die Tödliche Doris, die auf der gerade stattfindenden documenta 8 vertreten ist. Mit der Galerie Zwinger bekommt Doris alsbald auch eine Konkurrentin: Der Galerist Werner Müller entwickelt mit seinem Partner Gerhard Faulhaber die Künstlerin Susi Pop. Während die Präsenz der Tödlichen Doris in ihrer permanenten körperlichen Abwesenheit zum Ausdruck kommt, formt sich die Künstlerin Susi Pop unmittelbar im Körper des Galeristen und seines Lebensgefährten. Zunehmend erklingt die Stimme von Susi Pop direkt aus dem Galeristen. In einem *taz*-Interview antwortet Susi Pop durch den Mund Werner Müllers: „Ich hätte auch gern einen Körper gehabt" – ursprünglich ein Zitat des Künstlers Heinz Emigholz aus dessen Film *Der zynische Körper* (D 1986). Natürlich wissen die meisten Kunstjournalisten inzwischen, in welchem Körper Susi Pop tatsächlich steckt, aber sie spielen das Spiel amüsiert mit.

Der Person Werner Müller gelingt das Kunststück, in seinem Körper gleichzeitig sowohl einen

schnurrbarttragenen Galeristen als auch eine publici-
tyscheue Künstlerin mit einem Faible für die Farbe
Rosa koexistieren zu lassen. Unter dem zunehmenden
ökonomischen Druck gerät deren friedliche Koexistenz allerdings aus der Balance. Galerist und Künstlerin beginnen miteinander heftig zu streiten. Harmonie
kehrt kurzfristig ein, als der Umzug der Galerie von
Kreuzberg nach Berlin-Mitte ansteht. Raus aus der
ungeliebten Kreuzberger Subkultur, rein in die Hochkultur von Berlin-Mitte, so lautet der Plan der beiden.
Zwar scheint ein Zwinger in der Dresdener Straße
vom Konzept her einleuchtender zu sein. Doch die
Künstlerin Susi Pop will den Kampf endlich zu ihren
Gunsten entscheiden. Zahllose Stunden verbringt sie in
der Druckwerkstatt des Bethanien mit der Herstellung
von rosa Siebdrucken, Zeichnungen und Gipsskulptu-
ren, deren Erlös die ehrgeizige Künstlerin zu hundert
Prozent dem Galeristen überlässt. Ihr Lieblingsma-
terial Gips passt perfekt zur Gipsstraße, dem neuen
Domizil der Galerie in Berlin-Mitte. Susi Pop führt
widerspruchslos aus, was ihr der Galerist befiehlt – und
verwirklicht sich gleichzeitig dabei selbst. Eine Utopie
in Vollendung, jedenfalls solange Werner Müller nicht
das Schicksal von Dr. Jekyll erleidet und zur Ms. Hyde
wird. Während die Kunstjournalisten augenzwinkernd
den liebevoll ausgeschmückten Legenden lauschen,
die der kichernde Galerist über seine Topkünstlerin
spinnt, verlässt Wolfgang Müller mitsamt den Werken
der Tödlichen Doris fluchtartig die Galerie. Mit dem
Umzug nach Berlin-Mitte gleicht sie sich den anderen
Galerien vor Ort schnell an. Ihr allmähliches spur-
loses Verschwinden dort wird deshalb nur von wenigen

wahrgenommen. Zurück in der Gipsstraße bleibt Ramona Pop – die neue, ehrgeizige Spitzenkandidatin der Grünen von Berlin bei den Wahlen 2011, eine sogenannte Reala.

Funkstille im Dudelfunk

In den öffentlich-rechtlichen Radiosendern Westberlins wird die Musik der Genialen Dilletanten sowie anderer musikalischer Einzelgänger in den Achtzigerjahren so gut wie nie gespielt. Auch in lokalen Fernsehprogrammen tauchen diese extrem selten auf. Einer Handvoll Rockbands aus Westberlin gelingt es dennoch, so etwas wie ein Punk-Image zu generieren. Bands wie Spliff, Tempo und Interzone werden von den lokalen Radio- und TV-Moderatoren als Punkmusik betrachtet und gern vorgestellt. Der RIAS-Moderator Barry Graves gibt seit 1973 mit anderen Rock- und Popmusikexperten ein *Rock-Lexikon* heraus, welches hohe Auflagen erreicht.[386] Die von Punk und Post-Punk bewirkten Angriffe auf vormals etablierte Grenzziehungen, Interdisziplinäres oder schwer zu kategorisierende Experimente der Endsiebziger- und Achtzigerjahre tauchen in Graves' Radiosendungen und im *Rock-Lexikon* so gut wie nie auf – schon gar nicht die aus Westberlin. Der Discomusik- und Elvisfan offenbart seine große Begeisterung gegenüber neuen Technologien. Er ist besessen von Professionalität. Barry Graves: „Leider gibt es viel zu viele Dilettanten in diesem Geschäft. Vielleicht wirke ich deshalb arrogant, weil ich viel lese und dadurch über ein größeres Musikwissen verfüge."[387]

Als großer Fan des Westberliner Genialen Dilletantismus gilt der englische BBC1-Radiomoderator und DJ John Peel.[388] In seiner Sendung *John Peel's Music* – sie wird zeitweise auch von Radio Bremen 4, DT64 und Ö3-Nachtexpress ausgestrahlt – stellt er

Gruppen wie Malaria!, Frieder Butzmann, Einstürzende Neubauten, Notorische Reflexe und Die Tödliche Doris vor.

Herzen aus Ziegelstein

Nach dem Disco-Boom irrt Barry Graves ab Mitte der Achtziger auf der Suche nach Elvis Presley in Westberlin umher. Im Albino Verlag erscheint 1984 sein Buch *Elvis. King der verlorenen Herzen*. Herzlos fällt in jenen Zeiten das Urteil des Psychologen Carlo Michael Sommer über den in den USA verstorbenen Superstar aus. Er veröffentlicht seine Ansicht in seinem 1986 erschienenen Buch über die sich ausdifferenzierenden Stile der Jugendkulturen: „Elvis the Pelvis war vor seinem elenden Ende nichts weiter als ein aufgeschwemmter Las-Vegas-Entertainer zweiter Garnitur."[389] Jahrzehnte später fasst sich der Albino-Verleger und Geschäftsmann Gerhard Hoffmann ein Herz und stellt als Künstler die große Sinnfrage: „Es gibt Liebe, warum hasst du?" Seit 2011 wandert sein großes rotes Glasfaserherz durch Rathäuser, Gerichtsgebäude und Bibliotheken Berlins. Es wirkt wie ein künstlerisches Pendant zu den buntbemalten Buddy-Bären der Geschäftsleute Eva und Klaus Herlitz. Mit ihren witterungsbeständigen Glasfaserkörpern künden sie weltweit von der unendlichen Berliner Toleranz.

Auch der Ostberliner Dramatiker Heiner Müller beschäftigt sich mit dem Herzen. Sein „Herzstück" dauert allerdings nur wenige Minuten und wird bereits 1983 aufgeführt. Auf einer kleinen Open-Air-Bühne

vor der Gedächtniskirche in Westberlin stehen zwei
Schauspieler, schauen sich tief in die Augen: „Darf
ich Ihnen mein Herz zu Füßen legen?", sagt EINS.
ZWEI: „Wenn Sie mir den Fußboden nicht schmutzig
machen." Sein Gegenüber schlitzt mit einem Messer
die Brust des anderen auf, greift durch das zerfetzte
Hemd brutal in dessen Brustkorb, wühlt in blutigen
Eingeweiden. Endlich hält er einen rot verschmierten
rechteckigen Klumpen in den Händen. Er schaut ver-
dutzt darauf und ruft: „Aber das ist ja ein Ziegelstein.
Ihr Herz ist ein Ziegelstein." Worauf der nun Herzlose
antwortet: „Ja – aber es schlägt nur für Sie."[390]

Funkstille Westberlin

Gegen Ende der Siebzigerjahre wird es untersagt,
die Lieder des kommunistischen Sängers Franz-Josef
Degenhardt im öffentlich-rechtlichen Rundfunk zu
spielen. Im Nachruf auf den Liedermacher schreiben
Konstantin Wecker und Prinz Chaos II: „An Degenhardt sollte der Nachwuchs lernen, dass politisches Engagement die Karriere keineswegs fördert – und diese
Lektion wurde bis auf den heutigen Tag gut verstanden."[391] Bei der nicht verbotenen, aber so gut wie nie
im Radio erklingenden Musik der Genialen Dilletanten
werden eher die vermeintliche Anstößigkeit und Brutalität der Texte oder die Ungenießbarkeit der Musik als
Gründe angegeben, sie nicht spielen zu können. Selbst
die *Domina*-Vinyl-Maxi von Claudia Skoda gilt bereits
als zu obszön, um sie im öffentlich-rechtlichen Rundfunk und Fernsehen vorzustellen. Es handelt sich um

die musikalische Vertonung der Sprachgewalt selbst-
bewusster Dominas, die einen männlichen Patienten
in ihrem Studio ärztlich versorgen.

Gelegentlich räumt die Stadtzeitschrift *tip* der
Szene um die Genialen Dilletanten prominenten Raum
ein. Sowohl das Festival als auch die einzelnen Bands
und Projekte werden in *zitty* und *tip* porträtiert. Als
Autor engagiert der *tip* den Hamburger Filmkritiker
und Staatsanwalt Dietrich Kuhlbrodt. Der Theater-
macher und TV-Moderator Albrecht Metzger präsentiert die Szene in einem *Rockpalast*-Special des WDR.
An das fast völlige Desinteresse der lokalen Medien
erinnert sich die Musikerin Gudrun Gut: „Über den
Moderator Wolfgang Hagen erhielt unsere Band Mania D überhaupt das erste Mal eine Möglichkeit, live
in einem Studio aufzunehmen. Das fand in einem SFB-
Studio statt. Solche Möglichkeiten wurden uns ansonsten nie angeboten. Normalerweise mussten wir alles
irgendwie selbst organisieren."[392] Von 1970 bis 1972 ist
Wolfgang Hagen Lektor und Geschäftsführer des Merve Verlags, seit 2004 hauptamtlicher Leiter für Kultur und Musik beim Deutschlandradio Kultur. Die in
öffentlich-rechtlichen Rundfunksendern des Westteils
nahezu inexistente Musik wird erst 1987 erstmals in
voller Länge im unabhängigen Radio 100 und anderen
offenen Radiokanälen vorgestellt. Im staatlichen DDR-
Rundfunk bugsieren die Moderatoren Lutz Schramm,
Holger Lukas und Ronald Galenza (DT64) geschickt
Geniale Dilletanten, Post-Punk und experimentelle
Musik aus Westberlin in ihre Sendungen. Von Dada
über John Heartfield, über Siouxsie and the Banshees
bis hin zu PiL und Tödlicher Doris spannt sich der

Bogen einer Ostberliner *Parocktikum*-Sendung – eine im Westteil undenkbare, nie zu hörende Kombination. Die in der DDR nicht im Handel erhältlichen Tapes und Vinyl-Platten bekommen die Ostberliner Radiomoderatoren über private Kontakte. Das sind beispielsweise versprengte *Spex*- und *tip*-Autoren oder Monika Döring, die Betreiberin der Westberliner Konzerthalle Loft.[393] Es klingt grotesk, aber Musikstücke von Die Tödliche Doris und anderen Bands des Umfelds wurden während der Achtzigerjahre wohl häufiger in staatlichen Ostberliner Radiosendern gespielt als im öffentlich-rechtlichen Westberliner Radio. Zu den langjährigen Fans der Westberliner Geniale-Dilletantenszene im Ausland zählen auch der Musikjournalist Chris Bohn, später Chefredakteur der Musikzeitschrift *Wire*, sowie Carl Schmieder aus den USA, Autor des Magazins *Unsound* aus San Francisco.

Töne und Gegentöne

In Österreich greift Ö3-Radiomacher Wolfgang Kos die Genialen Dilletanten auf: *Popmuseum* lautet der Name seiner legendären Sendung, die er von 1974 bis 1995 leitet. Er kontrastiert die Westberliner dabei mit Minimal Music, Neuer oder experimenteller Musik aus dem E-Bereich – wo könnten sie sich treffen? Popkulturautor Martin Büsser nennt einen der potenziellen Berührungspunkte: „Auch die mit Preisen und Wertschätzung versehene Hochkultur unserer Zeit läuft parallel und unberührt vom Massengeschmack ab, meistens ihm sogar entgegengesetzt. Ist also nur

wegen der Akzeptanz, nicht inhaltlich von der sogenannten Subkultur getrennt, begann sogar meistens als
Subkultur."[394]

Anfang der Achtziger entwirft Wolfgang Kos das
Festival *Töne und Gegentöne*. Erstmals seit Punk werden
die Grenzen zwischen aktueller E- und U-Musik, neuer
musikalischer Sub- und Hochkultur im Spannungsfeld
von Punk und Neuer Musik ernsthaft infrage gestellt
und neu justiert. Das Festival findet zunächst 1983
und dann alle Jahre bis 1991 in Wien statt. Frieder
Butzmann tritt dort mit dem Super-8-Experimental-
filmer Thomas Kiesel 1983 auf. Die Tödliche Doris
konzertiert 1983 und 1985. Der Minimal-Musiker
Michael Nyman und Die Tödliche Doris treffen sich
dort 1983. Fröhlich erklingt hinter der Bühne das
grenzdebile Geigenspiel, das Michael Nyman für Sid
Vicious' Hymne „My Way" im *The Great Rock 'n' Roll
Swindle* komponiert und arrangiert hat. Beim Besuch
des Herren-WCs überrascht Nikolaus Utermöhlen ein
Mitglied der amerikanischen Residents – beim unmas-
kierten Gang zur Toilette. Festivalgründer Wolfgang
Kos ist seit 2003 Direktor des Wien Museums, offizieller Titel: Direktor der Museen der Stadt Wien.

Der Musikautor Masanori Akashi lädt in den
Achtzigerjahren mehrere Westberliner Gruppen und
den Plan aus Düsseldorf zu Konzerten nach Japan ein.
Er produziert mit den Bands Vinylschallplatten auf
dem Wave-Label und übersetzt ihre Texte ins Japa-
nische. Masanori Akashi lebt heute als Übersetzer in
Berlin.

Karottenfestival

In Warschau findet vom 27. bis 29. März 1987 erstmals ein Musikfestival statt, das die experimentellen subkulturellen Musik- und Performancegruppen aus Ost und West miteinander konfrontiert: Das *Carrot Festival*. Viertausendfünfhundert Zuschauer und Zuschauerinnen sowie hundert patrouillierende Soldaten wohnen diesem heute kaum bekannten Ereignis in der ausverkauften Hala Gwardii bei. Organisiert wird das Ganze von einem slowenischen Künstler namens Libero, der an der Warschauer Kunsthochschule ein Gaststipendium hat. Zwar werden hinter den Kulissen gewisse Begrenzungen und Regeln mit den offiziellen Staatsvertretern ausgehandelt, aber letztlich kann das Festival relativ offen stattfinden. Aus den USA ist David Thomas von Pere Ubu eingeladen, der mit der Gruppe The Wooden Birds anreist. Weiterhin spielen Minimal Compact aus Belgien und Israel, Kampec Dolores aus Ungarn, The Ex und Castrop Rauxel aus Holland, Aquarium und Maszyna Wriemieni (Zeitmaschine) aus der UdSSR, Zoltye Pacztaliony (Gelber Postmann) aus Riga und polnische Gruppen wie Radio Warszawa, Kormorany, Instant Art und ein Projekt namens Pociag Towarowy (Güterzug). Cabaret Voltaire sind zwar angekündigt, werden jedoch nicht erscheinen. Sie überfordern die Veranstalter offenbar mit dem Wunsch nach exklusiven Hotels, bestimmten Mineralwassersorten und komplizierten technischen Anlagen. In jener Zeit, 1987, gibt es in Polen überall lange Warteschlangen vor Lebensmittelgeschäften. Viele Grundnahrungsmittel sind knapp oder gar nicht erhältlich.

Westberlin ist auf dem Festival durch Die Tödliche Doris vertreten. Nicht alle von Libero und seinen Helfern Eingeladenen dürfen kommen. Nach Erhalt der Wunschliste fragen die russischen Konzertagenten in Warschau nach: ‚Warum wollt ihr denn überhaupt diese unbekannten russischen Musikgruppen? Wir haben viel bessere; solche Bands, die wirklich ganz populär in Russland sind.‘ Gleichzeitig drohen sie: ‚Wenn ihr aber die Bands nicht wollt, die wir euch vorschlagen, dann schicken wir euch eben überhaupt keine.‘ Ein Kompromiss rettet die Situation.

Für die Popband Maszyna Wriemieni gerät der Auftritt zum Debakel. Die Musiker verstehen nicht, warum das Publikum sie boykottiert. „Sie glaubten, ihr Mainstream-Pop würde überall, also auch hier funktionieren – aber sie lagen damit völlig falsch. Sie realisierten überhaupt nicht, dass sie am falschen Ort zur falschen Zeit waren“, so der Warschauer Künstler Jerzy Caryk.[395] Er spielt ebenfalls auf dem ersten ost-westlichen Festival experimenteller Popmusik: „Das Konzept, Künstler einzuladen, die grenzüberschreitend arbeiten und die starren Grenzen traditioneller Kunstdisziplinen infrage stellen, war ein sehr wichtiger Impuls für die Entstehung dieses Festivals. Denn damit wurden eben nicht nur diese Grenzen berührt, sondern auch die politischen Grenzen infrage gestellt. Das Festival fand 1987 statt, also noch bevor die Entwicklung von Solidarność endgültig abgeschlossen war, die 1989 zur politischen Wende in Polen führte. Das dreitägige Festival und seine künstlerische Programmatik mussten auf die Staatsführung wie eine politische Kampfansage wirken. Und es hatte deshalb eine extrem wichtige

Bedeutung für sehr viele Menschen."[396] Zu den besten Kennern der russischen Undergroundbands zählt der russische Journalist und Radio-DJ Artemy Troitsky, der ebenfalls zum Warschauer Festival angereist ist. Er betreut dort die russischen Bands, die hier zum ersten Mal außerhalb der UdSSR spielen. Später wird er einer der Organisatoren des Moskauer Tschernobyl-Benefiz. Artemy Troitskys Buch über die russische subkulturelle Film- und Musikszene erscheint 1989 in deutscher Ausgabe: *Rock in Russland. Rock und Subkultur in der UdSSR*. Zufällig sieht Wolfgang Müller ihn wieder im BBC-Fernsehen: als Chefredakteur der russischen Ausgabe des Playboy. Heute ist Artemy Troitsky Professor an der Staatlichen Universität Moskau.

Trödel-Sound

Themen, Werkstoffe, Materialien und Musikinstrumente der Achtzigerjahre stammen vom Schrott, aus dem Müllsortiment und dem erbarmungswürdigen Angebot lokaler Trödelmärkte. Wie klingt ein Klang aus zweiter Hand, aus Gebrauchtem und Benutztem? Westberlin ist fest im Griff der Zweiten Hand, umweht von einer Aura des Ramsches, der Schäbigkeit und des Zerfalls. Selbst die Vorzeigestraße, der Kurfürstendamm mit seinen McDonald's-Shops, Touristenlokalen und Kiosken, sieht, von Ausnahmen abgesehen, billig und trashig aus. Das Kaufhaus des Westens, kurz KaDeWe, kämpft tapfer gegen das Image: Dort werden die Kunden und Kundinnen sogar angelächelt.

Das Lächeln hilft nur bedingt: Selbst moderne Elektronik wirkt in Westberlin irgendwie sofort alt und gebraucht. Die aus den Schaltknöpfen alter Synthesizer entweichenden Moderdüfte bilden das Gegenstück zur westdeutschen Elektronikszene – ein kurzer Blick auf die Düsseldorfer Band Kraftwerk genügt. Diese beeindruckt mit technischer Perfektion und bringt alles glasklar auf den Punkt – inklusive Ironie. Eine spezifische Ironie gibt es zwar auch in Westberlin, doch außerhalb der Stadtgrenzen bleibt diese ein Ladenhüter.

Die Genialen Dilletanten und andere musikalische Einzelgänger aus anderen Generationen wie Sven-Åke Johansson entwickeln ihr komplexes Instrumentarium aus Gebrauchtem, Benutztem und längst Entsorgtem. Es fehlt ihnen der übliche Fortschrittsglaube. Stattdessen wird Gestalt entwickelt aus dem Zerfallenen, Fragmentierten, dem bereits Verwendeten, dem Entsorgten und aus Abfällen. In den Achtzigerjahren stößt man überall in der Stadt noch auf zerschrundene, lädierte Hausfassaden, bröselnde Brandwände, graue Mauern mit Einschusslöchern, Ruinen aus dem Zweiten Weltkrieg. Auf der Straße liegen entsorgtes Kücheninventar, rostende Kühlschränke und Spülen aus Metall. Im ausgedienten Spielzeug hausen noch ein paar ausgeleierte und ausrangierte Klänge. All das trägt zum Bild der Stadt bei – die Werbeprospekte des Westberliner Senats zeigen natürlich andere Motive.

Stundenlang sucht Andrew Unruh nach Rohstoffen für seine Instrumente. Auf Schrottplätzen und in Abbruchhäusern findet er Badewannen, Stahlträger, Gitter und rostige Tonnen. In seiner Werkstatt verbindet er die Einzelteile und stellt das groteske

Instrumentarium zusammen, mit dem die Einstürzenden Neubauten zur weltweit bekannten Marke werden.

DIN A Testbild

Mit Abfällen ist auch die transparente Plastikhülle der ersten Vinylsingle der Elektronikband DIN A Testbild (1979) gefüllt: Schokoladenpapier, Zuckerstückchen, Zigarettenkippen, ein entwerteter Fahrschein oder der Rest eines eingetrockneten Goudabrötchens. Titel der Single: *Abfall/Garbage*. Laut Mark Eins, dem Bandgründer, stammt die Musik von „handgemachten Science-Fiction-Instrumenten". Während die Elektronikband P1/E die Melancholie der Stadtinsel durch extrem sparsamen Einsatz digitaler Klänge affirmiert, bricht sich bei Mark Eins bald ein Hang zu orchestraler Klangfülle Bahn.[397] Auch als Schauspieler ist er gefragt. Neben der Sexbefreiungsaktivistin Helga Goetze, dem Nachtclubbesitzer Rolf Eden sowie den Bands Mania D und Ideal spielt Mark Eins die Rolle eines jungen russischen Revolutionärs in Rosa von Praunheims Film *Rote Liebe* (D 1980). Nach erfolgreicher Oktoberrevolution verwandelt sich der Revolutionär flugs in einen Geschäftemacher, gerät so in Konflikte mit seiner Frau, einer Anarchistin und Mitglied der Frauenbewegung. Als der Film veröffentlicht wird, unterschreibt Mark Eins einen Vertrag bei Klaus Schulzes IC-Label. Für manche verlässt Mark Eins damit den Pfad der Reinheit, was die Kommerzialisierung subkultureller Musik betrifft. Andere hingegen betrachten ihn eher als Vorreiter oder Realisten. Das Album betitelt Mark

Eins *Programm 1*. Sein Musikprogramm setzt er über die Jahre konsequent um, bis heute. Er veröffentlicht *Programm 2* und *3*, arbeitet bis 1995 mit dem Label IC/Digit Music zusammen, gründet 2002 das eigene Testbild-Music-Label und veröffentlicht im Jahr 2010 das Album *Programm 6*.[398]

So beeinflussbar

Gemeinsam mit MDK und den Einstürzenden Neubauten unternimmt die Band Sprung aus den Wolken 1981 die *Berliner-Krankheit*-Tour. Autor Joszi von der *taz*-Lokalredaktion in Hamburg kommentiert den Auftritt von Sprung aus den Wolken: „Nicht schlecht, klang aber wie 'n mäßiger Abklatsch von Einstürzende Neubauten […].“ Beim letzten Auftritt im Rahmen dieser Tournee in Berlin ähnelt sich die Musik der beiden Bands tatsächlich immer mehr. Hat sich während der Tour die Musik der Einstürzenden Neubauten in die Musik von Sprung aus den Wolken verwandelt, oder lief es genau umgekehrt? Die Bühnenperformances der Bands unterscheiden sich zumindest nach wie vor deutlich. Sind wir alle „independent“ oder eher „dependent“, abhängig? Das Phänomen der Angleichung verarbeitet Wolfgang Müller im Song „So beeinflussbar“, den zehn Jahre darauf Andreas Dorau vertont. Inga Humpe, die Sängerin der Neonbabies, wird mit zuckersüßer Stimme den Refrain singen: „Du bist so beeinflussbar – du bist nicht du selbst!“[399]

Frieder Butzmann

Seine künstlerischen Wurzeln verortet Frieder Butzmann im Umfeld der Neuen Musik. Stolz ist er darauf jedoch nicht, wie er gern betont. Zunächst, im Alter von achtzehn Jahren, will der in Konstanz gebürtige Frieder Butzmann die FPP gründen, die Fat Power Partei. „Ich hatte schon als Kind enormes Übergewicht. Und als ich das erste Mal das Leipziger Völkerschlachtdenkmal erblickte, dachte ich: Das ist ja genau wie ich!"[400] Eine Kategorisierung seiner Musik lehnt Frieder Butzmann bis heute hartnäckig ab. In den frühen Achtzigern ist er in den Kreisen ein gern gesehener Gast, welche ihre Traditionen aus der Minimal Music ableiten, wie etwa das Umfeld der Freunde Guter Musik e.V. Auch dort berühren sich zeitweilig Neue Musik und Punk beziehungsweise No Wave, Minimal Music und Gitarren-Noise. Am deutlichsten verkörpert dies der amerikanische Musiker Glenn Branca. Die Werktitel seiner Noise Music wirken allerdings bereits ausgesprochen klassisch, etwa: *Symphony No. 1 „Tonal Plexus", Music in Four Movements for Multiple Guitars, Keyboards, Brass & Percussion* (1981).

Im Umfeld der Genialen Dilletanten, wo sich Frieder Butzmann ebenfalls gern aufhält, liegt der Schwerpunkt weniger auf Konstruktion und Dekonstruktion als vielmehr auf Mimesis und Mimikry. Frieder Butzmann irrt fröhlich zwischen Szenen, Gruppen, Cliquen und Klüngeln des Musikbereichs umher und gehört doch nirgendwo richtig dazu. Ob es an seinem besonderen Desinteresse liegt? Frieder Butzmann: „Der Klang an sich interessiert mich nicht.

Entweder ist der Klang für mich nur interessant, weil er bestimmte Bedeutung oder bestimmte Assoziationen in sich trägt. Oder weil er so formbar ist, dass ich ihn für die von mir benötigten Zwecke einsetzen kann."[401] Und: „Meine Arbeit am Klang besteht in der Kombination von Klängen. Es können einfache harmonische Klänge einfache neue Zusammenhänge schaffen, meist aber geht es um die Folge zeitlicher Anordnung von Klängen. Das Schaffen von kleinen Mikroereignissen."[402] Erklärt sich so der Ruf der Kaffeemaschine, ihre selbstständig produzierten Klänge? Sonderbare Geräusche, welche darauf hinweisen, dass das Wasser fast oder bald durchgelaufen sein wird, der Kaffee trinkbereit? „Keineswegs! Das Rauschen der Kaffeemaschine interessiert mich nicht", widerspricht Frieder Butzmann, „aber dass der Klang von Dampf begleitet wird und noch dazu aus einer höchst primitiven Maschine kommt, das fasziniert mich. Es ist dann nämlich kein einfaches Rauschen mehr, sondern ein Klang mit Bedeutung, Herkunft und Seele."[403] Was ihn dagegen gar nicht interessiere, sei der deterritorialisierte Klang, ein Klang, der angeblich frei sei. Deterritorialisierung sei Quatsch, weil der Mensch automatisch seine Welt erkennen und interpretieren will. Deshalb gebe es auch kein freies Rauschen, und freie Klänge sowieso nicht. Ein Anlass zum Verzweifeln sei das nicht – sondern, im Gegenteil, Grund zum Optimismus: „Die Maschinen untereinander können frei diese Klänge austauschen. Erst wenn sie an ein menschliches Ohr geraten, werden sie interpretiert, in Schubladen und Kategorien einsortiert, sind in diesem Sinne nicht mehr frei."[404] Ein guter

Beleg dafür seien technische Basteleien am Sound und mit Sounds: „Carsten Nicolai, der sich im Umfeld des Mille-Plateaux-Labels bewegt und damit groß wurde, arbeitet viel mit Lautstärke, mit einem Wall of Sound von Ohrenpfeifen, elektrischem Surren und vor allem mit der Faszination des digital Perfekten. Doch von Ungebundenheit oder sogenannter Freiheit – keine Spur."[405] Er selbst wolle jedenfalls dafür sorgen, dass dem Publikum immer klar sei, woher das Rauschen komme. Frieder Butzmann, der Großmeister der Klangdemystifikation. Nichts läge ihm ferner, als den Eindruck zu erwecken, er vernuele, bluffe oder wolle beeindrucken. Der Körper von Frieder Butzmann und die Körper seiner Instrumente, Geräte und Klangerzeuger entfalten ihre Identität, ihre Persönlichkeit unabhängig voneinander. Doch wie verändert sich das Objekt? Und wie verändert sich sein Klang? Frieder Butzmann: „Es handelt sich um eine gegenseitige Beeinflussung und Beziehung. Wenn die Kaffemaschine zu singen oder besser gesagt: zu schnaufen beginnt – was manchmal geschieht –, dann bekommt sie einen völlig anderen Charakter. Das heißt, ihre Persönlichkeit ändert sich."[406] Aber ist es egal, welchen Charakter sie dann hat? Ob sie einen guten, schlechten, künstlerischen oder unmusikalischen Charakter hat? Frieder Butzmann: „Die Töne sind alle meine Freunde. Die Machtfrage oder die Hierarchisierung, so wichtig und bedeutsam das bei den Menschen auch sein mag – hier stellt sich die Frage nicht."[407]

Sven-Åke Johansson

Seine ursprünglichen musikalischen Wurzeln liegen im Free Jazz. Sven-Åke Johansson, Jahrgang 1943,
zieht 1968 von Schweden nach Westberlin. Dort erfindet er die Moderne Nordeuropäische Dorfmusik.
Sie sieht sich angesiedelt zwischen freier Improvisati-
onsmusik und Free Jazz. Sven-Åke Johansson arbeitet
mit vielen unterschiedlichen Künstlern aus bildender
Kunst, Literatur und Musik zusammen, darunter Pe-
ter Brötzmann und Alexander von Schlippenbach. Sein
Konzept einer Geräuschmusik entwickelt er in West-
berlin ab 1983 überwiegend im Umfeld der Freunde
Guter Musik e.V. Später bewegt er sich verstärkt um
Echtzeitmusik, die sich im Ostteil Berlins nach 1990 im
Feld zwischen Hausbesetzungen, freier Improvisation,
Punk und Neuer Musik entwickelt. Das, was im 20.
Jahrhundert um das Geräusch aufgebaut wurde, inter-
nalisiert Sven-Åke Johansson und lässt es hinter sich.
In der Optik der Instrumente – eine ganze Auswahl
unterschiedlich großer Pappkartons wird ein ganzes
Orchester – werden Hierarchien visualisiert und durch
den Klang zugleich ironisch gebrochen. Johansson
fertigt seine Instrumente aus „dünnem Material" wie
Papier, Pappe, Verpackungen, Büchern und Schaum-
stoff. Er interessiert sich für „trockene Klänge". Klänge
ohne Raum, Räume ohne Hall. Die Instrumente: eine
mit Wasser gefüllte Gießkanne, deren Klänge beim
Blumengießen ertönen. Eine Badewanne, in die ein
Menschenkörper platscht, dessen Abtropfgeräusche
beim Aussteigen ertönen, das Durchblättern eines Te-
lefonbuchs. Die banal anmutenden Instrumente helfen,

sich ganz auf das Geräusch und seine Einbindung in die Komposition zu konzentrieren. Das Geräusch hat Anfang und Ende, ist laut und leise, schwillt an und ab, hat Klang und Melodie. Geborgen ruht es im Körper des Instruments oder zieht an ihm vorbei. Durch Druck, Streicheln, Berührung oder Bewegung gibt es sich preis – oder es ertönt, weil es die Schwerkraft so will. Die Kunst von Sven-Åke Johansson bildet sich an der Schnittstelle zwischen bildender Kunst, Dichtung und Musik.

Gudrun Gut

Wohl keine Person aus dem Kreis der Genialen Dilletanten hat mehr Bands gegründet und Projekte initiiert als Gudrun Gut. Im niedersächsischen Celle geboren, zieht sie 1975 nach Westberlin. Dort studiert sie ab 1978 an der HdK Visuelle Kommunikation. Sie gründet 1977 mit Mark Eins die Elektronikband DIN A Testbild, mit Beate Bartel und Bettina Köster 1979 die Band Mania D, die kurzlebige vierköpfige Band Liebesgier sowie Matador, eines ihrer Lieblingsprojekte, mit Manon Duursma und Beate Bartel. Hinzu kommen die Band Malaria! mit Bettina Köster, Christine Hahn, Susanne Kuhnke und Manon Duursma. Wenig bekannt ist, dass Gudrun Gut zudem Mitgründerin der Einstürzenden Neubauten ist. Als deren erstes Konzert 1980 in der Diskothek Moon stattfindet – als eher spontane Session –, denkt an eine Bandgründung noch keiner der Beteiligten, Gudrun Gut, Beate Bartel, Andrew Unruh und Blixa Bargeld. Als durch dieses

Konzert dann doch die Band entsteht, ist Gudrun Gut bereits woanders: „Blixa ist eine Diva und wollte eben immer der Chef sein. Und das ist nicht mein Ding. Bis 1990 habe ich immer Projekte vorgezogen, bei denen Zusammenarbeit und Austausch im Vordergrund standen. Das regt meine Arbeit wesentlich mehr an. Diese Anregungen müssen nicht unbedingt gewaltig sein, sie können beispielsweise aus ganz kleinen Dingen, unspektakulären Gesten und Worten bestehen."[408] Auch an der Gründung des legendären Modegeschäfts Eisengrau ist Gudrun Gut beteiligt. „Den Modeladen habe ich gemeinsam mit Bettina Köster in der Schöneberger Goltzstraße eröffnet. Damals habe ich Pullover gestrickt. Irgendwann stieg Bettina aus, und erst dann kam Blixa. Mit ihm habe ich den Laden eine Zeit lang zusammen betrieben, bevor ich da ausstieg."[409] Gudrun Gut hat wie Nikolaus Utermöhlen, Chris Dreier und Wolfgang Müller bei Prof. Ramsbott an der Westberliner HdK studiert: „Mein Kommilitone Mark Ernestus, der später den Hard-Wax-Plattenladen eröffnet hat, wollte damals eigentlich das erste Video mit Malaria! produzieren. Aus irgendwelchen Gründen kam es dann doch nicht zustande."[410]

Im Jahr 1990 gründet Gudrun Gut das Moabit-Label, später das Label Monika Enterprise. „Dessen Schwerpunkt liegt in der Produktion anderer Bands. Weil darunter einige Projekte von Musikerinnen sind, wird dann von einigen sofort von einem Frauenlabel geredet. Das ist Unsinn! Wenn ein Label ausschließlich Musik von Männern veröffentlichen würde, käme bestimmt kaum jemand auf den Gedanken, dieses Label sei ein ‚Männerlabel'."[411]

Das Projekt Ocean Club ist Gudrun Guts Solo-Musikproduktion, ein Netzwerk, welches 1997 in eine Radiosendung mündet, das Ocean Club Radio bei radioeins, das sie mit Thomas Fehlmann produziert und moderiert.

Hard Wax

Der Weg des Norbert Hähnel, des wahren Heino, führt von der Eröffnung eines Musikgeschäfts, des Scheißladens, über dessen Schließung 1987 hin zur Eröffnung seiner Bar Enzian, die er nach zwei Jahrzehnten im Jahr 2007 schließt. Genau in entgegengesetzter Richtung verläuft der Weg von Mark Ernestus: Nachdem er 1987 das Lokal Kumpelnest 3000 eröffnet, wendet er sich bald seinen Spezialgebieten zu: House und Techno. „Das Musik-Chaos im Kumpelnest 3000, diese Mischung aus Industrial, Schlager, Glamrock, Pop, Klassik, Minimal Music, Disco und Punk, war die absolut notwendige musikalische Katharsis in jener Zeit", so Mark Ernestus.[412] Er eröffnet 1989 ein Plattengeschäft namens Hard Wax. Was dann nach 1990 beginnt, nennt Mark Ernestus die „hektische Suche nach dem ‚Sound von Berlin'."[413]

Der Poptheoretiker Martin Büsser nennt die Neunziger das „Überwinder-Jahrzehnt": „Man hatte den Kommunismus überwunden, den Punkrock überwunden – Rockmusik überhaupt –, die Utopie überwunden, die Postmoderne überwunden, den Spaß, die Tat, den Körper, das Geschlecht, die Klage, die Politik und mit ihr den Protest, den schlechten Geschmack,

Geschmack überhaupt, den Sex und den Adorno überwunden [...]. Ganz Schlaue wollten uns sogar einreden,
dass der Kapitalismus längst überwunden sei."[414]

Das Hard Wax ist Plattengeschäft, Produktions-
und Kommunikationsstätte in einem. Unter dem
Pseudonym Basic Channel produziert und veröffentlicht Mark Ernestus mit Moritz von Oswald ab 1990
minimalste Techno- und Dubmusik auf über sieb-
zig Tonträgern. Das Duo gibt keine Interviews und
veröffentlicht kaum Fotos. Da es auch nie Gerüchte
dementiert, verselbstständigt sich irgendwann die Legende, die Produktionen von Hard Wax stammten aus
Detroit, der Techno-Geburtsstadt. Durch Hard Wax
entwickelt sich das zusammenwachsende Berlin in
den Neunzigerjahren zur Vinylhochburg. Hier findet
sich eine reiche Auswahl der „gesichtslosen" Techno-
Tonträger. Meist stecken die Vinylplatten in schwarzen
Hüllen. Sie geben keine oder kaum Informationen über
den Künstler preis. Der Urheber versteht sich lediglich als Teil einer großen Gemeinschaft, nicht aber als
deren Mittelpunkt. Sortiert werden die Technoplatten
deshalb nach Labels, nicht nach Interpreten. Es gibt
sowohl rhythmische Tanzmusik für die Clubs als auch
Musik vornehmlich zum Hören – die jedoch trotzdem
in den Clubs, in den Worten Mark Ernestus, als Refe-
renz präsent ist. Durchschnittlich hundert bis fünfhundert Exemplare werden von den einzelnen Vinylplatten
hergestellt. Die klassische Hierarchie zwischen A- und
B-Seite gilt als überwunden: Hit (A-Seite) und Nich-
thit (B-Seite). Zum „Superstar" werde nun die Vinylschallplatte selbst, so Mark Ernestus. Sind die Held-
en tatsächlich verschwunden? Während DJ Tanith

der Ansicht ist, Techno brauche überhaupt keine Popstars, meint Sven Väth, die DJs seien die Popstars. Be-
gehrte, seltene Vinylexemplare werden von DJs und
Vinylsammlern mitunter für bis zu zweihundert Euro
gehandelt. Nach welchen Kriterien wird die Musik
selbst beurteilt? Mark Ernestus: „Hat sie Groove, hat
sie keinen? Ist der Groove allzu beliebig, oder gibt es
gar einen schlechten Groove?" Und existiert der Begriff „Qualität"? Mark Ernestus: „Diesen würde ich in
folgende Fragen zusammenfassen: Wie vielschichtig ist
die Musik? Hat sie längerfristig Bestand? Oder funktioniert sie nur kurzfristig, bleibt auf den Moment fixiert?
Und sicher auch: Strahlt sie Beliebigkeit aus oder tut
sie das eben nicht?"[415] Zu den prominentesten Kunden
von Hard Wax zählen die DJs Sven Väth, Westbam und
DJ Hell, Techno-DJs der Oberklasse – Klasse? „Die
Hierarchielosigkeit des Techno trifft in manchen Bereichen zu, in anderen eben nicht", sagt Mark Ernestus.[416]
Das funktioniere nach dem Prinzip, nach dem die Musik selbst verabreicht und konsumiert werde: Techno als
Droge bedeute: keine sonstigen Drogen. Aber Techno könne natürlich auch zu anderen chemischen oder
natürlichen Drogen verabreicht werden.[417] Wenn die
neuen Popstars also die DJs sind, davon gehen Sven
Väth und Musiker wie Justus Köhncke aus, könnte
dann die französische Nachtclubbetreiberin Régine als
Erfinderin des DJing und damit als erster „neuer" Popstar gelten? Justus Köhncke: „Régine praktizierte als
erste das wechselseitige Auflegen von Schallplatten auf
zwei Plattenspielern, achtete dabei genau auf die Über-
gänge, den Klang, von einer zur anderen Schallplatte."[418] So viele Spezialkenntnisse über die Prähistorie

des Discjockeys sind im Hard Wax nicht nötig. Für jeden Menschen, der seinen Laden betrete, sagt Mark Ernestus, gelte folgende Devise: „Egal, wie blöd die Frage ist, die gestellt wird, es gibt immer die Möglichkeit, eine würdige Antwort darauf zu geben, eine Antwort, die dem Fragenden nicht die Würde nimmt." Das Talent, andere Talente nicht nur zu erkennen, sondern sie auch zuzulassen, sie nicht reflexartig als potenzielle Konkurrenz zu betrachten, zählt zu den Qualitäten von Mark Ernestus. Schon mit der Eröffnung des Kumpelnest 3000 beweist er, dass diese Offenheit letztendlich allen von Nutzen sein kann – auch ihm selbst. Einen ausgesprochen guten Lohn erhalten die Kellner, die in ihrer Rolle zugleich Performer sind. Die erste Mutter-LP und andere Musikproduktionen der Kumpelnest-Angestellten unterstützt Mark Ernestus durch zinslose Kredite.

Namen

Christian Baumjohann, Jahrgang 1974, und Thomas Pargmann, Jahrgang 1973, sammeln seit Längerem subkulturelle Westberliner Musik aus den frühen Achtzigern. Sie gelten als ausgewiesene Kenner der Materie. Folgende Namensliste haben sie innerhalb von sechzig Minuten erstellt, ohne dabei Nachschlagewerke, Zeitschriften oder andere Hilfsmittel zu benutzen. Verzeichnet sind also ausschließlich alle in den Köpfen der Probanden frei umherschwirrenden Namen – abzüglich der Bandnamen, die außerhalb dieser Aufzählung im Buch vorkommen. Strukturelle Ähnlichkeiten und Differenzen werden feststellbar.

Blitz, Crapscapers, Ceresit, Deutsche Trinkerjugend, Frau Suurbier, Chaos & Aufruhr, Der Kulturelle Einfluß, Die schlimmen Finger, FKZ, D-Marx, O.U.T., Konstantin, Ben Gash & Kerl Fieser, Berliner Ring, Blank Xerox, Flucht nach vorn, Mona Mur, Hans & Gabi, Der tobende Luftkampf, Frau Siebenrock Combo, Lustige Geräusche, Lemmy und die Schmöker, Tank of Danzig, Marquee Moon, Hertz, Frustrierte Konsumenten, Dreidimensional, Der Chronische Lothar, Bollermann, Sprayers, Elegant, Ictoc-1, Tanzmusic, Die Westdeutschen Christen, Firma 33, Varieté Kontrast, Die Gesunden, Micha & die Träumer, Überhaupt, Der Moderne Luftkampf, Berlin Express, Ich und Du, 1. Futurologischer Kongress, Zentrales Glück, Cinema Verité, D.U.R., V.E.B. Sehnsucht, Peter Synthetik, Pädagogische Hochschule, Das Synthetische Mischgewebe, J.A.R., Carambolage, Voov, Die ulkigen Pulkigen, Cut-Up Singers, An die schwarze Kunst, Conchitas, Parabel, Kill Idyll, Edgar Windhund Bande, Evi & die Evidrins, Fiction, Die Frische Geduld, HAL, Heidland, Lustige Geräusche für Mutti, Menschenfresser & Co, Nervous Service, Neue Wohnkultur, Phase 101, Reiner Zufall, Report aus einer anderen Welt, Romantic Rats, VL-1, Geming, Sulo Sulo, ABM, Artischock, Element of Crime, Bastei, Berlin-Bar Band, Berlin, Blitz, Checkpoint Charlie, Dennis und die wilde 13, Die Diabolischen 2, Dig it all, Exit, Gas, Die goldenen Vampire, Helicopter, Infam, Julius, Chris Juwens, Angelika Maisch, Kraftzwerg, Latte Küppers, Lüül,

Märchenbraut, MKK, The Off Band, Mike P., Pille Palle & die Ötterpötter, Halsabschneider, Nachdruck, Sackgasse, Die Sympathischen 4, Nutellabande, Vitalienbrüder, Vitamin A, Auswurf, Vollgas, DirtyNeeds, Ffurs, Wall, Evil Kids, Malinheads, Marplotz, Horst Fan Club, Panzerknacker AG, Sick Pleasure, Porno Patrol, Rotazion, System, TV-War, Me 262, Verlorene Unschuld, Ratzekahl, Wirkungsgefüge, Rauschender Beifall, Tangobrüder, Actosin Pervers, Reflex, Gegenwind, Kaiserschnitt, Mauerkinder, Stromsperre, Die Gelbs, Rubberbeats, Sentimentale Jugend, M.D. Blitz, Rucki Zucki Stimmungskapelle, Westdeutsche Christen, VK 88, Zerstörte Jugend, Z, Stuka Pilots, 110, X-Pectors, Übergangslösung, Trashers, Shares, Scala 3, Katapult, Popgruppe Freundschaft, DC 10, Fußpilz, Detonators, Cccp, Olaf und die Untermieter, Musik für Handwerker, zig, Schweinchen Dick, Die Hobbygärtner, Moderne Medizinische Betriebsberatung, Jahrmarkt Kitzbühl, Funkuchen, Der Cronische Lootar, The Fritz, Der Zufall, Shitty Neighbourhood, Eine manisch Kranke, Die Asmatter, Einwegexistenz, Pionier Seriös, 13-16-00, Inri Intrigo und der Pakt Woodoo, Menschenfresser, Roller Skateboard Chewinggum, Bodenpersonal, Flux, Freundschaft, Ich, Geländeterror, Mach 3, Der Kulturelle Einfluss, Kratzer, Pädagogische Hochschule, Pero, Populäre Mechanik, Potenzstörung 81, Schlaflose Nächte, Schlappschwanz, Waffelschmiede.

Berlin Super 80

Der alte Dia-Abend mit familiären Urlaubserin-
nerungen aus der bürgerlichen Welt verwandelt sich
Anfang bis Mitte der Siebzigerjahre allmählich in
einen Super-8-Filmabend. Das Filmformat existiert
seit Mitte der Sechziger, erreicht aber nun seine größte
Popularität. Meist ist es der Vater, der die Urlaubrei-
se aufnimmt, den Film schneidet und ihn schließlich
der Familie vorführt. Fast jeder fünfte Haushalt besitzt in den Siebzigern eine Super-8-Kamera. Anfang bis Mitte der Achtzigerjahre wird das Medium
von Video abgelöst. Zu diesem Zeitpunkt ist Video
für die meisten Kunststudenten ein kostenintensives
Medium. In der hochkulturellen Kunstszene werden
in jener Zeit jedoch fast ausschließlich Produktionen
wahrgenommen, die mit dem Medium Video arbeiten.
Werke im Super-8-Format gelten dort als Werkzeug
der Dilettanten, der bürgerlichen Familie oder der
Post-Punk-Subkultur. Künstler wie der Belgier Marcel
Broodthaers (1924–1976) arbeiten ungeachtet dessen
mit dem Super-8-Format. Einige seiner wichtigen kon-
zeptionellen und poetischen Super-8-Filme entstehen
in der Zeit seines DAAD-Stipendiums in Westberlin
Mitte der Siebzigerjahre. Der Wechsel von Super-8- zu
Videoformat führt dazu, dass unzählige Secondhand-
Kameras auf Trödelmärkten und in Fotofachgeschäften
auftauchen. Eine junge Künstlerszene ergreift die Ge-
legenheit. In West- wie in Ostberlin werden zahlreiche
Künstlerfilme gedreht. Formale, abstrakte, gestische
Werke entstehen unter dem Begriff „experimenteller
Film". Viele von diesen bleiben dem strukturellen Spiel

mit Farben, Formen und Bewegungen allzu sehr verhaftet. Dann gibt es Super-8-Kollektive wie die Teufelsberger, die gesellschaftskritische narrative Filme drehen. Der Motor des Kollektivs, Ades Zabel, wird später bei seinen Theater- und Comedyinszenierungen auf diese Erfahrungen aufbauen können. Jörg Buttgereit entwickelt aus Super-8-Anfängen seine JB-Films und damit einen ganzen Theater-, Film- und Hörspielkosmos. Er bringt die Comicmonster Frankenstein und Godzilla auf städtische Bühnen, zwingt sie zu Dialogen mit der deutschen oder japanischen Geschichte. Er schreibt und produziert Hörspiele und verfasst einige Bücher zum Thema.

Die Schauspielerin Tabea Blumenschein dreht ihre Super-8-Filme bevorzugt in Schwarz-Weiß. Ihr erster Film *Die Dollarprinzessin* entsteht 1978; ihr vorletzter, mit Udo Kier, *Sportliche Schatten – Kunst in Krisenzeiten*, 1982. Ihr vorläufig letzter Film *Zagarbata* (1985) ist eine ZDF-Produktion für die Reihe „Kleines Fernsehspiel". Nach zweimalig erfolgter An- und Absage gelingt der dritte Anlauf. Am 19. Mai 1985 wird *Zagarbata* im ZDF gesendet. Sämtliche Szenen des Films sind auf Super 8 aufgenommen und werden später auf 16-mm-Film kopiert.

Performances, Ausstellungen und Konzerte in besetzten und nicht besetzten Häusern werden mit dem Medium dokumentiert. Manche Akteure filmen vorwiegend eigene, andere die Aktionen anderer. Die Frage, wer letztendlich das Copyright am Endprodukt hat, Filmende oder Gefilmte, stellt sich dabei für die meisten nicht. Noch nicht. Die Frage wird später zuweilen Anlass heftigen Streits. Ob der Umgang mit Super 8 die Akteure am Ende zu Filmemachern, bildenden Künstlern, Managern oder zu Performern machen wird, ist zumindest in den Achtzigern völlig offen. Das aus Kurzfilmen bestehende Super-8-Filmwerk von Die Tödliche Doris, begonnen 1979, wird am Ende, 1987, insgesamt fünf Stunden Umfang haben. Der Hamburger Bahnhof in Berlin und das Schloss Moritzburg in Sachsen-Anhalt erwerben es 2002 für ihre Sammlungen.

Viele Super-8-Filme aus den Achtzigern verschwinden jedoch spurlos. Tabea Blumenschein wirft vor dem Zwangsumzug aus ihrer 6-Zimmer-Wohnung in der Schöneberger Erdmannstraße ins Obdachlosenheim sämtliche Kunstwerke, die ihr Martin Kippenberger, Michael Buthe, Wolf Vostell und der Galerist Werner Kunze geschenkt haben, kurzerhand in den Müll. Darunter befinden sich auch viele ihrer Fotoporträts und drei ihrer bis dahin entstandenen Super-8-Filme: *Die Dollarprinzessin* (Super 8, Farbe, 16 Min., 1978), *The New Anti Live Force* (Super 8, Farbe, 15 Min., 1979) und *XY – Vorsicht Falle* (Super 8, s/w, 11 Min., 1980).

Einzig überlebt hat ihr Film *Sportliche Schatten – Kunst in Krisenzeiten* (Super 8, s/w, 9 Min., 1982) mit Udo Kier, nämlich die Kopie, die in Wolfgang Müllers Super-8-Filmreihe *Auf Wanderschaft* in diversen westdeutschen kommunalen Kinos lief: im Frontkino, dem guckloch-Kino Villingen-Schwenningen, dem Münchener Werkstattkino, im Filmladen Kassel und dem Hamburger Kino Metropolis.

Filmeinsammeln im Mitropa

Im Jahr 1981 ruft der Aktionskünstler padeluun die Super-8-Filmemacher von Westberlin dazu auf, ihm ihre selbst produzierten Filme bis zum Stichtag am 24. Februar 1981 ins Schöneberger Café Mitropa zu bringen. Im Café Mitropa, einem New-Wave-Treff mit fröhlich-coolem, zuweilen recht launigem Servicepersonal, trifft sich die Schöneberger Szenerie um Harry Hass, Blixa Bargeld, Ben Becker, dessen Freunde Fetisch und Gode. Der Schriftsteller Bernd Cailloux, ebenfalls ein häufiger Gast, nennt es in seinem 2012 veröffentlichten Roman *Gutgeschriebene Verluste* „ein Café hochambitionierter Künstlerkandidaten."[419] Von Kreuzberger Hardcore-Punks wird das Café Mitropa eher verschmäht. Es gilt ihnen als Treffpunkt Schöneberger Schickimicki-Punks und New-Wave-Künstler.

Der Aufruf von padeluun unter dem Slogan *Alle Macht der Super 8* führt zum erwartbaren künstlerischen Gemischtwarenlager, zugleich fehlen entscheidende Filmer der Super-8-Szene. Warum aber fällt der Mythos von den untereinander zutiefst zerstrittenen Cliquen und Klüngeln der Super-8-Boheme Westberlins von Geschichtsschreibern der Subkultur bis in die Gegenwart auf solch große Resonanz? Tatsächlich umfasste die Super-8-Szene 1981 so viele Individuen und Kollektive, die sich in ihren politischen und ästhetischen Vorstellungen derart stark voneinander unterschieden, dass sie beispielsweise kaum vereint dem Aufruf einer einzigen, dazu kaum bekannten Person gefolgt wären. Der Autor Dirk Schaefer stilisiert den Aktionskünstler padeluun in einem Buchbeitrag gar zu einer Art Super-8-Nachfolger von Malcolm McLaren und überschätzt damit dessen tatsächlichen Einfluss in der Westberliner Super-8-Filmszene.[420] *Alle Macht der Super 8* ist eher ein Vorläufer von Projekten, in denen einzelne Künstler als Kuratoren Arbeiten möglichst vieler anderer Künstler zusammentragen, um sie letztendlich in der Sammlung als eine Einheit und diese dann wiederum als ihre eigene Arbeit zu präsentieren. Solche Sammlungen imaginieren „Grenzenlosigkeit", „Meinungsvielfalt", „Teilhabe für alle" – also so etwas wie „Basisdemokratie". Das Versammeln von Vielfältigkeit als Kunstform. Diese Form der Künstlerkunstsammlung realisiert beispielsweise Karin Sander 2010 in ihrer *Zeigen*-Ausstellung mit 599 Beiträgen oder Artur Żmijewski mit unzähligen Arbeiten in seinem unterkomplexen Berlin-Biennale-Konzept 2012: Die Quantität des Materials verheißt einerseits totale Offenheit und suggeriert basisdemokratischen Einfluss – und macht auf diese Weise zugleich die neu entstandenen Ausschlussmechanismen, Grenzziehungen und Hierarchien unsichtbar. Die Kuratoren, die diese Quantität der Vielfältigkeit zusammentragen, bilden „Basisdemokratie" oder „Schwarmintelligenz" ab und wollen „Transparenz" demonstrieren. Letztlich bleibt dabei immer eine entscheidende Frage unbeantwortet: Wer bestimmt ihre eigene Rolle? Welche Auftraggeber haben sie? Wer hat sie berufen? Ihre Berufung bleibt ein großes Mysterium. So verschleiert die Alles-Einsammel-Kunst oft mehr, als sie klärt. Begrenzungen innerhalb ihres Raumes werden unsichtbar und die Ausschlüsse zum blinden Fleck.

Der Autor Dirk Schaefer meint, es sei nicht darum gegangen, mit Super-8-Material Werke für die Ewigkeit zu schaffen. Damit erklärt er sich das spurlose Verschwinden der meisten Super-8-Filme aus padeluuns *Alle Macht der Super 8*-Sammlung. Tatsächlich existieren in den Achtzigerjahren durchaus Super-8-Filmemacher, die ihre Werke ausgesprochen pfleglich behandeln, sorgfältig archivieren und sich schon damals deren längerfristigen Wert vorstellen können. Filmemacher und Kollektive wie Jörg Buttgereit, die Teufelsberg Produktion, Wieland Speck, Thomas Kiesel, Yana Yo, Frieder Butzmann, Michael Bryntrupp, Wenzel Storch, Rolf S. Wolkenstein, um nur einige zu nennen. Vielleicht wird ein Begriff wie „Spontanität", der zuweilen inflationär im Zusammenhang mit Filmen, Musik und künstlerischen Arbeiten der Subkultur jenes Jahrzehnts verwendet wird, einfach nur verwechselt mit dem Desinteresse gegenüber Vermarktung und kommerziellen Absichten. Vieles, was durchaus konzeptionell durchgeplant ist, wirkt dadurch vielleicht spontaner, da der Vermarktungsrahmen in das Kunstwerk nicht eingebaut ist. Dass ausgerechnet das Video-Medium viel anfälliger für Alterserscheinungen sein würde als Super-8-Film, hätte in den Achtzigern kaum jemand vermutet. Im Jahr 1995 tritt der Aktionskünstler padeluun als Datenschutzaktivist wieder in Erscheinung. Auf Vorschlag der FDP-Bundestagsfraktion wird er als Sachverständiger schließlich Mitglied der Enquete-Kommission „Internet und digitale Gesellschaft" des 17. Deutschen Bundestags.

Scheitern und Erfolg

Es gibt ein Projekt, das den Gedanken der Teilhabe aller, der Basisdemokratie, in der Kunst zum Finale führt – dessen Scheitern ist das Ergebnis seines zu großen Erfolges: Dieter Roths *Zeitschrift für Alles/ Timarit fyrir allt*. Dieter Roth startet die Herausgabe mit der Nummer 1 im Jahr 1975: Jeder zugesandte Beitrag, jeder Text, jedes Bild und jede Erzählung werden in der isländisch-deutschen Zeitschrift gedruckt, so heißt es. Niemand sortiere oder juriere Beiträge aus, alles Eingesandte erscheine auch. Die Tödliche Doris möchte an dem basisdemokratischen Projekt teilnehmen und sendet einen zweiteiligen Beitrag, welcher in der 8. Ausgabe der Zeitschrift erscheint (1987, Auflage: 1800 Exemplare). Der Beitrag besteht aus einem Schwarz-Weiß-Foto, auf dem Gemälde ihrer Gemäldeserie *Die Gesamtheit allen Lebens und alles Darüberhinausgehende* zu sehen sind.[421] Der zweite Teil ist ein begleitender Brief von Frau Monika Reich, der konstruierten Pressesprecherin der Gruppe. Ihr Brief enthält die Bitte an die *Zeitschrift für Alles*-Redaktion, die unterbelichtete Aufnahme für den Abdruck sorgfältig aufzuarbeiten, die Lichtreflexe entsprechend wegzuretuschieren, andere Teile hervorzuheben, und weitere Details zur Nachbearbeitung der Fotografie. Wolfgang Müller erhält ein paar Wochen später einen Brief der Redaktionsleiterin Barbara Wien. Sie erläutert ihm, dass alle Einsendungen, die die *Zeitschrift für Alles/Timarit fyrir allt* erhalte, nur so veröffentlicht würden, wie sie eingegangen seien. Gerne werde man das eingesandte Foto abdrucken, könne es jedoch nicht nach den im Brief aufgeführten Angaben retuschieren und bearbeiten. Der mit dem Foto versandte Brief ist elementarer Bestandteil einer zweiteiligen Arbeit. Da er unveröffentlicht bleibt, werden sogar hier, in Dieter Roths *Zeitschrift für Alles* Grenzen wahrnehmbar.

Die Basisdemokratie vergrößert sich. Von Nummer zu Nummer wird Dieter Roths Zeitschrift voluminöser. In Nummer 10, einer bereits zweibändigen, 1252 Seiten umfassenden, über zwei Kilo schweren Ausgabe, kündigt Roth an, die Zeitschrift einzustellen. Er könne kein Geld mehr für den Druck auftreiben. Das Scheitern wird bei Dieter Roth zu Poesie: „So sind wir gezwungen, einmal mehr das Handtuch zu werfen."[422] Aufgrund der angeschwollenen Masse zugesandter künstlerischer Einsendungen, quasi aufgrund großen Erfolges, wird das Experiment abgebrochen.

Kinderbefreiungsfront

Drei Mädchen und ein Junge stürmen das Café Mitropa. Sie pöbeln die Gäste an. Aufgebracht werfen die vielleicht Zwölf- bis Vierzehnjährigen Flugblätter in die Luft, knallen sie auf die zierlichen Kaffeehaustische. Sie kippen Getränke um und rufen: „Ihr seid schon genau solche Spießer wie eure Eltern!" Irritation bei den Kaffeehausbesuchern. „Wir, die Kinderbefreiungsfront, fordern die Aufhebung der Schulpflicht, die Auflösung aller Kinderheime und die Abschaffung der Schutzaltersgrenze für sexuelle Beziehungen!" Mitglieder der „Indianerkommune" aus Nürnberg haben dem Café Mitropa einen Überraschungsbesuch abgestattet.

Mit der tumultartigen Übergabe ihrer Forderungen nach freier Pädosexualität haben sie ein Jahr zuvor in Karlsruhe bereits den Grünen-Parteitag am 13. Januar 1980 beinahe gesprengt. Einige grüne Politiker, Mitarbeiter der *tageszeitung* und der Comiczeichner Ralf König zeigen Anfang der Achtzigerjahre gegenüber den Forderungen der Indianerkommune ein gewisses Verständnis – distanzieren sich später jedoch umso vehementer davon. Einige Jahre später löst sich die Indianerkommune auf. Erfolgreich klagt die Deutsche Reichsbahn der DDR Mitte der Achtziger gegen den Namen des Cafés, der identisch mit dem Namen ihrer Speisewagengesellschaft ist. Sie befürchtet Verwechslungsgefahr. Das Café Mitropa muss in Café M umbenannt werden.

Michael Brynntrup

Der erste Super-8-Monumentalfilm entsteht 1986 und hat eine Länge von 125 Minuten. In 35 Episoden vereint Michael Brynntrup Beiträge von 22 Super-8-Filmemachern, Filmkritikern, Verlagen, Super-8-Kinobetreibern und Super-8-Kollektiven Westberlins, der BRD und der DDR. Die angefragten Filmer setzen aus jeweils subjektiver Perspektive einzelne Gleichnisse und Stationen aus dem Leben Jesu Christi um. Michael Brynntrups *Jesus – Der Film* vereint ein weites Spektrum aus dem Umfeld des Super-8-Films, die Anarchistische GummiZelle, Jörg Buttgereit, Chris Dreier für Die Tödliche Doris, das Frontkino (Konrad Kaufmann/Dieter Mulz), Birgit Hein und

Wilhelm Hein, intershop gemeinschaft wiggert, Almut Iser, Dietrich Kuhlbrodt, Georg Ladanyi, den Merve Verlag, Giovanni Mimmo, padeluun, Robert Paris und Andreas Hentschel, Schmelzdahin, Stiletto, Sputnik Kino (Michael Wehmeyer), die Teufelsberg Produktion, Lisan Tibodo, VEB Brigade Zeitgewinn, Werkstattkino München (Doris Kuhn), Andreas Wildfang.

Die Welt in Brynntrups eigenen Filmwerken dominieren Themen wie Katholizismus, Narzissmus und Homosexualität. Der Narzissmus, den er als Selbstdarsteller in seinen Super-8-Filmen häufig verkörpert, spiegelt sich im Mythos von seinem bei der Geburt verstorbenen Zwillingsbruder wider.

Manchmal gefriert bei Michael Brynntrup der Westberliner Autismus der Achtziger im Narzissmus auch zum Kernentfaltungssyndrom: Aus dem Katholizismus entsteht dann so eine Art New-Age-, Esoterik- und Selbsterkenntnisreligion. Der Super-8-Filmer geht dabei von der Existenz einer besonderen „schwulen Ästhetik" aus. Seinen *Stummfilm für Gehörlose* (2002) deshalb gleich für ein „queeres Werk" zu halten, wie der Filmwissenschaftler Marc Siegel das tut, ist dennoch fragwürdig: Dieser Film „beinhaltet beispielsweise Zeichen, die Homosexualität repräsentieren, wie Penis und Hoden [...]."[423]

Tatsächlich werden – ausgehend von einer Mehrheitsperspektive, also der Hörender – im *Stummfilm für Gehörlose* die von Gehörlosen entwickelten Kommunikationsformen, wie etwa Gebärdensprachen, im Titel mit überholter oder nostalgischer Filmtechnik in Verbindung gesetzt. Durch die Auswahl bestimmter auf Nicht-Gebärdensprachler effektvoll wirkender

DGS-Gebärden kann die Komplexität der Gebärdensprache leicht hinter den Effekten verschwinden: Die
Gebärden wirken komisch oder fremdartig – aus der
Perspektive von Hörenden beziehungsweise von Nicht-
Gebärdensprachlern. Gebärdensprache rückt in die
Nähe von Slapstick aus dem Kintopp. Das löst mitunter
befreiendes Lachen bei Hörenden aus. Unbeabsichtigt
könnten dabei die Qualitäten der Gebärdensprachen
vom „befreienden" Gelächter hörender Mehrheiten überdeckt werden. Indem Michael Brynntrupp
diese Effekte mit seinen persönlichen homosexuell-
narzisstischen Anliegen verschränkt, verstärken sich
diese Wirkungen. Sein *Gelbfieber*-Projekt (2011) zeigt,
dass Klischees auch mit ironisch gemeintem, Bescheid
wissendem Augenzwinkern nicht zwingend gebrochen
werden können. Sie reproduzieren sich darin immer
wieder aufs Neue: „Gelbfieber ist in tropischen und
subtropischen Gebieten in Südamerika und Afrika verbreitet, nicht aber in Asien."[424]

Armin Ibrahim Golz

Der in Westberlin geborene und aufgewachsene
Deutschägypter Armin Ibrahim Golz meldet 1983 eine
politisch-religiöse Demonstration bei der Westberliner
Polizei an. Sie soll mit einem Lkw vorneweg über den
Kurfürstendamm von der Gedächtniskirche bis hin
zum Olivaer Platz führen. Armin Ibrahim Golz hält
sich meist im Umfeld der Kreuzberger Punkszene auf.
Seine „politisch-religiöse Demonstration" ist tatsächlich eine Performance. Er möchte, dass uniformierte

Polizei seine Kunstaktion begleitet. „Armin hat extra gehinkt, als er die Aktion im Polizeigebäude anmeldete", so Chris Dreier. Sie sitzt am Steuer des Lkws: „Er nahm an, so bei der Polizei überzeugender und glaubwürdiger zu wirken." Tatsächlich gelingt es ihm, die Behörde vom politischen Gehalt seiner Kundgebung zu überzeugen und die Auflagen zu erfüllen. Der Kurfürstendamm wird von der Polizei abgeriegelt. Im Schritttempo fährt Chris Dreier ihren Lkw den autofreien Kurfürstendamm entlang. Hinter ihr, auf der Ladefläche, werden Armin Golz' Super-8-Filme auf eine Leinwand projiziert. Aus den Boxen ertönt brüllend laut Musik der ägyptischen Sängerin Oum Kalthoum. „Diese Musik gehörte zum Konzept von Armin. Sie sollte die Glaubwürdigkeit verstärken, dass es sich hier um eine politische Kundgebung handelte", sagt Reinhard Wilhelmi, der als einer der etwa dreißig Demonstranten hinter dem Lkw mitgeht.

Armin Ibrahim Golz lotet mit diesem Experiment die Grenzen zwischen Politik und Kunst aus. Ab wann ist eine Demonstration politisch, und ab wann ist sie künstlerisch, beginnt Kunst oder Performance zu werden? Reinhard Wilhelmi: „Unter den Demonstranten waren einige Mitglieder der Nürnberger Indianerkommune. Sie nutzten die Gelegenheit, die Abschaffung des Schutzalters für sexuelle Beziehungen zu fordern. […] Unter den Demonstranten war auch Matthias Roeingh, der später als Dr. Motte bekannt wurde."[425]

„Gut möglich", meint dazu die Lkw-Fahrerin Chris Dreier: „Ich konnte ja nur nach vorne schauen, um niemanden zu überfahren. Die liefen alle hinter dem Lkw. Armin und Dr. Motte waren einander jedenfalls persönlich bekannt." Sechs Jahre später wird Dr. Motte auf dem gleichen Streckenabschnitt die erste Loveparade veranstalten – ebenfalls angemeldet als politische Demonstration.

Deutscher Junge sucht in den Straßen von Kairo nach seinem ägyptischen Vater

Zusammen mit Chris Dreier plant Armin Ibrahim Golz, Sohn einer deutschen Mutter und eines ägyptischen Vaters, die Suche nach seinem unbekannten Vater aufzunehmen. Bevor die beiden im Sommer 1985 nach Ägypten reisen, vernichtet die Mutter noch schnell das einzige existierende Foto ihres Exmannes. Chris Dreier: „Armin ist ihr fast ins Gesicht gesprungen!"[426] In den überfüllten Straßen der Zwölf-Millionen-Stadt Kairo begeben sich die beiden auf Spurensuche. Sie suchen Polizeireviere und Zeitungsredaktionen auf. Bald stürzen sich ägyptische Medien auf die Geschichte vom verlorenen Sohn aus Deutschland, der sehnsuchtsvoll nach seinem ägyptischen Vater sucht. Fernsehen, Tageszeitungen und Radiostationen berichten.

Chris Dreier: „Das schier aussichtslose Unterfangen gelang schließlich tatsächlich mit Hilfe des Chefs der auflagenstärksten Zeitung Ägyptens. Fast zwei Wochen saßen wir allabendlich bei Mr. Atar im Büro, hauptsächlich zu seiner Unterhaltung. Die von ihm erhoffte Rührstory hat er am Ende auch bekommen. Ein Informant spielte der Zeitung die Adresse von Armins Vater zu – oder er war es selbst. Das haben wir nie herausbekommen. Die gesamte Familie seines Vaters wusste jedenfalls von nichts. Danach haben uns auf der Straße ständig Leute die Hand geschüttelt."[427] Chris Dreier dokumentiert die komplette deutsch-ägyptische „Reality-Show" auf Super-8-Film: *Deutscher Junge sucht in Kairos Straßen nach seinem Vater*.[428] Für den Sohn ist die Unternehmung in erster Linie ein künstlerisches Projekt. Seinen Vater habe er eigentlich nie vermisst, sagt er gegenüber Freunden. Wie auch, er kenne ihn ja gar nicht. Dieses Format dokumentierter Familienzusammenführung zählt heute als TV-Gefühlsdrama mit Authentizitätsanspruch zum Standardrepertoire der Privatsender.

OK OK – Der moderne Tanz

Für die beiden Studenten der Film- und Fernsehakademie Berlin Christoph Dreher und Heiner Mühlenbrock wird die neue, aus England und den USA kommende Post-Punk-Musik zum Ausgangspunkt einer Suche nach neuen Filmbildern. Diese basieren auf Industrial-Musik von Bands wie Throbbing Gristle, No Wave aus New York, Pere Ubu, Chrome, PiL, The Red Crayola, The Residents und Wire. Im 16-mm-Film *OK OK – Der moderne Tanz* treten Menschen kaum in Erscheinung, und falls doch, dann nie als identifizierbare Persönlichkeiten. Der Film dokumentiert zunächst einen Querschnitt der neuen angloamerikanischen Post-Punk-Musik. Deren visuelle Entsprechungen, Kontraste oder Erweiterungen werden in den maroden urbanen Zonen von Westberlin und dem Ruhrgebiet gesucht. Sie finden sich in langen Kamerafahrten aus dem fahrenden Auto: Abbruchhäuser, Industriebrachen, Neubausiedlungen, Müllhalden in Westberlin und Industrieanlagen. Bilder ziehen vorbei und treten in ihrer Monotonie und Melancholie in einen Dialog mit der Musik. Das musikalische Pendant aus Westberlin bilden Dokumentaraufnahmen eines Punkkonzerts vor dem Moabiter Frauengefängnis. Ernüchternd raue, betont politische Punkbands wie Katapult und Ätztussis spielen für die Gefangenen, so entsteht ein dokumentarischer Einschub. Der Film *OK OK* beginnt und endet mit einem Maskierten, dessen Körper kopfüber vom Schwenkarm eines rostigen Krans im Kreis geschleudert wird. Den Hintergrund bilden die städtebaulichen Versprechen oder Verbrechen der Kahlschlagsanierung der Siebzigerjahre in Kreuzberg. Ist der *moderne Tanz* also ein passiver Tanz, ein Tanz des Ausgeliefertseins? Im Vergleich zum Volumen des Filmbilds wirkt der Körper des Maskenträgers verhältnismäßig klein, klein wie eine Fliege. Wie ein hämischer Kommentar erklingt das wie in Zeitlupe gesungene „Okay Okay" von The Residents.

Copyright

Einer der Gründe, warum viele dieser Filme heute nur sehr selten zu sehen sind und kaum auf Festivals laufen, besteht in den fehlenden Eigentumsrechten für die Musik. In ihrer Begeisterung für die neue Musik haben die Filmstudenten seinerzeit nie nach Copyrights für die Musiktracks ausländischer angloamerikanischer oder europäischer Bands gefragt. So unterlegt Christoph Doering die Tonspuren seines Films *Persona Non Grata* (D 1981) mit dem Abwärts-Hit „Computerstaat" und der Dead-Kennedys-Punkhymne „Holiday in Cambodia". Um seine Filme dreißig Jahre später überhaupt auf DVD-Compilations wie *Berlin Super-80* veröffentlichen zu können, muss er zunächst die alten Tonspuren löschen und mit eigener beziehungsweise copyrightfreier Musik überspielen. Im Gegensatz zu den Super-8-Filmen aus dem Westen scheinen die Tonspuren vieler in der DDR hergestellter Super-8-Filme technisch erstaunlich rauschfrei und klar gewesen zu sein. Laut Galerist Gerd Harry Lybke sei bei den damaligen Vorführungen die Filmmusik vom Kassettenrekorder oder Plattenspieler gekommen, der Ton also getrennt vom Film gespielt worden. Bei der Archivierung in Nachwendezeiten wurden dann die Super-8-Filme mitsamt der damals dazu abgespielten Musik auf die neuen digitalen Formate übertragen.

In der Euphorie revolutionärer Post-Punk-Klänge scheint die Frage nach dem Copyright vielen Super-8-Filmemachern unwichtig gewesen zu sein. Musik und Filmbilder verknüpfen sich auch in Manfred Jelinskis Super-8-Film *So war das S.O.36*, eher eine Dokumentation. Oder im Malaria!-Super-8-Videoclip „Geld/Money" von Brigitte Bühler und Dieter Hormel.

Christoph Dreher bleibt ein wichtiger Vermittler zwischen New Yorker und Westberliner Musik- und Filmszene. Bis in die Gegenwart schafft er zahlreiche Verbindungen. Die von ihm 1982 gegründete und 1998 aufgelöste Band Die Haut kann auf eine Liste prominenter Gastsänger und -sängerinnen verweisen. Sie reicht von Lydia Lunch, Anita Lane, Nick Cave, Alan Vega und Arto Lindsay bis zu Debbie Harry.

In fremden Häuten

Statt eines Gruppenporträts von Die Tödliche Doris wird im Katalog der Biennale de Paris 1982 versehentlich ein Gruppenbild von Die Haut abgebildet: Es zeigt die drei Gitarristen Christoph Dreher, Remo Park und Martin Peter in Aktion vor einem expressiv-gestischen Gemälde von Walther Stöhrer. Die Bildunterschrift lautet: „Die Tödliche Doris". Doch Die Haut spielt gar nicht auf der Pariser Biennale. Ein bis heute unaufgelöstes Malheur. Die Biennale-Mitarbeiter möchten vor Scham in den Pariser Boden versinken, als sie die Katastrophe bei der Übergabe der Kataloge entdecken. Für Die Tödliche Doris ist die Vertauschung der Bandfotos dagegen überhaupt kein Problem. Im Gegenteil: Das Malheur passt perfekt in ihr Konzept. Nikolaus Utermöhlen, Käthe Kruse und Wolfgang Müller versehen die drei neuen Körper im Katalog mit ihren handschriftlichen Namenszügen.

Zagarbata

Der Super-8-Film *Zagarbata* von Tabea Blumenschein ist ein einzigartiges Dokument. In ihm treffen sich noch einmal all die umherirrenden, auseinanderdrängenden, vergangenen und sich gerade formierenden Subkulturen des alten Westberlins. In *Zagarbata* sind sie ein erstes und zugleich letztes Mal im Film vereint und dokumentiert: Punks, Mods, Hippies,

Alternative, Ökos, Skinheads, New-Wave-Szene, Künstler, Lebenskünstler, Gammler, Freaks, Lesben, Schwule, Transvestiten – alle Antibürger treffen auf den Bürger. Spätestens Mitte der Achtziger orientieren sich die einzelnen subkulturellen Gruppen neu oder lösen sich auf. Alles ist in Bewegung, die weitere Entwicklung scheint offen.

Es gelingt Tabea Blumenschein 1983, in der sich eher als alternativ verstehenden Konzerthalle Loft im Schöneberger Metropol ein Konzert mit der Skinheadband Böhse Onkelz zu veranstalten. Eine geschlossene Veranstaltung – als Dokument für ihren Film *Zagarbata*.

Eigentlich wäre ein Auftritt dieser Band bereits damals ein Skandal gewesen. Als geschlossene Veranstaltung und „Teil eines Spielfilms" funktioniert er im Kontext der linksalternativen Szene offensichtlich gerade noch. Ist der Böhse-Onkelz-Auftritt im Loft Realität oder Filmrealität? Ist es eher ein Konzert, eine Inszenierung oder ein inszeniertes Konzert? Die Regisseurin Tabea Blumenschein selbst lässt diese Frage im Film offen. Die Böhsen Onkelz distanzieren sich in späteren Jahren von der Naziideologie und einigen ihrer früheren, explizit rassistischen Texten. Inwieweit diese Abkehr glaubwürdig ist, wird in der Folge Gegenstand heftiger Diskussionen.

Mit der Aufzeichnung des besagten Konzerts beginnt *Zagarbata*. Während oben auf der Bühne der vorderzahnlose Sänger „Doitschland, Doitschland" brüllt, zeichnet sich in dem fast ausschließlich aus Männern bestehenden Publikum bereits ab, was dort unten dräuend in Bewegung ist: Geballte Fäuste mischen sich mit

Gesten, die unschwer als Nazigruß zu identifizieren sind.

Unmittelbar nach dieser Konzertaufzeichnung erscheint in *Zagarbata* der Schwarze deutsche Künstler[429] Marc Brandenburg als „Voodoo-Priester" mit blond gefärbten Haaren: „Zumindest der halbe Osten Europas ist auf dem Weg ins Chaos!" Zwischen betrunkenen Punks schwärmt die Modeschöpferin Claudia Skoda in der Rolle einer elegant gekleideten Großfürstin von alten Zeiten: „Man soll in allen Zeiten seiner Mutter gehorchen!" Dazu läuft der Track „Der Tod ist ein Skandal". Dann wieder ein Stammtischgespräch zwischen drei Skinheads, es ist wohl tatsächlich ein Dokument, keine Inszenierung. Der abrupte Kontrast zwischen der Manieriertheit der Künstlerszene und ihrer Selbstinszenierung einerseits und der frei improvisierten zwanglosen Plauderei der Skinheads andererseits irritiert. Nur ein einziges Mal bricht der unvermittelte Wechsel der Kommunikationsformen und Realitätsebenen auf, als die Großfürstin unvermittelt von einem Skinhead erschlagen wird – unmotiviert im Film, ohne erkennbaren inneren Zusammenhang zur Filmhandlung. Die unterschiedlichen Ebenen von *Zagarbata* finden keinen Zugang zueinander, sie vermitteln sich nicht – aber sie suchen offensichtlich auch keine Verbindung. Wo sie aufeinandertreffen, herrscht sinnlose Gewalt – Amok. Auch für die hohen Erwartungen und Hoffnungen der Darsteller und Darstellerinnen hat das Folgen: Weder der Hauptdarsteller, der Skinhead Fredie, noch die New-Wave-, Punk-, Kunstoder irgendeine andere Szene können sich mit *Zagarbata* identifizieren. Der Film landet im Niemandsland und Tabea Blumenschein kurze Zeit später im Heim für obdachlose Frauen in Schöneberg. Später zieht sie sich zurück in eine Wohnung in einem Plattenbau am Berliner Stadtrand und taucht seitdem nur noch selten in der Öffentlichkeit auf.

Vidioten

Gusztáv Hámos kommt 1979 nach Westberlin, erhält einen der begehrten Studienplätze an der Deutschen Film- und Fernsehakademie: „Von Filmenthusiasten wie Harun Farocki erntete meine Videoarbeit in der DFFB damals haushohe Verachtung. Ich wurde beschimpft als Vidiot und später, als ich mit Christoph Dreher zusammenarbeitete, wurden wir als Vidioten bezeichnet."[430] 1980 produziert Gusztáv Hámos mit Christoph Dreher das Video *Commercials*. Es besteht aus vierzig einminütigen Kurzfilmen, die sich auf die LP *Commercial Album* (1980) der Band The Residents beziehen. Das Residents-Album umfasst ebenfalls vierzig jingle-artige Stücke mit jeweils genau einer Minute Laufzeit. Wie schon in *OK OK – Der moderne Tanz* entwickelt sich die Filmsprache hier ausgehend von der Musik und ihrem Konzept. Mit Astrid Heibach und Gábor Bódy zusammen produziert Gusztáv Hámos an der DFFB 1981 die erste Ausgabe des Videomagazins *Infermental*, in dem sich Experimentalfilm und Video treffen, Analoges und Digitales, Ost und West. Die erste Ausgabe von *Infermental* wird 1982 im Arsenal Kino vorgestellt. In den darauffolgenden neun Jahren erscheinen insgesamt zehn Ausgaben dieses Dokuments

einer Mediengeschichte der letzten Dekade des Kalten
Krieges bis zu seinem Ende.

Notorische Reflexe

1982 gründen Yana Yo, Sascha von Oertzen und
Christoph Doering die Multimedia-Gruppe Notorische Reflexe. Sie tritt in interaktiven Performances auf,
die sich im Feld zwischen Malerei, Musik und Film
bewegen. Seit 1981 dokumentiert Yana Yo mit Super 8
ihre Malaktionen. Wie die Westberliner Wilden Maler
hat sie bei Prof. Karl Horst Hödicke an der HdK studiert – ihr Kampf um Unterstützung scheint nach ihren
Schilderungen erheblich energieaufwendiger gewesen
zu sein als bei den männlichen Kollegen. Yano Yo vollzieht eine weniger strikte Trennung zwischen Performance, Musik und bildender Kunst beziehungsweise
Malerei. Zwar sind die einzelnen Bereiche durchaus
separiert, aber die künstlerische Aktion findet zusätzlich in kommunikativer Interaktion statt. So bezieht
Yana Yo den Prozess des Malens in den performativen
und medialen Kontext mit ein. Eine statische Kamera
filmt eine Malaktion, die vor einer weißen Leinwand
beginnt. Langsam füllen sich die Leinwand und die
Filmflächen mit Farbe. Verdoppelte Realität erscheint
auf Filmleinwänden. Sie füllt sich mit farbigem Licht,
Räumen und Bewegungen des Films, die im Körper
von Yana Yo ihren Ursprung haben. In der Performance steht Yana Yo vor ihrem verdoppelten (Film-)
Körper – und malt ihrem unvollendeten (Film-)Ge-
mälde entgegen. Während im Film die Aktion oben

links beginnt, startet sie in der Live-Performance entgegengesetzt. Prozesse wiederholen und überschneiden sich. Wenn der Film endet, dann bleibt auf der
Leinwand etwas zurück: Farben, Gesten und Figuren.
Yana Yo bezeichnet dies als „tänzerische Position". Ihre
Performance ist auch die Reflexion über einen abge-
schlossenen, linear verlaufenden Prozess, dessen Ende
– im Film – unaufhaltsam ist. Die Verdoppelung des
Prozesses verdoppelt auch die Zeit, formt aus Zeiten
Gestalt. Zeiten und Prozesse interagieren. Es kommunizieren ein abgeschlossener Zeitraum und ein noch
offener Zeitraum: Ein weiterer Raum bildet sich – er
formt sich zwischen diesen Räumen.

documenta Super 8

Im Rahmen der documenta 8 findet 1987 auch
erstmals ein *d-super-8*-Filmprogramm statt, welches
der Galerist Martin Schmitz aus Kassel kuratiert. Film-
kurator Ulrich Wegenast: „Das Programm enthielt
Beiträge ehemaliger documenta-Teilnehmer wie Wilhelm & Birgit Hein oder Heinz Emigholz, aber vor
allem spiegelte sich darin mit Filmen von Die Tödliche
Doris oder Der Plan die gerade auslaufende Punk- und
New-Wave-Bewegung. Eine besonders große Rolle
spielte der ‚Do-it-yourself'- und Dilettantismus-Ge-
danke."[431]

Der Filmtheoretiker Keith Sanborn aus den USA
stellt 1983 eine Auswahl Westberliner Super-8-Filme
zusammen, die in einigen Museen und Kulturzentren in
den USA und Kanada gezeigt werden. Seine Sammlung

läuft unter dem Titel *The architecture of division* und umfasst die unterschiedlichsten Filmkollektive und Einzelkünstler. Die Westberliner Filmgruppen und Solisten, die Sanborn vereint, belegen, dass die oft und gern zitierte Zerstrittenheit der Westberliner Super-8-Szene etwas überschätzt wird oder gar ein Mythos ist. Dass beispielsweise kein einziger Film oder Videoclip von Die Tödliche Doris je bei den Oberhausener Kurzfilmtagen zu sehen war, ist keine Folge irgendeines Streits – sondern hat völlig andere, bisher noch unerforschte Gründe. Keith Sanborn vereint jedenfalls ein weites Spektrum von Andrea Hillen, Axel Brand, Thomas Kiesel, Monika Funke Stern, der Teufelsberg Produktion und Tödliche Doris bis hin zu Rolf S. Wolkenstein.

Mutter

Das *d-super-8*-Programm ist mit einem Konzert am 16. Juni 1987 erster Auftrittsort der gerade gegründeten Band Mutter. In Martin Schmitz' Programm werden Super-8-Filme der Vorläufergeneration gezeigt, darunter solche von Herbert Achternbusch und Thomas Feldmann, sowie aktuelle von Georg Marioth, Chris Dreier, Teufelsberg Filmproduktion und Tödlicher Doris. Vertreten ist auch der „fünfte Beatle", Klaus Beyer, mit seinen Beatlesverfilmungen. Im Katalog betont Martin Schmitz, es seien fast ausschließlich Amateurfilmer gewesen, die wichtige Zeitdokumente gegen die Wiederbewaffnung der BRD und die Atompolitik aufgezeichnet hätten. Ähnliches geschah bei Revolutionen oder bei bedeutenden Bürgerrechtsaktionen – am Format könne man Professionelle und Amateure jedenfalls nicht zwingend unterscheiden. Schmitz kritisiert zugleich die subkulturellen Super-8-Szenen, die allzu inflationär und unbesorgt mit Begriffen wie „Unmittelbarkeit" und „Spontanität" umgingen, um Aufmerksamkeit zu erregen. Dort sitze man gelegentlich dem Irrtum auf, die mindere Qualität des Filmformats, seine spezielle Ästhetik bereits als eigenen Kunststil zu begreifen und ihn als solchen auszurufen. Doch, so Martin Schmitz: „Wer findet schon unbeabsichtigte Tonschwankungen und Unschärfen schön?"[432] Alle Spezialisten und Profis redeten inzwischen von Interdisziplinarität, schreibt er, aber was sei denn zwischen den Disziplinen? Zumindest nichts, was die Spezialisten mit ihrem Akademismus entdecken könnten. Der reine Akademismus sei Endpunkt einer Entwicklung. Nur der Dilletant sei in der Lage, eine Intelligenz jenseits des Quotienten aufzuspüren und zu vermitteln. Zu den Höhepunkten seines *d-super-8*-Programms zählt die zwölfstündige Normal-8- und Super-8-Retrospektive sämtlicher privater Urlaubsfilme von Blumenbindermeister Hans Riedel, die dessen Sohn Markus Riedel vorstellt. Ein Projekt, das zuvor in der Galerie Eisenbahnstraße exerziert worden ist. Der Sohn zeigt und kommentiert dabei siebenundzwanzig Jahre Familienfilmgeschichte – von der Vermählung seiner Eltern (1958) über die Besteigung des Fluchthorns (1963) bis hin zu den Urlaubsreisen Anfang der Achtziger nach Tunesien, Israel, in die USA und die Schweiz. Die Filmvorführung beginnt am Mittag um 12 Uhr und endet um Mitternacht.[433]

Auf der Lauer an der Mauer

Sweet Wall

Joseph Beuys fordert 1964 die Erhöhung der Mauer um fünf Zentimeter – und erntet heftigen Protest. Der Fluxuskünstler Allan Kaprow errichtet in Zusammenarbeit mit der Galerie René Block im Jahr 1970 die *Sweet Wall*, eine aus 400 Ziegelsteinen und Mörtel aus Weißbrot und Marmelade bestehende Mauer. Die süße Mauer verläuft nah und parallel zur Berliner Mauer. Bei diesem Happening wird durch die Verdoppelung die Aufmerksamkeit auf die mehrdimensionale Struktur der Mauer gelenkt. Eine Mauer hinter der Mauer erscheint.

Mauerstrich

Am 3. und 4. November 1986 starten einige maskierte Künstler die Aktion Weißer Strich. Mit einem kilometerlangen horizontal verlaufenden weißen Strich soll die inzwischen von Graffitis und Gemälden überzogene Berliner Mauer markiert werden. Dieser führt auch über ein Bild von Keith Haring. Das Kollektiv erzürnt mit seiner Strichaktion sowohl DDR-Behörden als auch verschiedene Künstler Westberlins, welche die Westseite der Mauer inzwischen als ihr persönliches Eigentum, als Leinwand in Privatbesitz betrachten. Längst ist die bunt bemalte Mauer zum beliebten Werbehintergrund für kommerzielle Videos und Werbeclips geworden. Bands wie Interzone und Lilli

Berlin posieren in coolen Posen und schrägen Klamotten vor dem dekorativen Hintergrund: Wir sind der freie Westen!

Frei und nackt stolziert die Performancekünstlerin Ewa Partum 1984 als *Ost-West Schatten* mit hochhackigen Schuhen vor die Mauer – und gewinnt prompt den ausgelobten 3. Preis der Arbeitsgemeinschaft 13. August. Ebenfalls nackt performt dort die Künstlerin Deborah Kennedy – nur mit einer DDR-Militärmütze auf dem Kopf. Weitere nackte Performancekünstlerinnen folgen, ohne allerdings dafür Kunstpreise zu bekommen. Die männlichen Performancekünstler treten an der Mauer ausschließlich ganzkörperbekleidet in Erscheinung, oft mit Overall, in Berufskleidung oder uniformartig ausgestattet. So, als ob sie gerade zur Arbeit gingen. Voll bekleidet schlägt der Künstler Stephan Elsner am 19. Juli 1982 mit einem schweren Hammer ein großes Loch in die Mauer und installiert darin einen mit Plastikfolie bespannten Rahmen.[434] Mit Begriffen aus dem Beuys-Inventar wie „Wundpflaster" und „Kraftfeld Kunst" schmückt Peter Unsicker das Bauwerk, außerdem mit Spiegeln, Gemälden und Objekten. Seine *Wall-StreetGallery* lockt zahlreiche Touristen vom unmittelbar angrenzenden Checkpoint Charlie an.

Naturkatastrophenkonzert [Projekt Nr. 3]

Auch die Tödliche Doris wird von den Medien gedrängt, sich der Mauer anzunehmen, die eigentlich Eigentum von Ostberlin ist. Wolfgang Müller führt das WDR-Team, das ein *Rockpalast*-Special mit Albrecht Metzger zum Westberliner musikalischen Underground drehen will, in die Nähe seiner Wohnung. Dort, am Ende der in Ost und West zweigeteilten Adalbertstraße, verdeckt in jenen Tagen perspektivisch zufällig ein Sandhügel den Blick auf die Mauer. Steht man nun direkt vor diesem Hügel, erscheinen Ost- und Westberlin gemeinsam, vereint ohne Mauer, im Blick. Links hinter dem Hügel taucht der vierte Stock eines Ostberliner Hauses aus dem Stadtteil Mitte auf, rechts davon ragen die Türme der Westberliner Thomas-Kirche aus dem Bezirk Kreuzberg in den Himmel. Undeutlich ist auch das gebogene Ende einer Peitschenlampe zu sehen, die die Grenzanlagen nachts hell beleuchtet. Am 17. Juni 1983 wird vor dieser Kulisse das *Naturkatastrophenkonzert* gedreht. Im Video tauchen die Performer nacheinander hinter dem Sandhügel zwischen Ost und West auf und gehen einzeln hinunter, an dessen Fuß. Dort wartet ein Mikrofon, das auf einem Mikroständer befestigt ist. Als erste kommt Käthe Kruse den Hügel herunter, in der Hand hält sie eine brennende Fackel. Feuerspuckend stößt sie zugleich einen unartikulierten Laut in das Mikrofon. Nach dem vierten Versuch fängt es Feuer und beginnt zu brennen. Anschließend entlocken Nikolaus Utermöhlen mit dem Akkordeon und Wolfgang Müller an der Geige ihren Instrumenten ein paar karge Töne. Diese Töne sowie die Selbstzerstörungsgeräusche des brennenden Mikrofons werden übertragen. Schließlich ist das Mikrofonkabel verschmort, das brennende Mikro fällt zu Boden, Stille. Die Musiker musizieren dessen ungeachtet ungerührt weiter, schenken dem

WDR-*Rockpalast* damit acht Sekunden Stille: Das *Naturkatastrophenkonzert* ist zugleich die Inszenierung einer Medienkatastrophe.[435]

Das *Naturkatastrophenballett* wird am gleichen Tag auf dem schlammigen Brachgelände des Potsdamer Platzes gedreht. „Wie, hier? Das sieht doch furchtbar aus!", stöhnt die Filmcrew und möchte fliehen. Die Sendung solle doch Westberlin repräsentieren, es in ein attraktives Bild rücken. Der Hinweis, diese Wüste aus Schlammpfützen, hässlichen Neubauten und verlassenen Marktständen sei schließlich Teil der offiziellen Stadtmitte von Berlin, kann Aufnahmeleiter Albrecht Metzger schließlich überzeugen. Der diese und einige ähnliche Aktionen dokumentierende Katalog *Naturkatastrophen* [Projekt Nr. 3] erscheint mit Fotos von Nan Goldin, einem Text von Dietrich Kuhlbrodt und einer Vinylsingle im darauffolgenden Jahr, 1984 bei Gelbe MUSIK.

Tom Kummer entzündet die Mauer

Eine weitere Katastrophe ereignet sich nur kurze Zeit später. Mit brennendem Benzin attackiert der Schweizer Aktionskünstler Tom Skapoda in einer Sommernacht des Jahres 1984 die Berliner Mauer und den vor ihr liegenden zur DDR gehörigen Grenzstreifen. „Ursprünglich war ja mein Konzept geplant im Sinn von einem dadaistischen Nach-RAF-Terror: Der ‚unpolitische Sinnlosanschlag', der von den Medien zum Anschlag auf die Nation hochgepimpt wird",[436] so der Künstler. Skapoda wird als Tom Kummer später die

Medien mit seinen gefakten Hollywood-Interviews in Erklärungsnöte bringen. Videodokumente seiner nächtlichen Feueraktion an der Berliner Mauer finden sich im 2010 entstandenen Film *Bad Boy Kummer*.[437] Nicht Tom Skapoda, sondern der Künstler Kain Karawahn gilt heute als hauptberuflicher Feuerkünstler und wird auch mit dem Anzünden der Berliner Mauer 1984 assoziiert. Tom Kummer: „Kain Karawahn hat Anfang der Achtzigerjahre zufällig erfahren, dass ich diese Nacht-und-Nebel-Aktion an der Mauer mit meinen Besetzernachbarn Raffi und Mao von der Admiralstraße 17 plane. Kain hat gefragt, ob er auch dabei sein könne, und weil er irgendwas von Video und Dokumentieren redete – an so was hatten wir damals gar nicht gedacht –, deshalb durfte er dabei sein. Ich nehme an, er hatte ähnliche Ideen. Jedenfalls hat er dann Bilder von meiner Aktion gemacht und die Bilder galten damals als der Anfang von Kains Karriere als Feuerkünstler, oder sollte ich sagen: ‚Feuerpädagogen'. Ich hab' dann mit Feuer nochmals auf einem Gletscher in der Schweiz rumgespielt, dann den Spass daran verloren, aber immer wieder amüsiert Karawahns Aktionen verfolgt."[438]

Vermutlich verwandelt sich auch durch Kain Karawahns auf Videos und Fotos deutlich angebrachtes Copyright-Zeichen die Aktion von Tom Kummer alias Tom Skapoda im allgemeinen Bewusstsein allmählich in eine Aktion von Kain Karawahn. Dieser betitelt die Fotos der brennenden Mauer *Berlin brennt*. Bald wird die martialische Performance des Tom Skapoda gänzlich mit dem Künstler Kain Karawahn identifiziert. Mit Feuerbildern gestaltet er ein LP-Cover für die Einstürzenden Neubauten, eine bis heute währende Karriere als Feuerkünstler folgt. In Bildungs- und Schulprojekten mit Titeln wie *GEGENFeuer* lehrt er Kinder den verantwortungsvollen Umgang mit Feuer. In Kindergärten und Schulklassen gibt er „Feuerkompetenzkurse" und unterrichtet „Feuermachen kulturell". Dafür wird er vom Bundespräsidenten Horst Köhler 2008 sogar mit einem „Kinder zum Olymp"-Preis geehrt.

Drei Jahrzehnte später, im Jahr 2011, erreicht eine unheimliche Brandwelle die deutsche Hauptstadt. Täglich brennen Privat-Pkws. Hunderte Autos verschmoren hilflos auf den Parkplätzen der Stadt. Die Boulevardzeitung *B.Z.*, die seit Jahren die Projekte des Feuerkünstlers Kain Karawahn begeistert verfolgt, suggeriert ihren Lesern, die brennenden Autos seien das Werk von Linksextremisten und Autonomen. Auf Wahlplakaten funktionalisieren auch CDU und FDP die Brandstiftungen zu Hauptthemen ihres Wahlkampfs um, fordern mehr Sicherheit und die Aufstockung der Polizei. Auf Kain Karawahn kommen sie erst gar nicht. Wie auch?

Der Berliner Serienbrandstifter wird nur wenige Wochen nach den Berliner Senatswahlen 2011 gefasst. Politische oder künstlerische Motive habe er keine. Es sei reine Frustration gewesen, gibt der Gelegenheitsarbeiter André H., ein strenggläubiger Mormone, gegenüber der Polizei an. Doch selbst André H. offenbart dabei seine ästhetischen Vorlieben: Er zündet ausschließlich Audis, BMWs und Mercedes an. Insgesamt siebenundsechzig. Dreißig davon brennen vollständig aus.

Hans-Georg Lindenau übersteigt die Mauer

„Im Grunde habe ich den Mauerfall eingeleitet", behauptet Hans-Georg Lindenau, Inhaber eines „Gemischtwarenladens mit Revolutionsbedarf" in der Kreuzberger Manteuffelstraße.[439] Er bezeichnet die Aktion als seinen größten Coup. Dokumentiert hat er sie ausführlich in der *Kubat-Dokumentation*, einer gelben Broschüre von 160 Seiten. Diese ist ausschließlich in seinem Laden erhältlich. Die offizielle Geschichtsschreibung datiert den Fall der Berliner Mauer auf den 9. November 1989. Tatsächlich hat Hans-Georg Lindenau bereits Ende Mai 1988 mit einem Megafon in der Hand erfolgreich zur Überwindung der Mauer aufgerufen – ebenfalls vom Ostterritorium her: Das vor der westlichen Mauerseite gelegene Lenné-Dreieck gehört offiziell zum Territorium Ostberlins, ist jedoch nicht Teil des Bevölkerungs- beziehungsweise Grenzsicherungsraums der DDR. Der Grenzverlauf wird dort nur durch einen einfachen Maschendrahtzaun dargestellt, der von Westberlinern an mehreren Stellen niedergedrückt worden ist, die so ihren Fußweg abkürzen wollen. Mehrere Trampelpfade bilden sich. Am 31. März 1988 beschließen die Politiker aus Ost und West einen Gebietsaustausch. Westberlin möchte das Lenné-Dreieck gegen weitere Grundstücke und sechsundsiebzig Millionen DM mit der DDR tauschen, um dort eine Verbindungsstraße bauen zu können. Politiker aus Ost und West besiegeln den Deal. Doch noch vor dem Stichtag des Austausches begeben sich am 26. Mai 1988 rund sechshundert Menschen, Staatsbürger des Westens, auf das DDR-Territorium, schlagen auf dem 97-Hektar-Grundstück Zelte auf, pflanzen Hanf und gründen ihre eigene freie Republik. Das Lenné-Dreieck taufen sie um in Norbert-Kubat-Dreieck.

Sie dehnen damit den westlichen Bevölkerungsraum auf den der DDR aus. Am Stichtag, dem 1. Juli 1988, wird laut Vertrag dieser exterritoriale Bevölkerungsraum von Westberlin auch dessen Territorialraum. Dies nutzt die Westberliner Obrigkeit, um ihre eigene Bevölkerung daraus mit Hilfe ihrer Polizei zu vertreiben. Der Westberliner Bevölkerungsraum weitet sich auf diesen Druck hin gewissermaßen nach der liberalen „Exit Option" in den Territorialraum der DDR aus. Rund zweihundert Bewohner verlassen das vom 26. Mai bis zum 1. Juli 1988 okkupierte Areal und folgen dem Aufruf von Hans-Georg Lindenau: Mit Leitern klettern sie über die Mauer nach Ostberlin: „Alles gewaltfrei, die Molotowcocktails hatten wir vorher der Presse übergeben. Der Westberliner Senat verlor daraufhin die Wahl, die Volkspolizisten servierten uns Frühstück. Die Aktion hat die Mauer ad absurdum geführt, für viel internationales Aufsehen gesorgt und die Mauer letztlich mit zu Fall gebracht."[440] Eine Umkehrung findet statt: Ein liberales und ein souveränes Staatsrecht tauschen ihre Positionen. Diese Überwindung der Mauer am 1. Juli 1988 ist so etwas wie politische Aktionskunst, ein ästhetisches Happening mit deutlich politischen Folgen.

Zu den Besetzern gehört auch der Künstler Daniel Pflumm: „Die Grenzer im Osten waren über das Vorhaben der Mauerüberwindung durch ihre Informanten im Westen informiert. Im Vorfeld der ‚Fluchtaktion' hatten Vertreter der Demonstranten

Kontakt zum MfS aufgenommen, welches sich auf den Grenzübertritt vorbereitete, ohne ihn aktiv zu unterstützen. Als die Besetzer über die Mauerkrone vom Westen in den Osten kletterten, wartete dahinter auch schon ein Lkw der Nationalen Volksarmee. Dieser sammelte die Westberliner ein."[441] Er bestätigt die Angaben von Hans-Georg Lindenau, dass es im Stasigebäude zunächst ein Frühstück gegeben habe. Nach einer Befragung seien anschließend alle über den Grenzübergang in der Ostberliner U-Bahnstation Friedrichstraße gelotst worden. Da vonseiten des Westens keine Kontrolle in der U-Bahn existiert, versuchen Westberliner Polizisten, die Lenné-Besetzer in der ersten U-Bahnstation im Westen über Äußerlichkeiten zu identifizieren, mit mäßigem Erfolg.

Für die DDR-Politiker kann das Bild von Westberlinern, die vor der Brutalität der Westberliner Polizei über die Mauer gen Osten flüchten, nur ein Pyrrhussieg sein. Schließlich wäre der umgekehrte Weg für jeden DDR-Bürger ein Selbstmordunternehmen. Durch das Gewährenlassen der Mauersprungaktion von West nach Ost wird eben auch deutlich, dass die DDR-Politiker ihren eigenen Bürgern sehr viel weniger Spaß zugestehen. Die BRD konnte es sich erst nach dem Untergang der DDR endgültig leisten, ihren Humor zu verlieren. Mit der propagierten Alternativlosigkeit eines sich vermeintlich selbst regulierenden kapitalistischen Systems hört der Spaß auch da auf.

À la mode

Neue Haartrachten

Was folgt der Punkhaarmode? Mit der Ausstellung *Die Tödliche Doris – Haartrachten 1981–1983* beabsichtigt Die Tödliche Doris, Visionen einer Après-Punk-Frisierkunst vorzustellen. Alles Flüssige, Offene und Lebendige kann durch Gewöhnung und Wiederholung fest, starr und tot werden. Diesem Prozess aber vorzugreifen, die eigene Mumifizierung bereits dann zu betreiben, bevor der eigene Tod eingetreten ist, bietet die Möglichkeit, sich der Fremdbestimmung teilweise zu entziehen. Mitten im Leben zu stehen und zugleich eine Mumie zu sein – eine weitere Möglichkeit, die Gleichzeitigkeit des Ungleichzeitigen zu erleben.

Im Westberliner Penny Lane Frisörsalon entwickeln Nikolaus Utermöhlen und Wolfgang Müller zu jedem Song der LP *Die Tödliche Doris* [Projekt Nr. 1] von 1982 eine adäquate Mode. Diese soll zugleich die erstarrte Form repräsentieren, die durch die ständige Performance des jeweiligen Stückes entstehen würde oder könnte. Die „Teppichhaarfrisur" entsteht für das Stück „Panzerabwehrfaust". Ihr zugrunde liegt die Frage, was zu tun sei, wenn der Mainstream all die neuen sperrigen Frisuren integriert haben wird. Irgendwann, wenn es längst nicht mehr gefährlich ist, mit Frisuren aus dem Punkrepertoire herumzulaufen, mit grünen oder türkisfarbenen Strähnen. Neue Spießer werden auftauchen und all die grellen Formen, Farben und Zeichen für sich nutzen – vielleicht als Demonstration eigener Originalität und Flexibilität. Doch wohl ohne

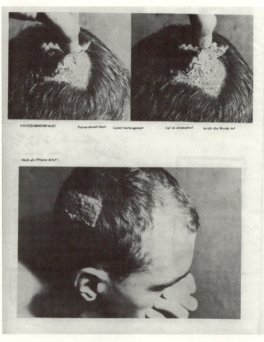

42   Haartrachten: die Meta-Punkfrisur: Bis zur Wurzel ausgekürz-
tes Haar wird vorsichtig ausgepinselt und an den Kanten scharf begrenzt, vorlackiert mit ätherischem Öllöser. Das genau abgemessene
Teppichstück wird eingepasst. Die dazu benötigte Klebemasse wird
einfach aus Mehl und Wasser angerührt. Aber aufpassen, dass sich
keine Klümpchen bilden! Aus: *Boingo Osmopol* Nr. 2, dem Begleitheft zur LP *Die Tödliche Doris*, 1982

deren Geschichte zu kennen und zu schätzen. Wie kann Doris den Äußerlichkeiten des Punks folgen und die Mode zugleich ins Unsichtbare weiterentwickeln? Doris entwickelt eine metaphysische Punk-Frisur.

Berliner Design-Handbuch

Im *Berliner Design-Handbuch* von Merve[442] vermittelt der Designtheoretiker Christian Borngräber einige Jahre darauf, 1987, seine Vorstellung eines Designs jenseits von Wiederaufbau und bis hin zur Zerstörung durch Rekonstruktion. Dieses neue Berliner Design, so Borngräber, entledige sich des Zwanges, aus Rohmaterial Neues herzustellen. Der Zufall, so wie er bei John Cage oder Marcel Duchamp eine wichtige Rolle spiele, sollte bewusst in den Designprozess einbezogen werden, fordert er. Damit würde auch das Konzept des objektivierten, messbaren Industriedesigns hinfällig werden. Westberlin sei der Ort, an dem sich der Schrecken mit dem Witz paare, schreibt er. Die Materialien für das neue Design seien Fertig- und Halbfertigprodukte aus Supermärkten und Heimwerkerläden. Der Stehstütz *Notorious* von Inge Sommer, bestehend aus einem kopfstehenden Fahrradlenker, zähle zu diesen prototypischen Objekten.[443]

Angeregt von John Cage erfinden die Designer Andreas Brandolini und Jasper Morrison 1985 für Studenten das „Design-Poker".[444] In der Besetzerszene werden herrenlose Einkaufswagen oft zweckentfremdet, sie werden auseinandergenommen und neuen Zwecken zugeführt: Es entstehen transportable Lagerbehälter, Regale und Schränke oder Sitzgelegenheiten. Der Bildhauer Olaf Metzel stellt 1987 einen im Maßstab stark vergrößerten Einkaufswagen auf einen Berg von Polizeiabsperrgittern und damit klar in einen gesellschaftskritischen Kontext: das über allem thronende, vom Staat und seinen Ordnungskräften geschützte Symbol von Konsum und Kapitalismus. Etwas weniger martialisch löst der Designer Stiletto den Konflikt um den Kapitalismus. Im Jahr 1983 arbeitet er einen Einkaufswagen in ein elegantes Sitzmöbel um. Er betitelt ihn mit *Consumer's Rest*. Seinen Prototyp lackiert er schwarz-rot – in den Farben der Anarchisten.

Rollenspiele

Bis etwa 1983 grenzen sich die meisten Protagonisten der Westberliner Subkultur deutlich von kommerziellen Begehrlichkeiten ab, glänzen diesbezüglich durch Desinteresse, von Außenstehenden manchmal als typische Westberliner Arroganz missverstanden.

Noch gilt, was die Merve-Verleger Heidi Paris und Peter Gente im Nachwort von *Geniale Dilletanten* schreiben: „Unsere Werbung besteht darin, an bestimmten Orten nicht in Erscheinung zu treten." Das ist der wahre Luxus von Westberlin. Du musst gar nichts. Du verpasst dabei auch gar nichts. Wer wird denn jetzt schon an die Rente denken? Doch die Verweigerungsfront zeigt Risse. Allmählich lässt die Lust am „Nicht-alles-mitmachen-Müssen" nach. Dazu kommt, dass sich 1984, trotz Blixa Bargelds apokalyptischer Endzeitvisionen und den atomaren Weltuntergangsszenarien der Friedensbewegung, die Erde immer noch dreht. Auch Bhagwans Prognose vom Aussterben der Menschheit durch Aids hat sich in Luft aufgelöst, die deutschen Wälder sind grün, und die Grünen entdecken ihre Lust an der Macht.

So verschwindet zunehmend das Interesse an der Gegenwart. Zukunftssicherung und Karriereplanung bekommen Gewicht. Manch Genialer Dilletant mag inzwischen sogar Themen wie Rente und Alterssicherung im Kopf haben. Natürlich, die Immobilien verrotten weiter, Westberlin ähnelt in einigen Vierteln immer noch eher Ostberlin als den aufgemotzten und schicken Stadtteilen westdeutscher Städte wie München, Köln, Düsseldorf oder Stuttgart-Böblingen. Inzwischen haben fast alle Hausbesetzer Mietverträge, werden Hausbesitzer. Die Alternativen begrünen ihre Dächer, legen Parks in den Hinterhöfen an, eröffnen Kneipen, Handwerksläden und Biogeschäfte, gründen eine stetig expandierende Alternativkultur. Die Bioläden vergrößern ihr Angebot, bieten plötzlich Hackfleisch an, Biohackfleisch. Und später sogar Zigaretten, Biozigaretten. Im Kleinanzeigenteil alternativer Stadtzeitungen werden nun professionelle Sexdienste und Escort-Services angeboten. Aus diesen Szenen wird sich allmählich ein neues grünes neo-individualliberales Bürgertum entwickeln, welches der Zeitperiode zu ihrem Spitznamen verhilft: das Bionade-Biedermeier.

Sieben Feuer des Todes

Drei Jahrzehnte, nachdem Christian Emmerich seine Künstlerfigur Blixa Bargeld kreierte, verdoppelt er sie. Das geschieht anschaulich im RTL-Krimi *Sieben Feuer des Todes*. Mit Benzin und Feuer bewaffnet, trifft der pyromanische Psychopath in Carlo Rolas 1997 gedrehtem Film auf die verängstigte Feuerwehrpsychologin Marta Weber. Sie wird von der Schauspielerin Iris Berben verkörpert. Hilflos zappelt sie auf ihrem Stuhl herum, an dem sie der Psychopath festgezurrt hat, der äußerlich völlig identisch zu sein scheint mit Blixa Bargeld. Dessen Verdoppelung umkreist das Geschöpf, böse Flüche und üble Beschwörungen ausstoßend. Absurde Räume öffnen sich. Alles zappelt. Masken vibrieren, sie schwingen, teilen sich und schnellen durch die Räume. Oder ist alles sowieso nur Maske?

In den Werbeclips für die Baumarktfirma Hornbach, die Hermann Vaske 2004 dreht, begegnen sich Pathos, Leere und Peinlichkeit auf einzigartige Weise. In *Blixa Bargeld liest Hornbach* trägt die Kunstfigur mit distanziert-theatralischer Stimme und dazugehörigen Pathosgesten ein ganz gewöhnliches Katalogsortiment der Baumarktkette vor. Hornbach macht auf „Punk" und liegt somit im aktuellen Mainstream und seinen Flexibilisierungsbemühungen. Kaum de(-kon-)struktiv ist es jedenfalls für die Ware selbst, Hammer, Schmirgelpapier und Wasserwaage. Für den Darsteller Blixa Bargeld ist der Gewinn möglicherweise am Ende geringer, zumindest in künstlerischer Hinsicht. In der Performance demonstriert er die Leere von ergreifender Betonung, Pathos und Theatralik – ein grundlegendes

Element seiner eigenen Auftritte als Musiker. Soll die Performance so etwas wie Distanz vermitteln, also Ironie und Humor? Dann geriete sie zur reinen Glaubensfrage – ein Konzept wäre etwas anderes. Blixa Bargeld: „Es ist so unglaublich schwer, Sachen zu schreiben, die nichts bedeuten, und dabei noch unterhaltsam zu sein. Nichts ist ja schlimmer als Avantgardetechniken, die in Langeweile münden."[445]

Während die musikalischen Gebärden und Gesten der Einstürzenden Neubauten gern übernommen werden – Depeche Mode oder Rammstein landen mit ihren Stahlklängen beziehungsweise deutschen Pathosformeln ganz oben in den Charts –, verbleiben die Initiatoren des Stahlkonzepts stets im undankbaren Mittelfeld. Der große Hit in den Charts bleibt ihnen versagt. Aber möchte die Gruppe dort überhaupt hin? „Sie wollten noch immer kein Bestandteil sein – weder vom konventionellen Rockbetrieb, noch von der elitären Kunstszene", schreibt die Musikjournalistin Kirsten Borchardt.[446] Blixa Bargeld in der *Süddeutschen Zeitung*: „Ich bin nicht grundsätzlich der Hochkultur abgeneigt."[447] Seine seit 2010 bestehende Zusammenarbeit mit Alva Noto alias Carsten Nicolai, einem Vertreter der zeitgenössischen elektronischen Musik, bestätigt die Neigung. Bargelds körnige Stimme und Nicolais digitales Knistern gingen eine nahezu perfekte Verbindung ein, ohne dass darüber in Deutungswut geraten werden müsste, stellt *taz*-Kulturjournalist Tim Caspar Böhme fest.[448]

Den Einstürzenden Neubauten gelingt es, einen Raum jenseits der etablierten Kunstszene und des konventionellen Rockbetriebs zu öffnen. Die Klänge, mit denen sie diesen Raum gefüllt haben, umfassen inzwischen über dreißig Alben. Vielleicht erfüllt sich Blixa Bargelds Vision, die er in der *Spex*-Ausgabe vom September 1981 beschrieb: „Wir haben nur noch eine Gitarre und wenn es so weitergeht, werden wir auch bald keine Gitarre mehr haben. Wir werden auf dem Schrott spielen und moderne Folklore machen. Folklore, die genauso nah an uns dran ist wie die Folklore vor zweitausend Jahren."[449] Erscheint die neue Volkskunst nun im digitalen Knistern?

Denkt euch

Dafür, dass ein Scheitern als Chance verstanden werden kann, steht Klaus Beyer. Der Kerzendreher aus Kreuzberg zeigt Anfang der Achtziger im Frontkino erstmals öffentlich seine Super-8-Beatles-Verfilmungen. Er übersetzt die Beatles-Songs auf sehr unmittelbare Art und Weise. Sein Plan ist es, die Songs aller Beatles-Alben in die deutsche Sprache zu übersetzen, die Lieder auf Deutsch selbst zu singen und das Ganze mit Super-8-Film zu dokumentieren. Grund für diese spezielle Selbstverwirklichungsidee sind die fehlenden Englischkenntnisse seiner Mutter. Der Sohn möchte ihr unbedingt die Texte seiner Lieblingsband auf Deutsch vermitteln. Die Super-8-Filme von Klaus Beyer werden im Risiko, im Eiszeit Kino und anderen Off-Off-Kinos gezeigt. In den drei- bis sechsminütigen Filmen ist Klaus Beyer Alleindarsteller – Cowboy, Glatzkopf, Rosenkavalier, Blasmusiker oder eben der unbekannte, fünfte Beatle. Martin Schmitz lädt Klaus

Beyer 1987 in sein *d-super-8*-Programm nach Kassel ein. Dort wird Frank Behnke, der Gitarrist der Band Mutter, zum Manager von Klaus Beyer, er ist es bis heute. Frank Behnke: „Der siebte Todestag von John Lennon war am 8. Dezember 1987. Damals veranstaltete ich ein *John Lennon Tod Fest* und engagierte dafür Klaus Beyer. Er sang ‚Denkt euch' – das war seine deutsche Übersetzung von ‚Imagine'."[450] Ende der Neunziger wird der Aktionskünstler Christoph Schlingensief auf Klaus Beyer aufmerksam und setzt ihn als Darsteller in zahlreichen seiner Aktionen und TV-Projekte ein.[451]

Zwischen vier und sechs

Unser Debut [Projekt Nr. 4]

„Die Achtziger fingen in Berlin bereits 1977 an und hörten spätestens 1985 auf", meint Super-8- und Videofilmer Knut Hoffmeister.[452] Gegen 1983 bemerkt Die Tödliche Doris einen deutlichen Stimmungsumschwung in Westberlin. In ihrer vertrauten Umgebung wird verstärkt von „Mitmachen" und „Dabeisein" gesprochen, Wörter wie „Karriere", „finanzielle Unabhängigkeit" und „Selbstständigkeit" fallen. Sollen die subkulturellen Klänge nun im selben Maße gefallen, wie sie zuvor missfallen wollten? Die Tödliche Doris hat gerade ihren Körper in viele kleine grellfarbige Schallplatten verwandelt, Minifonschallplatten mit einem Durchmesser von sechs Zentimetern: in *Chöre und Soli* [Projekt Nr. 2]. Und mit dem dazugehörigen Miniphon-Abspielgerät die aktuell gewordene Problematik von Unabhängigkeit und Autonomie thematisiert. Es gibt keine Freiheit. Freiheit entfaltet sich nur im Zwischenraum. In welchem Körper wird sich Doris nach *Chöre und Soli* zeigen? Die nachfolgenden *Naturkatastrophen* [Projekt Nr. 3] bestehen aus einem grauen Katalog mit inliegender schwarzer Vinylsingle. Die atmosphärische Veränderung, der Prozess der Kommerzialisierung, der Anpassung, Karrierismus, das Bemühen um größtmögliche Anerkennung und – ja, warum eigentlich nicht? – selbst das Phänomen des Opportunismus und der Schleimerei – welche musikalische Gestalt hat das alles eigentlich? Die Tödliche Doris nimmt die allgemeine Entwicklung zum Anlass, diese Phänomene künstlerisch zu fassen, in Musik und Klänge zu formen, jenseits von Moral. In der Folge entwickelt sie die erste entmaterialisierte, unverkäufliche Vinylschallplatte der Welt, deren Ursprung zwei Vinyllangspielplatten sein werden. Die Entstehung dieser entmaterialisierten Schallplatte ist in einen Prozess eingebunden, der auf mehreren Raum-, Zeit- und Bedeutungsebenen abläuft.

Produktion Westberlin 1980: Punk, Kunst und Aura

In Sichtweite der Berliner Mauer beginnt sich 1983 eine unsichtbare Vinylschallplatte zu drehen. Vom Fenster des Arbeitszimmers von Wolfgang Müller in der Kreuzberger Waldemarstraße aus ist ein Stück der Mauer zu sehen. Sie teilt die Adalbertstraße in einen zu Berlin-Kreuzberg (West) und einen zu Berlin-Mitte (Ost) gehörigen Abschnitt. Eigentlich wird die Mauer erst ab dem Spätherbst sichtbar. Dann nämlich liegen die Blätter der Eschen, Ahorn- und Akazienbäume im Bethanienpark am Boden. Schaut er links aus dem Fenster, dann sieht er die Mauer auch im Sommer. Denn hier berührt ihre Fortsetzung das Ende der Kreuzberger Waldemarstraße am Leuschnerdamm. Ihren Schatten wirft sie direkt in den Garten des Berliner Traditionslokals Henne. Superzarte Milchmasthähnchen.

Die unsichtbare Vinylschallplatte

Zunächst geht es darum, in analoger Technik eine Schallplatte zu produzieren, die den Hang zur Eindeutigkeit, zu Festigkeit, zu Stil und Image überaus deutlich vermittelt. Ihre musikalischen Themen sind Opportunismus, Anpassung, Bemühtheit, Gewolltheit und Ambitioniertheit – all das, was unter dem Druck des von außen erwachten Interesses die Westberliner Subkultur ab 1983 berührt. Die entstehende Musik soll so klingen wie eine experimentelle Band der Subkultur, die auf Teufel komm raus bemüht ist, den kommerziellen Durchbruch zu schaffen. Sie will unbedingt geliebt und populär werden, im Mainstream ankommen. Eine Musik der Scheußlichkeiten, der Halbwahrheiten und Anbiederei. Bereits der Titel *Unser Debut* – ist eine Unwahrheit, eine Lüge. Denn *Unser Debut* ist das Tödliche-Doris-[Projekt Nr. 4].

Zur gleichen Zeit

Gleichzeitig entsteht im Studio parallel – ebenfalls unter größtmöglicher Geheimhaltung – das musikalische Gegenstück zum Album *Unser Debut* – eine Vinylschallplatte mit dem Titel *sechs* [Projekt Nr. 6]. Auf der LP *sechs* wird das Kontrastprogramm zur populistischen *Unser Debut*-LP durchexerziert, nämlich eine Art Autonomiekonzept. Entstehen soll dabei eine musikalische Gestalt, die der U-Musik eine E-Musik entgegensetzt und somit auch dem E das U. Das Projekt *sechs* soll so indiemäßig, unabhängig, selbstbezogen, abgeschottet und souverän klingen wie nur irgend möglich. Die Musik von *sechs* zeigt keinerlei Interesse an der Außenwelt, kennt keinerlei Mitgefühl oder Gnade mit irgendeinem Publikum, kennt kein Ziel und richtet den Körper auf niemanden. Sie ist völlig desinteressiert hinsichtlich einer Kommunikation mit dem, was außerhalb geschieht. Ihre Substanz, Logik, Vernunft bezieht die Musikgestalt von *sechs* aus sich selbst, und niemand soll erfahren, wo diese Kraft herkommt: Ist es Autismus oder so eine Art Eigenblutdoping? Mit der Vinylplatte verkörpert sich eine musikalische Umsetzung der Idee von einer radikal unkommerziellen E- oder Avantgardemusik. Eine Musik, die auf das Äußerste reduziert ist, sehr „rein", und die durch ihre Abschottung und Hermetik fast esoterisch wird. Zusammengefasst setzt *Unser Debut* [Projekt Nr. 4] die allzu große Hinwendung, Abhängigkeit und Verschmelzung des Subjekts mit der Gesellschaft thematisch in Klang um, während *sechs* [Projekt Nr. 6] die allzu große Abwendung, Unabhängigkeit, Ignoranz und das Beharren auf Individualität des Subjekts gegenüber der Gesellschaft verkörpert – formuliert in den Tönen einer Vinylschallplatte.

Geplant ist, das Ergebnis dieser kommerziellen oder U-Musik [Projekt Nr. 4] im Westen, also der BRD, bei der privaten Schallplattenfirma Ata Tak erscheinen zu lassen. Die LP sechs [Projekt Nr. 6] soll dagegen der staatlichen DDR-Schallplattenfirma Amiga angeboten werden. Tatsächlich erhält Wolfgang Müller einige Wochen später einen Brief von Amiga aus Berlin-Ost: leider eine Absage. Die Firma bedankt sich sehr herzlich für das Angebot, sie habe jedoch das Veröffentlichungsprogramm für die nächste Periode bereits abgeschlossen. Amiga sehe derzeit keine Möglichkeit für weitere Veröffentlichungen. Ein Rückschlag, denn zum ursprünglichen Konzept gehört, dass die LP *Unser Debut* in der BRD Ende 1985/Anfang 1986 erscheint und ein paar Monate darauf, Ende 1986, die LP *sechs* in der DDR – alles unter strikter Geheimhaltung. Niemand, schon gar nicht die Schallplattenfirmen, darf von der Existenz der jeweils anderen Schallplatte erfahren, und schon gar nicht von der engen Verbindung beider. Die Gemeinsamkeiten und Differenzen sowie ihre Verbindungen sollen erst einige Monate nach Erscheinen der LP *sechs* öffentlich bekanntgegeben werden.

Geheim

Was die Geheimhaltung so entscheidend macht: Die Tracks beider Langspielplatten sind im Studio so komponiert und aufgenommen worden, dass sie – mit den jeweiligen A- beziehungsweise B-Seiten gleichzeitig von Anfang an auf zwei Plattenspielern abgespielt – ein neues Ganzes geben. Alle jeweils entsprechenden Musikstücke weisen bis auf die Sekunde gleiche Längen auf und korrespondieren inhaltlich und formal mit ihren Titeln. Ihr Zusammenspiel lässt eine entmaterialisierte Vinyllangspielplatte entstehen. Sie ist unsichtbar und entsteht im Kopf der Hörenden. Texte, Musik und Rhythmen der beiden LPs ergänzen, verdoppeln, verschieben, widersprechen, relativieren oder erweitern im Zusammenspiel das ursprünglich gegebene Einzelne.

Jedes der Projekte versteht sich außerdem als jeweils in sich abgeschlossenes Ganzes. Beide Langspielplatten korrespondieren auf der visuellen, textlichen, konzeptionellen Ebene miteinander. Auf dem Plattenspieler in Bewegung gebracht, beginnen die kreisenden Schallplatten miteinander zu kommunizieren, lassen ihre Klänge, Texte und Inhalte mit ihrem jeweiligen Gegenstück interagieren. Und ergeben ein weiteres Ganzes.

Es öffnen sich Räume, in denen das, was sonst Musik oder „Musik" genannt wird, zur Zeitplastik, Zeitskulptur und 3-D-Poesie wird. Die beiden Zeitabfolgen funktionieren voneinander unabhängig – aber sie korrespondieren auch immer miteinander im Raum. So fliegt eine Feder auf Seite A der LP davon und landet auf der anderen LP. Der ehrliche Finder, dem auf der LP *Unser Debut* dafür „20 Pfennig Finderlohn" ausbezahlt werden, lässt die zwei Groschen auf der anderen Schallplatte unverzüglich hörbar in den Schlitz des Automaten fallen, um so auf *sechs* ein „Ortsgespräch 1986" zu führen. Der schrill-poppige „Südwestwind" trifft auf die seriöse, schöne „Windstille". Und der Song „Unser Debut" (7′51) ergibt zusammen mit „Not True!" (7′51) so etwas wie „Die Wahrheit", logisch. Das gleichzeitige Abspielen von „Unser Debut" und „Not True!", einmal initiiert durch eine Moderatorin im Radio Bremen, linker und rechter Kanal, bringt die doppelte GEMA-Lizenzgebühr ein, also Geld für 15:42 Minuten in halber Zeit. Ökonomische Regeln werden außer Kraft gesetzt. Auf *sechs* – ein Songtitel verrät es – befindet sich „Eine Frau zur selben Zeit an einem anderen Ort". Auf der LP *Unser Debut* – das ist genau dieser andere Ort – hören wir die Absätze dieser

Frau über das Berliner Pflaster klackern: Es ist eine Popdiva, die mit ihren billigen Trödelklamotten auf eine abgewrackte Showbühne geht. Hier zelebriert sie „Noch 14 Vorstellungen", eine Trash-Show. Effekte wie Echo und Hall der *Unser Debut*-Tracks finden sich losgelöst vom auslösenden Instrument auf der LP *sechs* wieder, die Rückkopplungen und Reflexionen ihres Gegenstücks in die andere Richtung transportiert.

Drei Personen auf dem Cover der LP *Unser Debut*, von links Nikolaus Utermöhlen, Wolfgang Müller, Käthe Kruse – plus Tabea Blumenschein auf einem hochgehaltenen Foto rechts im Bild –, werden gleißend hell angestrahlt, sodass die Züge ihrer Gesichter nahezu verschwimmen. Vier Augen der drei Köpfe sind scharf konturiert zugemalt: das linke von Nikolaus Utermöhlen, das rechte von Käthe Kruse und beide Augen von Wolfgang Müller. Zwei Augen, das rechte von Nikolaus Utermöhlen und das linke von Käthe Kruse, schauen den Betrachter des Covers direkt an. Die Augen der Tödlichen Doris betrachten ein vor ihr liegendes Motiv.

Zwei LPs – ein Körper – viele Zeiten

Was diese Augen sehen, bildet sich auf der schwarzen LP-Rückseite von *Unser Debut* in zwei augenförmigen Auslassungen ab: einen Handschuh. Er schwimmt auf dem Wasser. Eine kopfstehende Abbildung dieses schwimmenden Handschuhs füllt das gesamte Cover der LP *sechs* – es ist die Netzhaut der Tödlichen Doris. Durch die Verdoppelung des Handschuhs wird deutlich, dass zwischen beiden LPs eine enge Verbindung besteht. In ihren Körpern findet der Prozess der Verarbeitung eines visuellen Impulses statt, der von einem sich außerhalb ihrer kommunizierenden Körper befindlichen Objekt ausgeht: Die Mechanismen drehen das auf der Netzhaut kopfstehende Motiv um, füllen damit das Cover. Wie ein Biologiebuch, welches durch ausklappbare Organe und Innereien eine bessere Anschaulichkeit vermitteln will, wie ein gekerbter Körper funktionieren auch die beiden Platten: als ein Querschnitt durch den Doriskörper. Die beiden LPs bilden durch ihn eine multiple, pulsierende Skulptur, eine „Pa-ntoffeltieramöbe".[453] Wenn das Cover der LP *Unser Debut* sein Vorne ist, dann müsste die Rückseite des Covers der LP *sechs* auch die Rückseite dieses Körpers sein, sein Hinten. So befinden sich auch auf der Rückseite des Covers von *sechs* die Rückenansichten der drei Personen. Ihre Körper sind nach vorn gerichtet, aber offensichtlich hier im Foto in einer Bewegungsfolge festgehalten. Ein Widerspruch zur Starrheit der drei Körper auf dem Cover von *Unser Debut*? In der Umsetzung der LP-Cover werden unterschiedliche Zeiten und Zeitabläufe visuell thematisiert, erhalten unterschiedliche Gestalt. Die Zeit ist künstlerisches Material: Auf der Coverrückseite der LP *sechs* sind die halben Rücken und zudem die Gesichter der Porträtierten zu sehen, verschwommen und mehrfach. Die Fotografie dokumentiert das blitzschnelle Umdrehen der Köpfe der Personen, die hier mit dem Rücken zum Fotografen stehen. Auch er hat offensichtlich seine Position gewechselt. Hinter den dreien strahlt ein gleißendes Licht – ist es das Licht, welches die Personen

auf dem Cover der LP *Unser Debut* frontal anstrahlte,
sie gesichtslos machte? Zwei entgegengesetzte Positionen eines Fotografen, jeweils vor und hinter den
Subjekten. Es gibt eine weitere Zeitskulptur, die auf
den Covern zu entdecken ist: Auf dem Cover von *Unser
Debut* trägt Nikolaus Utermöhlen links ein schwarz-
weiß gestreiftes Hemd, Wolfgang Müller in der Mitte
ein schwarzes mit weißen Punkten und Käthe Kruse
rechts ein schwarzes Hemd. Vergleicht man nun das
Cover von *Unser Debut* mit der Rückseite der LP *sechs*,
dann muss im kurzen Moment des Umdrehens unter
den drei Personen ein vollständiger Hemdenwechsel
stattgefunden haben: Nun trägt Käthe Kruse statt ihres
schwarzen das schwarze Hemd mit den weißen Punkten. Wolfgang Müller trägt nun das schwarz-weiß ge-
streifte, während Nikolaus Utermöhlen das unifarben
schwarze Hemd trägt.

Ein Hinweis auf die verschiedenen Zeiten, mit
denen Die Tödliche Doris gestaltet, wird beim Umdrehen der unbewegten Personen vom Cover von *Unser
Debut* deutlich, die auf der Rückseite von *sechs* während
dieser Umdrehung fotografiert worden sind.

Dadurch, dass auch der Fotograf seine Position
gewechselt hat, taucht nun auf der Coverrückseite der
LP *sechs* eine Armbanduhr auf. Auf dem Frontcover von
Unser Debut wird diese Uhr noch von zwei Schultern
verdeckt. Der Arm, der sie trägt, führt waagerecht hinter den Schultern der beiden rechten Personen entlang:
die Fotografie des vierten Gruppenmitglieds – Tabea
Blumenschein – hochhaltend, die dann in Höhe zwischen Kopf und Schulter der Person rechts im Bild
auftaucht. Ihr Fotofix-Porträt befindet sich in dieser

Hand mit der Armbanduhr, die bei der Umdrehung auf dem Rückseitenbild der LP *sechs* nach unten fällt. Zwischen der Starrheit der frontal aufgenommenen Personen auf dem Frontcover von *Unser Debut* und der Bewegung auf dem Foto von ihren Rückseiten, die sie, indem sie sich umdrehen, zusätzlich zur Vorderseite machen, entsteht eine weitere Zeitgestalt; Starre und Bewegung zugleich. Zwischen Stillstand und schneller Bewegung findet der Hemdwechsel statt. Auf der Covervorderseite der LP *Unser Debut* findet sich unten der Satz: „Wie geht es dir jetzt?" Die Vorderseite des Covers der LP *sechs* beantwortet die Frage mit den Worten „Jetzt ist alles gut". Auf beiden LPs befindet sich in Versalien das Wort „JETZT" an identischer Position gedruckt. Lässt sich Zeit anhalten und wenn ja, wie? Wie lassen sich Zeiten formen? Durch Verdoppelung des Wortes „JETZT" auf den jeweiligen Vorderseiten miteinander kommunizierender LP-Cover entsteht ein weiterer Raum, der Jetztraum. Es ist der Raum der Interaktion zwischen zwei sich auf zwei Plattenspielern drehenden Vinylschallplatten. Der Raum von JETZT lässt sich beliebig oft multiplizieren, der Plattenspieler wird Instrument zur Herstellung eines interperformativen Raumkörpers.

Die Spionagehauptstadt Westberlin

Zum Konzept der unsichtbaren Langspielplatte gehört die völlige Verschwiegenheit, die absolute Geheimhaltung. In Berlin, der Welthauptstadt der Ost-West-Spionage, müsste das doch gelingen. Anfang

1986 erscheint *Unser Debut*. Die LP [Projekt Nr. 4] bekommt verheerende Kritiken. Der Musikredakteur Peter Bömmels verreißt in der Musikzeitschrift *Spex* die LP, mit der seiner Ansicht nach die Gruppe den großen Durchbruch erreichen möchte: „Diese mickrigen Stimmchen, meine Damen und Herren, geben ihren banalen Aussagen nur Sekundarreife."[454] Er ist davon überzeugt, dass „deutsche Avantgarde ohne Pathos" keine solche sein könne. Die strikte Trennung zwischen Popmusik und Malerei/Kunst, zwischen Popmusiker beziehungsweise -rezensent und bildendem Künstler ist in der *Spex* der Achtziger sehr deutlich: Bevor die Monatszeitschrift für Popmusik auch Popmusiker in Farbe zeigt, erscheinen zunächst in doppelseitigen Farbdrucken die Gemälde von Peter Bömmels und anderen kunstschaffenden Musikredakteuren im Innenteil. Ecki Stieg vom Ostwestfalen-Magazin Swing meint, die LP *Unser Debut* sei „vollkommen daneben".[455] Nahe dran am Konzept ist der Musiker TT Geigenschrey in seiner Rezension in *zitty* 9/86: „Ihre LP (*Unser Debut*) ist kritischer anzugehen, denn sie legt es offensichtlich auf einen größeren kommerziellen Erfolg an, ist geradezu richtiggehend eingängig. [...] Will das Schreckgespenst des Feuilletons und der Hitparaden sich etwa anbiedern und in die Charts?"

sechs – Töne, die keine Musik sind [Projekt Nr. 6]

Ein knappes Jahr nach Veröffentlichung von *Unser Debut* erscheint die LP *sechs* – nach U-Musik folgt nun E-Musik. *Spex*-Redakteur Diedrich Diederichsen ist begeistert: Einige Stücke dieses Albums, schreibt er in seiner Rezension unter dem Pseudonym Bernd Alois Diederichsen, seien derart schön, dass man es kaum aushalte: „Lothar sagte über die Doris-Platte, das sei keine Musik. Das hat mich natürlich gereizt, und das wäre auch tatsächlich eine nahezu unvollbringbare Leistung: eine Schallplatte mit Tönen, die sich keinem Verständnis zu Musik ordnen lassen. Das wäre der schönste Traum der Moderne, der tragisch-unerfüllbare."[456] Die Musikexpertin der *taz*, Connie Cool, ist da ganz anderer Ansicht. Sie schreibt: „Schluß – es reicht – die Platte nervt – ich bin genervt."[457]

Schmeißt die Krücken weg!

Niemand setzt die beiden Vinyllangspielplatten miteinander in Beziehung. Kein Rezensent analysiert deren Differenzen, untersucht Ähnlichkeiten oder stellt Gemeinsamkeiten fest. Selbst Auffälligkeiten wie der fehlende Punkt auf dem „ö" beim Wort „Tödliche" auf dem Album *Unser Debut* bleibt unbemerkt, ebenso der zusätzlich dritte „ö"-Punkt auf dem „ö" des Wortes „Tödliche" auf dem *sechs*-Album.

Nicht wahrgenommen und folglich unerwähnt bleibt auch die sekundengenaue Übereinstimmung der Längen der Tracks der jeweiligen A- und B-Seiten, und damit bleiben es auch die inhaltlichen und klanglichen Beziehungen der beiden Alben. Der Farbwechsel der Schriften auf den Covern beim Bandnamen, den Titeln der Alben und bei „WIE GEHT ES DIR JETZT" beziehungsweise „JETZT IST ALLES

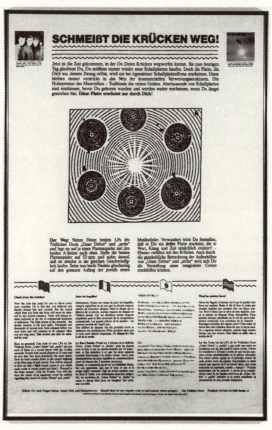

43   Die Tödliche Doris: „Schmeißt die Krücken weg!", Plakat

GUT", geschrieben in den Farben Grün – Orange – Lila/Pink, wird ebenso wenig registriert: Die Farben wandern im Uhrzeigersinn vom *Unser Debut*-Cover zum *sechs*-Cover.

Über ein mehrsprachiges Plakat gibt Die Tödliche Doris nach einigen Monaten bekannt, dass alle Menschen, die ihre LP *Unser Debut* und ihre LP *sechs* auf zwei Plattenspielern zeitgleich jeweils mit den A- bzw. B-Seiten abspielen, eine immaterielle Langspielplatte erhalten. Es bildet sich die erste unsichtbare Vinylschallplatte der Welt. Sie entsteht nicht in einer Schallplattenfabrik, sondern immateriell, im Kopf der Hörer.

Entmaterialisierung der Vinylschallplatte

Die unsichtbare Vinyllangspielplatte, die im Gehirn und den Gehörgängen der Hörer und Hörerinnen entsteht, stellt die Frage nach Abhängigkeiten und Unabhängigkeiten. Unabhängigkeiten bilden sich in einem Raum gleichzeitiger Zu- und Abwendung. Sie entstehen in dem Zwischenbereich, in dem das Bedürfnis des Subjekts nach Kommunikation, Nähe und Zuwendung mit beziehungsweise zu seiner Umgebung und Umwelt auf das gleichermaßen vorhandene Bedürfnis nach Abwendung, Distanz und sein Bedürfnis nach Alleinsein trifft. Der immer reproduzierbare Entstehungsprozess der immateriellen Vinylschallplatte ist sowohl eine Performance als auch Konzeptkunst – aber nie einfach beides gleichzeitig, sondern stets das eine mehr als das andere. Es ist ein Konzept, welches nur als Performance existiert.

Pulsierende Klangskulptur

Eine flirrende, pulsierende Komposition entsteht, die über die Technik des manuell betriebenen Plattenspielers in Gang gesetzt wird. Diese formt einen Raum, eine Klangskulptur, deren Abhängigkeiten von Plattenspieler und Vinylplatte deutlich sind. Doch sind ihre Grenzen, ihre Außenhaut beliebig dehnbar, bis ins Unendliche. Spielt ein Mensch die A-Seite von *sechs* zufällig in Japan, während ein anderer Mensch im gleichen Moment – und trotzdem in einer höchst unterschiedlichen Zeitzone – die A-Seite von *Unser Debut* in Berlin abspielt, beide gleichzeitig vom ersten Ton an – dann bildet die unsichtbare, entmaterialisierte Vinyllangspielplatte eine riesige Gestalt, einen riesigen Raum. Dessen Grenzen werden gebildet durch die Hörbarkeit und reichen bis in die Unhörbarkeit für menschliche Ohren, ein endlicher und unendlicher Raum zugleich. Die einzelnen Klang- und Textmodule dieser sich bildenden Klangskulptur führen eine festgelegte, vorbestimmte Kommunikation miteinander. Da sich ihre Signifikanten im Laufe der Zeitläufte an den jeweiligen Abspielorten ändern werden, ändert sich auch ständig die innere Gestalt dieser Skulptur. Ihre Endlichkeit und gleichzeitige Unendlichkeit, ihre Materie und ihre Entmaterialisierung durch Materie formen ihren Körper, seine Gestalt und ihre Identität. Alles ist voneinander unabhängig und abhängig zugleich. Abhängigkeit und Unabhängigkeit treten gleichzeitig auf, wobei das eine stärker als das andere wiegt. In solcher Gleichzeitigkeit entstehen Präsenzen. Und aus solchen Präsenzen bildet sich der Körper der Tödlichen Doris.

Knödel: snuður

Das sensationelle Erscheinen der ersten entmaterialisierten Vinylschallplatte wird von den Medien in Deutschland kaum registriert, geschweige denn gewürdigt. Aus Japan fragt der Musikautor Masanori Akashi an, ob die Werkzeuge zur Herstellung der unsichtbaren LP bei dem japanischen Label Wave als Doppelalbum in Lizenz erscheinen könnten. Das geschieht einige Monate später. Auf einer das Doppelalbum umschließenden Banderole erläutert ein japanischer Text, dass mit den beiden vorliegenden LPs eine dritte, entmaterialisierte Vinylschallplatte hergestellt werden kann.

Da in Deutschland keine Rezension zu dem unsichtbaren Album erscheint, wird diese Kritik nach dem Doris-Prinzip selbst produziert.[458] In der *Spex* sind beide Alben in verschiedenen Ausgaben besprochen worden, und zwar unterschiedlich, einmal sehr negativ und einmal sehr positiv. Beide Kritiken, sowohl die von Peter Bömmels als auch die von Diedrich Diederichsen, werden parallel auf zwei Tonspuren eingesprochen. Da der Verriss von Peter Bömmels etwa den doppelten Umfang der Hymne von Diedrich Diederichsen hat, muss der jeweilige Sprecher beim Vortrag des Stückes auf sein Sprechtempo achten – unter Mithören des jeweiligen Pendants im Kopfhörer. Die Stimme muss das Tempo entsprechend beschleunigen beziehungsweise verlangsamen, um zu einem gleichzeitigen Abschluss beider Rezensionen zu gelangen. Der Titel des Stückes, „Knödel: snuður", wird 1997 als zweistimmiges A-cappella-Lied unter der Werkbanknummer 3.861.907 bei der GEMA registriert.

Wolfgang Müllers Komposition hat eine Spielzeit von 3:01 Minuten. Bei jeder Aufführung des Stückes verdienen die Textdichter von „Knödel: snuður", Peter Bömmels und Diedrich Diederichsen, mit. Damit werden zwei sehr konträre Rezensionen Bestandteile des musikalischen beziehungsweise nichtmusikalischen, über- oder außermusikalischen Körpers der Tödlichen Doris. „Knödel: snuður" erlebt seine Uraufführung am 15. November 1995 an der Berliner Volksbühne in der von Jörg Buttgereit moderierten Veranstaltung namens *Mutter und Doris*. Es konzertieren Hermoine Zittlau, Käthe Kruse, Wolfgang Müller und die Band Mutter.

Sieg durch Schweben

Die entmaterialisierte Vinylschallplatte zeugt von der Möglichkeit, grenzüberschreitende oder grenzignorierende Werke zu schaffen. Ist es aber auch möglich, schwere großformatige Gemälde und massive Skulpturen über politische Grenzen und Grenzanlagen zu befördern, die sehr dicht gebaut sind? Konkret: Ist es möglich, als junger Westberliner Künstler seine Kunst in Ostberlin auszustellen, ohne zuvor bei den Behörden in West und Ost jahrelang um offizielle Genehmigungen zu ersuchen oder offizieller Teil eines deutsch-deutschen Kulturaustauschprogramms zu sein? Also ganz unbürokratisch, ohne jahrelange Voranmeldung und ohne Ausfüllen von Formularen bei Ost- und Westbehörden, Kulturämtern oder Auswärtigem Amt? Die Performancereihe *Welt-Sprache Aktion*, die ab dem 18. Juni 1989 in Ostberlin stattfindet, bietet diese Möglichkeit. Hier ist Die Tödliche Doris eingeladen – die mittlerweile als Gruppe aufgelöst ist. Noch sind Ost und West zwei feste Blöcke.

Im Vorfeld der illegalen, von den DDR-Behörden geduldeten, übersehenen oder beobachteten Veranstaltungsreihe besucht Wolfgang Müller mehrfach mit einem Tagesvisum ausgestattet Ostberlin. Im Schaufenster eines Geschäftes für Siegerpokale und Sporttrophäen wird er fündig. Er erwirbt ein schlichtes, formschönes Holzobjekt mit einem Aluminiumschild. Auf dieses Schild graviert der Inhaber laut Anweisung des Künstlers den Schriftzug „Sieg durch Schweben" ein. Die Trophäe verbleibt in Ostberlin. Anlässlich der Ausstellung soll das Objekt dort erstmals gezeigt werden.

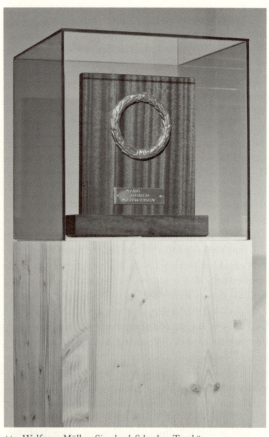

44   Wolfgang Müller: *Sieg durch Schweben*, Trophäe,
Objekt aus Holz und Aluminium, DDR, hergestellt im März 1989,
22 cm x 22,5 cm x 2 cm

Sie ist ich und ich bin die ganze Zeit Sie

Grenzüberschreitende Auftrittsorte der Tödlichen Doris werden mitsamt Ausgangs- und Endpunkt Westberlin auf einer Landkarte durch Linien direkt miteinander verbunden. In zeitlicher Abfolge des Stattfindens der Konzerte Punkt um Punkt, Linie um Linie. Diese Verbindungen ergeben ein geometrisches Muster. Von den Punkten ausgehend entstehen nach dem gleichen Prinzip weitere Skizzen, bei denen jedoch die zeitliche Abfolge der Konzerte unberücksichtigt bleibt. Konzertorte werden miteinander verbunden, bis die Form in sich geschlossen ist. Eine ganze Anzahl neuer geometrischer Muster entsteht. Drei davon werden ausgewählt, ihr Inneres jeweils mit Farbe ausgefüllt (gelb, rot, blau).

Diese Skizzen werden in Westberlin in drei Gemälde übersetzt, die 1988 im Kunstverein München ausgestellt werden.[459] In den Ostteil Berlins werden die identischen Skizzen per Post geschickt. Von einem bis heute unbekannten Maler werden nach den Skizzen in Ostberlin drei 100 x 65 cm große Gemälde gefertigt, die zusammen mit *Sieg durch Schweben* in einer Fabriketage in der Sredzkistraße 64 am 18. Juni 1989 in Ostberlin ausgestellt werden. Die sechs bzw. zwei mal drei Gemälde, welche nach den Skizzen an unterschiedlichen Orten, in verschiedenen Systemen, zu unterschiedlichen Zeitpunkten entstehen, tragen jeweils zwei identische Titel, haben identische Gestalt – und sehen doch relativ unterschiedlich aus. Die Arbeiten der Westausgabe tragen die Werknummern:

45   Die Tödliche Doris als lebende Leiche, Auftritt in der DDR
in der Reihe *Welt-Sprache Aktion*, Berlin Ost, Sredzkistraße 64,
v. l. n. r.: Wolfgang Müller, Käthe Kruse, Marc Brandenburg,
18. Juni 1989, 20 Uhr. Im Hintergrund das Bild *Dieses Sie ist
immer noch Ich*, 1989. Foto: Susanne Schleyer/Heinz Havemeister

201. SIE ist ein ICH, das nach einem Mich sucht
200. Sie ist ich und ich bin die ganze Zeit Sie
199. Dieses Sie ist immer noch Ich

Die Ostausgaben der Gemälde tragen die Werknummern:

196. Dieses Sie ist immer noch Ich
197. Sie ist ich und ich bin die ganze Zeit Sie
198. SIE ist ein ICH, das nach einem Mich sucht

Am Tag der Ausstellungseröffnung performen Marc Brandenburg, Käthe Kruse und Wolfgang Müller als lebende Leiche der Tödlichen Doris in der Performancereihe *Welt-Sprache Aktion* in der Ostberliner Sredzkistraße 64. An den Wänden hängen die in Ostberlin hergestellten Bilder. Sie verschwinden spurlos in den Wirren der Nachwendezeit.[460]

Island

Als die Mauer 1989 fällt, verliert Westberlin sein Inseldasein. Wolfgang Müller fährt wenige Monate darauf, 1990, zum ersten Mal zur Insel Island. Seitdem verbringt er dort jährlich einen Teil seiner Freizeit, bis heute.

ENDE

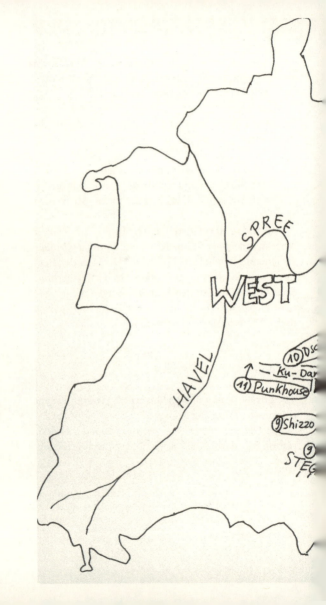

ANHANG

Anmerkungen

1 http://www.josephbeuys.de/texthand.htm.

2 Martin Büsser, *Music is my Boyfriend. Texte 1990–2010*, Mainz 2011, S. 60.

3 Vgl. Gilles Deleuze/Félix Guattari, *Anti-Ödipus. Kapitalismus und Schizophrenie I*, Frankfurt a. M. 1974.

4 Maria Riva, *Meine Mutter Marlene*, München 1992, S. 860.

5 Jörg Buttgereit (Hg.), *Nekromantik*, Berlin 2007.

6 Vgl. Matthias Mergl, *Der Terror der Selbstverständlichkeit. Widerstand und Utopien im Neo-Individualliberalismus*, Münster 2011.

7 DB-Menükarte im Juni 2010: „TV-Köche tischen auf: Stefan Marquard – Punkrocker mit klassischer Ausbildung".

8 So ging der *B.Z.*-Kulturpreis 2007 an Jonathan Meese, der *B.Z.*-Kulturpreis 2009 an Christoph Schlingensief.

9 Tom Kummer, *Blow up*, München 2007, S. 91.

10 Bernd Cailloux, *Gutgeschriebene Verluste*, Berlin 2012, S. 92 f.

11 Hartmut Sander/Ulrich Christians, *Subkultur Berlin. Selbstdarstellung, Text-, Ton-Bilddokumente, Esoterik der Kommunen, Rocker, subversiven Gruppen*, Darmstadt 1969.

12 Valeska Gert, 1892–1978. Nico, 1938–1988.

13 Auf der LP *Die Tödliche Doris*: „Der Tod ist ein Skandal", frei nach Jean Baudrillard, Berlin 1982.

14 Sonja Schwarz-Arendt, „Magie ist alles", Interview mit Valeska Gert, Kampen 1977, S. 7 (Valeska-Gert-Archiv, AdK Berlin).

15 Ulrich Domröse (Hg.), *Der Fotograf Herbert Tobias 1924–1982. Blicke und Begehren*, Berlin 2009.

16 Westberlin besaß selbst Exklaven, darunter die Grundstücke Fichtewiesen, Eiskeller und Steinstücken.

17 Bernd Cailloux, „Nur Vopos schauten uns zu", in: die *tageszeitung*, 13./14.8.2011, S. 27.

18 Reprint in: Dieter Roth, *Inserate/Advertisements 1971/1972*, hg. v. Flurina Paravicini, Luzern 2010.

19 Safia Azzouni/Uwe Wirth (Hg.), *Dilettantismus als Beruf*, Berlin 2010.

20 „Null-Musik" (Betr.: „Geniale Dilletanten", *tip Berlin*, Nr. 20/81), *tip Berlin*, Nr. 21/1981.

21 Vgl. Heidi Paris/Tanizaki Jun'ichirō, *365 Zeitwörter/Über die Faulheit*, Berlin 2008.

22 Seit 1981 befinden sich die originalen Fotos, auf denen *Material für die Nachkriegszeit – Dokumente aus dem Fotomatonautomaten* basiert, in der Sammlung der Städtischen Galerie Wolfsburg.

23 Vgl. Martin Schmitz/Wolfgang Müller (Hg.), *Die Tödliche Doris. Band 4 – Kino/Cinema*, Berlin 2004. Darin auf S. 77 ff. Abbildungen von weiteren gefundenen, nicht mehr verfilmten Fotofix-Fotos.

24 Eugen Blume, „VII. Crossover – Autoperforation: ‚Die Tödliche Doris'-Kunst", in: ders./Hubertus Gaßner/Eckhart Gillen/Hans-Werner Schmidt (Hg.), *Klopfzeichen – Kunst und Kultur der 80er Jahre in Deutschland*, Leipzig 2002, S. 177–195, hier S. 177–180.

25 Zitiert nach: Wolfgang Müller/Nikolaus Utermöhlen, „Material für die Nachkriegszeit. Relikte aus den Sofort-Fotobildautomaten. 1979–81", in: *Im Westen nichts Neues*, Ausstellungskatalog des Kunstmuseum Luzern, Luzern 1981, S. 48.

26 Dagmar Dimitroff, Künstlerin, geboren 1960 in Ostberlin, tödlich verunglückt 1990 bei einem Autounfall mit ihrer Schwester und Sohn Oskar. Siehe auch: http://www. spiegel.de/spiegel/print/d-40831645.html (5.5.2011).

27 Vgl. Die Tödliche Doris, 12-Inch o. T., Berlin 1981, Coverrückseite.

28 Zitiert nach: Die Tödliche Doris, Der siebenköpfige *Informator. Dokumente zur Zeit*. 1979–80, Beiheft zum Audiotape, Berlin 1980.

29 Slavoj Žižek, *Liebe Dein Symptom wie Dich selbst!*, Berlin 1991, S. 59.

30 Vgl. Diedrich Diederichsen, *Kritik des Auges*, Hamburg, 2008, S. 36 ff.

31 Black Box, Regie: Beth B. und Scott B., USA 1979.

32 Aus dem Stück „Ungerechtigkeit (hinter Glas oder Folie)" auf der Tödliche-Doris-LP *Unser Debut*, Düsseldorf 1984.

33 Ebd.

34 Zitiert nach: Büsser, *Music is my Boyfriend*, a. a. O.,S. 22.

35 Konzert am 19.11.1982 im SO36, Berlin (zusammen mit SPK und Alexander von Borsig).

36 Sinan Revell in einer Mail an den Autor vom 15.7.2011.

37 Der Offtext des Lehrfilms ist identisch mit dem Artikel von Dagmar Dimitroff, „Energiebeutel und Zeitblase", in: Schmitz/Müller (Hg.), *Die Tödliche Doris. Band 4 – Kino/ Cinema*, a. a. O., S. 62 ff.

38 Günter Brus, *Das gute alte West-Berlin*, Salzburg/Wien 2010, S. 43.

39 Volker Hauptvogel/Dietmar Kirves, *Die Verweigerer im politischen Taumel Berlins. Politik wird Musik. Das Mekanik Destrüktiw Komandöh. Die Geschichte einer Band*, Westberlin 1983, S. 197.

40 http://www.berliner-zeitung.de/archiv/die-moechtegern-polizei-aus-kreuzberg,10810590,10723278.html (3.11.2012)

41 Matthias Reichelt, „Unverwurstbar", Interview mit Klaus-Jürgen Theuerkauf, in: *Tortour*, Nr. 5, Sept./Okt. 2006, S. 119–126, hier S. 124.

42 Vgl. Annabelle Seubert, „Tannert geht", in: *Der Tagesspiegel*, 25.5.2010, S. 27.

43 Vgl. http://www.dradio.de/dkultur/sendungen/thema/ 1652159/ (13.1.2012).

44 Vgl. http://www.skug.at/article5334.htm (5.5.2011).

45 Ingrid Wiener in einer Mail an den Autor vom 20.6.2011.

46 http://www.medienkunstnetz.de/werke/tapp-und-tastkino/ (3.11.2012).

47 Robert Misik, „Unter einem helleren Himmel", Gespräch mit Peter Sloterdijk, in: *die tageszeitung*, 13.6.2006.

48 http://www.spiegel.de/spiegel/print/d-82612703.html (5.12.2011).

49 Andreas Conradt, „Der Dschungel ruft – aber durchaus nicht jeden", in: *Der Tagesspiegel*, 16.9.1984.

50 Hermann Nitsch, *der gesichtssinn im orgien mysterien theater*, Graz 1985, S. 14.

51 Ebd., S. 12 f.

52 Vgl. Hermann Nitsch, *Orgien Mysterien Theater*, mit einem Vorwort von Oswald Wiener, Darmstadt 1969.

53 Günter Brus, *Das gute alte West-Berlin*, a. a. O., S. 49.

54 Vgl. Tobias Rüther, *Helden. David Bowie und Berlin*, Berlin 2008, S. 117 f.

55 Paul Lafargue, *Das Recht auf Faulheit*, mit Nachdr. der deutschen Erstausgabe von 1887, Frankfurt a. M. 2010, S. 10.

56 Simon Traston, „evocation", in: *pro these*, Nr. 2, 1967, Thema: Homosexualität, S. 26.

57 Vgl. http://www.spiegel.de/spiegel/print/d-40694217.html

58 Carlo Michael Sommer, *Menschen, Stile, Kreationen*, Frankfurt a. M./Berlin 1986, S. 54.

59 Konzerttitel: *Noch 2 Vorstellungen*, Carrot-Festival, Hala Gwardii, Warschau, 27.3.1987.

60 Konzerttitel: *Noch 6 Vorstellungen*, Petőfi Csarnok, Budapest, 19.2.1986.

61 Vgl. das Indizierungsantragsschreiben vom Jugendamt Celle, Dienststelle Jugendschutz, vom 5.7.1982 an die Bundesprüfstelle für jugendgefährdende Schriften in Bonn, Fig. 17 im Beibuch zur DVD *Gehörlose Musik – Die Tödliche Doris in gebärdensprachlicher Gestaltung*, Berlin 2006.

62 http://vhk.mediastorm.hu/cikkek/pressede.html (10.8.2011).

63 Alexander Pehlemann, „Zurück zu Raserei!", in: *GRIMM*, Nr. 1, Berlin 2010, S. 134 ff.

64 Zitiert nach: Chris Bohn, „Let's Hear It For The Untergang Show", in: *New Musical Express*, 5.2.1983.

65 Kirsten Borchardt, *Einstürzende Neubauten*, Höfen 2003, S. 42 f.

66 Im Begleitheft *Das lila Lied* zur CD „Wir sind, wie wir sind!" – Homosexualität auf Schallplatte, Teil I, Aufnahmen 1900–1936, heißt es zu „Wenn die beste Freundin", dies sei die „erste Schallplatte mit offen weiblicher Bisexualität".

67 Bürgerlicher Name von David Bowie.

68 Der einzige je auf Vinyl veröffentlichte Song von Heinrich
    Dubels Anti-Punkband ROSA, „De Sade war hart", ist zu
    hören auf dem LP-Sampler *HanNOver Fun FUN Fun*, mit
    Der Moderne Man, Hans-A-Plast, Rotzkotz u. a., 1980.

69 Heinrich Dubel am 1.1. und 25.5.2011 in Mails an den
    Autor.

70 Knut Hoffmeister in einer Mail an den Autor vom 5.3.2011.

71 *Welt am Draht*, nach der Romanvorlage *Simulacron*-3 von
    Daniel F. Galouye. 2-tlg. TV-Produktion für die ARD,
    Regie: Rainer Werner Fassbinder, D 1973.

72 Mark Eins in einer Mail an den Autor vom 29.8.2011.

73 Ebd.

74 Thomas Voburka im Gespräch mit dem Autor am 25.6.2011.

75 So Betti Moser in einer Mail an den Autor vom 2.6.2011.

76 Vgl. Wolfram Bortfeldt/Wolfgang Metzner, „Wir sind der
    letzte Dreck!", *Stern*, 48/1980, S. 82.

77 Vgl. ebd.

78 Willi Winkler, „Kann ich mal bei dir pennen?", Interview
    mit Klaus Wagenbach, in: *Süddeutsche Zeitung*, 30.5.2009.

79 Michael Sontheimer, „Punkkneipe geht vor Verwaltungs-
    gericht – Chaos wehrt sich gegen Schließung", in: *die tages-
    zeitung*, 25.11.1980, S. 12.

80 „Meinungen von Gästen", Leserbrief von Michael Pleßner,
    in: *Der Tagesspiegel*, 14.12.1980.

81 Einar Örn Benediktsson im Gespräch mit dem Autor, Rey-
    kjavík, 16.5.2005.

82 Ebd.

83 Wernes Mathes, „Punk mit Büchsenbier", *tip Berlin*, Nr. 24/
    1978, S. 38 ff.

84 Thomas Voburka in einer Mail an den Autor vom 26.10.2010.

85 Fanzine, Wortschöpfung aus „fan" und „magazine" –
    schnell produzierte, meist fotokopierte, geheftete Zeit-
    schrift im Punklook mit geringer Auflage. Einen Über-
    blick über deutschsprachige Fanzines bietet: http://
    www.punk-fanzines.de (10.8.2011).

86 Lilo Unger im Gespräch mit dem Autor am 4.3.2009.

87 *Die Tödliche-Doris-Pfingstparty*, Berlin, 9.6.1984.

88 Nan Goldin, *The Ballad of Sexual Dependency*, New York 1986, darin Dieter Mulz auf S. 48, S. 54 und S. 64.

89 Vgl. hierzu auch Wolfgang Müller, „Allerhöchstblüte. Kleiner Streifzug durch das ‚subkulturelle' Berlin", in: *Kunstforum International*, Bd. 82, Dez. 85/Febr. 86, S. 154–161, bes. S. 159 f.

90 Max Müller im Gespräch mit dem Autor am 3.7.2009.

91 Hans Habiger im Gespräch mit dem Autor am 5.5.2011.

92 Siehe auch: Martin Schmitz, „Das Frontkino Berlin", in: Christian Borngräber (Hg.), *Berliner Design-Handbuch*, Berlin 1987, S. 133 ff.

93 Büsser, *Music is my Boyfriend*, a. a. O., S. 100.

94 U. a.: Konradin Leiner, *Schlachtfelder der elektronischen Wüste*, Berlin 1999.

95 Mark Ernestus im Gespräch mit dem Autor am 5.9.2011.

96 Gudrun Gut im Gespräch mit dem Autor am 10.11.2011.

97 Ingeborg Raddatz im Gespräch mit dem Autor am 8.6.2011.

98 Ben Becker, *Na und, ich tanze*, München 2011, S. 140.

99 Gudrun Gut im Gespräch mit dem Autor am 11.11.2011.

100 Buchrückseite von Jürgen Teipel, *Verschwende deine Jugend. Ein Doku-Roman über den deutschen Punk und New Wave*, Frankfurt a. M. 2001.

101 Marianne Enzensberger im Gespräch mit dem Autor am 23.10.2012.

102 Ebd.

103 Ulrike Rechel, „Wir wollten unter gar keinen Umständen in den Chor", Interview mit John Lydon, in: *tip Berlin*, Nr. 15/2012, 29.6.2012, S. 40–41, hier S. 41.

104 Ebd.

105 Bridge Markland im Gespräch mit dem Autor am 13.6.2011.

106 Veröffentlicht auf: Die Tödliche Doris, *Ohne Titel*, 12-Inch-Vinyl-Maxi, a. a. O.; Coverversion von Stereo Total 2000 als „Wir tanzen im Viereck", CD und LP, Berlin 2007.

107 Bridge Markland im Gespräch mit dem Autor am 13.6.2011.

108 Zusammen mit ihrem Partner Frieder Schnock wird Renata Stih später mit dem *Denkmal im Bayerischen Viertel* (1992–1993) und *Bus Stop* (1994–1995) eindrucksvoll-

berührende „Nichtmonumente" schaffen, die an die ermordeten Juden erinnern. Die Verschränkung von unerbittlicher Brutalität und gleichzeitiger Normalität im Naziregime zu veranschaulichen, gelingt nur sehr wenigen Denkmälern. Siehe auch: http://www.stihschnock.de/index.html (4.4.2010).

109 Matthias Osterwold im Gespräch mit dem Autor am 10.11.2011.

110 Bridge Markland im Gespräch mit dem Autor am 13.6.2011.

111 Ebd.

112 Ogar Grafe im Gespräch mit dem Autor am 8.1.2011.

113 http://adeszabel.de/?id=11 (5.4.2011).

114 Ogar Grafe im Gespräch mit dem Autor am 8.1.2011.

115 Ebd.

116 Tim Renner in einer Mail an den Autor vom 10.1.2011.

117 Die Tödliche Doris, *Kinderringelreihen für (die) wahren Toren des Grals*, CD, Washington 2002.

118 Maria Zastrow im Gespräch mit dem Autor am 11.2.2011.

119 Hagen Liebing, „Der Tresen war die Bühne", in: *tip Berlin*, Nr. 10/11, 2011, S. 72 f.

120 Maria Zastrow im Gespräch mit dem Autor am 11.2.2011.

121 Ebd.

122 Ebd.

123 Liebing, „Der Tresen war die Bühne", a. a. O., S. 72 f.

124 Holger Lang im Gespräch mit dem Autor am 17.12.2011.

125 Ebd.

126 Ebd.

127 Ebd.

128 Diedrich Diederichsen im Gespräch mit dem Autor am 19.12.2011.

129 Holger Lang in einer Mail an den Autor vom 15.12.2011.

130 „Die Nachtigall vom Prinz-Albrecht-Gelände", zu hören auf: Wolfgang Müller, *Islandhörspiele*, CD, Berlin 2002, sowie *Tribute to Gustav Metzger*, CD, kuratiert von Justin Hoffmann, München 2008.

131 Max Goldt, *Wenn man einen weißen Anzug anhat*, Berlin 2002, S. 86.

132 Jón Atlason, „Frech wie Freydís", in: *die tageszeitung*, Magazin Dossier, 20.4.2002.

133 Marianne Enzensberger im Gespräch mit dem Autor am 23.10.2012.

134 Unlimited Systems, 7-Inch-Vinyl, aufgenommen im Music Lab, Westberlin 1980.

135 Björn Trautwein, „The Rocky Horror Show im Admirals-palast Berlin", in: *tip Berlin*, 27.10.2008. – Elser Maxwell war, bevor er von Claudia Roth, der späteren Grünen-Vorsitzenden, abgelöst wurde, von 1978 bis 1982 Manager für die Westberliner Politrockband Ton Steine Scherben.

136 http://www.bildblog.de/2696/die-beispiellose-misserfolgs-geschichte-von-bild/ (24.10.2012).

137 *Bildnis einer Trinkerin*, Regie: Ulrike Ottinger, D 1979.

138 http://www.galerie-noir.de/ArchivesDeutsch/Cactus.html (17.5.2011).

139 Max Müller im Gespräch mit dem Autor am 19.11.2011.

140 Peter Wensierski/Sandra Wiest, „Goldener Lebensabend", in: *Der Spiegel*, Nr. 7, 2002, S. 54.

141 Liebesgier, „U-Bahn", Schlagzeug: Gudrun Gut, Bass-gitarre: Nancy, Vocals: Elke, Saxofon: Frieder Butzmann. Frieder Butzmann, Gudrun Gut und Eva Gößling (Go-go-Tanz) erinnern sich nicht mehr an die Nachnamen von Elke und Nancy.

142 Eva Gößling in einer Mail an den Autor vom 5.1.2011.

143 Diedrich Diederichsen, „Geräusche für die 80er", *Sounds*, Nr. 2/1980, S. 6.

144 Frieder Butzmann in einer Mail an den Autor vom 4.1.2011.

145 Zitiert nach: Max Dax/Robert Defcon, *Nur was nicht ist, ist möglich. Die Geschichte der Einstürzenden Neubauten*, Berlin 2006, S. 49.

146 Diedrich Diederichsen, „Die Tödliche Doris: Zickzack ZZ 123", in: *Sounds*, Nr. 5, 1982, o. S.

147 Borchardt, *Einstürzende Neubauten*, a. a. O., S. 13.

148 Vgl. http://www.welt.de/print-welt/article163872/Jutta-Ditfurth-ist-eine-bloede-bloede-Kuh.html (10.10.2012)

149 Jutta Ditfurth, *Krieg, Atom, Armut. Was sie reden, was sie tun: Die Grünen*, Berlin 2011, S. 185.

150 Salomé, *Japanese Bitch on a Walk with her Dog*, Lyon 1981.

151 Vgl. Valie Export, *Aus der Mappe der Hundigkeit*, Wien 1969.

152 Bernd Gaiser/Lothar Vogt/Nico Würtz (Hg.), *Milchsilber. Wörter und Bilder von Schwulen*, Berlin 1979.

153 Anna Klesse, „Ingrid Caven sang für Salomé", in: *Hamburger Abendblatt*, 17.11.2004.

154 Heute befindet sich dort das Moviemento-Kino.

155 Hauptvogel/Kirves, *Die Verweigerer im politischen Taumel Berlins*, a. a. O., S. 77.

156 *The Rocky Horror Picture Show*, Regie: Jim Sharman, England/USA 1975.

157 Hagen Liebing in einer Mail an den Autor vom 21.11.2011.

158 Vgl. http://www.Punk-Fanzines.de/berlin.html (21.11.2011).

159 Hagen Liebing in einer Mail an den Autor vom 20.11.2011.

160 Betti Moser in einer Mail an den Autor vom 12.5.2011.

161 Vgl. Björn Trautwein, „The Rocky Horror Show im Admiralspalast Berlin", a. a. O.

162 Hans Hütt in einer Mail an den Autor vom 8.11.2010.

163 Astrid Geisler/Martin Reichert, „Ich steh auf ausgewachsen", Interview mit Ralf König, in: *die tageszeitung*, 16./17.4.2011, S. 20 f.

164 *Der bewegte Mann*, Regie: Sönke Wortmann, D 1994. Mit 6,5 Millionen Zuschauern war das bis dato der zweiterfolgreichste Film der deutschen Kinogeschichte.

165 Vgl. Barbara Eder, „Horror vacui & Outer Space", in *Triëdere. Zeitschrift für Theorie und Kunst*, Nr. 1/2012, Wien, S. 22–33.

166 Virginie Desforges im Gespräch mit dem Autor am 25.5.2010.

167 Ebd.

168 Dax/Defcon, *Nur was nicht ist, ist möglich*, a. a. O., S. 8.

169 Siehe auch: http://www.art-magazin.de/kunst/9796/radar_wolfgang_mueller?p=2 (22.8.2011).

170 Vgl. Romy Haag/Martin Schacht, *Eine Frau und mehr*, Berlin 1999.

171 Romy Haag in einer Mail an den Autor vom 20.11.2011.

172 Zazie de Paris im Gespräch mit dem Autor am 12.8.2011.

173 Ebd.

174 Richard Stein im Gespräch mit dem Autor am 8.6.2011.

175 Vgl. Walther Wolfgang von Goethe, *Fährmann, hol' über!*, Berlin 1911, Fußnote S. 18.

176 Günter Brus, *Des Knaben Wunderhorn*, DAAD-Galerie, Berlin 1979.

177 Valerie Solanas, *Manifest der Gesellschaft zur Vernichtung der Männer*, Darmstadt 1969, erg. Neuauflage, *S.C.U.M*, Philo Fine Arts, 2010.

178 Matthias Geis/Bernd Ulrich, „Wer hat Angst vorm Grünen Mann?", in Die Zeit, 16.6.2011, S. 3.

179 Vgl. das Audiotape mit Beton Combo, der Wahre Heino u. a.: *750 Jahre Anti-Berlin*, Westberlin 1987.

180 Peter Grottian/Benedict Ugarte Chacón, „Vergesst Landowsky", in: *die tageszeitung*, 23.6.2009.

181 Vgl. Kämpf, Katrin, „Ein Korb für den Berliner CSD", *L.Mag – Magazin für Lesben*, Nr. 9/10/2010, S. 22 f.

182 Nicki Vermöhlen, „Grundlagen zur Molekularstruktur der Musik in den verschiedenen Zuständen", in: Wolfgang Müller (Hg.), *Geniale Dilletanten*, Berlin 1982, S. 60–64, hier S. 60.

183 Mark Ernestus im Gespräch mit dem Autor am 5.9.2011.

184 Gudrun Gut im Gespräch mit dem Autor am 10.11.2011.

185 Zitiert nach: Programmzettel Gesunder Film, Berlin 1982.

186 Leo Navratil, *Über Schizophrenie und Die Federzeichnungen des Patienten O.T.*, München 1974. – LP-Titel der Einstürzenden Neubauten: *Die Zeichnungen des Patienten O.T.*, 1983.

187 Frieder Butzmann im Gespräch mit dem Autor am 10.4.2011.

188 Siehe auch: Wolfgang Müller. *Wísk niwáhsen wísk nikahseriiè: take kanien'kéha wa'katéweienste oder Learning Mohawk in fifty-five Minutes. Ein Hörspiel*, Bayerischer Rundfunk 2, 2010.

189 Françoise Cactus im Gespräch mit dem Autor am 13.10.2010.

190 Ebd.

191 Ebd.

192 *Schöner Gigolo, armer Gigolo*, Regie: David Hemmings, mit David Bowie, Sydne Rome, Kim Novak, David Hemmings, Maria Schell, Curd Jürgens, Erika Pluhar und Marlene Dietrich, D 1978.

193 Wieland Speck in einer Mail an den Autor vom 7.12.2011.

194 Die Tödliche Doris wird für den 14.11.1981 in folgender Besetzung angekündigt: Dagmar Dimitroff, Nikolaus Utermöhlen, Wolfgang Müller.

195 Wolfgang Müller, „Die Tödliche Doris in Fremdverkörperung: Helmut Drucker (Stiftung Attasee), Matthias Motte (Deutsch-Polnische Aggression) und Ziggy XY (Kosmonautentraum) setzen sie in Szene", in: ders. (Hg.), *Geniale Dilletanten*, Berlin 1982, S. 73.

196 *So war das S.O.36. Ein Abend der Nostalgie*, Regie: Manfred O. Jelinski, Jörg Buttgereit, Westberlin 1981–1984.

197 Nikolaus Utermöhlen, „Doris als Musikerin", in: Wolfgang Müller (Hg.), *Geniale Dilletanten*, a. a. O., S. 71 f.

198 Françoise Cactus im Gespräch mit dem Autor am 18.5.2011.

199 Harald Fricke (1963–2007) im Essay „In aufrechter Ekstase" (1992), in: ders., *Texte 1990–2007*, Berlin 2010, S. 18–22, hier S. 18.

200 Büsser, *Music is my Boyfriend*, a. a. O., S. 111.

201 Westbam, *Mix, Cuts & Scratches*, mit Rainald Goetz, Berlin 1997, S. 140.

202 Seit 1990 wurden in Deutschland 182 Menschen Opfer rechtsextremer oder rassistischer Gewalt. Vgl. https://www.mut-gegen-rechte-gewalt.de/news/chronik-der-gewalt/todesopfer-rechtsextremer-und-rassistischergewalt-seit-1990.

203 Vgl. Jean Baudrillard, „... oder das Ende des Sozialen", in: ders., *Im Schatten der schweigenden Mehrheiten*, Berlin 2010, S. 73–103.

204 Vgl. Mergl, *Terror der Selbstverständlichkeit*, a. a. O.

205 Vgl. http://www.bild.de/politik/2009/ehefrau/stephanie-im-interview-7401218.bild.html (22.8.2011).

206 Vgl. „Stop der Information", auf: Die Tödliche Doris, 12-Inch-Vinyl o. T., a. a. O.

207 Vgl. Sophie Wennerscheid, *Das Begehren nach der Wunde. Religion und Erotik im Schreiben Kierkegaards*, Berlin 2008.

208 Nan Goldin, *The Ballad of Sexual Dependency*, New York 1986.

209 Irma Reinhold stirbt am 17. Januar 2011, einen Tag vor ihrem 103. Geburtstag.

210 Aus: Schmitz/Müller (Hg.), *Die Tödliche Doris. Band 4 – Kino/Cinema*, a. a. O., S. 70.

211 Neben Cordula Becker, Klaus Laufer und Doris Teschner ist Claudia Schandt ein weiteres Pseudonym von Wolfgang Müller in *Geniale Dilletanten*. Diese Pseudonyme wurden 1981 eingesetzt, um der jungen Szene der Genialen Dilletanten zu größerer Diversität und Üppigkeit zu verhelfen.

212 Klaus Laufer, „Der Berliner Blaumeisenschlächter wehrt sich: ‚Ich bin Opfer einer Intrige!'", in: *die tageszeitung*, 11.2.1994.

213 Claudia Schandt (alias Wolfgang Müller), „Blaumeisen für Feinkostgeschäfte", in: *die tageszeitung*, 8.2.1994.

214 Vgl. Wolfgang Müller, „Blauwalpenis und Birkenholzphallus", in *Blue Tit. Das deutsch-isländische Blaumeisenbuch*, Berlin 1998, S. 192 f.

215 Brigitte Werneburg, „Wolfgang Müller and Nan Goldin at Zwinger", in: *Art in America*, Nr. 3, März 1995, S. 109.

216 Vgl. Wolfgang Ullrich, Gesucht: Kunst! Phantombild eines Jokers, Berlin 2007.

217 Françoise Cactus im Gespräch mit Wolfgang Müller am 2.10.2010.

218 Andreas Reiberg im Gespräch mit dem Autor am 21.4.2011.

219 Vgl. Hans Kaufmann/Rita Wildegans, *Van Goghs Ohr. Paul Gauguin und der Pakt des Schweigens*, Berlin 2008.

220 Angelika Sulzbacher im Gespräch mit dem Autor am 12.5.2011.

221 Lilo Unger im Gespräch mit dem Autor am 4.7.2010.

222 Susanne Kippenberger, *Kippenberger. Der Künstler und seine Familien*, Berlin 2007, S. 183.

223 Andrea Stappert im Gespräch mit dem Autor am 2.11.2011.

224 Vgl. Gerrit Bartels, „Wo Pete Doherty abstürzte", in: *Der Tagesspiegel*, 7.12.2009.

225 Siehe auch die Fotos und Interview des Autors mit Ratten-Jenny im Trinkteufel in: *Martin Kippenberger – Musik/1979–1995*, 3-x-10-Inch-Vinyl-Box und gebundenes Buch, mit Texten von Max Dax, Wolfgang Müller, Frieder Butzmann, Berlin 2010, S. 13.

226 Guido Schirmeyer im Gespräch mit dem Autor 16.5.2009.

227 Ebd.

228 Betti Moser in einer Mail an den Autor vom 3.6.2011.

229 Günter Sahler, *Kassette sich wer kann*, Edition Blechluft 4, Lindlar 2011, S. 658.

230 Sahler, *Kassette sich wer kann*, a. a. O., S. 659.

231 Frank Maier in einer Mail an den Autor vom 27.8.2011.

232 http://www.vinyl-on-demand.com (20.8.2011).

233 Norbert Hähnel im Gespräch mit dem Autor am 5.4.2011.

234 Jello Biafra im Interview mit Michael Schuh: http://www. laut.de/Jello-Biafra (14.7.2011).

235 Die Begriffe „schwarz" und „weiß" werden im Folgenden als politische Standorte angesehen und durch Groß- bzw. Kursivschreibung markiert. Obgleich sie als Konstrukte verstanden werden, haben sie doch Wirkmacht.

236 Norbert Hähnel in einer Mail an den Autor vom 20.9.2011.

237 „Dem Deutschen sein Lied", 7-Inch-Single, ENZIAN/ Weißer Terror, Westberlin 1985.

238 Hauptvogel/Kirves, *Die Verweigerer im politischen Taumel Berlins*, a. a. O., S. 5.

239 Ebd., S. 23.

240 Ebd., S. 15

241 Ebd., S. 75.

242 Zitiert nach: Gerald Matt/Thomas Mießgang (Hg.), *Punk. No one is innocent. Kunst – Stil – Revolte*, Ausstellungskatalog Kunsthalle Wien, Wien 2008, S. 42.

243 Gudrun Gut im Gespräch mit dem Autor am 10.11.2011.

244 Als Pendant zum Wort „schwul", dessen ursprünglich negative Konnotierung durch die Aneignung der Schwulenbewegung in eine verstärkt positive umgewandelt wurde, setzt der Autor das englische Wort „straight".

245 Zitiert nach: „Westbams Club-ABC: M wie Metropol", in: *zitty Berlin*, 7.9.2011.

246 Zitiert nach: Tilman Krause, „Generation kaputt", in: *Die Welt*, 17.9.2011, S. 1.

247 Torsten Träger/ewe, „Entfesseltes Erbe", in: Siegessäule, Nr. 9/2011, S. 32.

248 Vgl. Büsser, *Music is my Boyfriend*, a. a. O., S. 33–38.

249 Vgl. Oskar v. Reuth (Hg.), *Das Abschnappuniversum. Achtzehn neue deutsche Erzähler*, Darmstadt 1984.

250 Vgl. Mario Mentrup (Hg.), *Bubizin/Mädizin*, Berlin 1994.

251 Vgl. Johannes Ullmaier (Hg.), *Von Acid nach Adlon und zurück. Eine Reise durch die deutschsprachige Popliteratur*, Mainz 2001.

252 Johannes Beck in einer Mail an den Autor vom 30.9.2011.

253 Ebd.

254 Ebd.

255 Ludwig Wittgenstein, *Philosophische Betrachtungen*, Wiener Ausgabe, Bd. 3, hg. von Michael Nedo, Wien 1999, S. 230.

256 *The Fall of a Queen, or the Taste of the Fruit to Come*, GB/D 1991, 20 Min., Regie: Akiko Hada, Buch: Wolfgang Müller, Musik: Lester Square & Helen McCookerybook, mit Marc Brandenburg, Hermoine Zittlau, Gunter Trube.

257 Andreas Costrau im Gespräch mit dem Autor am 27.9.2012.

258 Iris Hanika, „Elfe, Zwerge, Feen sehen", in: *Der Tagesspiegel*, 30.12.1998.

259 Eva Behrendt, „Uns unterscheidet nur die Sprache", Gespräch mit Thomas Zander, in: *die tageszeitung*, 10.2.1999.

260 Ariane Beyn, „Soziale Experimente und alternative Wirklichkeiten", Interview mit Artur Żmijewski, in: *ilinx*, Nr. 1, 2009, S. 179–189, hier S. 180.

261 Vgl. Vorwort von An Paenhuysen/Wolfgang Müller, „Sprechende Körper/Talking bodies", in: dies. (Hg.),

Gebärde Zeichen Kunst – Gehörlose Kultur/Hörende Kultur, Berlin 2012, S. 7 ff.

262 Wolfgang Müller (Hg.), *Hormone des Mannes. Ein deutsches Lesebuch*, mit Beiträgen von Tabea Blumenschein, Françoise Cactus, Heinz Emigholz, Ueli Etter, Harald Fricke, Ogar Grafe, Detlev Holland-Moritz, Barbara Stauss, Cord Riechelmann, Berlin 1994.

263 Die Begriffe „schwarz" und „weiß" werden im Folgenden als politische Standorte angesehen und durch Groß- bzw. Kursivschreibung markiert. Obgleich sie als Konstrukte verstanden werden, haben sie doch Wirkmacht.

264 Vgl. etwa: Audre Lorde, *Auf Leben und Tod. Krebstagebuch*, Westberlin 1984.

265 Götz Aly, „Straßenschänder in Kreuzberg", in: *Berliner Zeitung*, 2.2.10.

266 Vgl. *Die Seefahrt und der Tod. Mülheimer Freiheit*, 5. XII.–30. XII 1981 Kunsthalle Wilhelmshaven [und] 2. V.–30. V. 1982 Kunstverein Wolfsburg, Wilhelmshaven 1981.

267 Peter Schenck, „Boy bis 26", in: Bruno Gmünder/Christian von Maltzahn (Hg.), *Berlin von hinten. Der schwule Stadtführer*, Berlin 1983, S. 54–63, hier S. 60.

268 Ebd.

269 Westbam, *Mix, Cuts & Scratches*, a. a. O.. S. 112.

270 Ebd., S. 93 f.

271 Ebd.

272 „Wir sind Papst!" war eine Schlagzeile der *Bild*-Zeitung am 20. April 2005, einen Tag nach der Wahl Joseph Kardinal Ratzingers zum Papst Benedikt XVI.

273 Heidi und Peter, „Fuß-Note", in: Wolfgang Müller (Hg.), *Geniale Dilletanten*, a. a. O., S. 126–127.

274 Vgl. C. Sciolti, „Musik-Kultur. Genialer Dilletantismus", in: *die tageszeitung*, 19.2.1982, S. 7; C. Sciolti, „II. Fortsetzung, Musik-Kultur. ‚Geniale Dilletanten'", in: *die tageszeitung*, 8.4.1982, S. 9; C. Sciolti (Dr. Thomas Lang), „Singendes Chlorophyll", in: *Pflasterstrand*, April 1982, S. 32–34.

275 Vgl. Elfi, Lena & Ohio, *Canti di Macchia Capraia III*, Niente Divertimento, Intercord 1981.

276 C. Sciolti, „Musik-Kultur. Genialer Dilletantismus", a. a. O.

277 Vgl. dazu etwa Barbara Kalender/Jörg Schröder, „Die Zeitung als Diskursmedium", in: *die tageszeitung*, 13.11.2004.

278 C. Sciolti, „Musik-Kultur", a. a. O.

279 „Betr.: Genialer Dilettantismus vom 19.2.1982", Leserbrief von Wolfgang Hagen, in: *die tageszeitung*, 1.3.1982.

280 Vgl. Peter Berz/Helmut Höge/Markus Krajewski (Hg.), *Das Glühbirnenbuch*, Wien 2001.

281 Ein Vogel, der sich gelegentlich dekorativ im Engelbecken in Pose setzt.

282 Vgl. Leserbrief Cord Riechelmann, „Sehr geehrte Damen und Herren", *Spex*, Nr. 318, 1/2/2009, S. 12.

283 Vgl. Helmut Höge, „Wahllos werden", in: *junge welt*, 27.9.2011, S. 12.

284 Jan-Frederik Bandel/Barbara Kalender/Jörg Schröder, *Immer radikal, niemals konsequent. Der März Verlag – erweitertes Verlegertum, postmoderne Literatur und Business-Art*, Hamburg 2011, S. 47.

285 Jörg Schröder im Gespräch mit dem Autor am 4.5.2011.

286 Sabine Vogel, „LPG Florian Geyer", in: Marius Babias (Hg.), *Im Zentrum der Peripherie*, Hamburg 1995, S. 328.

287 Sabine Vogel, „Wie die LPG Florian Geyer auf die Grüne Woche kam", in: *Berliner Zeitung*, 17.1.2009.

288 Georg Stanitzek, *Essay – BRD*, Berlin 2011, S. 322.

289 Jörg Schröder in einer Mail an den Autor vom 1.8.2011.

290 Georg Stanitzek, *Essay – BRD*, a. a. O., S. 317–333, hier S. 325.

291 Jörg Schröder (Hg.), *Mammut. März Texte 1 & 2, 1969–1984*, Herbstein 1984, S. 1232.

292 Thomas Kapielski, „Klassenloser Luxus. Auch der ‚Dschungel' ist schon zehn Jahre alt", in: *die tageszeitung*, 17.10.1988.

293 Vgl. ebd.; sowie Thomas Kapielski, *Sämtliche Gottesbeweise*, Frankfurt a. M. 2009, S. 158.

294 Kapielski, *Gottesbeweise*, a. a. O., S. 72.

295 Ebd, S. 161.

296 Ebd.

297 Ebd., S. 220.

298 http://www.taz.de/1/archiv/print-archiv/printressorts/digi artikel/?ressort=bl&dig=2010%2F02%2F11%2Fa0183&c Hash=a4ad257142 (4.11.2012)

299 Kapielski, *Gottesbeweise*, a. a. O., S. 158.

300 http://www.taz.de/1/archiv/digitaz/artikel/?ressort=bl& dig=2010/02/11/a0183&cHash=a4ad257142. (20.1.2011)

301 Siehe dazu: „Das N-Wort", in: http://www.gradakilomba. com/nword.htm (15.10.2012)

302 Kapielski, *Gottesbeweise*, a. a. O., S. 160.

303 Ebd., S. 223 f.

304 http://bachmannpreis.orf.at/bp99/kapielski_thomas.htm (20.10.2011)

305 Tom Kummer in einer Mail an den Autor vom 29.8.2011. Siehe auch: Nan Goldin, *The Ballad of Sexual Dependency*, New York 1986. Tom Kummer ist abgebildet auf S. 79 und S. 123.

306 Sandro Brotz im Interview mit Tom Kummer, in: *Der Sonntag*, 16.10.2010.

307 http://www.persoenlich.com/news/show_news.cfm? newsid=91229. (29.10.2011)

308 Tom Kummer in einer Mail an den Autor vom 29.08.2011.

309 Ebd.

310 Vgl. hierzu Slavoj Žižek „Love your Neighbor? No, Thanks!", in: Christopher Lane (Hg.), *The Psychoanalysis of Race*, New York 1998, S. 154–175.

311 Sandro Brotz im Interview mit Tom Kummer, in: *Der Sonntag*, 16.10.2010.

312 http://www.persoenlich.com/news/show_news.cfm? newsid=91225 (10.10.2011).

313 http://www.persoenlich.com/news/show_news.cfm? newsid=91229 (10.10.2011).

314 http://www.persoenlich.com/news/show_news.cfm? newsid=91225 (10.10.2011).

315 Adolph C. Benning, „Valeska Gert, die Geschichte einer dollen Nummer", in: *Pardon*, Nr. 1, Januar 1964, S. 26–29, hier S. 29.

316 Sonja Schwarz-Arendt, „Magie ist alles", Interview mit Valeska Gert, a. a. O., S. 6.

317 Zum Film *Die Betörung der blauen Matrosen* (16 mm, 7 Min., D 1975) siehe auch: Wolfgang Müller, *Valeska Gert. Ästhetik der Präsenzen*, Berlin 2010, S. 61 f.

318 Vgl. AAO an Valeska Gert, Kiel, 5.8.1977, Valeska-Gert-Archiv, AdK Berlin.

319 Sonja Schwarz-Arendt, „Magie ist alles", a. a. O., S. 8.

320 *Ich will leben – auch wenn ich tot bin! Valeska Gert zum 100. Geburtstag*, Katalog mit Texten von Christiane Retzlaff und Jan Gympel, Kampen 1992.

321 Vgl. über den Tanz *Pause*: Susanne Foellmer, *Valeska Gert. Fragmente einer Avantgardistin in Tanz und Schauspiel der 1920er Jahre*, Bielefeld 2006, S. 59–62.

322 Ogar Grafe im Gespräch mit dem Autor am 8.1.2011.

323 Reprint von *Mein Weg* in: Wolfgang Müller, *Valeska Gert. Ästhetik der Präsenzen*, a. a. O.

324 Eine Abbildung von *Opus 1 – Komposition auf ausgeleiertem Klavier* findet sich in: Wolfgang Müller, *Valeska Gert. Ästhetik der Präsenzen*, a. a. O., S. 118.

325 Der Autor im Gespräch mit Georg Kreisler im Kabarett Die Distel, Berlin, 20.2.2011. Das Interview wurde von Georg Kreisler schriftlich am 13.3.2011 in der vorliegenden Form autorisiert. Georg Kreisler stirbt wenige Monate darauf, am 22. November, in Salzburg (1922–2011).

326 Peter Penewsky im Gespräch mit dem Autor am 11.12.2011.

327 Yana Yo in einer Mail an den Autor vom 28.9.2011.

328 Valeska Gert, „Über den Tanz", in: *Kulturwille. Monatsblätter für Kultur der Arbeiterschaft*, Jg. 8, 1931, Heft 2 (Feb.).

329 Fred Hildenbrandt, *Die Tänzerin Valeska Gert*, Stuttgart 1928, Abbildung zwischen S. 48 und 49.

330 Vgl. hierzu: Philipp Gutbrod, „Valeska Gert", in: Ralf Beil/Peter Kraut (Hg.), *A House Full of Music*, Ausstellungskatalog Institut Mathildenhöhe, Darmstadt 2012, S. 118 f.

331 Mittagspause, gegründet 1978 von Peter Hein, Markus Oehlen, Franz Bielmeier, Gabi Delgado-López.

332 Michael Snow, *So Is This*, USA 1982, 43 Min.

333 *Gehörlose Musik – Die Tödliche Doris in gebärdensprachlicher Gestaltung*, DVD und Buch, Berlin 2006.

334 V. Vale, „NON", in: *RE/SEARCH*, Nr. 6/7: Industrial Culture Handbook, San Francisco 1983, S. 50–67, hier S. 56.

335 Vgl. Masami Akita, „Anti-Records am Beispiel Boyd Rice (NON)", in: *testcard*, Nr. 1, 1995, S. 123 ff.

336 Dieter Daniels, *Duchamp und die anderen*, Köln 1992, S. 105.

337 Vgl. die Reproduktion des Originalindizierungsantrags des Jugendamtes Celle für die Bundesprüfstelle für jugend-gefährdende Schriften im Beibuch zur DVD *Gehörlose Musik – Die Tödliche Doris in gebärdensprachlicher Gestaltung*, Berlin 2006.

338 Beibuch in: Die Tödliche Doris, *Chöre und Soli*, Berlin 1983, S. 29.

339 Brus, *Das gute alte West-Berlin*, a. a. O., S. 162.

340 Darunter zählen Peter Sorge, Harald Duwe, Wolf Vostell, Klaus Vogelgesang, Johannes Grützke und Klaus Staeck.

341 Heinz Ohff, „Punk als Malerei. Peter Schmidt im Forum für aktuelle Kunst", in: *Der Tagesspiegel*, 7.2.1980.

342 Ohff, „Punk als Malerei", a. a. O.

343 Ebd.

344 Betti Moser in einer Mail an den Autor vom 3.7.2011.

345 Borchardt, *Einstürzende Neubauten*, a. a. O., S. 31.

346 Dirk Kurbjuweit, „Angela soll vor Freude schreien", in: *Der Spiegel*, Nr. 1, 2002, S. 89–102, hier S.100.

347 Calli, M.K. im Fanzine *Assassin*, Nr.1, Westberlin 1983.

348 Die Tödliche Doris, *Die Gesamtheit allen Lebens und alles Darüberhinausgehende*, Darmstadt 1987.

349 Brief der Stadtsparkasse Kassel an Käthe Kruse vom 23. April 1987, Archiv der Tödlichen Doris.

350 Martin Schmitz/Wolfgang Müller (Hg.), *Die Tödliche Doris. Band 3 – Kunst/The Deadly Doris Art*, Berlin 1999, Abbildung S. 86.

351 Ebd., S. 87.

352 *Bierfront*-documenta-8-Sonderausgabe, Aachen/Kassel/Westberlin 1987.

353 Mike Hentz in einer Mail an den Autor vom 20.11.2011.

354 Ebd.

355 Dimitri Hegemann: „Ich bin ein Raumforscher, der die Räume vor den Pharisäern schützt." In: Andreas Hartmann, „Die Welt braucht diesen Ort", in: *die tageszeitung*, 16.11.2010, S. 28.

356 Zitiert nach: Felix Denk/Sven von Thülen, *Der Klang der Familie*, Berlin 2012, S. 5.

357 Vgl. Borchardt, *Einstürzende Neubauten*, a. a. O., S. 204.

358 Ebd., S. 31.

359 Siehe auch: *1961 Berlinart 1987*, Ausstellungskatalog, The Museum of Modern Art, New York, 1987.

360 „Kid P. war in Berlin", in: *Sounds*, Nr. 6, 1982, http://www.highdive.de/over/sounds18.htm (1.10.2011).

361 Kummer, *Blow up*, a. a. O., S. 97.

362 Michael Morris im Gespräch mit dem Autor am 17.5.2011.

363 Vgl. http://vincenttrasov.ca/index.cfm?pg=archive (2.11.2011).

364 Vincent Trasov in einer Mail an den Autor vom 13.7.2011.

365 Michael Morris und Vincent Trasov im Gespräch mit dem Autor am 17.5.2011.

366 Gunda Bartels, „Eine Frau will Farbe", in: *Der Tagesspiegel*, 1./2.6.2011, S. 11.

367 Michael Morris und Vincent Trasov im Gespräch mit dem Autor am 17.5.2011.

368 Matt/Mießgang (Hg.), *Punk. No One is Innocent.*, a. a. O., S. 24–29, S. 27.

369 Die nachfolgenden Zitate stammen aus: *Cross Culture. Eine neue Tendenz in der Kunst*, hg. von Wolfgang Max Faust, Kunstforum International, Band 77/78, Januar/Februar 1985, S. 165–235.

370 Wolfgang Max Faust, *Dies alles gibt es also. Alltag, Kunst, Aids*, Stuttgart 1993, S. 261.

371 Ebd., S. 325.

372 *Boingo Osmopol 3*, Westberlin 1981, S. 8.

373 Hans Habiger im Gespräch mit dem Autor am 7.10.2011.

374 Matthias Reichelt, „Unverwurstbar", Interview mit Klaus-Jürgen Theuerkauf, a. a. O., S. 119.

375 Ebd.

376 Ebd., S. 121.

377 Klaus-Jürgen Theuerkauf im Gespräch mit dem Autor am 1.10.2011.

378 Ebd.

379 Reichelt, „Unverwurstbar", a. a. O., S. 121.

380 Klaus-Jürgen Theuerkauf im Gespräch mit dem Autor 17.12.2011.

381 Marius Babias, in: *zitty*, 30.7.2008.

382 Hartmut Andryczuk in einer Mail an den Autor vom 4.11.2010.

383 *Musik der 60. Aktion*, Galerie Petersen Westberlin, 21. April 1978, Dieter Roth's Verlag, Stuttgart 1979.

384 Vgl. Andreas Hansen (Hg.), *Jes Petersens wundersame Reise*, Berlin 2009.

385 Wolfgang Müller, „Teufelsaustreibung im Kohlenkeller", in: Hans-Christian Dany/Ulrich Dörrie/Bettina Sefkow (Hg.), *dagegen-dabei. Texte, Gespräche und Dokumente zu Strategien der Selbstorganisation seit 1969*, Hamburg 1998, S. 148–152, hier S. 149.

386 Barry Graves/Siegfried Schmidt-Joos (Hg.), *Rock-Lexikon*, Reinbek 1973.

387 Andreas Dorfmann, „Anspruchsvoller Unterhalter", in: *Der Abend*, 3.11.1980.

388 John Peel, 1939–2004, vgl. www.bbc.co.uk/radio1/johnpeel/index.shtml (22.8.2011).

389 Carlo Michael Sommer, *Menschen, Stile, Kreationen*, Frankfurt a. M./Berlin 1986, S. 54.

390 http://www.physiologus.de/herzstueck.htm (4.11.2012).

391 Konstantin Wecker/Prinz Chaos II, „Er war immer schon da", in: *Der Freitag*, Nr. 46, 17.11.2011, S. 14.

392 Gudrun Gut im Gespräch mit dem Autor am 10.11.2011.

393 Ronald Galenza in einer Mail an den Autor vom 22.8.2011.

394 Büsser, *Music is my Boyfriend*, a. a. O., S. 39.

395 Jerzy Caryk in einer Mail an den Autor vom 7.10.2011.

396 Ebd.

397 P1/E: Ute Droste, Eric Franke, Michael Hirsch, Michael Schäumer, Thomas Voburka, Alexander Hacke.

398 Mark Eins in einer Mail an den Autor vom 12.9.2011.

399 „So beeinflussbar", auf Andreas Doraus CD *Neu!*, Hamburg 1994.

400 Frieder Butzmann im Gespräch mit dem Autor am 18.6.2011.

401 Ebd.

402 Ebd.

403 Ebd.

404 Ebd.

405 Ebd.

406 Ebd.

407 Ebd.

408 Gudrun Gut im Gespräch mit dem Autor am 10.11.2011.

409 Ebd.

410 Ebd.

411 Ebd.

412 Mark Ernestus im Gespräch mit dem Autor am 5.9.2011.

413 Ebd.

414 Büsser, *Music is my Boyfriend*, a. a. O., S. 71.

415 Mark Ernestus im Gespräch mit dem Autor am 5.9.2011.

416 Ebd.

417 Ebd.

418 Justus Köhncke im Gespräch mit dem Autor am 17.05.2010 per Mail. Vgl. dazu: Régine, *Nennt mich Regine. Die Memoiren der Pariser Nachtklub-Königin*, unter Mitarbeit von Gilbert Maurin, München 1985.

419 Cailloux, *Gutgeschriebene Verluste*, a. a. O., S. 18.

420 Dirk Schaefer, „Stadt der Projektionen", in: Stefanie Schulte Strathaus/Florian Wüst (Hg.), *Wer sagt denn, dass Beton nicht*

brennt, hast du's probiert? Film im West-Berlin der 80er Jahre, Berlin 2008, S. 17.

421 Die Tödliche Doris, in: Dieter Roths *Zeitschrift für Alles*, Nr. 10, Basel 1987, S. 1137.

422 *Zeitschrift für Alles*, Nr. 10, a. a. O., S. 2.

423 Marc Siegel, „Zu spät gekommen. Eine Betrachtung über West-Berlins queere Filmkultur", in: Schulte Strathaus/ Wüst (Hg.), *Wer sagt denn, dass Beton nicht brennt*, a. a. O., S. 73.

424 Michael Brynntrup, *Gelbfieber*, Galerie M, Berlin-Marzahn, 2011.

425 Reinhard Wilhelmi im Gespräch mit dem Autor am 10.9.2011.

426 Chris Dreier in einer Mail an den Autor vom 2.10.2011.

427 Ebd.

428 Siehe auch die Rezension dieses Films von Chris Dreier: Kade Schacht, „Super 8, auf Wanderschaft", in: *tip Berlin*, Nr. 22/1984.

429 Zur Schreibung der Begriffe „schwarz" und „weiß" vgl. Fußnote 236.

430 Gusztáv Hámos im Gespräch mit dem Autor am 12.5.2011.

431 Ulrich Wegenast, „Anziehung und Abstoßung – Film auf der documenta", in: Michael Glasmeier/Karin Stengel (Hg.), *50 Jahre documenta*, Göttingen 2005, S. 101.

432 Martin Schmitz im Gespräch mit dem Autor am 6.9.2011.

433 Vgl. Martin Schmitz (Hg.), *d-super-8. Ein Filmprogramm der documenta 8*, Kassel 1987.

434 Zu weiteren künstlerischen Maueraktionen vgl. Ralf Gründer, *Berliner Mauerkunst*, Köln 2007.

435 Vgl. Die Tödliche Doris, *Naturkatastrophen*, Katalog und 7-Inch-Vinyl mit Fotos von Nan Goldin, Barbara Mohren und Nikolaus Utermöhlen, Westberlin 1984.

436 Tom Kummer in einer Mail an den Autor vom 29.10.2011.

437 *Bad Boy Kummer*, D/CH 2010, Regie: Miklós Gimes.

438 Tom Kummer in einer Mail an den Autor vom 28.10.2011.

439 Hans-Georg Lindenau im Gespräch mit dem Autor am 23.6.2012.

440 Manuela Heim/Karsten Thielker, „Ick lass mir net vertreiben", Interview mit Hans-Georg Lindenau, in: *die tageszeitung*, 3.1.2010, S. 24–25.

441 Daniel Pflumm im Gespräch mit dem Autor am 20.1.2010.

442 Vgl. Christian Borngräber (Hg.), *Berliner Design-Handbuch*,
Berlin 1987.

443 Abbildung in: ebd., S. 56.

444 Vgl. Christian Borngräber, „Trennende Gemeinsamkeiten", Kunstforum international, Nr. 82, Dez. 85/Febr. 86,
S. 64–84, hier S. 72.

445 Zitiert nach: Tim Caspar Boehme, „Mathematik mit Gefühl, 80er trifft 90er", in: *die tageszeitung*, tazplan, 24.8.2010.

446 Borchardt, *Einstürzende Neubauten*, a. a. O., S. 206 f.

447 Zitiert nach: ebd., S. 43.

448 Vgl. Boehme, „Mathematik mit Gefühl, 80er trifft 90er",
a. a. O..

449 Zitiert nach: Klaus Maeck (Hg.), *Einstürzende Neubauten.
Hör mit Schmerzen*, Hamburg 1989, S. 33.

450 Frank Behnke im Gespräch mit dem Autor am 15.2.2010.

451 Vgl. Frank Behnke (Hg.), *Das System Klaus Beyer*, Berlin
2003.

452 Knut Hoffmeister in einer Mail an den Autor vom 1.1.2011.

453 Vgl. den auf der Rückseite der LP rechts unten beginnen-
den Satz: „[…] die in verschiedene Zellen aufgeteilt ist. So
wie eine Pa-" und das auf der Vorderseite des LP-Covers
mit fehlerhafter Worttrennung endende „-ntoffeltieramöbe."

454 Peter Bömmels in: *Spex – Magazin für Popkultur*, Nr. 3,
März 1986, o. S.

455 Ecki Stieg in: *Swing*, April 1986, o. S.

456 Bernd Alois Diederichsen in: *Spex – Magazin für Popkultur*,
Nr. 10, Oktober 1986, o. S.

457 Connie Cool in: *die tageszeitung*, 29.9.1986.

458 Vgl. dazu etwa die Beschreibung der unsichtbaren LP
von Wolfgang Müller in: *Courrier International*, 11.11.2009,
S. 38–41.

459 *Naturidentische Stoffe*, Ausstellung mit Minimal Club, Jutta Koether und Die Tödliche Doris, Kunstverein München, 1988.

460 Zu betrachten sind die Originalgemälde heute nur auf einer Fotografie von der Performance im Buch *Wir wollen immer artig sein …: Punk, New Wave, Hiphop und Independent-Szene in der DDR 1980–1990*, hg. v. Ronald Galenza/Heinz Havemeister, Berlin 1999, S. 547. – Anlässlich einer Ausstellung von Wolfgang Müller im Kunsthaus Erfurt 2009, *Séance mit Geld und Vögeln*, wurden zwei dieser verschollenen Gemälde vom Maler Nikolaus Kriese aus Erfurt nach den alten Skizzen rekonstruiert.

Abbildungsverzeichnis

20 Mark Eins, DIN A Testbild, *Abfall/Garbage*, Cover 7-Inch-Vinyl, 1979.

21 Tabea Blumenschein/Aglaia Olshausen, *Deutsche Gesamtheit – Kürbissuppe*, Keramikteller, 1992, Courtesy Martin Schmitz Verlag.

22 Marc Brandenburg, Skizze für *Sleeping Bag Jim*, 1993.

23 Wolfgang Müller, *Dieses SIE ist immer noch ICH* (Westversion), Dispersion, Klarlack, Leinwand, Holzrahmen, Alu-Schild, 100 x 65 cm, 1988, Sammlung Matthias Mergl, Berlin, Courtesy Galerie Holger Priess. © VG Bild-Kunst, Bonn 2012

24 Mahide Lein, *Pelze*, Schriftzug.

25 Jörg Buttgereit, *Blutige Exzesse im Führerbunker*, Plakat.

26 Tom Skapoda (Tom Kummer), *Brennende Mauer*, Videostill der Aktion an der Berliner Mauer am Potsdamer Platz, Westberlin, 1984.

27 Klaus Beyer, *Das gelbe Unterwasserboot*, Wachs- und Buntstifte, DIN A3, 1988.

28 Gudrun Gut, Siebdruckplakat mit den Bands Übergangslösung, P1/E, Mania D und Liebesgier aus dem S036, 1979.

29 Mutfak (Chris Reisse), Fanzine Y-Klrmpfnst Nr. 2, Ormig-Piccolo-Matrizenkopie-Verfahren, DIN A4, 1979.

30 Wolfgang Müller, Nikolaus Utermöhlen, *Material für die Nachkriegszeit – Dokumente aus dem Fotomatonautomaten*, Berlin 1979–1980. © VG Bild-Kunst, Bonn 2012

31 Die Tödliche Doris, Autogrammkarte, 15 x 11 cm, retuschiert mit Tipp-Ex, 1980.

32 Reinhard Wilhelmi in der Oranienbar, Kreuzberg 1984, Foto: Nan Goldin, Farbkopie Sammlung Wolfgang Müller.

33 Nan Goldin, *o. T.* (Blue Tit in New Yorker Loft), Foto aus der Blue-Tit-Ausstellung, Wolfgang Müller & Nan Goldin, 1995.

34 Erhängte Schaufensterpuppe im Modeladen Eisengrau, 1981.

Alle Reproduktionen der Werke von Ralph E. Arens, Elfi Fröhlich, Gerhard Lüer, Wolfgang Müller, Klaus-Jürgen Theuerkauf: © VG Bild-Kunst, Bonn 2012; und/oder mit freundlicher Genehmigung der Autorinnen und Autoren.

Register

Im Register haben wir bei Wolfgang Müller, Nikolaus Utermöhlen und Der Tödlichen Doris auf eine Reihe von Einträgen verzichtet zugunsten in besonderer Weise auffälliger Auftritte oder Absagen derselben.

550

Dank

Herzlichen Dank an Agnes Böhmelt, Matthias Mergl sowie alle Interviewten und diejenigen, die mir Fotos, Abbildungen und weitere Materialien für das Buch zur Verfügung gestellt haben.

Über den Verfasser

Wolfgang Müller, geboren 1957, lebt seit 1979 in (West-) Berlin. Er studierte von 1980 bis 1987 Visuelle Kommunikation und Experimentelle Filmgestaltung an der Hochschule der Künste Berlin. Zeitgleich zum Studium gründete er Die Tödliche Doris. Das Post-Punk-Bandkollektiv trat in wechselnder Besetzung im In- und Ausland auf, u. a. auf der documenta 8, im MoMA, New York (1987), und im Quattro, Tokio (1988).

Mit der Herausgabe von *Geniale Dilletanten* im Merve Verlag (1982) prägte Wolfgang Müller den Begriff für die subkulturelle Westberliner Musik-, Performance- und Kunstszene jener Zeit. Seit 1998 ist er Präsident der Walther von Goethe Foundation Reykjavík-Berlin und hat zahlreiche künstlerische Werke zum Thema Island gemacht. Einzelausstellungen u. a.: Holger Priess Galerie, Hamburg (2012), Kunsthaus Dresden (2011), Kunsthaus Erfurt, Kunstverein Aachen (2009), Filmpräsentation im LACMA, Los Angeles (2009), und MOMAK, San Francisco (2007), Buenos Aires (2005). Im Jahr 2009 begründete Wolfgang Müller die „Missverständniswissenschaft" und erforscht seitdem die Entstehung von Missverständnissen. 2010 war er Ko-Kurator (mit An Paenhuysen) von *PAUSE. Valeska Gert: Bewegte Fragmente* im Hamburger Bahnhof – Museum für Gegenwart, Berlin, sowie 2012 von *Gebärde Zeichen Kunst – Gehörlose Kultur/Hörende Kultur* im Kunstraum Kreuzberg/Bethanien.

Buchveröffentlichungen u. a.: Blue Tit. *Das deutschisländische Blaumeisenbuch* (1997), *Neues von der Elfenfront* (2007), *Valeska Gert. Ästhetik der Präsenzen* (2010), *Kosmas* (2011). Für sein Audiowerk *Séance Vocibus Avium* erhielt er auf den Musiktagen in Donaueschingen den Karl-Sczuka-Preis 2009.

Gastprofessur für Experimentelle Plastik an der HfBK Hamburg (2001/2002), Lehraufträge u. a. an der FHNW Hochschule für Gestaltung und Kunst, Basel (2003), FH Joanneum, Graz (2003), Iceland Academy of the Arts (2004), FU Berlin (2010).